JEAN-CLAUDE BONNET

# NAISSANCE DU PANTHÉON

## ESSAI SUR LE CULTE DES GRANDS HOMMES

*Ouvrage publié avec le concours du Centre national du livre*

FAYARD

Longtemps après sa mort les étrangers allaient visiter la chambre qu'il avait occupée. Une fois chaque année, j'irai visiter sa tombe.

Diderot, *Vie abrégée de La Fontaine*.

# *Introduction*

## LA TOILETTE DE VOLTAIRE

Les deux jeunes gens photographiés ci-contre, à l'école normale d'instituteurs de Moulins, s'apprêtent à nettoyer le buste de Voltaire par Houdon, probablement à l'occasion du cent cinquantième anniversaire de la mort de l'écrivain, en 1928. Lors de ce dépoussiérage du célèbre plâtre au moyen d'une balayette et d'un grattoir, ils ont tenu à poser avec lui dans un cliché qui témoigne d'une ferveur juvénile aussi charmante que solennelle. Ils effleurent l'un et l'autre avec affection l'icône tutélaire qu'ils ont placée sur un tabouret. Sans doute ont-ils particulièrement besoin de sa protection en ce moment décisif de leur vie où ils trahissent, d'une certaine manière, l'existence ancestrale de leurs pères vouée aux travaux des champs. En célébrant la mémoire du grand homme, ils se placent d'emblée dans une tout autre histoire même s'ils ignorent, peut-être, que cette petite cérémonie impromptue s'inscrit dans une longue série de semblables hommages [1].

Cinquante ans auparavant, pour le centenaire de la mort de Voltaire, cette même sculpture avait été photographiée sous tous les angles. Un art savant de l'éclairage était parvenu à l'animer d'une façon surréelle, en lui donnant un caractère théâtral qui rappelait les « apothéoses » successives de l'écrivain : déjà en 1769, son buste avait été couronné dans le salon de Mlle Clairon ; il le fut ensuite sur la scène de la Comédie-Française où l'on représentait *Irène*, en sa présence, quelques jours avant sa mort en 1778 ; enfin, en novembre 1790, la même effigie fut utilisée pour un rite semblable lors de la représentation de *Brutus*, et c'est alors que le marquis de Villette fit publiquement la proposition de transformer la nouvelle église Sainte-Geneviève en sépulture des grands hommes. Ainsi, à des époques successives et dans des espaces bien différents, s'est reproduit le même cérémonial et se sont répétés les mêmes gestes de piété : ils révèlent une croyance durable dont le présent ouvrage s'emploie à déchiffrer la signification.

Comme l'atteste l'œuvre de Plutarque, le culte des grands hommes a son origine dans l'Antiquité et il fut redécouvert à la Renaissance. Il va donc de soi que ce n'est pas une invention du XVIIIe siècle. Cependant, l'engouement qu'il a suscité dans notre pays à l'époque des Lumières et la fondation du Panthéon qui l'a consacré, en avril 1791, l'ont placé au cœur de notre imaginaire national. Pour être à même de comprendre cette dimension particulière de notre culture, il est nécessaire de resituer le Panthéon révolutionnaire dans une histoire plus longue : celle du culte des grands hommes au XVIIIe siècle. Au Panthéon que nous connaissons préexiste en effet un Panthéon de papier où s'est fondée d'abord toute une légende, avant que la Révolution n'en devienne l'héritière en l'officialisant dans une architecture et dans un rite. Fénelon, l'abbé de Saint-Pierre, Montesquieu, Voltaire, entre autres, se sont interrogés, chacun à sa manière, sur la notion de grand homme à laquelle ils ont attaché une toute première importance. Mais c'est en 1758 qu'on peut dater précisément l'acte de naissance officiel, en quelque sorte, du culte des grands hommes en France, lorsque les anciens sujets du concours d'éloquence à l'Académie furent remplacés par l'éloge des grands hommes de la nation.

Pour la Saint-Louis (le 25 août), jour de la fête de la monarchie, qui était de ce fait un grand jour aussi pour l'Académie, le panégyrique de Saint Louis, dans lequel il fallait entendre également celui du roi régnant, était prononcé le matin, et le concours d'éloquence avait lieu l'après-midi. Destiné, à l'origine, à exalter le patriotisme monarchique, celui-ci se révéla finalement comme un instrument redoutable dont s'emparèrent les hommes de lettres au moment où ils devenaient une puissance. Les innombrables éloges prononcés ou écrits pendant des années jusqu'à la Révolution popularisèrent la nouvelle imagerie et firent se lever un cortège de grands hommes qui tendaient à capter insidieusement toute la gloire. Ce fut une lente mais inéluctable défaite de la monarchie qui, sans y prendre garde, fut dépossédée de sa prééminence symbolique. Cernée par ces figures rivales dont l'éclat ne faisait que grandir, elle finit par perdre insensiblement tout son lustre et s'éteignit d'une certaine manière bien avant l'heure, comme l'ont noté Chateaubriand et Tocqueville. Au lieu de composer un Parnasse français où les grands hommes devaient venir se regrouper autour du roi et sous sa houlette, les concours académiques contribuèrent, de fait, à la fondation d'un Panthéon déjà indubitablement républicain où le monarque n'avait plus véritablement sa place.

Dans un article publié en 1976 sous le titre « Naissance du Panthéon », j'avais, depuis longtemps, défini les principes et le programme d'une telle étude[2]. Je l'ai poursuivie ensuite, en abordant certains aspects particuliers qui sont traités à nouveau dans le présent ouvrage[3]. Celui-ci vient confirmer aujourd'hui mon intuition première. Au gré d'une actualisation énergique, dans ses différents développements, un mythe d'abord virtuel investit des espaces toujours plus ouverts : du salon privé à la scène des théâtres, de l'institution académique au forum de l'Assemblée nationale et aux cortèges de panthéonisation. Je me suis efforcé de faire l'histoire de ce processus dynamique qui n'est pas inspiré par un projet clairement formulé, mais plutôt constitué de petits événements irrémédiables comme l'infléchissement de tel discours, tel écho évident ou telle résurgence inattendue. Sans courir le risque de reconstruire artificiellement, en l'inscrivant dans une chronologie contraignante, ce qui fut trop longtemps indécis pour avoir un contour parfaitement net et une existence toujours irréfutable, il faut bien admettre la valeur cumulative et éclairante de tous les faits repérés. C'est donc sans abus de langage que l'on peut parler du culte des grands hommes au XVIII^e^ siècle.

L'on ne peut mesurer l'ampleur de celui-ci sans prendre en compte un ensemble de réalités très diverses, comme de modestes rites et de grandes liturgies, comme le rôle des arts, la nouvelle éloquence académique et les œuvres marquantes de la littérature.

Il fallait lire des textes oubliés, et inaperçus de l'histoire elle-même, pour les faire dialoguer avec ceux que l'histoire littéraire a reconnus : par exemple les éloges académiques, et particulièrement ceux de l'orateur Thomas, qui rallièrent tous les suffrages, aussi bien que les éloges de Marat, qui, en 1793, illustrent un des cultes les plus notables de l'époque révolutionnaire. Une fois révélé le contexte du culte des grands hommes, de célèbres œuvres littéraires ou plastiques sont apparues comme des réactions évidentes à ce nouvel horizon.

Les commandes royales de peinture et de sculpture, par exemple, mirent au premier plan (à partir de 1775) la représentation des grands hommes de la nation. Mais les hommes de lettres s'étaient déjà imposés depuis longtemps comme les desservants attitrés du nouveau culte laïc. Les grands écrivains vivants furent alors tellement célébrés que cela transforma radicalement leur expérience littéraire. Contraints de s'exposer et de s'accommoder désormais de la publicité de leur image comme de la dévotion parfois importune de ceux qui voulaient les voir et les toucher, Diderot, Rousseau et Voltaire ont inventé dans leurs écrits des réponses singulières à cette situation inédite. Nombre de leurs ouvrages doivent être relus dans cette perspective, et plus particulièrement leurs grandes œuvres testamentaires.

L'époque des Lumières – de là vient sa richesse surprenante – fut à la fois animée par une passion iconoclaste et par la volonté non moins grande de s'inventer des idoles, si bien que le culte des grands hommes, loin de se figer dans le seul versant grave et par trop sérieux de cette culture, put s'approfondir à l'épreuve de la dérision. À nos yeux, il renvoie à une imagerie certes quelque peu décolorée parfois. C'est qu'elle illustre le paradoxe d'un héroïsme bourgeois. Et, pourtant, ces visions familières qui manquent assurément d'éclat ont donné lieu à un mythe durable. Sous ses manifestations souvent assez ternes, le culte des grands hommes au XVIIIe siècle traduit en réalité une ferme détermination.

Il est issu d'une toute petite histoire en vase clos, mais malgré ce premier confinement académique, il s'est imposé progressivement à travers une impressionnante pédagogie nationale. Cela tient à la puissance des mots prononcés ou écrits, et au rayonnement des grandes œuvres en quoi les hommes des Lumières mettaient à juste titre leurs espoirs. Ce qui avait l'apparente fragilité des songes s'est donc inscrit profondément dans la mémoire collective. Aussi n'est-il pas surprenant que l'institution du Panthéon comme le culte des grands hommes aient survécu à la Révolution et, après une longue histoire non moins turbulente au XIX^e^ siècle, fassent encore partie aujourd'hui de notre horizon culturel et de la mémoire vivante d'une nation à la fois littéraire et républicaine.

# I

# LEVEZ-VOUS IDOLES DÉSIRÉES

## *Chapitre premier*

# DU PÈRE DE FAMILLE AUX PÈRES DE LA NATION

> Je suis banni, maudit comme un vulgaire rebelle [...]. Mon père m'a renié solennellement, m'a chassé sans recours de la maison de ma jeunesse [...].
>
> Hölderlin [1].

La ferveur envers les grands hommes apparaît aujourd'hui comme un aspect lointain, pour ne pas dire oublié, de la culture des Lumières. Les anciennes idoles semblent refroidies et privées de leur prodigieux ascendant. Nietzsche annonçait leur crépuscule au moment où Lautréamont se gaussait des « Grandes-Têtes-Molles [2] » de son temps, auxquelles il reprochait d'appartenir encore au XVIIIe siècle. Ces images furent pourtant lumineuses et brûlantes. Elles n'auraient pas inspiré et passionné à ce point l'époque des Lumières si celle-ci n'avait été marquée par l'irruption d'une figure paternelle obsédante et omniprésente. On ne saurait comprendre en effet le succès du culte des grands hommes au XVIIIe siècle sans évoquer d'abord la scène paternelle fondatrice qui en constitue l'incontestable prologue et, en quelque sorte, l'ouverture symbolique.

Les anciennes muses riantes et familières de la mythologie ont alors été peu à peu délaissées pour faire place à un curieux engouement de paternité. Ainsi s'est affirmé le principe d'une nouvelle émotion très sérieuse et pourtant exclusivement désirable. Contre la dictature du « joli » et de l'« enjoué » propre à la Régence se sont définis progressivement un autre ton et un nouvel état d'esprit dans les arts. Le peintre Joseph-Marie Vien, par exemple (le futur initiateur du renouveau néo-classique), milite, dès le milieu du siècle, en faveur du grand genre de la peinture d'histoire ; il est appuyé dans ses choix sévères par le critique d'art La Font de Saint-Yenne[3]. Dans les mêmes années, le sculpteur Falconet revendique un semblable parti pris, à en juger par cette austère profession de foi : « Si nous avons dans la statue de Vénus l'objet d'un culte imbécile et dissolu, nous avons dans celle de Marc Aurèle un monument célèbre des hommages rendus à un bienfaiteur de l'humanité[4]. »

Selon un cliché paresseusement reconduit, on n'a voulu voir en cela que la part caduque et surannée des Lumières, imputée à une sensibilité trop moralisante, et associée à tous les prétendus ratages esthétiques de cette période : celui du drame bourgeois (qui est en vérité un étonnant laboratoire de formes) ou celui de la peinture de Greuze (maillon pourtant capital entre Poussin et David). Toutes ces visions très pathétiques suscitaient chez les contemporains un puissant « intérêt » et étaient susceptibles à coup sûr de leur « arracher des cris involontaires », selon les expressions que l'on affectait alors. Il faut prendre pleinement la mesure, pour peu qu'on veuille en déchiffrer l'énigme, de cet aspect essentiel de la culture du XVIIIe siècle qui est devenu incongru à nos yeux.

La mise en question de la puissance paternelle, dont la monarchie semblait procéder naturellement, fut la grande affaire de l'époque jusqu'à la déchéance finale du roi, le premier des pères. Une volonté générale d'émancipation et la critique inlassable d'une autorité jugée archaïque et abusive marquèrent en effet dans tous les domaines une société en rupture, qui prétendit réévaluer aussi bien les fondements du droit que les repères les plus traditionnels. Loin de se réduire à un pur jeu de massacre, comme ce sera parfois le cas plus tard[5], la cristallisation sur l'image du père eut un caractère à la fois plus systématique et moins simple. Ce fut un phénomène ambivalent, car il s'agissait tout autant d'assumer que d'affronter l'image paternelle. Il fallait en multiplier et en théâtraliser les apparitions pour en conjurer la despotique emprise, en jouer jusqu'à l'usure afin de s'en approprier les pouvoirs. Ainsi se conjuguaient un ressentiment immémorial et de nouveaux espoirs mis dans la recherche du bon père. Ce thème paternel a une longue histoire et, de Térence à Shakespeare ou à Montaigne, il serait aisé d'en désigner les multiples retours. Mais au XVIII$^{e}$ siècle, il prit un plus grand relief et vint occuper une place centrale dans l'idéologie des Lumières.

De Diderot à Mme de Staël, de Voltaire à Chateaubriand, les plus grands écrivains ont évoqué leur relation avec leurs pères comme une expérience existentielle majeure. Et celle-ci paraît généralement partagée et ancrée dans l'imaginaire collectif. Aussi le thème paternel affleure-t-il constamment et partout dans les débats philosophiques comme dans les affrontements politiques de l'époque. Les arts, tout particulièrement, ont contribué à l'inscrire fortement dans la sensibilité du temps que ce soit au théâtre, en peinture ou dans le roman.

## *La « malédiction paternelle »*

C'est avec l'abbé Prévost que l'image du père s'est imposée d'abord avec éclat dans la littérature du siècle. Ses romans font paraître une série de pères criminels et d'affreux parricides. Ainsi s'explique sans doute la légende d'un Prévost meurtrier de son père[6]. Quoiqu'il éprouve de la nostalgie pour la réunion des familles et qu'il se montre ému par la conversion des libertins, Prévost n'en préfère pas moins les personnages maudits comme Cleveland, bâtard de Cromwell, ou Des Grieux qui, dans *Manon Lescaut*, n'hésite pas à retourner contre son père la malédiction de celui-ci[7]. Au milieu de cet univers romanesque fort agité, le curieux héros du *Doyen de Killerine* (roman familial écrit entre 1734 et 1736) se sent investi de toute la responsabilité paternelle en tant que prêtre et fils aîné. Il parcourt l'Europe, animé d'un zèle indiscret, à la recherche de ses frères et de sa sœur afin de les ramener dans le droit chemin. Durant cette « guerre domestique » inlassable, il se reproche parfois son malin plaisir à « chagriner » sa famille. À ceux qui se laissent aller à jouir, il vient aussitôt annoncer sur un mode dramatique que quelque part un père se meurt[8]. Lancé sur les grands chemins, sur la trace des enfants insoumis, pour leur rejouer en toute occasion sa grande scène, le doyen donne de la paternité une image peu glorieuse et la plupart du temps comique. Les contemporains, et plus particulièrement Diderot, feront pourtant une lecture généralement « sérieuse » des œuvres de Prévost[9].

Parmi les nombreuses représentations du père, une des plus récurrentes se présente sous la forme d'un épisode traumatisant désigné par le terme de « malédiction paternelle ». Cette version profane et moderne de la parabole de l'enfant prodigue avertit qu'un mauvais fils encourt la colère de son père et risque de causer par ses incartades la mort de celui-ci. Par un jugement irrévocable, le père renie son fils en le vouant aux affres de la culpabilité et de l'impuissance. Maintes œuvres illustrent une telle exclusion de l'espace familial et montrent comment les enfants sont condamnés à végéter dans une quasi-inexistence tant qu'ils n'ont pas recouvré l'assentiment paternel[10]. Diderot a tenu à rédiger lui-même l'article « Malédiction » de l'*Encyclopédie*, qui se réduit à une courte définition : « Imprécation qu'on prononce contre quelque objet malfaisant. Un père irrité maudit son enfant [...]. On croit que la malédiction assise sur un être est une espèce de caractère. » Cette idée qu'une superstition est attachée au pouvoir paternel plaît manifestement à Diderot qui en a fait un élément important de sa dramaturgie[11].

En 1801, l'auteur d'un *Essai sur la puissance paternelle*, destiné à restaurer une image et un pouvoir malmenés durant les années révolutionnaires, ne manque pas d'évoquer le thème de la « malédiction » dont il situe l'origine dans la tragédie grecque[12]. Il insiste sur ce point particulier en lui consacrant un chapitre, parce que la culture des Lumières en avait fait un de ses mythes propres. Diderot, plus qu'aucun autre, y a puisé une inspiration sans cesse renouvelée, à travers laquelle il a aimé se mettre lui-même en scène. Dès sa jeunesse, et comme la plupart des écrivains contemporains qui se sont émancipés de leur famille pour aller chercher fortune et gloire à la ville, il a dû affronter la loi paternelle.

Quand, en 1743, il revient à Langres annoncer son projet de mariage, son père le fait enfermer dans un couvent dont il s'évade pour retourner à Paris épouser Antoinette Champion. Six ans plus tard, alors emprisonné au donjon de Vincennes, il reçoit une lettre du vieux coutelier qui lui promet à nouveau ses « bonnes grâces » à la condition qu'il donne au public quelques productions chrétiennes et qu'il lui marque « au vrai et sans équivoque » s'il est marié et s'il a deux enfants comme on le lui a écrit de Paris. Malgré une réconciliation tardive, en 1754, la culpabilité ancienne de Diderot s'exprime encore dans la lettre où il apprend à Grimm la mort de son père : « Je n'aurai vu mourir ni mon père, ni ma mère. Je ne vous cacherai point que je regarde cette malédiction comme celle du ciel[13]. » À l'heure de la séparation définitive, le fantasme de la « malédiction » vient raviver la crainte d'avoir toujours manqué aux devoirs sacrés de la piété filiale.

Dix ans plus tard, de retour au pays natal, Diderot évoque la « vocation générale » du rôle paternel en s'abandonnant à la rêverie nostalgique, et parfaitement utopique, d'une famille réunie :

> Il est minuit. Je suis seul, je me rappelle ces bonnes gens, ces bons parents ; et mon cœur se serre quand je pense qu'ils ont eu toutes les inquiétudes qu'ils devaient éprouver, sur le sort d'un jeune homme violent et passionné, abandonné sans guide à tous les fâcheux hasards d'une capitale immense, le séjour du crime et des vices, sans avoir recueilli un instant de la douceur qu'ils auraient eue à le voir, à en entendre parler, lorsqu'il eut acquis par sa bonté naturelle et par l'usage de ses talents, la considération dont il jouit ; et souhaitez après cela d'être père ! J'ai fait le malheur de mon père, la douleur de ma mère tandis qu'ils ont vécu, et si, je suis un des enfants les mieux nés qu'on puisse se promettre[14].

Diderot aime à se projeter dans une scène pathétique dont les arts de son temps ont maintes fois reproduit la fantasmagorie, parce qu'il y trouve un indiscutable plaisir et une émotion théâtrale. Mais il ne cède qu'un moment à la plainte orpheline et à la culpabilité, car l'image paternelle n'a chez lui rien de fatalement écrasant pour les fils. Son œuvre annonce plutôt la perspective d'un nouveau pacte entre les générations, et ouvre un débat qui laisse le champ libre à une contestation réciproque : c'est le cas, en 1771, dans *L'Entretien d'un père avec ses enfants*, qui, comme son titre l'indique, permet un dialogue avec le père tout-puissant, et dans *Les Pères malheureux* (tragédie en prose et en un acte, de la même année) dont la leçon est que la malédiction paternelle fait le malheur du père comme du fils. Le fatal épisode domestique est donc tempéré par un jeu de miroir où s'équilibrent les rôles antagonistes. C'est le thème principal des célèbres drames de Diderot. Dans *Le Père de famille*, Saint-Albin est maudit par son père, mais il remarque que celui-ci avait eu à subir, dans les mêmes circonstances, le même sort. *Le Fils naturel* illustre une semblable réversibilité des images, puisqu'il met en scène le retour d'un « père prodigue ».

Greuze et Rétif de La Bretonne ont traité plus explicitement, en peinture et dans le roman, le thème de la « malédiction paternelle ». De l'image du père si présente dans la peinture de l'époque, Greuze tout particulièrement a fait son sujet de prédilection. *L'Accordée de village* de 1761 offre le spectacle d'une autorité incontestée, comme le souligne le commentaire de Diderot : « Le père est le seul qui parle. Le reste écoute et se tait[15]. » Même noble figure centrale dans *Le Père qui lit l'Écriture sainte à ses enfants*, *Le Paralytique* ou *La Dame de charité*. Le peintre ne s'est pas cantonné dans ces scènes de famille vertueuses et pacifiées. Il a aimé montrer également l'affrontement violent des fils et des pères. Le morceau de réception grâce auquel il fut reçu à l'Académie, en 1769, a pour sujet un parricide : « L'empereur Sévère reproche à Caracalla son fils, d'avoir voulu l'assassiner dans les défilés d'Écosse. » Greuze transpose ici dans le registre de la peinture d'histoire la véhémence paternelle qu'expriment la main tendue et l'index accusateur de Septime Sévère.

En 1765, il expose deux lavis intitulés *Le Fils ingrat* et *Le Fils puni*, diptyque où un fils cause la mort d'un père, selon le lieu commun si souvent illustré alors. La réaction enthousiaste de Diderot (« Cela est beau, très beau, sublime ; tout, tout[16] ») l'a sans doute poussé à reprendre ce sujet de manière plus monumentale, en réalisant son chef-d'œuvre de 1777-1778, *La Malédiction paternelle*, où il associe à nouveau *Le Fils ingrat* et *Le Fils puni*. La fatale scène de rupture est représentée dans le premier volet du diptyque auquel la vigoureuse injonction du père chassant le fils du paradis familial confère un mouvement de bas-relief. À propos du *Fils ingrat* de 1765, Diderot avait traité le nouvel enrôlé de « jeune libertin » en s'identifiant spontanément au personnage de ce fils « dénaturé[17] ». Le peintre introduit explicitement cette dimension troublante dans son tableau. Au système vertueux de la paternité se trouve confronté, à travers le personnage du soldat recruteur, un univers ricanant et satanique auquel le fils, dans un état second et les yeux exorbités, ne résiste pas. Posté sur le seuil, le soldat invite au monde de la bambochade. Il annonce tous les périls extérieurs et les dangers de la ville évoqués par Diderot lorsqu'il se rappelle les alarmes qu'il a dû causer à ses parents.

En écho à ce célèbre tableau, Rétif de La Bretonne publie un an plus tard, en 1779, *La Malédiction paternelle*, roman qui vient s'inscrire dans une mythologie paternelle très originale par son syncrétisme, puisque l'écrivain évoque aussi bien Abraham et Hercule que certains héros de Plutarque. Une série d'ouvrages composent un étonnant cycle autobiographique où s'affrontent plusieurs générations de Rétif. Dans *L'École des pères* (1776) et *La Vie de mon père* (1779), l'ordre paternel s'impose partout à travers de nombreux relais (curés, instituteurs) qui surveillent de si près l'éducation, les amours et le travail de chacun qu'ils en viennent à susciter une contestation violente.

La crise familiale qui constitue le sujet de *La Malédiction paternelle* a pour origine le mariage du fils avec une anglaise. Le père envoie à celui-ci une lettre très irritée dans laquelle il annonce que sa malédiction est prête (« au lit de la mort où tu me réduis »). De retour au foyer paternel pour faire révoquer la terrible sentence, le fils est, à la différence d'Ulysse à Ithaque, ignoré des animaux mêmes, de ces bêtes domestiques qui, chez Rétif, participent aux joies et aux peines, et sont comme le symbole de la communauté patriarcale. Le roman accorde ainsi un pouvoir quasi magique à la malédiction paternelle, si bien que le fils maudit acquiert par là même une « espèce de caractère », pour reprendre l'expression de Diderot dans l'article « Malédiction » de l'*Encyclopédie*. À genoux, il résiste au père qui, loin de revenir sur sa menace, prononce le terrible désaveu qui est la marque de sa toute-puissance sur sa progéniture : ainsi s'accomplit la « catastrophe » tant redoutée. Pour avoir désobéi à son « Dieu visible », le fils se complaît alors dans une déchéance à laquelle celui-ci l'a condamné.

Comme *Les Pères malheureux* de Diderot, l'ouvrage montre que cet acte abusif fait le malheur de tous, ainsi qu'en prévient le terrible père, accablé jusqu'à sa mort par son arrêt tyrannique [18]. Avec ce livre, qui ne compte certes pas parmi ses plus réussis, Rétif a pourtant souhaité introduire à ses ouvrages ultérieurs, tous désignés comme « œuvres posthumes du fils maudit par son père » : à travers ce personnage, et en imputant au père ses propres écarts, l'écrivain opère en effet un retournement où se fondent sa liberté et une écriture nouvelle [19].

### *Leçons d'une scène capitale*

Multiple et ambiguë, la représentation du père au XVIIIe siècle tend à opposer au paradigme des pères tyranniques une galerie de bons pères. Les pères violents aiment parfois inverser le cours des grandes scènes hystériques qu'ils ont suscitées. Ils ont en effet de « bons retours », selon l'expression de Rétif dans *La Vie de mon père*. Une étrange sensation de volupté émane de ces moments de réconciliation où les enfants font acte d'allégeance. Ainsi s'exprime toute une part trouble de la sensibilité des Lumières.

En faisant surgir une figure du père très archaïque associée à celle du dieu vengeur de la Bible, la scène de la « malédiction » annonce une remise en cause générale de la puissance paternelle envisagée dans sa mauvaise part. Ce psychodrame aboutit en effet à une révélation cruciale permettant de mesurer, sur le mode halluciné et mélodramatique, les risques d'une émancipation désirée et ainsi d'en préparer l'épreuve. On peut y lire la peur de toute une génération portée à se faire anathème et qui est déjà prête à subir cette forme laïque et domestique de l'excommunication qu'est la malédiction d'un père. Ces enfants rebelles se complaisent à s'imaginer orphelins. Au moment d'affronter une sorte d'imago disproportionnée avec laquelle ils sont éternellement en procès, et en face de laquelle ils ont la certitude de ne pas faire le poids, ils sont déjà dans l'angoisse à l'idée que le père vienne à manquer, ou même qu'il soit perdu à jamais. Hölderlin a fait de cette nostalgie le thème principal d'*Hypérion*. Dans son existence même, il est hanté par un surmoi impitoyable et persécuteur, et surtout par les figures écrasantes des grands hommes de Weimar. Privé de son énergie propre par des images paternelles démesurées, incapable de jamais trouver la bonne distance avec elles et cédant à ce vertige de dépossession où s'abîme son identité, il n'est plus qu'un banni dont l'errance est une image de l'exil absolu.

Les hommes des Lumières ne se sont pas enfermés dans un semblable piège. Le thème paternel qui les obsède illustre d'abord la recherche obstinée d'autres modèles et d'une nouvelle alliance. C'est en ce sens que Diderot en vient à proclamer dans une de ses dernières œuvres : « J'aime mieux m'exagérer le bienfait paternel que d'affaiblir la reconnaissance filiale[20]. » Sous son aspect bienveillant et réconcilié, l'image du père de famille est destinée à remplir une fonction essentielle. C'est précisément cette familiarité et ce dépouillement de tous les signes de distinction qui en font une abstraction morale et une pure surface vierge. À travers elle, on tend à imposer une éthique universaliste, à remplacer la société d'ordres avec ses rites séparés par une société plus homogène et plus égalitaire, car dans cette figure du père les privilèges s'abolissent et le roi lui-même retrouve la nature.

Sous le couvert de la douceur, et pour ainsi dire en douce, ce bon père, dont l'apparence est parfois un peu molle, produit un effet radical et subversif qui représente une réelle capacité d'ébranlement : il est en fait le cheval de Troie du XVIII^e^ siècle. L'espace domestique où il apparaît annonce d'autres scènes plus publiques. Ainsi, de la peinture de genre à la peinture d'histoire, du drame bourgeois aux éloges des grands hommes, s'opère insensiblement, et par des voies secrètes, le passage du père de famille aux pères de la nation. Diderot accompagne et orchestre génialement ce processus comme l'illustre le nouveau théâtre, encore virtuel pour une grande part, dont il rêve dans *Le Fils naturel* et les *Entretiens sur le Fils naturel.* Dans cette œuvre hybride, à la fois drame et roman, il invente en effet des liturgies pleines d'avenir.

Rappelons que, selon la trame de la pièce, Lysimond (le père aventureux qui est de retour) reconnaît en Dorval un fils naturel, lui révélant par là même que celle dont il est épris est sa sœur. Le père fait alors à sa famille l'étonnante proposition de représenter, dans une mise en scène à usage domestique, les épreuves qu'elle a traversées afin, dit-il, de « conserver la mémoire d'un événement qui nous touche et de le rendre tel qu'il s'est passé ». Et il ajoute que cette cérémonie serait renouvelée « par nous-mêmes tous les ans, dans cette maison, dans ce salon ». Mais il meurt aussitôt et cette célébration se transforme en une cérémonie funèbre qui est également un rituel libérateur pour exorciser les errements paternels. En appelant aussi manifestement de ses vœux, en 1757, un théâtre qui soit le sanctuaire d'une commémoration laïque, Diderot dévoile un fantasme propre aux Lumières.

Par une concomitance qui n'a sans doute rien de surprenant, l'Académie française décide un an plus tard de proposer pour le concours d'éloquence l'éloge des grands hommes de la nation : ainsi cette institution allait-elle être, pendant trente ans, le théâtre d'un long psychodrame collectif et d'une commémoration essentielle, où seraient désignés, au tribunal de l'opinion publique et dans un jugement dernier laïc, les vrais pères de la patrie.

L'image du père se révèle donc, par bien des aspects, comme la clef symbolique qui rend possible la constitution du culte des grands hommes. Elle en compose indéniablement la base et la véritable assise idéologique. Selon l'auteur de l'*Essai sur la puissance paternelle*, le renforcement de la figure du père à Rome a prêté à toutes les idolâtries. En France, au XVIIIe siècle, le même phénomène fut à l'origine d'une formidable imagerie. À l'avènement de Louis XVI, il y eut un regain de ferveur pour la personne du roi, et Rétif de La Bretonne put saluer alors, dans l'introduction de *L'École des pères*, le « gouvernement du père de famille ». Mais le monarque allait bientôt éprouver la concurrence d'autres images tutélaires, comme celle du patriarche de Ferney ou du « bon papa » Necker (selon la formule de Michelet) qui lui raviraient la première place dans le cœur des Français. Quelques années plus tard il verrait passer, sous les fenêtres des Tuileries, le convoi de panthéonisation de Mirabeau et de Voltaire que la patrie reconnaissante consacrait alors comme de grands hommes véritablement nationaux et comme les seuls pères du peuple.

## *Chapitre II*

# LA MÉTAMORPHOSE DE LA GLOIRE

Plus fait douceur que violence.
La Fontaine [1].

Louis XIV devait son nom de Louis le Grand à ses fastes et à ses exploits, mais le vieux roi déclinant avait reconnu finalement qu'il avait trop aimé la « guerre et les bâtiments ». Sous son règne, déjà, certains moralistes avaient dénoncé ce goût pour le bruit des armes et pour une vaine ostentation. Après sa mort, la critique de la gloire ne tarda pas à se formuler de manière nouvelle. Au lieu de prétendre nier toute grandeur humaine en dissipant les prestiges du vieil idéal aristocratique, on voulut renouer avec la tradition humaniste de la Renaissance, en particulier avec la pensée stoïcienne, pour refonder sur d'autres bases un héroïsme de la valeur qui serait inséparable de la morale sociale. Le débat convenu sur les qualités du héros s'orienta dès lors vers une réflexion sur les mérites du « grand homme », notion ancienne, certes, mais qui retrouvait alors un nouveau lustre et qui allait jouer un rôle essentiel dans la culture des Lumières.

Dans un de ses premiers textes, Montesquieu déclarait avec une vigueur très prometteuse : « Nés pour la médiocrité, nous sommes accablés par les esprits sublimes. Pour qu'un homme soit au-dessus de l'humanité, il en coûte trop cher à tous les autres [2]. » On ne recherchait plus désormais le modèle de la valeur dans une éclatante aventure solitaire, mais dans des vertus plus en accord avec l'esprit de la cité. Plusieurs articles de l'*Encyclopédie* développèrent ce thème. Marmontel, par exemple, se félicita que la vraie gloire ait dorénavant « pour objet l'utile, l'honnête et le juste[3] » et l'article « Héros » laissait entendre qu'on renouait en cela avec un passé lointain, car « dans son origine l'héroïsme supposait le grand homme » : ainsi se définissait en référence à l'Antiquité et à l'usage des temps nouveaux une gloire empreinte de modération.

L'instinct belliqueux et les anciennes vertus guerrières furent de plus en plus décriés, et la guerre ne fit plus recette. En réaction précisément contre l'idéologie de conquête propre au règne de Louis XIV, l'abbé de Saint-Pierre avait publié en 1713 son *Projet pour rendre la paix perpétuelle en Europe.* Il y reprenait un vœu d'Henri IV explicité par Sully dans ses *Économies royales* : pour régler les différends entre États, on prévoyait d'ériger un tribunal permanent qui fût l'équivalent du tribunal des maréchaux de France pour les démêlés entre particuliers. Cette proposition ne parut pas sérieuse, parce qu'elle ne prévoyait aucune force dissuasive et coercitive pour faire appliquer ce nouveau droit entre nations. Si chimériques qu'ils soient, ces vœux pacifiques s'inscrivaient eux aussi dans le contexte plus large et bien réel d'une révision profonde des valeurs. Même si la guerre de Sept Ans vint apporter un cruel démenti à tous les doux rêveurs, l'heure de la gloire militaire avait sonné et celle-ci ne retrouverait qu'avec Bonaparte sa primauté et son ancien éclat. En attendant, et pour longtemps, le terme « glorieux », comme le précise Voltaire dans l'*Encyclopédie*, restera « toujours une injure[4] » : il sous-entend en effet le *miles gloriosus*, c'est-à-dire l'immémorial soldat fanfaron.

C'est Rousseau qui, dans *La Nouvelle Héloïse*, son grand roman publié en 1761, a le plus magistralement signalé le passage à une nouvelle époque de la gloire. Il a choisi d'y développer sa propre réflexion sur l'héroïsme en donnant un nouveau tour au long débat sur le duel. Cet épisode de son ouvrage fut constamment cité par la suite, comme une illustration particulièrement forte et éclairante de l'évolution des mœurs. Dans le petit drame de l'honneur qui se joue entre milord Édouard et Saint-Preux à propos de Julie, l'héroïne du livre, le duel finalement évité fait place à une scène touchante. Ce scénario exemplaire, intitulé « L'héroïsme de la valeur » pour suggérer qu'il existe une autre façon que la force brutale de vider la querelle, se présente comme un extraordinaire manifeste à la fois esthétique et idéologique.

Pour signifier solennellement son refus du duel, milord Édouard organise une étrange cérémonie qui est un adoubement inversé et pour laquelle il lui faut des « spectateurs ». Dans le rite féodal, l'agenouillement et le soufflet vouaient l'initié à l'exubérance noble. À genoux, milord Édouard abjure, au contraire, une agressivité millénaire et l'antique vaillance comme signe distinctif. Il abdique ainsi le rôle de représentation dévolu à la noblesse dans une société d'ordres, et qui consistait à fonder le sens de la société tout entière en donnant le spectacle d'une vertu accomplie. Il veut qu'on honore en lui désormais un honneur sublimé, à la fois dépouillé de cette ancienne inflation de signes et ayant perdu toute trace d'une violence archaïque.

Avec cet épisode de « L'héroïsme de la valeur », Rousseau fait une correction du *Cid*. Au théâtre, genre faux et espace de convention, il oppose le roman nouveau des mœurs domestiques. À la scène théâtrale, qui ne saurait dans son principe que redoubler la geste et le paraître nobles, succède le « tableau » qui, dans le roman, peut montrer l'efficace de la raison. Du système de l'honneur on passe ainsi à celui de la valeur, mais sans perte d'énergie. Le cornélianisme de Rousseau consiste à vouloir préserver – dans l'ordre paisible de la valeur – la générosité, la vaillance et ce qui est désigné comme la « pétulance » à propos de Saint-Preux.

Selon la *Lettre à d'Alembert*, dans la longue digression sur l'honneur, il aurait fallu nommer « cour d'honneur » le tribunal des maréchaux de France institué pour régler les différends et placer cette cour au-dessus du roi : avec cette conséquence que « le roi lui-même y eût été cité, quand il jeta sa canne par la fenêtre de peur, dit-il, de frapper un gentilhomme », et que le tribunal lui eût « décerné un prix d'honneur pour la modération du monarque dans la colère[5] ». Dans cette étonnante rêverie idéologique, Louis XIV lui-même, comme milord Édouard, est appelé à l'« héroïsme de la valeur », c'est-à-dire à une conversion à l'« ordre bourgeois ». Là est bien en effet l'horizon du débat sur le grand homme.

## *Hommes illustres et grands hommes*

L'insistance nouvelle mise au XVIIIe siècle sur la notion de « mérite personnel », comme la volonté maintes fois exprimée de définir le « vrai mérite » à partir de critères rigoureux, loin d'être absolument originale, illustrait une très ancienne doléance. Déjà Guillaume du Bellay suggérait d'imiter les anciens « empereurs de la Grèce » soucieux d'avoir auprès d'eux des « interprètes de mémoire » pour recenser tous ceux « qui s'étaient noblement portés au profit et honneur de la chose publique[6] ». Monluc souhaitait, de la même façon, qu'on ouvrît des livres d'honneur, et Noël du Fail des recueils « de la renommée et réputation des hommes de valeur[7] ». Ces registres devaient déjouer l'arbitraire des faveurs royales ou pallier le manque de discernement du roi. Mais, avec l'absolutisme, il fallut mendier ou acheter les honneurs, si bien qu'au cours du XVIIIe siècle l'opinion publique fut convaincue qu'il y avait là une injustice criante. Comme le remarque Montesquieu, le roi « aime à gratifier ceux qui le servent », mais « sans examiner si celui qu'il comble de biens est homme de mérite, il croit que son choix va le rendre tel[8] ».

Or, on n'accepte plus désormais que la valeur dépende du bon plaisir du monarque ou de la préséance d'un monde séparé. Elle doit s'afficher comme une vertu évidente et contagieuse qui soit susceptible d'être acquise par tous, au moyen d'une nouvelle exemplarité et d'une nouvelle pédagogie héroïque. Le moment est venu d'universaliser la gloire en la dissociant d'un honneur exclusif qui se présente comme la passion et la vanité d'une seule classe sociale. Dans l'article « Honneur » de l'*Encyclopédie*, Saint-Lambert observe un notable progrès depuis l'origine des temps où seule « la force du corps était le fondement de la valeur », car désormais la marque distinctive pour annoncer « à la nation qu'un tel citoyen est un homme de mérite et d'honneur » tient à la supériorité des lumières et des talents.

À la suite de La Bruyère, qui avait réévalué la notion de mérite, Voltaire mit radicalement en cause, dans une lettre célèbre, la traditionnelle prééminence du guerrier dans une société dont il était demeuré jusque-là l'ornement principal :

> Quand je vous ai demandé des anecdotes sur le siècle de Louis XIV, c'est moins sur sa personne que sur les arts qui ont fleuri en son temps. J'aimerais mieux des détails sur Racine et Despréaux, sur Quinault, Lully, Molière, Lebrun, Bossuet, Poussin, Descartes, etc. que sur la bataille de Stinkerke. Il ne reste plus rien que le nom de ceux qui ont conduit des bataillons et des escadrons. Il ne revient rien au genre humain de cent batailles données, mais les grands hommes dont je vous parle ont préparé des plaisirs purs et durables aux hommes qui ne sont point encore nés. Une écluse du canal qui joint les deux mers, un tableau du Poussin, une belle tragédie, une vérité découverte sont des choses mille fois plus précieuses que toutes les annales de cour, que toutes les relations de campagnes. Vous savez que chez moi les grands hommes vont les premiers, et les héros les derniers. J'appelle grands hommes tous ceux qui ont excellé dans l'utile ou dans l'agréable. Les saccageurs de provinces ne sont que héros[9].

Un tel renversement de perspective n'avait rien de vraiment soudain, car les anciennes hiérarchies avaient connu quelques flottements. Les dictionnaires historiques avaient adopté l'ordre alphabétique aux dépens des distinctions habituellement admises, et ils tendaient à respecter dans leurs notices une même règle égalitaire qui opérait une certaine confusion des rangs. Quand Charles Perrault publie en 1696 le premier volume de son ouvrage intitulé *Les hommes illustres qui ont paru en France pendant ce siècle. Avec leurs portraits au naturel [...]*, il prévient qu'il veut célébrer tous ceux qui ont « fait honneur » à leur époque, y compris ceux qui se sont illustrés dans les lettres et dans les arts, et que chacun aura droit à la même place. Bien qu'il ait pris garde de prévoir des « classes toutes séparées les unes des autres », on lui reprocha d'avoir « mêlé » des artisans à des princes et à des cardinaux. S'il avança pour sa défense dans le second volume de son livre « que ces excellents hommes ne contribuèrent pas moins en leur manière à la gloire du siècle où ils ont vécu, que les grands hommes d'État et les grands Capitaines[10] », il obtempéra en y faisant la part plus belle aux « illustres », dans le sens formel de « grands dignitaires », aux dépens des hommes de lettres et des artistes. Néanmoins, cette catégorie traditionnellement en usage, fondée exclusivement sur le rang, apparaissait désormais bien surannée.

Antoine Teissier rencontra un accueil favorable en traduisant du latin les éloges des hommes savants de l'*Histoire* du président de Thou[11] ; Charles Ancillon eut, au contraire, peu de succès lorsqu'il publia en 1700 (à partir du même ouvrage) une traduction des éloges des « hommes illustres, c'est-à-dire des Empereurs, des Rois, des Princes, des Papes, des Cardinaux et des grands Capitaines en tant qu'ils ont été tels et qu'ils ont acquis de la réputation dans l'exercice de leurs dignités, et non pas en tant qu'ils ont été savants[12] ». Les positions exclusivement hiérarchiques, même ornées de quelques vertus, avaient en effet perdu de leur ancien prestige et cessé d'en imposer comme autrefois. On n'y voyait plus qu'une vaine grandeur. Duclos établira bientôt la différence entre ceux qui ont acquis par eux-mêmes un mérite dont ils ont pour cette raison la pleine jouissance et ceux qui sont, en quelque sorte, simplement « assujettis » par leur état à une renommée tout extérieure[13]. Comme en témoigne le *Dictionnaire de Trévoux*, l'idée a fini par prévaloir dans l'opinion que « ce ne sont ni les grandes places, ni les grandes dignités qui font les grands hommes, c'est le grand mérite[14] ».

L'abbé de Saint-Pierre contribua plus qu'aucun autre au débat sur la gloire, particulièrement dans son *Discours sur les différences du grand homme et de l'homme illustre*[15], opuscule qu'il aurait souhaité voir « mis à la tête des *Hommes illustres* de Plutarque ». Si l'homme illustre se caractérise, selon lui, par le succès et le talent dans son domaine, on ne devient grand homme « que par les seules qualités intérieures de l'esprit et du cœur et par les grands bienfaits que l'on procure à la société[16] », c'est-à-dire par un « motif vertueux » à la différence des « motifs communs de ceux qui ne sont que des hommes illustres[17] ». On comprend dans ces conditions pourquoi Saint-Pierre inventa « le mot de gloriole[18] » qui lui servit à dénoncer sans relâche la fausse gloire, si peu soucieuce du bien public. Retenant le sens civique comme tout premier critère dans l'établissement de son palmarès historique, il oppose Alexandre, trop obsédé de sa propre gloire, à Épaminondas tout dévoué à l'intérêt commun, ou à Solon animé d'un grand zèle pour la défense de la cité. César, de même, ne fut, selon lui, qu'un « ambitieux ordinaire [19] ». Parmi les modernes, Descartes est distingué avant tous les autres pour son désintéressement : « Il avait pour son entreprise un motif vertueux : il ne cherchait ni les revenus, ni les grands emplois ; il ne souhaitait que la gloire précieuse de rendre un très grand service à la société en général en perfectionnant la raison humaine [20]. » Quant aux rois, Louis XII et Henri IV sont préférés au superbe Charles Quint, parce qu'ils sont pleins de sollicitude pour leurs sujets.

S'il admet volontiers qu'un « grand commerçant vaut mieux qu'un grand capitaine », Saint-Pierre est bien loin, cependant, de promettre la gloire à toutes les formes de mérite. Ainsi reproche-t-il à Charles Perrault d'avoir fait figurer dans son ouvrage des jardiniers, des astronomes, des musiciens, des graveurs « qui n'étaient ni de grands hommes, ni même des hommes illustres tout court [21] ». C'est sans doute sa position morale contre le luxe qui l'amène à souhaiter que soient maintenus dans l'obscurité tous ceux que l'*Encyclopédie* s'emploiera, quelques années plus tard, à mettre enfin à l'honneur. Mais, surtout, le grand homme représentant, selon lui, un patrimoine irremplaçable, il convient de ne retenir que les plus hauts exemples et les mieux appropriés à ce qu'il envisage comme un vaste programme de pédagogie nationale. Il s'emploie donc à établir des hiérarchies comme à indiquer la différence entre le grand homme et le saint. Cet effort de définition est destiné en premier lieu aux jeunes gens qui s'intéressent spontanément à de tels sujets et aiment lire Plutarque. Pour que cet enthousiasme juvénile soit pleinement mis à profit dans l'éducation, les collégiens devraient pouvoir s'enrichir de grands modèles et apprendre « à disputer sur les comparaisons [22] ». Réformé dans le même sens que les études, le théâtre nous apprendrait lui aussi « à nous connaître en bonne gloire [23] » ; « et je ne désespère pas, conclut Saint-Pierre, que nos successeurs n'entendent chanter avec plus de plaisir les sentiments et les actions des grands hommes [24] ».

Saint-Pierre a conçu un projet idéologique où se dessine déjà le culte des grands hommes tel qu'il se développera au cours du siècle : on le voit se poser sans délai en conseiller des écrivains et des artistes. Lecteur attentif de l'*Histoire de Charles XII*, il envoie à Voltaire son *Discours sur les différences du grand homme et de l'homme illustre* et lui enjoint de « ne plus donner que des histoires des vies des grands hommes et des histoires des règnes des rois illustres », en lançant pour finir une solennelle exhortation à celui qui prétendait alors renouveler tout à la fois l'histoire, l'épopée et le théâtre :

> Destinez le reste de votre vie non plus à divertir les dames d'esprit et d'autres enfants, songez à instruire les hommes, à instruire ceux qui nous instruisent et à gouverner ceux qui nous gouvernent, enfin donnez-nous des modèles d'histoire. Il est vrai qu'il faut pour cela une grande ambition. Et une grande patience. Et je ne sais encore si vous en avez assez, mais essayez et laissez là vos ouvrages de *gloriole* pour marcher pour ainsi dire vers le sublime de la gloire. Paradis aux bienfaisants[25].

S'il ne manquait pas de lucidité en ce qui concerne le destin de Voltaire, l'abbé de Saint-Pierre croyait un peu trop vite, comme tous les utopistes, que la culture pouvait être réformée d'une façon volontaire et expéditive. Son programme pédagogique sera effectivement pris en compte au niveau institutionnel et national qu'il souhaitait, mais ce sera beaucoup plus tard : l'Académie, s'inspirant explicitement de ses vues, décidera en 1758 de proposer pour ses concours l'éloge des grands hommes ; les commandes royales de bustes et de portraits sous la conduite de d'Angiviller s'inscriront quinze ans plus tard dans la même visée, en prenant la forme d'une véritable politique culturelle. Mais, pour que le culte des grands hommes s'affirme ainsi en tant que tel sous la forme d'une vulgate propre aux Lumières, il faudra d'abord que s'accomplisse une maturation secrète dans le creuset des grandes œuvres.

Il convient d'évoquer en tout premier lieu, sur ce point, l'historiographie voltairienne, dont la nouveauté tient au rôle éminent qu'y joue la notion de grand homme et à la volonté de s'émanciper des interprétations providentialistes qui vont de pair avec les anciennes légendes guerrières et le culte des héros. Cela rend définitivement caduques la geste fabuleuse des rois et l'histoire mythique du passé, au profit d'une histoire générale des faits empiriques. En dépit de son goût du détail inspiré de Bayle, Voltaire aime embrasser de vastes perspectives attestant le progrès de l'esprit humain, comme le feront plus tard d'Alembert et Condorcet. L'*Introduction au siècle de Louis XIV* dévoile ainsi le principe d'une nouvelle histoire qui privilégie « les âges heureux où les arts ont été perfectionnés ». Les grands hommes, dont le génie épouse alors celui des nations, donnent leur nom à ces quelques phases prodigieuses, au nombre de quatre, où le temps s'accélère : après Philippe et Alexandre, César et Auguste, les Médicis, Louis XIV annonce en son siècle une révolution qui prépare celui des philosophes. Avec *Le Siècle de Louis XIV*, le débat sur le héros qui avait été engagé par les moralistes acquiert une profondeur historique et idéologique tout à fait nouvelle.

Depuis Montaigne, qui ne cessait de réviser sa liste des grands hommes de l'Antiquité[26], l'examen des gloires du passé, pour y trouver des garants et des modèles, était devenu un exercice académique auquel tous les auteurs se pliaient. Saint-Évremond, par exemple, dans son essai *Sur Alexandre et César*, édité en 1664, reprend un des parallèles les plus communément admis et sur lequel La Bruyère donne lui aussi son arbitrage. Diderot puis Chateaubriand et Stendhal aimeront à leur tour s'instituer ainsi en juges des grandeurs passées. Pour Voltaire, ou Montesquieu, il s'agissait par là de proposer une interprétation de l'histoire d'une portée beaucoup plus générale. Au Club de l'Entresol dont font partie, entre autres, l'abbé de Saint-Pierre et le président Hénault, Montesquieu lit vers 1724 son *Dialogue de Sylla et d'Eucrate* où il donne les premiers éléments du thème anti-héroïque qui ne va cesser de s'affirmer dans son œuvre. On comprend que Bonaparte ait affecté de ne voir qu'une « pompeuse analyse[27] » dans cet ouvrage fait pour dénoncer les héros peu économes de leur peuple. Au-delà de la seule affirmation morale, il s'agit de prendre acte de la disparition à peu près complète de la « valeur héroïque » et de l'« esprit de gloire » par une évolution inéluctable de la société et des mœurs, et parce que « la philosophie a gagné du terrain[28] ». Montesquieu, compte tenu de ce nouvel horizon et parce qu'il est finalement peu enclin à surévaluer le rôle des grands personnages dans l'histoire, en vient à s'intéresser plus particulièrement à ceux qu'il qualifie de « grands hommes modérés[29] ». Par un « malheur attaché à la condition humaine », ils sont beaucoup trop « rares », comme l'illustre la petite série d'élus retenus dans l'*Esprit des lois*.

On y trouve Mithridate, un « roi magnanime » épris de liberté, et Alexandre pourtant tellement décrié au XVIIIe siècle (si l'on excepte Voltaire et Linguet) parce qu'on l'identifie à Louis XIV dans sa mauvaise part guerrière. Montesquieu en fait un homme frugal, bien éloigné de la « pure ostentation de César », un conquérant modèle qui, au lieu de s'avancer en « usurpateur » pour tout détruire à la façon des Romains, s'emploie à « tout conserver » : « Il semblait qu'il n'eût conquis que pour être le monarque particulier de chaque nation et le premier citoyen de chaque ville[30]. » D'après cette vision paradoxale, Alexandre favorise dans ses conquêtes, en quelque sorte par anticipation, « les mœurs que le commerce inspire[31] », comme si à travers lui venait se réduire idéalement, par-delà les différents âges, une des grandes antithèses qui parcourt l'*Esprit des lois*. Dans l'époque moderne, l'équivalent de ce personnage emblématique est Charlemagne :

> Ce prince prodigieux était extrêmement modéré ; son caractère était doux, ses manières simples ; il aimait à vivre avec les gens de sa cour [...] Il mit une règle admirable dans sa dépense : il fit valoir ses domaines avec sagesse, avec attention, avec économie ; un père de famille pourrait apprendre dans ses lois à gouverner sa maison[32].

Ainsi légitimée selon les critères propres à l'époque des Lumières, la figure de Charlemagne sera aussitôt adoptée par le nouvel imaginaire national, et bien des écrivains ultérieurs verront en lui « le plus grand homme de l'Europe moderne », auprès duquel « le nom de Louis XIV pâlit[33] ».

Dans la période qui s'ouvre, on se risque apparemment à vouloir faire un véritable drapeau de la notion morale de « modération », certes pleine d'intérêt mais plutôt terne à première vue comme thème de ralliement. On dénonce donc la violence et tous les excès pour lesquels les historiens ont marqué jusque-là trop de complaisance. Depuis que Saint-Réal avait critiqué une histoire exclusivement cruelle flattant le même goût pervers que les courses de taureaux ou les jeux du cirque[34], on n'avait cessé de flétrir ces listes de forfaits en souhaitant que l'histoire offre plutôt des exemples à l'édification civique et un « recueil d'expériences morales[35] » donnant peu d'aliment à la maligne curiosité. Suétone devait s'effacer à jamais devant Rollin pour le plus grand bienfait des collégiens.

Tout enivré de sa vision morale, l'abbé de Saint-Pierre ne doutait pas un instant que la culture ne se résorbe bientôt dans les rudiments d'un catéchisme qui seul lui importait. Il était si persuadé, note Bachaumont, que « tous les arts où il ne voyait pas une utilité immédiate tomberaient un jour dans le mépris, qu'après avoir entendu une tragédie pleine d'intérêt et de chaleur, mais qui ne présentait à son esprit aucune idée essentiellement utile, il dit froidement : “cela est encore fort beau[36]” ».

Il est vrai que, loin de partager ces terribles certitudes, Montesquieu se montre très sceptique quant à ce processus général de moralisation. Malgré l'adhésion croissante aux grands thèmes vertueux, ceux-ci manqueront toujours, selon lui, de verve et d'éclat : « L'héroïsme que la morale avoue ne touche que peu de gens. C'est l'héroïsme qui détruit la morale qui nous frappe et cause notre admiration[37]. » Les écrivains ultérieurs seront eux-mêmes traversés par une semblable interrogation. Écrivant *La Nouvelle Héloïse* en réaction contre les romans et les tragédies qui l'avaient si vivement enthousiasmé dans son enfance, Rousseau laisse finalement son héroïne, pourtant toute stoïcienne, exprimer une étrange insatisfaction : « Mon ami, je suis trop heureuse, le bonheur m'ennuie[38]. » Dans ce grand roman bourgeois des mœurs domestiques, qui préfère la simplicité honnête aux actions éclatantes, l'idée d'un manque secret s'insinue donc comme si la vertu ne suffisait pas en fin de compte aux belles âmes. C'est que la rigoureuse économie morale, sans accident ni surprise, n'échappe pas au péril de la monotonie et que ce trop savant équilibre a quelque chose de fatal. Diderot est également conscient de ce risque. C'est pourquoi, oubliant qu'il a d'abord proposé comme « objet commun » aux arts d'imitation de « nous faire aimer la vertu et haïr le vice », il en vient finalement à se passionner tout autant pour les images fortes[39]. Voltaire, de même, tellement soucieux de ne pas ennuyer son public, ne respecte pas toujours les principes historiographiques dont il se réclame, et accorde, en vérité, une place importante aux actions militaires comme à certains « héros » turbulents – Charles XII, Pierre le Grand – qui, de ce point de vue, ne sont pas véritablement de grands hommes.

L'auteur de l'*Esprit des lois* se faisait manifestement peu d'illusion sur le pouvoir de fascination de ses « grands hommes modérés ». Sans vraiment les renier, il avait suggéré que l'imagerie qui pourrait en procéder avait peu d'avenir. C'était fortement mettre en doute la capacité du nouvel héroïsme des Lumières à fonder une légende qui fasse rêver les contemporains. Et pourtant, malgré cet avertissement et ces incertitudes diverses, « l'héroïsme que la morale avoue », bien moins stérile et inefficace que Montesquieu ne l'imaginait, allait de fait toucher beaucoup de monde et inspirer une nouvelle imagerie durable dont le succès irait grandissant. Il est vrai que de nombreux écrivains s'attacheraient à le rendre intéressant aux yeux de l'opinion et à l'ancrer dans les représentations collectives.

« Quel sera le héros qui combattra un jour pour les droits de l'homme[40] ? » s'exclame Mercier qui suggère de renverser les statues des guerriers indûment immortalisés et d'honorer plutôt les chirurgiens qui, sur les champs de batailles, sont les « consolateurs de l'humanité[41] ». D'autres exemples de grandeur, plus familiers et communs, se trouvent aussi parmi les classes que l'orgueil méprise ; et, parfois, le chaume « couvre les mortels les plus généreux et les plus héroïques[42] ». Ainsi se précise le nouveau type, annoncé par Montesquieu, du héros qui n'a rien de surhumain : « Pour faire de grandes choses, il ne faut pas un si grand génie : il ne faut pas être au-dessus des hommes ; il faut être avec eux[43]. » Loin de diviser, la gloire qui convient aux temps nouveaux instaure une communauté solidaire et une étrange proximité qui est l'aspect le plus marquant comme le plus singulier du culte des grands hommes au XVIII^e^ siècle.

## *Le modèle fénelonien*

La noble figure de Fénelon a été promue avant toute autre au rôle d'enseigne du siècle des philosophes, qu'elle ouvre en le marquant de son irremplaçable et énigmatique gravité. Si l'auteur des *Aventures de Télémaque* a pu être ainsi retenu pour son caractère exemplaire et typique, c'est qu'il est apparu comme le premier à avoir donné l'exemple du « ton nécessaire[44] », celui de la simplicité et de la douceur, qui fonde l'harmonie civile, à travers lequel s'exprime la politesse tout humaine de l'époque nouvelle. « Je n'aime point son genre[45] », écrit Mme du Deffand, naturellement sceptique, et même effrayée par ce qui s'annonce avec lui, car il a su, mieux que personne, incarner le modèle du grand homme selon les Lumières. Par son rôle de pédagogue, qui lui confère une autorité toute paternelle, par ses épreuves dans la disgrâce et sa tolérance légendaire, il vint s'inscrire au centre de l'imagerie que son œuvre avait produite et fut le premier écrivain à être honoré d'un véritable culte.

C'est pour l'éducation d'un prince qu'il avait écrit *Les Aventures de Télémaque* et les *Dialogues des morts*, mais ces leçons privées eurent un grand succès pendant tout le siècle. L'essentiel en fut republié en 1789 sous forme d'extraits dans un recueil où Fénelon apparaît comme l'instituteur de la nation[46]. Il avait fondé en effet sa critique du passé sur celle des héros querelleurs (comme Ajax et Achille chez Homère) et dénoncé dans la fougue militaire un emportement funeste, comparable à celui « des fleuves débordés dont les ravages sont grands[47] ». La véritable grandeur ne résidait, selon lui, que dans « la modération, la justice, la modestie, l'humanité[48] ». Son dialogue entre Romulus et Numa Pompilius, opposant la gloire d'un roi sage et pacifique à celle d'un conquérant injuste, donne l'essentiel d'une pédagogie élémentaire reproduite sur tous les tons. La plupart des exemples proposés par Fénelon dans ses œuvres illustrent la supériorité du législateur, et cela d'autant plus que, tout comme le fera l'abbé de Saint-Pierre un peu plus tard, il se place dans la perspective d'une paix perpétuelle, d'une « sainte alliance modèle de toutes les paix[49] ». Le genre humain n'étant qu'une seule famille dispersée sur la terre, il appartient à une seule patrie. Dans cette vision de la « république universelle », la guerre est dénoncée comme le « déshonneur » de l'humanité, ainsi que l'assure Socrate à Alcibiade dans un des dialogues des morts. Le pacifisme humaniste et mystique de Fénelon ne laisse plus aucune place à l'honneur des armes.

Tout le plan d'éducation de Télémaque, comme celui du duc de Bourgogne[50], consiste à corriger un mauvais naturel en contenant l'impétuosité d'une jeunesse ardente. Ainsi prémuni contre toutes les formes de la précipitation, l'adolescent est à l'évidence destiné à être de préférence un grand homme et un roi père du peuple plutôt qu'un héros. Les armes de Télémaque, « dons précieux de la sage Minerve », que Mentor fit semblant « d'avoir reçues d'un excellent ouvrier de Salente », sont exclusivement décorées par des allégories de la paix : le rameau d'olivier, les Beaux-Arts « épouvantés des fureurs brutales de Mars », le fer civilisateur de la charrue, les bienfaits de Cérès évoquant l'âge d'or. Des armes ornées de tels emblèmes amènent leur détenteur à ne pas s'en servir et à déplorer plutôt les maux de la guerre en tâchant de les « adoucir » : « On le voyait aller dans les tentes secourir lui-même les malades et les mourants[51]. »

Le roman vise à définir le modèle du bon monarque dont débattent en Crète les hommes d'expérience réunis « pour examiner la sagesse de ceux qui paraîtront dignes de commander ». À Salente, c'est le souverain lui-même, Idoménée, qui fait amende honorable en critiquant la « fausse gloire dans laquelle on élève les rois[52] » : Mentor lui a enfin ouvert les yeux et l'a en quelque sorte régénéré[53]. Dans sa critique des fondements du pouvoir et de l'autorité, Fénelon met en cause la sacro-sainte puissance paternelle, en souhaitant que le père soit d'abord un ami et un protecteur. Dans la Bétique, par exemple, le père de famille a certes le droit de corriger chacun des enfants, mais cela est soumis à une juridiction élargie, car « il prend les avis du reste de la famille », et, finalement, les punitions n'arrivent presque jamais. À la question de savoir si l'on peut contester que les pères aient « pleine autorité sur les enfants », un personnage des dialogues répond hardiment :

> Oui je l'ose : quoiqu'un homme soit mon père, je suis homme aussi bien que lui, et aussi libre que lui, par la règle essentielle de l'humanité. Je lui dois de la reconnaissance et du respect ; mais enfin la nature ne m'a point fait dépendant de lui[54].

Mentor explique, dans le même sens, qu'à Salente les enfants « appartiennent moins à leurs parents qu'à la république[55] », et souhaite pour eux des « écoles publiques ». Fénelon annonce par là le thème rebelle qui s'exprimera, par la suite, de Rousseau à Mirabeau. Dans cette perspective, l'autorité paternelle dont tout le siècle, du moins jusqu'à la Révolution, dénonce les abus, n'apparaît pas fondée en nature mais relative aux mœurs et dépendante des lois. Rousseau donne, dans ses discours, l'expression la plus forte philosophiquement à cette idée que la famille est une association volontaire ayant tous les caractères d'une société politique. Mais c'est Fénelon qui avait le premier – là est l'aspect profondément émancipateur de son œuvre – énoncé nettement que toute autorité, celle du roi ou celle du père de famille, repose sur un contrat moral.

Le sujet même des *Aventures de Télémaque* est l'amour pieux d'un fils qui, entouré de figures paternelles suppléantes, recherche dans toutes les mers et à la merci des vents un père d'exception qui est le plus sage des héros[56]. Cette quête le conduit même aux enfers et aux Champs Élysées sur un théâtre d'ombres, purgatoire plaintif, espace infirme où les spectres n'ont plus la capacité de la colère. Libérés de leurs passions, ils n'ont pas le teint cramoisi de l'ancienne chevalerie et des guerriers bien vivants, mais leur étoile est loin d'être absolument ternie, comme le montre un étrange vieillard rencontré par Télémaque :

> C'était un mélange de tout ce que la vieillesse a de grave avec toutes les grâces de la jeunesse ; car ces grâces renaissent même dans les vieillards les plus caducs, au moment où ils sont introduits dans les Champs Élysées[57].

Parmi les vivants aussi, les vieillards de Fénelon jouissent d'une verdeur incomparable. Ils ont parfois gardé des charmes adolescents. Chateaubriand écrira de même, à propos de Chactas, que « le sourire était sur ses lèvres, la gaieté de la jeunesse dans ses traits[58] ». Ces êtres hybrides produits d'une douce chimère littéraire, ces stupéfiants jeunes-vieillards ont fait rêver tout un siècle, parce que leur aimable énergie en fait de secrets annonciateurs. Grimés comme des personnages de Favart, qui se métamorphosent au finale, ils peuvent à chaque instant retrouver leur jeunesse étincelante. Sous les fausses barbes, on entrevoit pour la première fois, avec Fénelon, les promesses d'un avenir souriant.

Débarrassées des sources guerrières de l'épopée, *Les Aventures de Télémaque* s'ordonnent ainsi exclusivement autour du projet pacifique de retrouver le père, projet qui s'accompagne d'une fondation méthodique de la mémoire : il est question, à chaque instant, « de l'origine, des héros, des poètes, de l'âge d'or, du déluge, des premières histoires du genre humain[59] ». Dans ce parcours initiatique, les personnages que rencontre Télémaque sont plutôt des hommes-livres que des guerriers vigoureux. Le pèlerinage de piété filiale, inscrit dans un culte privé, amène le jeune homme à se familiariser également avec les éléments de l'histoire collective, de même que tous les enfants sont appelés « dès leur tendre enfance à chanter les louanges des héros[60] ». C'est à l'art, surtout, que Mentor assigne la fonction de conserver la mémoire des belles actions et des grands hommes qui furent l'« ornement de leur siècle ». Télémaque a le rôle du catéchumène dans les mains des mystagogues. Dans les bas-reliefs du temple de Jupiter, à Salente, où sont représentées les « principales aventures du siège de Troie », il « chercha son père » et « le reconnut d'abord à ces fameuses actions dont il avait souvent ouï parler, et que Nestor même lui avait racontées ». En adaptant les éléments de la culture antique qui convenaient le mieux à son époque, Fénelon a inventé un répertoire de formes destinées à durer.

L'emprunt le plus important à l'Antiquité concerne la représentation des enfers et plus particulièrement le dialogue des morts. De ce genre, malicieusement retravaillé peu de temps auparavant par Fontenelle, Fénelon ne retient pas, quant à lui, la dimension satirique. En effet, si les plus grands hommes, et par exemple Ulysse, ont des « défauts qui les entraînent », cette faiblesse tout humaine ne doit nullement autoriser l'insolence et le manque d'égards, à quoi l'adolescence n'a que trop de propension. Mentor le précise à Télémaque : « La jeunesse, sans expérience, se livre à une critique présomptueuse, qui la dégoûte de tous les modèles qu'elle a besoin de suivre, et qui la jette dans une indocilité incurable. » Non seulement Télémaque doit « aimer, respecter, imiter » son père, quoiqu'il ne soit point parfait, mais il doit avoir une « haute estime pour Idoménée[61] ». S'il convient en effet d'encourager chez les adolescents un esprit de libre examen qui leur serve à mieux identifier la vraie valeur, il faut bien se garder de laisser se développer en eux le goût d'une stérile contestation et un dangereux scepticisme qui risqueraient, en refroidissant leur enthousiasme, de nuire à la capacité d'admirer, nécessaire à toute formation.

Sur les traces d'Énée, qui avait pu descendre dans l'Hadès (à la différence d'Ulysse confiné sur ses bords), Télémaque se rend à son tour au royaume des ombres[62]. En reprenant ce thème de la visite aux enfers, Fénelon se garde bien d'imiter l'ironie et les sarcasmes propres aux dialogues des morts de Lucien, dont le ton ne conviendrait pas à son roman pédagogique. Télémaque découvre, en cherchant son père, une topographie des enfers qui est pleine d'enseignements, car elle est fondée sur un clair partage entre le juste châtiment et la reconnaissance du vrai mérite. Le Tartare dévoile la fausse vertu et offre le spectacle exemplaire du jugement dernier des mauvais rois qui sont « plus rigoureusement tourmentés que les autres coupables[63] ». Depuis ces ténèbres, Télémaque entrevoit « la douce lumière du séjour des héros » aux Champs Élysées, où ceux-ci jouissent d'une « gloire toute divine ». Pourtant, même dans cette région heureuse, de notables distinctions subsistent : si les « hommes qui ont été l'ornement de leur siècle, la gloire et le bonheur du genre humain » occupent la place la plus éminente, les héros militaires dont la gloire est « beaucoup moindre » sont séparés d'eux « par un petit nuage[64] ». Ainsi la position de chacun correspond-elle à la nature et à la qualité de son mérite, si bien que cet itinéraire d'outre-tombe est pour Fénelon l'occasion de s'interroger, comme l'abbé de Saint-Pierre, sur la véritable gloire. Certains conquérants redoutables ne brillèrent pas par leur vertu, « aussi ne sont-ils que dans la seconde demeure des Champs Élysées ». Seuls les rois justes demeurent, sans inquiétude, au séjour pur des bienheureux : par exemple Imachos fondateur d'Argos, Cécrops qui a importé à Athènes les lois éclairées de l'Égypte, Érichton qui a introduit l'usage de l'argent nécessaire au commerce, ou Triptolème qui fit don de la charrue à l'agriculture. Au lieu d'une méditation sur la vanité de toutes choses, ou une variation chrétienne sur les châtiments et les récompenses, la visite de Télémaque aux enfers est donc une initiation qui tend à dévoiler essentiellement le rôle du jugement des hommes et de la mémoire collective dans la désignation des valeurs. Ce royaume des morts symbolique, avec le palmarès exact qu'il inscrit dans l'espace de ses zones réservées pour les différents mérites, annonce plutôt la notion laïque de postérité et l'image du Temple de mémoire qui se fonde sur elle.

Le couple de Mentor et de Télémaque, « un jeune héros que la sagesse mène par la main », illustre le thème antique du pédagogue et du disciple, dont l'avatar le plus célèbre fut l'enfance d'Achille sous la surveillance du centaure Chiron, imagerie diffusée tout au long du XVIII^e siècle et plus particulièrement utilisée pour l'illustration d'*Émile.* Livré à lui-même dans le désert, Télémaque rencontre Termosiris un ouvrage à la main et qui lui donne des livres pour le consoler[65]. Un tel cadeau, faisant de la littérature le supplément du père et du pédagogue absents, définit la fonction capitale assignée à celle-ci par Fénelon. À côté du maître et de son disciple, il aime évoquer pour cette raison l'autre couple, non moins canonique, du héros et du poète qui s'en fait le chantre, symbole du lien indissoluble qu'entretiennent la gloire et les belles lettres. Mais il y faut une liberté entière bien différente de cette allégeance courtisane si marquée dans le rôle d'historiographe[66]. Comme il ressort du dialogue entre Achille et Homère, un roi doit se faire aimer par les nourrissons des muses en leur offrant des récompenses et son estime, et exciter une « noble émulation » car, « quand un prince aime les lettres, il se forme pendant son règne beaucoup de grands hommes ». Dans cet engendrement prodigieux de gloires, l'homme de lettres a un rôle irremplaçable et se voit donc consacré comme un indispensable maître des signes.

À l'évidence, Fénelon s'accorde d'abord à lui-même la liberté royale de juger les rois. Le premier à s'instituer en tribunal souverain pour établir le tableau d'honneur de la monarchie française, il passe en revue, dans ses *Dialogues des morts*, les monarques successifs qu'il classe en leur attribuant leur juste place dans la mémoire du point de vue sans appel de la postérité. Voici donc, une fois pour toutes désignés à l'opinion, les cruels et les fourbes (Louis XI et Henri III), auxquels sont opposés les bons : François Ier, soutien des lettres et des arts, ou bien Louis XII et Henri IV présentés l'un et l'autre comme « pères du peuple ». Après ses *Dialogues entre les modernes*, il n'est pas surprenant de voir Fénelon s'aventurer à juger le présent sans timidité, par exemple dans la fameuse lettre à Louis XIV jamais expédiée ni publiée du vivant de l'auteur. Vrai prophète de malheur, il ose y faire pâlir la lumière aveuglante du Roi-Soleil[67]. De même qu'on doit, selon la légende, la publication des *Aventures de Télémaque* à l'indélicatesse d'un domestique qui en avait fait une copie, de même la lettre autographe à Louis XIV, qui devait rester secrète, circula finalement et fut lue par d'Alembert qui la publia dans une note de son *Éloge de Fénelon* en en faisant ainsi une des premières lettres ouvertes de ce monde nouveau où l'opinion publique allait devenir une puissance.

De mauvais précepteurs puis de vils conseillers expliquent, selon Fénelon, que Louis XIV ait persévéré dans les égarements du luxe et des conquêtes inutiles, alors qu'il aurait pu « acquérir tant de gloire solide et paisible ». Oublieux des « forces réelles du dedans », il a laissé péricliter le royaume, si bien que la France n'est plus « qu'un grand hôpital désolé et sans provision[68] ». C'est qu'il a cédé à une démesure qui endurcit le cœur et vénéré une « idole de gloire » qu'il faudra bien finalement abjurer : « car vous ne serez chrétien que dans l'humiliation. » L'abbé de Saint-Pierre, pour avoir osé s'attaquer publiquement, quant à lui, à la mémoire de Louis XIV dans son *Discours sur la polysynodie*, fut exclu de l'Académie. En prenant aussi délibérément Louis XIV pour cible, Fénelon et Saint-Pierre avaient marqué le passage entre deux époques où ne prévalait pas la même conception de la gloire.

La légende immédiate qui consacra Fénelon comme grand homme dans le sens nouveau du XVIIIe siècle se constitua d'abord grâce aux biographes et surtout à Ramsay, son principal témoin, qui publia une *Vie de Fénelon* en 1725, au moment où l'abbé Galet donnait un *Recueil des principales vertus de Fénelon*. La fortune exceptionnelle de l'écrivain à l'époque des Lumières – dont témoignent plusieurs éloges en 1771 et des poèmes comme le *Fénelon* de Marchant en 1787 – ne se démentit jamais et pas même pendant la Révolution avec, par exemple, une tragédie de Marie-Joseph Chénier en 1793[69]. De nombreux auteurs font de l'archevêque de Cambrai une référence majeure, tels l'abbé de Saint-Pierre ou Rousseau qui « préférait Fénelon à tout[70] », Sade qui n'en finit pas de le réfuter, Chateaubriand qui partage avec lui le thème de « Saint Louis roi-philosophe ». Véritable clef pour comprendre le musée imaginaire du XVIIIe siècle, dans le registre du doux et du sublime, Fénelon offre aussi par là, et presque sournoisement, les éléments d'une formidable machine idéologique. Le grand rite funèbre, qui prendra des formes si riches et si diverses jusqu'à l'institution du Panthéon sous la Révolution, cache une énergique résolution. Il ne s'agit pas en effet d'ombres mièvres et piteuses, ni de fantômes nécromanciens, mais d'une verdeur des débuts.

L'imagerie aime à montrer Fénelon, lors de ses promenades, rencontrant des paysans qu'il interroge en bon père[71]. Cette vision d'un évangélisateur dans ses humbles missions sera popularisée par une anecdote maintes fois reprise avant d'être illustrée, au salon de 1810, par un tableau de Louis Hersent intitulé *Fénelon ramenant à un paysan sa vache égarée*. David d'Angers retient également cet épisode dans un des panneaux de son monument au grand homme. Le thème du marcheur pacifique, tel un bon derviche venu de l'orient, est en vérité notable car partout inscrit dans l'œuvre. Dans un des *Dialogues des morts*, par exemple, le chancelier Oxenstierne reproche à Richelieu d'avoir adopté des postures guerrières peu en accord avec son état de cardinal, et de s'être montré trop souvent à cheval[72]. Fénelon choisit d'être à pied. C'est la posture du philosophe et du génie, comme le répétera tout le siècle. Mercier en fait un thème de son *Tableau de Paris* écrit tout à la gloire du piéton et de tous les grands hommes marcheurs[73]. Fénelon annonçait ainsi, en l'affichant, sa préférence pour une gloire tout humaine, à la hauteur de ses contemporains et de plain-pied avec eux. Ce roi équestre et caparaçonné que fut Louis XIV trouva donc, en travers de sa route, un grand homme qui cheminait. Il le vit d'un mauvais œil et avec peu de goût selon les notices biographiques, car il reconnut en lui, à juste titre, le danger le plus grand et un des plus virulents détracteurs de sa gloire. Il comprit la redoutable douceur de ce piéton désarmé qui, d'éducateur d'un prince, allait devenir pédagogue de la nation. La ruse de guerre de cet étrange promeneur qui en annonçait d'autres (Rousseau, Kant, Robespierre) consistait à fonder sa critique sur une théologie de la pauvreté qui comprenait l'esprit d'enfance, comme l'illustre cette belle méditation de Noël citée par Ramsay :

> Ô sagesse éternelle réduite à l'enfance, ôtez-moi ma sagesse vaine et présomptueuse... Non, non, tout mon plaisir sera de décroître, de m'appetisser, de m'obscurcir, de me taire et de joindre à l'opprobre de Jésus crucifié l'impuissance et le bégaiement de Jésus enfant[74].

Sous ses airs apparents de victime, Fénelon se dressait en fait comme un vigoureux reproche au Grand Siècle, et ouvrait un itinéraire tout tracé à la procession incessante des grands hommes des Lumières. Donnant le ferme signal d'un rite, il lançait à leur surprenant cortège une véhémente formule sacramentelle, destinée plus tard à devenir un mot d'ordre : « Marchons ! »

# II

# LE DISCOURS FONDATEUR

## *Chapitre III*

# DE L'ORAISON FUNÈBRE À L'ÉLOGE

> Bossuet, transmettant à Rancé les oraisons funèbres de la reine d'Angleterre et de Mme Henriette, lui mande : « J'ai laissé l'ordre de vous faire passer deux oraisons funèbres qui, parce qu'elles font voir le néant du monde, peuvent avoir place parmi les livres d'un solitaire, et qu'en tout cas il peut regarder comme deux têtes de mort assez touchantes. »
>
> Chateaubriand [1].

Vers le milieu du XVIII^e^ siècle, l'éloquence funèbre si brillante au siècle précédent a perdu son ancien éclat. Cependant, la préoccupation de la mort qui fut toujours un commun souci au chrétien et au philosophe ne faiblit pas. On en vient à se passionner alors, du point de vue des Lumières, pour d'autres genres funèbres qui illustrent une autre sorte d'exemplarité, renvoient à d'autres valeurs et suscitent une émotion bien différente. Cette crise marque un moment important dans le processus de laïcisation de la mémoire, car ce nouveau discours sur les morts, qui n'occupe plus une frontière indécise aux bords imprévisibles de l'au-delà, est adressé aux vivants et destiné à l'usage de la cité : il en garantit la durée par le rappel des repères qui la fondent. Ainsi change radicalement de nature le grave cérémonial qui a toujours tenté de saisir dans quelques formules, à l'occasion solennelle de la mort, le destin des individus et de la société tout entière. L'orateur laïc, qui adopte le point de vue de la postérité, s'avance dès lors vers les tombes comme un juge averti et scrupuleux de la renommée. L'ancienne perspective eschatologique cède alors devant une vision exclusivement commémorative.

Comme en bien d'autres domaines, Voltaire est, là aussi, le premier à avoir indiqué le chemin en publiant, en 1749, son *Éloge funèbre des officiers qui sont morts dans la guerre de 1741*[2]. Ce pieux monument est dédié à la mémoire du jeune marquis de Vauvenargues, le militaire-philosophe mort deux ans auparavant des suites de la campagne de Prague en laissant une œuvre de moraliste. C'est à l'oraison funèbre du Grand Siècle que Voltaire oppose manifestement ce nouveau genre qu'il nomme « éloge ». Il ne se réfère pas en cela au petit genre érudit de l'éloge des savants lié à l'institution académique et à la république des lettres en général, mais à des éloges d'une tout autre importance pour la mémoire nationale dont il situe le modèle dans l'Antiquité. En commençant par rappeler l'usage propre à la Grèce de « consacrer, par des éloges funèbres, la mémoire des citoyens qui avaient répandu leur sang pour la patrie[3] », il désigne d'emblée la vocation de l'éloquence qu'il appelle de ses vœux : elle devra illustrer une transcendance laïque en témoignant de la pérennité de l'État et de l'histoire de la nation. « Ô mémoire ! Ô noms du petit nombre d'hommes qui ont bien servi l'État ! » s'écrie-t-il en reprochant à Bossuet de s'être cantonné dans l'oraison funèbre des « Grands » et d'avoir oublié Colbert. Il se propose, quant à lui, de remuer la cendre de ceux qui ont été « utiles ». Cette critique des orateurs sacrés remet en cause le rôle qui leur était jusqu'ici dévolu et marque ostensiblement que les discours funèbres seront désormais la prérogative des philosophes.

Ainsi s'annonce le purgatoire de l'aigle de Meaux[4] ! Pour que celui-ci soit réhabilité, il faudra attendre Chateaubriand et *Le Génie du christianisme* en 1802. Peu avant de publier, dans le *Mercure*, le compte rendu de ce livre, Fontanes y prendra la défense de Bossuet en critiquant précisément le genre « équivoque » de l'éloge et la prétention fort téméraire des orateurs des Lumières à supplanter, par leurs discours, l'ancienne oraison funèbre[5]. C'est bien une telle subversion que Voltaire avait voulu symboliser par la vision du jeune Vauvenargues mourant dans ses bras, vision incontestablement offerte comme une pietà laïque du XVIIIe siècle[6].

## *Déclin du « Memento mori »*

Dans l'article « Mort » de l'*Encyclopédie*, le chevalier de Jaucourt s'appuie sur les considérations cliniques de Buffon pour montrer que les hommes craignent le trépas, comme les enfants les ténèbres, parce qu'on a « effaré leur imagination par des fantômes aussi vains que terribles ». Une fois dissipés ces mirages, l'homme éclairé découvre que la mort n'est rien :

> Quand la faux de la parque est levée pour trancher nos jours, on ne la voit point, on n'en sent point le coup ; la faux ai-je dit ? chimère poétique ! La mort n'est point armée d'un instrument tranchant, rien de violent ne l'accompagne, on finit de vivre par des nuances imperceptibles[7].

On méprise désormais l'arsenal usé des visions macabres et des horreurs du tombeau. L'observation médicale permettant d'affirmer avec autorité que « les morts douloureuses sont très rares et presque toutes les autres sont insensibles », le passage si redouté s'annonce sous la forme presque agréable d'une sensation vague et même d'un doux sommeil en musique. L'abbé de Saint-Pierre l'envisage comme « un voyage à la campagne », et Fénelon comme « la consommation de l'œuvre de grâce[8] ». Cette imagerie de la belle mort, qui emprunte à la sagesse antique, est illustrée par la noble fin de Julie dans *La Nouvelle Héloïse*. Ainsi le XVIIIe siècle renoue-t-il avec la tradition qui, de Socrate à Montaigne, fait de la préparation à la mort un point essentiel de la philosophie[9].

Or, l'ancienne vision de la mort continue d'inspirer le genre de l'oraison funèbre. Les squelettes et les vers sont toujours évoqués afin de réveiller les salutaires terreurs susceptibles de convertir les esprits forts au moment attendu du lit de mort. Cependant, les odeurs de bitume et de soufre, toute la frénésie baroque des fins convulsives, ne sont plus de saison. Ce grand spectacle, devenu inopérant, paraît annoncer la défaite d'une foi réduite à la seule crainte du châtiment[10]. On ne voit plus dans l'enfer du père Bridaine, avec ses « rôtisseries sempiternelles », qu'un bas accessoire et l'abus d'un pouvoir clérical fondé sur la superstition. Les fulminations du prêtre, qui du haut de la chaire se fait l'interprète d'un Dieu jaloux et vengeur, impressionnent moins dès lors qu'on se complaît dans l'idée d'une divinité qui s'offre dans une proximité tout humaine.

L'oraison funèbre est, d'autre part, suspecte comme privilège des « Grands ». Tous les dictionnaires (de *Furetière* à *Trévoux* et à l'*Encyclopédie*) remarquent avec insistance que, sans égard pour le vrai mérite, elle ne fait que rendre des honneurs convenus à une renommée de convention. Aussi l'orateur Thomas peut-il déclarer qu'elle n'a jamais « ajouté un gain à la réputation de personne[11] ». Elle apparaît comme un décor à la fois inutile et suranné. D'Alembert ne manque pas de relever, par exemple, comme un incompréhensible archaïsme, le parallèle avec Judas Maccabées fait par Fléchier dans son *Oraison funèbre de Turenne*[12]. Et tout ce qui est hérité sans retouche de l'hagiographie médiévale semble d'autant plus anachronique que, depuis le milieu du XVIIe siècle, les panégyristes se sont appliqués à une plus grande rigueur dans la critique des sources. L'idée en vient donc à s'imposer que l'oraison funèbre, qui appartient en propre au XVIIe siècle, n'a fait que décliner depuis les célèbres prédicateurs de cette période, comme l'*Encyclopédie*, citant Voltaire, en fait le diagnostic sans appel :

> Les tableaux des misères humaines, de la vanité, de la grandeur, des ravages de la mort, ont été faits par tant de mains habiles, qu'on est réduit à les copier ou à s'égarer. Aussi, les orateurs funèbres de nos jours ne font que d'ennuyeuses déclamations de sophistes, et ce qui est pis encore, de bas éloges où l'on n'a point de honte de trahir indignement la vérité[13].

Après un tel constat, les oraisons funèbres ne furent le plus souvent saluées que par des lazzis : on rappela, pour s'en moquer, celles de Louis XIV, tellement excessives ; celles de Louis XV furent également brocardées[14].

Pour illustrer ce discrédit, Mercier s'amuse à replacer l'« institution bien absurde » de l'oraison funèbre dans le déroulement des obsèques d'un prince, présentées comme une « bizarre cérémonie ». Il ne veut voir dans le catafalque prévu pour cette « mascarade funèbre » qu'une charpente trop légère et couronnée de « statues creuses ». Chaque point du cérémonial, comme tous les ornements de plâtre, affiche des distinctions déplacées au regard de l'égalité de la mort, offrant ainsi le même caractère spécieux et clinquant qu'une éloquence religieuse pervertie [15]. Mercier reprend ailleurs son thème, dans le registre de la farce, en décrivant le corbillard « où l'on porte à son dernier gîte un grand personnage mis en plomb » :

> Mais tandis que le deuil environne ce char funèbre, sous sa vaste toile qui est très épaisse, doublement et triplement tendue, sont des ouvriers en veste, qui jouent aux cartes et aux dés sur le cercueil royal pour se désennuyer de la longueur de la marche [16].

*Sic transit gloria mundi !* s'écrie de même le neveu de Rameau. La vision de ces « bourreliers, ces garçons selliers, ces charrons commandés pour raccommoder le corbillard en cas d'accident » et ce convoi de cirque avec les dés qui roulent « sur le corps de l'éminent personnage » est une image exacte du déclin des fausses grandeurs.

Pour régénérer l'oraison funèbre, Marmontel suggère d'en retrancher les ornements et de remplacer les « anciens éloges de bienséance » par une « éloquence de vérité » :

> On ne louerait que des morts dignes de mémoire [...] et la véritable destination de la gloire serait remplie, puisqu'elle serait réservée aux qualités et aux actions qui auraient le plus contribué au bien public et au bonheur des hommes [...] Par ce moyen, l'oraison funèbre, au lieu d'être une école de flatterie, serait une leçon ou de politique ou de mœurs [17].

Mais de tels infléchissements risquaient de faire perdre à cette éloquence son caractère propre, en l'absorbant dans un discours dont la vocation était à l'évidence bien différente. Aussi La Harpe fait-il le constat que « l'oraison funèbre appartient au seul christianisme ». Et d'Alembert peut finalement regretter, pour cette raison même, que le génie naissant de Bossuet ait été fatalement « enchaîné par les entraves où la religion le retenait captif[18] ».

## *Le pari sur la postérité*

Privée de tout le prestige qui l'environnait au siècle précédent, l'oraison funèbre apparaît désormais lancée en pure perte sur le vide. Bossuet lui-même avait superbement signalé cette consumation qui ne fait pas de reste en inscrivant sa propre disparition dans le mouvement général de son *Oraison funèbre du Grand Condé,* qui se clôt, dans un assourdissement progressif, sur l'extinction de sa voix. Adressée aux abîmes dans une emphase désuète où plus rien n'accroche, comment l'oraison funèbre pourrait-elle encore, au milieu du XVIIIe siècle, intéresser ceux qui prétendent assigner à l'éloquence funèbre une destination nouvelle ? Thomas remarque justement qu'elle est « un éloge sans conséquence[19] ». Ainsi s'exprime le vœu d'une éloquence de mémoire qui, au lieu d'être tournée vers les fins dernières, soit fondée sur le discernement du vrai mérite.

Le modèle en est recherché dans l'Antiquité gréco-latine et plus loin dans ce que l'on considère comme les premières Lumières chez les Égyptiens. Thomas évoque ces « magistrats de l'avenir » qui, dans les cérémonies funèbres de l'Égypte, rendaient leurs arrêts sur les réputations futures en fonction des témoignages de la « nation assemblée » afin de soumettre rigoureusement l'« opinion à la loi » : c'est la « renommée », conclut-il, qui fait désormais « fonction » de cette juridiction instituée jadis pour juger la mémoire des puissants[20]. Dans ce rite égyptien, qu'ils évoquent souvent, les hommes des Lumières aiment à reconnaître la première image d'une opinion publique prononçant, au nom de la « patrie », des jugements irrévocables et se faisant déjà la voix de la postérité[21]. À chacun sa place dans la mémoire des hommes selon son mérite. Tel est le mot d'ordre qui se fonde sur l'idée consolante d'un nouveau tribunal qui voit tout, rémunérateur et vengeur selon les vœux des philosophes.

Cette ferme conviction sur l'avenir repose sur le constat que le livre, grâce à l'imprimerie, est définitivement à l'abri des ravages, et qu'il « surnagera ». Par ce caractère d'ubiquité qui lui confère une forme de présence quasi spirituelle, la littérature est plus certaine en effet d'atteindre les temps futurs que les œuvres d'art exposées à toutes les avanies. Aussi, de Diderot à Chateaubriand, la nouvelle méditation sur le « tout passe » et la vanité d'un monde éphémère est-elle bien différente de l'ancienne lamentation apocalyptique qui caractérisait le *Memento mori.* L'idée de postérité vient renouveler la rêverie sur les ruines et sur les catastrophes, en donnant aux écrivains une attitude plus déliée au-dessus des gouffres que, nouveaux esprits forts, ils s'aventurent à considérer plus hardiment.

C'est au cœur d'une littérature encore généralement inspirée par la parole qu'est proclamée pour la première fois aussi vigoureusement la puissance de l'écrit, qui s'impose dorénavant, dans le messianisme des Lumières, sous la forme d'un absolu littéraire[22]. Voué à tenir lieu de tout autre pédagogue, l'« écrit moniteur » est alors promu au statut de seul véritable monument, comme en témoigne l'*Encyclopédie* : qu'elle devienne un « sanctuaire où les connaissances des hommes soient à l'abri des temps et des Révolutions », souhaite Diderot dans le *Prospectus.* Rien ne se perd à la longue et d'autres bilans viendront réunir, comme on aime alors à s'en féliciter, les travaux accumulés des génies bienfaiteurs. C'est à une telle sacralisation du livre que tient le rôle sans précédent des hommes de lettres.

En réaction contre le « bel esprit » de la Régence, Voltaire prône ce qu'il aime à désigner comme l'« esprit du siècle » qui, en multipliant la curiosité et le champ d'investigation des hommes de lettres, « les a rendus pour la plupart aussi propres pour le monde que pour le cabinet[23] ». Rien ne peut échapper désormais à leur compétence universelle. Plus tard, dans son *Discours de réception à l'Académie française*, en 1775, Malesherbes confirmera que la littérature s'est bien imposée peu à peu comme « un tribunal indépendant de toutes les puissances, et que toutes les puissances respectent ». Il reconnaîtra alors que, « dans un siècle où chaque citoyen peut parler à la nation entière par la voie de l'impression [...], les gens de lettres sont, au milieu du public dispersé, ce qu'étaient les orateurs de Rome et d'Athènes au milieu du peuple assemblé ».

L'homme de lettres, en effet, n'ayant en général, sinon à l'Académie, aucune existence officielle ni aucun véritable statut sur la scène sociale, prétendait exercer un rôle occulte d'autant plus important. Comme le remarque Thomas à propos du patriarche de Ferney : « Le Voltaire n'a point d'état soit ; mais il a celui d'être un grand homme ; il a celui d'être, pour le moins, l'égal des rois[24]. » Des *Lettres anglaises* au *Discours préliminaire de l'Encyclopédie*, de Duclos à Marmontel, toute une littérature d'autoconsécration a contribué à asseoir plus fermement cette nouvelle magistrature qui a fait de la France, comme jamais auparavant, une nation indiscutablement littéraire.

Les hommes de lettres sont parvenus, il est vrai, à prendre progressivement en charge le dépôt du temps en s'arrogeant le droit exclusif de juger du passé et de décider de l'avenir, si bien qu'« ils semblent former enfin l'esprit national[25] ». Aussi les orateurs sacrés et, par exemple, les prédicateurs de Versailles ont-ils perdu quant à eux leur ancien ascendant :

> Louis XIV tremblait à la voix de Bossuet qui le pénétrait de terreurs imaginaires. On sifflerait aujourd'hui l'air prophétique de Bossuet, son ton, ses menaces, et il n'inspirerait pas ces craintes mystiques au dernier chef d'office. C'est la ville qui a appris à la Cour la valeur réelle des choses qui l'épouvantaient alors[26].

Il est réservé désormais aux hommes de lettres de faire peur aux puissants. C'est ce rôle redouté de dispensateurs de la renommée et d'arbitres de la gloire, à la façon de Tacite, qui irritera plus tard la vindicte de Napoléon à leur encontre. À ces « hommes nés pour instruire et pour juger les autres hommes », Marmontel adresse une exhortation véhémente qui renvoie à l'imagerie égyptienne dans son aspect nocturne.

> Et de la même main qui élèvera des autels au désintéressement, à la beauté, à l'humanité, à la clémence, que l'orgueil, l'ambition, la vengeance, la cupidité, la fureur soient traînés au tribunal redou-

table de l'incorruptible postérité : c'est alors que vous serez les Némésis de votre siècle, les Rhadamantes des vivants[27].

Les hommes de lettres ont, de fait, conquis un pouvoir dont les attributs évoquent ceux d'une fonction sacerdotale originaire. Mais ils n'ont encore aucun lieu attribué pour l'exercice de leur ministère. Ces nouveaux mages, qui se sont érigés en gardiens de la mémoire, voient bientôt l'Académie, par une réforme opportune de ses concours, s'ouvrir à eux comme la tribune officiellement désignée pour l'évaluation des gloires de la nation.

## *Grands effets d'une petite révolution académique*

Les académiciens proches du milieu encyclopédique s'efforcèrent de répondre à la nouvelle vocation de l'homme de lettres et, d'abord, en réaffirmant le principe d'égalité qui avait fait incontestablement de l'Académie le premier milieu homogène, la première société utopique où soient abolies les préséances de l'Ancien Régime. Ainsi s'explique la fréquente mise en cause polémique des membres honoraires dans certaines académies. Duclos, qui fut secrétaire perpétuel à partir de 1755, rapporte que des membres de l'Académie française firent autrefois une tentative pour y introduire cette classe, mais que le marquis et l'abbé de Dangeau s'y opposèrent, fidèles en cela à Charlemagne : celui-ci avait, rappelle-t-il, « formé dans son palais une société littéraire, dont il était membre, et voulut que dans les assemblées chacun prît un nom académique, et lui-même en adopta un pour faire disparaître les titres étrangers[28] ».

D'Alembert, qui succède à Duclos en 1771 comme secrétaire perpétuel, s'est toujours plu à évoquer lui aussi ce point essentiel de l'« égalité précieuse ». C'est Richelieu lui-même, explique-t-il, qui avait voulu voir tous les titres céder à celui d'homme de lettres dans l'Académie, parce qu'il avait senti que « la forme démocratique était la seule convenable à un état tel que la république des lettres qui ne vit que de la liberté[29] ». Dans son *Éloge de Dangeau*, il remarque que l'idée de la classe des honoraires vint précisément à des hommes qui déploraient « amèrement » l'esprit républicain, lequel, selon eux, avait perdu l'Académie française. Il prétend que Colbert, lors d'une visite, demanda qu'on s'adresse à lui en l'appelant simplement « Monsieur » afin de respecter la règle de l'institution[30]. Contestant par une opportunité prudente que les gens de lettres « prêchent l'égalité des conditions » vraiment sérieusement, comme on les en accuse à la Cour, d'Alembert en vient à décrire l'égalité académique sur le mode mineur, en la présentant comme « si peu dangereuse, si métaphysique pour ainsi dire[31] ». Et, pourtant, l'enceinte académique avec trois tribunes (une pour le récipiendaire, une pour le directeur tiré au sort tous les trois mois et une pour le secrétaire perpétuel) annonce l'Assemblée nationale à la tribune de laquelle sera instituée la rotation des charges. Dans cette démocratie imaginaire, le noble est appelé à oublier les artifices de la Cour pour accéder à une autre communauté encore invisible et, déjà, à se fondre dans le corps de la nation.

Ce débat aide à comprendre une notable évolution de l'homme de lettres dans son rapport à l'aristocratie, que d'Alembert a remarquablement analysée, dès 1753, dans son *Essai sur la société des Gens de lettres et des Grands.* Il observe que, si pendant longtemps une noblesse faite de « héros qui ne savaient pas lire » ne montra pas pour les lettres le même goût que des rois éclairés et protecteurs comme François Ier et Louis XIV, les Grands se sont mis finalement dans les derniers temps « à rechercher non seulement les ouvrages, mais la personne même des écrivains, tant célèbres que médiocres ». Annonçant la fin de l'homme de lettres courtisan aliéné aux mécènes, il définit les voies d'une autonomie nécessaire, car, « parmi les grands seigneurs les plus affables, il en est peu qui se dépouillent avec les gens de lettres de leur grandeur vraie ou prétendue jusqu'au point de l'oublier tout à fait[32] ». Ainsi la liberté n'est-elle pas entière dans les conversations elles-mêmes, où l'on continue d'exiger de la « déférence » en cas de désaccord, ce qui conduit inévitablement à des « ruptures éclatantes[33] ». Par ce désaveu public du lien privilégié avec le noble, trop désassorti et fatalement entâché de vassalité, d'Alembert entend manifestement annoncer qu'une nouvelle époque vient de s'ouvrir. Condorcet reconnaîtra plus tard l'important « changement » qu'avait produit, selon lui, cet ouvrage. « Et par une révolution heureuse, conclura-t-il, la bassesse est devenue un ridicule que très peu d'hommes de lettres ont eu le courage de braver[34]. » C'est pour cette raison, sans doute, que l'Académie elle-même tendit alors à s'émanciper, certes en douceur, mais d'une façon irrémédiable, du patronage du roi et du contrat originaire qui l'assujettissait à lui.

La fête de la Saint-Louis célébrait avec faste le 25 août de chaque année l'indissoluble lien de la monarchie et de l'Académie française réunies dans un même « commerce d'immortalité[35] ». Le matin, dans la chapelle du Louvre et devant l'Académie rassemblée, un prédicateur nommé par celle-ci faisait le panégyrique de Saint Louis : par l'inévitable superposition d'images propre au genre épidictique, c'est bien à chaque fois l'éloge du roi qu'il fallait entendre explicitement à travers celui du héros et du saint dont il était à même de parachever la perfection[36]. Le genre du panégyrique souffrant à peu près du même sourd désaveu que l'oraison funèbre, cette première partie de la fête intéressa de moins en moins[37]. L'après-midi était le moment le plus proprement académique où l'on décernait le prix d'éloquence fondé par Guez de Balzac en 1654, et celui de poésie fondé en 1671 par François de Clermont-Tonnerre. Le sujet de ce dernier prix était un panégyrique du roi, si bien que la journée finit par paraître un peu monotone. Dans son *Apologie de Clermont-Tonnerre*, d'Alembert rapporte certains excès auxquels Louis XIV lui-même n'avait pu donner son assentiment, lorsqu'en 1700 l'Académie avait osé proposer comme sujet du concours : « Que le roi possède dans un degré si éminent toutes les vertus, qu'il est impossible de juger quelle est celle qui fait son principal caractère. » Cet épisode fut souvent invoqué ensuite par un parti philosophique fort de son rôle dominant pour illustrer les errements d'une époque révolue. Certes, le règlement de l'Académie lui notifiait « de consacrer le nom de l'incomparable Louis à l'immortalité », mais elle n'avait que trop répondu, sans doute, à ce vœu du fondateur. Elle ne devait pas risquer de passer plus longtemps pour le temple de l'adulation[38].

La transformation des concours académiques répondit, de ce fait, à un besoin de renouvellement très généralement ressenti. Pour le prix de poésie, l'Académie décida en 1750 « de laisser presque toujours aux jeunes poètes le choix des sujets qu'ils voudraient traiter[39] ». Le prix d'éloquence fut réformé à son tour en 1758, parce que les sujets avaient uniquement porté jusque-là sur des problèmes de dévotion ou de morale et que « la nation était rassasiée de ces sortes de discours[40] » :

> [L'Académie] a donc pris le parti sur la proposition de Duclos, à qui il est juste d'en faire honneur, de proposer désormais pour sujet du prix d'éloquence l'éloge des hommes célèbres de la nation. Le public a fort applaudi à cette idée ; et les ouvrages qu'elle a fait naître, sont d'un mérite bien préférable aux lieux communs de rhétorique et de piété que la compagnie avait couronnés jusqu'alors[41].

C'est à l'abbé de Saint-Pierre, si fécond en visions utopiques de toutes sortes, que d'Alembert attribue la véritable paternité de cette innovation en soulignant que ce vœu de l'inlassable réformateur fut un des rares qui « n'a pas été un rêve comme les autres ». Dans son *Projet pour rendre l'Académie des bons écrivains plus utile à l'État*, celui-ci avait formulé le souhait qu'un des « bureaux » de cette compagnie rédigeât une histoire des grands hommes dans le genre des vies de Plutarque[42].

Franc censeur de Louis XIV, l'abbé de Saint-Pierre avait été conduit naturellement, parce qu'il s'était fait de l'Académie une « espèce de patrie adoptive », à souhaiter que les concours d'éloquence soient plutôt consacrés à l'éloge des hommes célèbres, et plus précisément, comme le remarque d'Alembert, que « ces éloges servissent de cadre, et comme de prétexte à des leçons importantes ». C'était ouvrir une toute nouvelle carrière à l'éloquence académique, selon un plan que d'Alembert présente en ces termes :

> Il voulait [...] que ces discours fussent des morceaux intéressants de littérature raisonnée, et surtout philosophiques ; qu'on sût y attaquer habilement et à la dérobée, s'il y avait trop de risques à

les heurter de front, les préjugés de toute espèce qui s'opposent aux progrès des lumières ; que, par cette attaque, sourde et continue, on préparât insensiblement les esprits à secouer le joug de ces préjugés ; que les sujets de nos prix d'éloquence fussent consacrés à l'éloge des hommes célèbres de la nation ; que les assemblées destinées à distribuer ces prix fussent des espèces d'états généraux de la littérature, où les hommes les plus distingués en tout genre fussent invités, et que le monarque même daignât honorer de sa présence[43].

D'Alembert insiste très justement sur la force cumulative de ces éloges et sur l'« attaque sourde et continue » qui pourraient faire d'eux un instrument offensif contre l'Ancien Régime. La perspective et la notion même d'« états généraux de la littérature » en présence du roi définit on ne peut plus clairement le nouveau rôle des hommes de lettres citoyens dans le corps de la nation : et c'est bien déjà la République qui tend désormais à s'annoncer dans la république des lettres.

On comprend que cet épisode ait été constammment salué par la suite comme un événement mémorable[44]. En 1791 plus particulièrement, l'Académie en fit le principal argument pour sa défense lorsqu'il fut question de la supprimer[45]. Mais il y eut aussi dans tous ces rappels une part de réinterprétation *a posteriori*, et l'on ne saurait oublier tout à fait que le concours d'éloquence fut transformé en 1758, probablement avec l'aval sinon à l'initiative du roi. Comment celui-ci aurait-il pu refuser son accord, en vérité, à l'idée d'inaugurer le concours d'éloquence par l'éloge de Maurice de Saxe, le vainqueur de Fontenoy, encore si populaire qu'il ferait peut-être oublier la récente défaite de Rossbach ? Plus généralement, l'éloge des grands hommes de la nation devait contribuer à entretenir le même sentiment patriotique que la peinture d'histoire ou la sculpture. Il apparut, cependant, au bout de quelques années que le concours d'éloquence, loin de servir ainsi les vues du pouvoir, favorisait bien davantage celles du parti philosophique.

Mercier rendit lui-même cette justice aux « Gens de lettres » qui composent l'Académie, qu'ils n'ont plus donné dans l'« adulation » quand les sujets des concours ont changé, et qu'ils se sont dès lors regardés « comme appelés à former les mœurs de la nation[46] ». L'éloge des grands hommes vint concurrencer les autres genres d'éloges propres à l'institution académique et qui étaient menacés depuis longtemps par une fastidieuse routine, comme l'avaient annoncé Voltaire et d'Alembert[47]. L'éloge de l'académicien disparu prononcé par son successeur comprenait, de fait, une part inévitable de louange obligée. Quant aux éloges savants, et en principe moins convenus, qui incombaient aux différents secrétaires perpétuels, s'ils étaient importants à l'histoire des lettres et des sciences, ils contenaient souvent de ces allusions minuscules et trop attendues qui sont propres aux corps littéraires.

Mercier ne manque pas de relever rudement ces limites en évoquant d'Alembert lui-même qui « lit un éloge parfois malin, où il a semé de petites vérités modestes, avec une prudence, un sel, un enjouement qui divertissent l'assemblée[48] ». À ce discours en vase clos, l'éloge des grands hommes permet d'opposer une forme d'éloquence bien différente et dont le rayonnement est tout autre : sur cette nouvelle « tribune de la postérité[49] » ouverte à tous, il ne s'agit plus en effet de la seule gloire du roi ou de l'histoire des académiciens, mais de ce patrimoine symbolique que composent les héros « véritablement nationaux ». L'Académie se met, par là, au service du nouveau discours légendaire qui excède le cadre étroit de sa propre sphère institutionnelle. Elle se transforme en conservatoire de la gloire, et les hommes de lettres, se désignant eux-mêmes comme les seuls guides capables de former l'esprit de la nation, viendront occuper cette nouvelle chaire laïque parfaitement appropriée au messianisme des Lumières.

## *Chapitre IV*

# ENFIN PARUT THOMAS...

> Un hasard, ce serait le cas où Vaucanson s'occuperait d'un éloge, et Thomas d'une machine.
>
> Diderot[1].

Le petit genre de l'éloge, mis à la mode dans sa forme nouvelle par la transformation du concours à l'Académie française, est complètement tombé dans l'oubli aujourd'hui, mais il passionna en vérité toute une époque. Par son canon rhétorique assez simple, il était à la portée des hommes de lettres impatients de se faire connaître. D'où son succès immédiat qui s'étendit bientôt aux académies de province et même d'Europe, car la France était alors imitée en tout. Un académicien dont le souvenir s'est effacé de notre mémoire, Antoine-Léonard Thomas (1732-1785), se voua corps et âme à cette éloquence si propre à servir la propagande des Lumières. Écrivain plutôt laborieux, il fut indiscutablement inspiré par son rôle de chantre des grands hommes et s'engagea avec beaucoup de résolution dans la carrière qui s'offrait à lui. Il importe de mieux comprendre l'extraordinaire crédit dont a pu jouir auprès de ses contemporains ce spécialiste reconnu d'un genre dont il écrivit, en outre, l'histoire[2]. Comme orateur, il sut répondre très exactement aux attentes de l'opinion et retenir aussi l'attention des plus grands écrivains de son temps. C'est grâce à lui, pour une bonne part, que l'éloge supplanta sans retour l'ancienne oraison funèbre.

## *Le « Plutarque de la France*[3] »

Né à Clermont-Ferrand, où il se signale précocement par quelques succès scolaires, Thomas est envoyé à Paris avant l'âge de dix ans pour y faire des études de philosophie et de droit. Quoique seul l'état d'homme de lettres le fasse rêver, il jette au feu ses premiers écrits, par une « déférence aveugle[4] » pour sa mère, épisode rapporté dans le *Dictionnaire historique de la jeunesse* d'A. Antoine en 1822 comme son plus grand titre de gloire. Après ce sacrifice, Thomas tente de travailler quelque temps chez un procureur, puis accepte bientôt une humble chaire de régent au collège de Beauvais, que la faiblesse de ses bronches le contraindra finalement d'abandonner. Pour entrer dans la carrière littéraire sur un coup d'éclat, il prétend réfuter Voltaire dans ses *Réflexions philosophiques et littéraires sur le poème de la Religion naturelle* parues en 1756. L'année suivante, il a un accessit dans un concours de l'académie de Rouen pour un *Mémoire sur les causes des tremblements de terre* où s'annoncent son goût pour la compilation et son talent de vulgarisateur.

C'est en 1759 qu'il se fait véritablement connaître par des essais poétiques et oratoires. Il publie alors le poème de *Jumonville*[5] en quatre chants, puis obtient dans les concours de poésie de l'Académie française un premier accessit en 1760 pour une *Épître au peuple*, et un prix en 1762 pour une *Ode sur le temps*. Son entreprise poétique la plus ambitieuse, un poème épique consacré au czar Pierre 1^er^, reste inachevée, ce qui lui fait dire à la fin de sa vie, dans une lettre à Mme Necker, qu'il ne laisse aucun monument. Mais son étonnante notoriété tient essentiellement à ses triomphes académiques dans le concours d'éloquence où il remporte le prix sans interruption entre 1759 et 1765.

Thomas approche dans ces années-là les sphères du pouvoir. Il est en effet le « secrétaire intime[6] » du duc de Choiseul, le ministre des Affaires étrangères qui a déclenché les hostilités contre les encyclopédistes un peu trop fascinés à son gré par Frédéric II. Impatient de faire élire son protégé à l'Académie, celui-ci lui trouve une fonction plus officielle car « l'Académie ne peut pas recevoir en son sein des gens qui ont un service particulier auprès des Grands[7] ». Cependant, pour avoir refusé peu après de se présenter à l'Académie contre Marmontel (« son ami et son maître »), comme le souhaitait Choiseul, il est aussitôt renvoyé, éprouvant la « disgrâce inévitable à tous ceux qui veulent être honnêtes à la Cour[8] ». Par ce premier acte d'indépendance, Thomas apparaît comme un personnage plutôt incontrôlable et refuse en tout cas ostensiblement la perspective d'être un jour à l'Académie un représentant du pouvoir : il s'y affirmera, au contraire, quelques années plus tard, comme un ferme soutien du parti philosophique.

Il semble qu'il ait été alors un moment le secrétaire de Mme Geoffrin, avant d'être un homme de lettres pensionné et logé au Louvre. Dans son discours de réception à l'Académie française, le 22 janvier 1767, il traite précisément de cet état, à la fois modeste et glorieux, qu'il a librement choisi. Pour la Saint-Louis de 1770, il prononce un *Éloge de Marc Aurèle* considéré comme son chef-d'œuvre et qui fut son plus grand succès oratoire. Mais on lui interdit de le publier parce qu'on y entrevoit, à juste titre, une sourde mise en cause du ministère. En recevant quelques mois plus tard Loménie de Brienne à l'Académie, dont il est alors le directeur, il critique les censeurs à travers quelques allusions aussitôt déchiffrées, si bien que le chancelier Maupeou lui intime de ne plus prendre la parole en public pendant deux ans[9]. Après ce purgatoire qui porte son renom au plus haut, il publie en 1773 ses deux ouvrages les plus notables : un *Essai sur le caractère, les mœurs et l'esprit des femmes dans les différents siècles* et son *Essai sur les éloges*. Ce ne fut pas là pourtant une assurance suffisante sur l'avenir pour ce chantre officiel des grands hommes et cet orateur entiché d'une postérité qui devait rester complètement muette à son endroit.

Une estampe de Cochin, d'après un tableau de Duplessis, présente Thomas de profil affichant une indéniable grise mine : la perruque et le costume évoquent le petit deuil. Malgré le nez pointu et les lèvres légèrement moqueuses où s'annonce apparemment l'homme de lettres, l'air dominant est plutôt mélancolique. Diderot a donné son avis sur cette unique représentation connue de l'académicien :

> Le plus étonnant de ces portraits est celui de M. Thomas dont la tête est si commune, les traits naturellement si embrouillés, la physionomie si peu sensible ; et l'artiste a trouvé le secret de saisir cette physionomie, de caractériser ces traits, de donner à cette tête une expression noble, élevée, et de la rendre en même temps fort ressemblante : c'est M. Thomas, mais c'est lui tel qu'on le voit dans la société après l'avoir vu dans ses ouvrages [10].

Si Diderot fait à l'évidence peu de cas du visage de l'écrivain, il marque un intérêt certain pour son œuvre dont le tableau de Duplessis parvient, selon lui, à donner une certaine idée.

Le malheur et la maladie ne firent qu'aggraver le caractère naturellement triste de Thomas. Alexandre Deleyre, son biographe (attaché également à défendre la mémoire de Rousseau), rappelle que, tout jeune encore, il perdit successivement deux de ses frères et vécut pendant vingt-cinq ans avec une sœur, d'une vie qu'il aimait présenter à ses correspondants comme « faible et languissante ». L'état de ses poumons, il est vrai, le contraignit très tôt à une existence précautionneuse ; il dut par exemple se nourrir « à moitié de lait [11] » et limiter ses affections à quelques amitiés angéliques : pour Mme Necker principalement, qu'il vit presque tous les jours pendant des années, et pour quelques amis de cœur comme le dramaturge Barthe ou le poète Jean-François Ducis. Presque aveugle à la fin de sa vie, il eut à son service un lecteur et un copiste. Le silence lui fut alors prescrit par le docteur Tronchin, parce qu'il s'épuisait en s'échauffant et risquait de succomber à sa propre emphase. Revenant de Nice où il était allé chercher un climat plus favorable à sa santé, il mourut à Oullins, chez l'archevêque de Lyon, dans une chambre qui parut prédestinée, puisqu'une inscription annonçait sur la porte : « La Candeur ». Lorsque le comte de Guibert succéda à Thomas à l'Académie, quelques mois plus tard, en février 1786, Ducis lut une *Épître à l'amitié* (ayant pour épigraphe ces mots de Fénelon : « Il serait à désirer que tous les bons amis s'entendissent pour mourir ensemble le même jour ») où il évoquait dans des regrets pathétiques fort applaudis l'âme douce du disparu.

Le virginal académicien fut, si l'on en croit tous les témoignages, un personnage bien sévère. Marmontel insiste sur le caractère sobre et chaste de ce « stoïcien » qui n'était pas à l'aise en société : « Aux propos légers et plaisants il souriait quelquefois, il ne riait jamais[12]. » Mercier apporte quelques nuances à ce portrait en évoquant un homme moins contraint et dont la conversation, dans le strict aparté de l'amitié, lui rappelait parfois celle de Diderot : « Je m'honorerai toujours d'avoir reçu des témoignages d'estime et d'amitié de ces deux écrivains éloquents ; et j'ai plus sympathisé avec eux qu'avec aucun autre de mes confrères[13]. » Thomas n'a jamais sacrifié aux grâces en société, explique Marmontel, parce qu'il était « sans cesse préoccupé de ce qui pouvait lui acquérir une renommée étendue[14] ».

Thomas ne cesse de proclamer, il est vrai, qu'on n'a pas « le temps d'être voluptueux lorsque l'on pense à devenir célèbre[15] ». À la jouissance du présent, l'auteur de l'*Ode sur le temps* préfère les promesses d'une sainte postérité qu'il envisage du point de vue imperturbable de son optimisme studieux. C'est peut-être, selon le mot de Deleyre, « l'influence de la montagne sur le génie naissant » qui avait amené cet enfant de l'Auvergne à prendre par rapport à tout une certaine altitude obligée et factice. Sa voix avait toujours tendance à s'envoler et son éloquence elle-même était escarpée. Diderot regrette ainsi qu'il « mette tout en montagnes » et le *Journal des savants* de juin 1761 remarque dans le même sens qu'il « possède moins l'art de descendre, s'il est permis de s'exprimer ainsi, que de s'élever ». Cette exaltation chronique tenait principalement à son sujet de prédilection, les « grands hommes », au niveau desquels il prétendit se hausser et se maintenir en permanence[16]. Diderot, qui se présente comme « pas aussi fanatique de gloire littéraire[17] » que Thomas, a décrit l'incroyable confiance de celui-ci en l'avenir :

> Voilà Thomas qui va tenter *Le Czar Pierre*, poème épique. Il est de la santé la plus délicate. Il a sur les joues la pâleur incarnate du poitrinaire. L'entreprise sera longue et pénible. Il le sent, il le craint. Il ne demande qu'autant de vie qu'il en faut pour achever. Cet homme aura à peine le temps de recueillir l'éloge de ses contemporains, s'il l'a. Est-ce là ce qui le séduit ? La véritable folie, ce

serait de s'immoler, de se consumer pour entendre crier : « Ô que cela est beau ! » et passer. Ce n'est pas là ce qui soutient Thomas ; c'est, pendant toute la durée de son travail, mon éloge qu'il fait bien de saisir par anticipation, car il pourrait aisément ne pas l'obtenir autrement. À chaque beau morceau qu'il produit, il me voit et il dit : « Quel plaisir cela va faire à Diderot, à de Voltaire, à Marmontel ! » Je suis la postérité relativement au moment de son transport. Mais il faut l'entendre lui-même, lorsqu'il compare le temps que son ouvrage exige, avec la courte durée qu'il s'accorde. Vous verriez si l'espoir d'exposer aux siècles à venir son buste à côté de celui d'Homère et de Virgile n'est rien pour lui. Ne consentirait-il pas à cette condition d'expirer en mesurant le dernier hémistiche de son poème ? Il veut en mourant être compté parmi les sept à huit génies rares que la nature a produits depuis la création du monde. Il veut laisser un grand nom [18].

Pour bien comprendre une telle attitude, et que Diderot puisse sérieusement évoquer Thomas dans sa correspondance polémique sur la postérité, il faut se rappeler avec quel enthousiasme et avec quelle publicité avait été accueilli le renouvellement du concours d'éloquence. Thomas note qu'alors « les réceptions furent plus d'une fois des solennités pour ainsi dire nationales où l'on couronnait toutes les sortes du mérite, et où les gens de lettres parlaient au nom de la patrie [19] ». Garat évoque lui aussi une sorte de « splendeur nationale » aux séances publiques de l'Académie qui devint par là une formidable tribune [20].

Thomas s'y imposa comme l'insurpassable spécialiste de la nouvelle éloquence, en remportant le prix dans cinq concours successifs : pour l'éloge de Maurice, comte de Saxe en 1759, de d'Aguesseau en 1760, de Duguay-Trouin en 1761, de Sully en 1763, de Descartes en 1765. Ensuite, et jusqu'en 1790, furent mis au concours les éloges de Charles V, de Molière, de Fénelon, de Colbert, de Catinat, de L'Hospital, de Suger, de Montausier, de Fontenelle, de Louis XII, de Vauban [21]. Cette liste constitue, sur plus de trente ans, une précieuse base de référence pour la mémoire nationale alors en gestation. Thomas donna à ce processus une impulsion décisive : d'après Marmontel, « personne dans cette carrière ne put le passer ni l'atteindre [22] ». Quand, pour rompre ce qui aurait pu apparaître finalement comme une routine, l'Académie se risqua à lui faire partager le prix de l'*Éloge de Descartes* avec un autre, ce fut sous les huées du public : seul orateur véritablement accepté dans le nouveau genre, Thomas fut le grand bénéficiaire d'une réforme qu'il sut, il est vrai, accomplir en tout point en répondant aux vœux anciens de l'abbé de Saint-Pierre dont s'était inspiré Duclos.

L'ivresse du succès le fortifia éperdument dans sa marotte des grands hommes, en lui donnant cette obscure audace qui subjuguait le public d'alors. Ainsi cet être singulier fut-il pleinement accordé à son époque prête à épouser son enthousiasme et tout acquise aux accents d'une hardiesse certes bien naïve, mais qui parut si rare et encore inouïe jusque-là. En témoigne le récit par Thomas du premier triomphe que lui valut son *Éloge de Maurice, comte de Saxe* :

> Le jour de la Saint-Louis, l'assemblée fut très nombreuse. Le discours avait été déjà prôné dans Paris ; il eut le désavantage d'être fort mal lu par Duclos qui ôtait et qui remettait à tout moment ses lunettes et dont la poitrine était extrêmement fatiguée. Cependant, il fut interrompu en plusieurs endroits par les applaudissements. D'Alembert et Marmontel qui étaient dans l'assemblée juraient entre leurs dents d'une pareille lecture ; et moi, de mon côté, mon sang bouillait dans mes veines. J'étais à côté de Duclos. J'y reçus le prix de mon travail ; c'était la gloire, car je compte pour rien la médaille de six cents livres qui me fut donnée. Tous les yeux se portaient sur moi, je fus ce jour-là un spectacle. Le discours se débite beaucoup ; il fait grand bruit, et son succès surpasse mes espérances. Il y en a déjà huit cents exemplaires de débités[23].

Quatre ans plus tard, il peut encore annoncer, de la même façon, que tout le monde « l'encourage » et que son *Éloge de Sully* a produit un incroyable « enthousiasme » dans « toutes les têtes[24] ».

Même écho dans les comptes rendus publics. Pour la réception de Thomas à l'Académie, la presse annonce que la « célébrité » du récipiendaire a attiré la foule, et, quand Loménie de Brienne est reçu à son tour, il est contraint d'abréger son discours car le public est d'abord impatient d'entendre celui de

Thomas. Le jeune Mercier, qui participe lui-même au concours en 1765 pour l'*Éloge de Descartes*, a dans ces années-là une véritable dévotion pour l'orateur, qu'atteste une petite correspondance avec celui-ci. Le 16 août 1770, par exemple, il remercie Thomas de lui permettre d'assister à la séance prochaine de la Saint-Louis où il prononcera un *Éloge de Marc Aurèle* très attendu :

> Bonne nouvelle, bonne nouvelle que vous m'annoncez, monsieur ! Le panégyriste des grands hommes, l'auteur chéri va faire entendre publiquement son chef-d'œuvre. Je suis bien curieux de voir l'effet que doit produire un pareil éloge, prononcé à Paris le 25 août 1770. Le moment ajoutera à l'éloquence dont il est rempli. Comme le peuple romain qui environnait l'orateur philosophe, nous regretterons tous le divin Marc Aurèle... Je vous remercie du passe-port. Je m'apprête à bien applaudir. Vous n'avez pas besoin d'amis particuliers, le public est dès longtemps le vôtre, mais il est doux de satisfaire son goût et son cœur[25].

## *L'éloge du Dauphin*

Les différents critiques qui rendaient compte des événements de la république des lettres ne furent pas immédiatement acquis à Thomas. Dans la bataille où s'affrontaient alors philosophes et anti-philosophes, et principalement à l'Académie, ils ne surent pas d'emblée où se situait exactement un orateur prôné à la fois par le milieu encyclopédique et par les *Mémoires de Trévoux* plutôt bienveillants pour un auteur qui n'avait pas craint de se lancer dans la carrière par une réfutation de Voltaire. On critiqua généralement, d'autre part, le verbiage des premières prestations académiques de Thomas et surtout son *Éloge de Duguay-Trouin* que Fréron, dans *L'Année littéraire*, taxe de « gazette ampoulée ». Grimm, dans la *Correspondance littéraire* de décembre 1761, se moque également de cette éloquence déclamatoire qui sent le collège, et s'étonne qu'une nation qui a « un Voltaire » ose faire attention à des productions de ce genre. Pourtant, avec l'*Éloge de Sully* qui, écrit-il, « a eu les suffrages du public éclairé et même ceux du peuple », il en vient à reconnaître à son tour les mérites d'un orateur à l'évidence « fort aimé » et qui est couronné pour la quatrième fois par l'Académie. La presse dans son ensemble (et par exemple les *Mémoires secrets*) n'évoque plus dès lors les éloges de Thomas que pour dire qu'ils font partout grand bruit.

Cependant, la réputation de celui-ci restait pleine d'ambiguïtés et celles-ci ne furent véritablement levées qu'à l'occasion de la mort du Dauphin, fils de Louis XV et père du futur Louis XVI, qui s'éteignit d'une maladie de langueur le 20 décembre 1765. Thomas fut prié d'en faire l'éloge funèbre par le comte d'Angiviller, qui était attaché à l'éducation des enfants du roi. Celui-ci avait des liens dans le milieu académique (avec Marmontel, par exemple) et employait le poète Ducis comme secrétaire. Il s'intéressait déjà beaucoup à l'orateur dont il était un enthousiaste et qu'il fera nommer en 1775 historiographe des Bâtiments. Ardent défenseur de la peinture d'histoire, il militait pour une destination de l'art plus morale et plus politique. Dans cette perspective, le culte des grands hommes de la nation lui importait par-dessus tout, mais il prétendait veiller à ce que tous les genres de mérites fussent également représentés. Alors que le Dauphin avait été gratifié de nombreuses oraisons funèbres jugées insipides, la commande faite à Thomas d'un éloge du prince défunt fut un pari risqué et, finalement, un test plein d'enseignements[26].

Dans cet exercice périlleux et inédit de transcription d'un genre dans un autre, où il tente de passer de l'apologétique religieuse, propre à l'oraison funèbre, à l'édification morale qui est un des traits de l'éloge, Thomas se présente avec précaution comme inspiré « par le zèle d'un citoyen obscur mais vrai et libre » et « animé par l'amour de l'État ». Il y saisit l'occasion de faire le tableau idéal de l'éducation d'un prince selon les nouveaux préceptes des Lumières : on y voit donc l'enfant royal se défier de la Cour, visiter les campagnes pour y découvrir la situation réelle de la nation sur laquelle les courtisans sont accusés de jeter un voile, et se préoccuper déjà du jugement de la postérité. Plein de respect pour les gens de mérite, il parcourt l'*Esprit des lois* et consulte Montesquieu, lit Sully en se préparant à être un nouvel Henri IV. Ce surprenant mélange des genres était trop compliqué pour que quiconque s'y retrouve, si bien que Thomas réussit pour une fois à mécontenter tout le monde. Son *Éloge du Dauphin* lui valut en effet « la désapprobation des uns qui y cherchaient, au milieu d'un siècle philosophe, l'éloge de la religion sur le trône, et l'indifférence des autres qui n'entrevoyaient dans un prince religieux que le persécuteur de la philosophie[27] ». Certes, l'époque avait bien produit toute une série de figures mixtes comme celle du militaire-philosophe ou du philosophe chrétien, où elle aimait à voir des emblèmes d'une possible conciliation idéologique. Mais la tentative inédite, illustrée par l'*Éloge du Dauphin*, de promouvoir une éloquence en quelque sorte hybride parut incongrue à tous. Elle se révéla en fin de compte nécessaire, car elle jeta un éclairage décisif à la fois sur le rôle de Thomas et sur la nature exacte du genre de l'éloge.

À cette occasion, chaque camp révisa sa position. Les *Mémoires de Trévoux* en vinrent à s'interroger sur un auteur qu'ils avaient toujours applaudi jusque-là. Lors de ses triomphes académiques, on avait relevé en effet « ce pinceau mâle et fier, plein d'âme et de feu, qui distingue M. Thomas parmi tous nos orateurs[28] », sa « chaleur de style » touchant « de fort près à l'enthousiasme de la poésie », son éloquence « capable de se monter au ton des divers sujets : grande et hardie dans l'*Éloge du Maréchal de Saxe*, abondante et réfléchie dans l'*Éloge de M. le chancelier d'Aguesseau*, ardente et impétueuse dans l'*Éloge de Duguay-Trouin*[29] ». On avait surtout, dès le début, salué favorablement la transformation des sujets du concours académique, en considérant que l'éloge des grands hommes était une « matière plus brillante, plus relative à l'histoire, plus instructive, plus propre à exciter l'émulation[30] ».

L'*Éloge du Dauphin* a droit, quant à lui, à un compte rendu inhabituellement long. Il est précédé d'une prudente présentation où l'on se garde bien, en employant le terme général de « discours », d'opposer de façon polémique deux genres dont on sent bien qu'ils sont concurrents ; mais il est très clair aussi qu'on a préféré l'éloge à toutes les oraisons funèbres du Dauphin :

> Ce que nous avons dit dans le second volume d'avril dernier de la médiocrité de la plupart des pièces qui ont paru sur la mort de Monseigneur le Dauphin ne doit pas s'entendre du discours de M. Thomas que le public a saisi avec avidité, qu'il a lu avec une espèce d'enthousiasme[31].

Suit, néanmoins, une sévère analyse de l'abbé Coger, anti-philosophe proclamé, qui se propose de dénoncer le « préjugé » favorable dont jouit Thomas dans les *Mémoires de Trévoux*, et de démasquer une fois pour toutes, et point par point, celui qui est présenté dès lors comme un douteux orateur. Non seulement il désigne les limites de Thomas, dont tout le talent se borne, selon lui, à une « science factice » de compilateur, mais il est bien le premier à dévoiler effectivement l'idéologie à l'œuvre dans ses discours où « tout est travaillé sur le même canevas ». Il lui reproche d'avoir dépeint un personnage aussi abstrait et idéal que le Cyrus de Xénophon, un « prince déguisé » dont « la vie est un roman ». Ce qui a trait à l'enfance lui semble indiscutablement emprunté aux théories de Rousseau, et le tableau de la misère ne tend, selon lui, qu'à préparer une satire des riches et du gouvernement. Du point de vue plus proprement chrétien, il regrette surtout que soit accordée une bien petite part à la religiosité du disparu, dont l'évocation se perd dans une « description pompeuse de la religion naturelle ». La représentation un peu trop stoïcienne à son goût de la belle mort du Dauphin fait que celui-ci meurt plutôt en philosophe comme Marc Aurèle, comme Germanicus dans Tacite ou Caton chez Voltaire. L'abbé voit trop bien que d'autres liturgies s'annoncent dans cette éloquence funèbre qui réclame des larmes toutes païennes, et il conclut en désignant clairement le véritable camp de Thomas : « Tout ce que l'on peut craindre, c'est qu'il ne veuille se monter au ton de quelques-uns de nos philosophes modernes pour en obtenir les suffrages. »

Un collaborateur de la *Correspondance littéraire* se moque, quant à lui, dans un tout autre sens, des amplifications ridicules concernant le Dauphin, présenté absurdement comme un exemple de charité, de vertu, de piété filiale, de simplicité antique.

Si Voltaire fut sensible au thème de l'enfance d'un prince éclairé, pleinement acquis à l'esprit de tolérance des philosophes, Diderot reprit vertement l'orateur qui s'était fourvoyé dans l'inutile panégyrique d'un personnage dont les modestes qualités privées (« le rôle contraint, obscur, ignoré ») ne réclamaient tout au plus de lui que la réserve polie d'un simple « apologiste » :

> Jamais l'art de la parole n'a été si indignement prostitué. Vous avez pris tous les grands hommes passés, présents et à venir, et vous les avez humiliés devant un enfant qui n'a rien dit ni rien fait. Votre prince valait-il mieux que Trajan ? Eh bien, monsieur, sachez que Pline s'est déshonoré par son *Éloge de Trajan*. Vous avez un caractère de vérité et d'honnêteté à soutenir, et vous l'allez perdre. Si c'est un Tacite qui écrive un jour notre histoire, vous y serez marqué d'une flétrissure. Vous me faites jeter au feu tous les éloges que vous avez faits, et vous me dispensez de lire tous ceux que vous ferez désormais. Je ne vous demanderai pas de prendre le cadavre du Dauphin, de l'étendre sur la rive de la Seine, et de lui faire, à l'exemple des Égyptiens, sévèrement son procès ; mais je ne vous permettrai jamais d'être un vil et maladroit courtisan [...]. Si j'avais comme vous cette voix qui sait évoquer les mânes, j'évoquerais celles de d'Aguesseau, de Sully, de Descartes, vous entendriez leurs reproches et vous ne les soutiendriez pas[32].

Dans cette remontrance, qui annonce le ton véhément de l'*Essai sur les règnes de Claude et de Néron*, Diderot prétend citer Thomas devant les grands hommes que celui-ci a fait paraître par la force unique de sa voix. Ce rappel à l'ordre, si ferme soit-il, sonne donc en même temps comme un sacre, puisqu'il permet de désigner la toute première vocation de l'orateur. On pourrait juger Diderot inconséquent, car, dans le même envoi de la *Correspondance littéraire*, il publie ses « Projets du tombeau pour M. le Dauphin » que lui avait commandés Cochin. En fait, par une série d'allégories choisies (la Tendresse conjugale, la Maladie, la Sagesse, la Religion), il cantonne le disparu dans les formes les plus domestiques de l'exemplarité bourgeoise pour prouver simplement qu'il n'était après tout qu'un homme. Dans le *Salon de 1767*, il ironise ensuite sur un tableau de Lagrenée (*Le Dauphin mourant, environné de sa famille. Le duc de Bour-*

*gogne lui présente la couronne de l'immortalité*) où il ne voit que la platitude d'un *ex-voto* bien éloigné du pathétique dont il rêve : « Mettez un bonnet de laine sur la tête ignoble de ce Dauphin, et vous aurez un malade de l'Hôtel-Dieu[33]. »

Dans la même intention que Thomas s'évertuant à mettre le Dauphin au goût des Lumières, l'abbé Maury s'efforce quelques années plus tard, dans son *Éloge de Saint Louis* prononcé à l'Académie le 25 août 1772, de répondre également à l'attente du public. Il prend le parti d'en faire d'abord un « législateur » et un « homme supérieur à son siècle » en lequel s'annonce le modèle du roi-philosophe. Selon le compte rendu persifleur de cette séance, paru en octobre suivant dans la *Correspondance littéraire*, « le règne des orateurs sacrés est passé », et c'est pour eux « le comble de l'extravagance de vouloir être moitié philosophes et moitié chrétiens, de condamner les croisades et d'en faire un sujet d'admiration pour le saint dont ils prononcent le panégyrique ». S'il est dénié aux hommes d'Église d'envisager Saint Louis de la même façon finalement que Voltaire l'avait fait dans *La Henriade* ou l'*Essai sur les mœurs*, c'est que les saints eux-mêmes ne leur appartiennent plus dès lors qu'ils deviennent des grands hommes. Échappant ainsi, en quelque sorte, au commun des saints, ils entrent en effet dans le domaine réservé des nouveaux orateurs[34].

Les deux traditions concurrentes, avec chacune sa forme d'éloquence appropriée, n'en finiront pas, dans d'incessantes tentatives de récupération, de se disputer les dépouilles des grands hommes. Celles de Fénelon plus particulièrement, qui, après avoir été désigné par Voltaire comme un « philosophe » dans *Le Siècle de Louis XIV*, devint ensuite l'objet d'une âpre lutte entre les deux bords, en 1771, lorsque son éloge fut mis au concours de l'Académie. Le prix donné à La Harpe apparut comme une victoire du parti philosophique, l'abbé Maury n'ayant obtenu que l'accessit malgré ses efforts pour adopter le nouveau ton. Voltaire donna donc son aval à l'éloge de La Harpe (« C'est le génie du grand siècle passé, fondu dans la philosophie du siècle présent[35] »), alors que les critiques de l'autre camp se faisaient plus vives : le bénédictin dom Gourdin se moqua de la « philanthropie froide[36] » et le journal de Fréron dénonça « le jargon qui sert de ralliement à la secte philosophique[37] ». Et cette polémique parut encore se poursuivre beaucoup plus tard, à l'occasion de la translation des cendres de Fénelon, le 16 août 1804, à Cambrai : le grand cortège où devait défiler, entre autres sujets touchants, la fameuse « vache égarée » que le grand homme rend à des paysans, fut en effet dénoncé par l'évêque de la ville comme une cérémonie laïque et interdit par le préfet sur ordre de l'Empereur[38].

Pour Thomas, dans son *Éloge du Dauphin*, comme pour de nombreux « orateurs sacrés » du moment, il s'agissait de rendre compatibles la culture chrétienne et la nouvelle éloquence issue de la tradition antique. Ces bonnes intentions syncrétiques se révélèrent finalement trop équivoques. Ainsi ne fut pas conjurée l'inévitable scission de l'imaginaire national en deux mémoires rivales. Plusieurs tâcheront plus tard, de Chateaubriand à Malraux, et de Michelet à Victor Hugo, de réconcilier sur ce point les deux France, mais au moment où se fonde le culte des grands hommes, à partir du milieu du XVIII^e^ siècle, il apparaît assez vite qu'il n'est pas question de célébrer les « héros de tous les genres », comme le prétendait Duclos en présentant la réforme des concours académiques, mais d'illustrer une mémoire plus particulière et sélective, et de ce point de vue déjà républicaine. Le pas de clerc de Thomas avait en tout cas fourni la preuve que, dans la compétition entre l'oraison funèbre et l'éloge, ce dernier genre avait définitivement supplanté l'autre dans l'opinion, et qu'il n'y avait entre eux aucune contamination possible. Diderot y avait saisi en même temps l'occasion de marquer combien ces petits événements académiques lui importaient, tant s'y jouaient l'avenir et la forme du nouvel imaginaire national. Et Thomas, dont il avait si précisément décrit et dévoilé le rôle, fut dès lors contraint d'avancer beaucoup plus à découvert sous la bannière des philosophes.

Lorsqu'il mourut en 1785 (au cours d'un voyage) chez l'archevêque de Lyon, celui-ci fut convaincu d'avoir retrouvé dans ses derniers moments la brebis égarée et rédigea une épitaphe qui se terminait par une pointe évidente contre le genre d'éloquence laïque dans lequel l'orateur avait brillé : « Il couronna sa vie laborieuse et pure / par une mort édifiante et chrétienne / : c'est ici qu'il attend la véritable immortalité. » Les *Mémoires secrets* du 2 octobre 1785 publièrent en la circonstance une lettre de Lyon :

> Pour le coup voilà un philosophe qui n'a pu échapper aux prêtres [...]. Le moribond a fait bonne contenance et a édifié tout le monde, sauf les philosophes qui gémissaient de cette niche du prélat. Ils se voyaient arracher M. Thomas avec d'autant plus de peine, que c'était une conquête, et qu'il avait débuté en attaquant leur chef. [...] Il était venu à résipiscence et il tourne casaque de nouveau.

En fait, malgré cette dernière infidélité qui tint essentiellement au hasard, Thomas s'était incontestablement imposé aux yeux de tous, dès son discours de réception du 22 janvier 1767, comme un soutien du parti philosophique au sein de l'Académie. On lui reprocha bien, alors, d'avoir outré l'influence de l'homme de génie sur l'esprit public et de regarder l'homme de lettres « comme plus utile aux États que l'homme d'État, le législateur même[39] » ; mais, en recevant Loménie de Brienne à l'Académie trois ans plus tard, il resta parfaitement dans son rôle affirmé de héraut des Lumières, en dénonçant cette fois les calomniateurs des grands hommes avec à l'appui l'exemple des persécuteurs de Montesquieu et de Fontenelle, si bien que l'avocat général Séguier, le « dénonciateur des gens de lettres au parlement[40] », selon Marmontel, réussit à faire interdire son discours à la publication.

Cela explique la solidarité maintes fois marquée des philosophes pour un de leurs soutiens à l'Académie. Si Voltaire aimait à utiliser par dérision le terme de « galithomas » (forgé un peu cruellement à partir de galimatias), il sut aussi marquer à plusieurs reprises une attention pleine de gratitude envers l'orateur. Après avoir reçu l'*Éloge de Descartes*, il répond par une lettre enthousiaste diffusée quelque temps après dans le *Journal encyclopédique* et les *Mémoires secrets*, où il se félicite des nouveaux sujets proposés dans les concours académiques. Il conclut en invitant l'auteur à venir s'installer à Ferney, où son rôle est déjà fixé : « Vous êtes fait pour célébrer les grands hommes ; c'est à vous à peindre vos confrères[41]. » Mêmes encouragements quelques mois plus tard pour l'*Éloge du Dauphin*. Le 1er juin 1771, il envoie à Thomas, chantre de Pierre le Grand, l'article « Épopée » de l'*Encyclopédie* en le remerciant une fois encore, « de tout [son] cœur », pour son rôle à l'Académie où il soutient l'honneur et la liberté des lettres. Quant à Diderot, il ne manque pas de donner son avis, à mesure qu'elles paraissent, sur les productions de celui qu'il appelle « frère Thomas ». En 1766, il craint vivement de lui faire manquer le prix pour l'*Éloge de Descartes*, parce qu'il a marqué trop publiquement son admiration sans respecter la clause de l'anonymat dans les concours académiques[42]. Et Thomas apparaît souvent à l'horizon de sa réflexion et dans les marges de ses œuvres.

Certaines dépêches de journaux allèrent parfois jusqu'à évoquer l'orateur sur un mode emphatique, en lui assignant sans hésiter une place à côté des grands hommes de l'Antiquité. Thomas lui-même répétait à l'envi qu'il espérait bien au-delà de la seule reconnaissance de ses contemporains. Il dut finalement se satisfaire de l'« éloge comptant », pour reprendre une expression de Diderot dans sa correspondance avec Falconet, et le théâtre de sa gloire se limita au présent. Mme Necker déclara en guise d'éloge posthume, en l'opposant à Buffon, que, si celui-ci était l'homme de tous les siècles, Thomas n'était lui-même que l'homme de son siècle. Non qu'elle accordât une plus grande importance à la description des insectes et des quadrupèdes qu'à la résurrection des grands hommes, mais son amitié ne l'empêchait pas de voir que Thomas ne s'était jamais montré à la hauteur de ceux-ci. La contagion mimétique, presque inévitable dans le genre de l'éloge, avait en effet amené Thomas à confondre ses exercices scolaires avec le véritable enthousiasme. Il resta donc toujours un officiant de base. Mais par sa position académique il n'en eut pas moins une action déterminante : son talent d'orateur, tellement en accord avec son temps, lui permit de faire triompher le genre de l'éloge et de populariser ainsi définitivement le nouvel imaginaire du culte des grands hommes, qui, l'un et l'autre, l'un par l'autre, importaient tant au combat des philosophes.

# *Chapitre V*

## LE TRIOMPHE D'UN GENRE

> Au Mexique, au Pérou, au Brésil, au Canada, et jusque dans les pays où les peuples ignoraient l'usage du feu, on a trouvé des espèces de poèmes destinés à célébrer des espèces de grands hommes.
>
> Thomas [1].

Puisque les faiseurs d'éloges de toutes sortes se référaient à lui comme à un modèle insurpassable et lui savaient gré d'avoir donné un cours absolument inédit à cette forme d'éloquence, Thomas résolut de tirer lui-même les leçons de sa surprenante faveur auprès du public en s'interrogeant sur l'histoire d'un genre dont il était devenu le spécialiste incontesté. Après ses triomphes académiques, il publie en 1773 son *Essai sur les éloges* où il apparaît peu soucieux d'enfermer le genre dans une définition restrictive et dogmatique. Il s'efforce au contraire de prendre en compte tout ce qui peut s'y rattacher en revisitant les formes les plus variées d'éloquence depuis l'Antiquité. Ce parti pris peu classique convient à une époque marquée par une extraordinaire ébullition de formes et qui prétend se différencier du Grand Siècle. Thomas souhaite inscrire l'éloge dans ce qu'il aime à considérer plus généralement comme un patrimoine rhétorique universel. En s'efforçant d'expliquer le nouvel engouement pour cette éloquence aux origines lointaines, il dévoile à ses contemporains les raisons de leur enthousiasme et les conforte par là dans leur nouveau *credo*.

## *Poétique et fonction de l'éloge*

Dans sa réflexion sur le genre de l'éloge, Thomas parcourt les différentes époques, bien convaincu, selon la vulgate des Lumières, qu'en tous temps et en tous lieux, le vrai mérite finit par être reconnu et vengé : le progrès de l'esprit humain au cours des siècles s'annonce précisément à travers les différents hommages aux morts qui se révèlent ainsi comme l'instrument essentiel du tribunal ultime de la postérité. Dans les chants des bardes, on peut reconnaître déjà à l'œuvre ce « fanatisme de la valeur » en vertu duquel la justice est rendue au bout du compte. Dans son examen systématique de toutes les formes d'éloquence funèbre, Thomas retient des œuvres qui, sans être expressément des éloges, se rapportent pourtant, selon lui, de beaucoup plus près que bien des éloges à sa propre conception du genre : ainsi l'*Apologie de Socrate* qui est une « espèce de drame » du plus grand intérêt, la *Cyropédie* de Xénophon (« C'est un véritable éloge sans en avoir la forme »), la *Vie d'Agricola* de Tacite (« le chef-d'œuvre et le modèle de tous les éloges historiques »). Et quand, dans une citation latine, Thomas traduit *virtutes* par « grands hommes », il apparaît que son entreprise consiste à faire la généalogie de cet ensemble de représentations et de cérémonies laïques, qui se constitue soudain, au milieu du XVIIIe siècle, avec beaucoup plus d'évidence et de relief qu'auparavant en culte des grands hommes. Cette perspective ouverte n'aboutit pas, cependant, à une complète dilution de l'éloge dans un imaginaire sans borne. L'*Essai sur les éloges* comprend bien aussi une histoire du genre dans ses différentes phases avec des éclipses et des avatars idéaux.

Plutôt que de fonder son étude sur une analyse circonstanciée des formes rhétoriques et de leur évolution, Thomas préfère invoquer comme critère presque exclusif la fonction civique de l'éloquence funèbre : de ce point de vue, la première période faste fut celle des républiques antiques. À Rome, les éloges étaient le plus souvent prononcés par un citoyen de la famille, mais quelquefois aussi par des magistrats : « C'était pour ainsi dire alors la patrie elle-même qui montait à la tribune pour y exprimer sa reconnaissance[2]. » Comme on l'a vu, l'exemple insurpassable d'un tel tribunal du mérite, dont les hommes des Lumières font leur plus précieuse chimère, remonte, selon eux, aux Égyptiens, car ils sont désireux de lui assigner l'origine mythique la plus lointaine. Mais c'est à Rome, où il prit une forme laïque et républicaine, qu'il s'imposa à leurs yeux comme un véritale modèle historique.

Ensuite, cette « noble institution » romaine dégénéra dans de vains exercices de sophistes, puis se corrompit un peu plus dans la « fièvre ardente des panégyriques » et les basses flagorneries à l'adresse des empereurs. Une révolution plus importante encore eut lieu sous Constantin, produisant « un genre d'éloquence inconnu jusqu'alors » : « Le droit de parler au peuple assemblé [...] passa aux ministres des autels ; alors les prêtres chrétiens montèrent publiquement dans les chaires, et les discours religieux succédèrent dans l'Empire aux discours politiques[3]. » Le processus par lequel s'ouvrit le long règne de l'oraison funèbre est clairement désigné ici comme l'usurpation par l'Église d'un pouvoir plus ancien, et l'*Essai sur les éloges*, où Thomas se réclame sans cesse de l'âge d'or antérieur de la première éloquence civique, se présente donc essentiellement comme l'histoire d'un magistère perdu. Le nouveau discours sur les morts, dont les prêtres s'étaient rendus, d'après Thomas, les maîtres exclusifs, était sujet à s'avilir dans l'adulation, mais les vrais grands hommes furent parfois honorés, comme l'attestent, selon lui, les nombreuses oraisons funèbres d'Henri IV.

Malgré quelques exceptions de cet ordre, il s'agit bien d'abord, tout au long de l'*Essai sur les éloges*, de savoir comment pourrait ressusciter, en dépit d'une institution monarchique qui bride toute liberté de parole publique, le grand spectacle antique d'une éloquence agitant un « peuple qui frémit, qui palpite, qui jette des cris, qui verse des larmes[4] » ; de se demander à quelles conditions pourraient être restaurés le rôle et l'ascendant de l'orateur républicain qui s'impose comme un modèle incomparable (« C'est un homme à qui la nature a remis un empire inévitable ; c'est le défenseur d'une nation, c'est un souverain, c'est un maître ; c'est lui qui fait trembler les ennemis de la patrie[5] »). Pour que s'accomplisse le retour à ses nobles origines d'un discours aux morts si longtemps dévoyé, il faudrait montrer plus d'énergie que de goût et avoir à nouveau quelque grand intérêt à défendre. Par sa forte destination civique, l'éloge laïc des grands hommes est précisément à même de renouer le fil rompu de l'éloquence républicaine dont, au sein de l'Académie, il rétablit au moins virtuellement, dans une république encore imaginaire, les anciennes conditions d'exercice.

Thomas n'en oublie pas pour autant, dans la très longue histoire du genre, les éloges de la Renaissance humaniste et érudite. Il sait reconnaître, par exemple, le rôle du milanais Paul Jove (1483-1552), auteur de plus de trois cents éloges de gens de lettres pour une bonne part et en général d'« hommes plus courageux que des saints ». Ainsi est clairement désigné le genre laïc des « Vies » alors en honneur dans toute l'Europe et concurrent de l'hagiographie médiévale. L'auteur de l'*Essai sur les éloges* évoque, de même, la grande éloquence religieuse du XVIIe siècle et ne méconnaît pas non plus les éloges savants propres à l'institution académique : il consacre tout un chapitre à ceux de Fontenelle. Mais il est évident que, pour lui, au moment où il écrit, le véritable aboutissement de toute cette histoire ne saurait être que le renouvellement du concours d'éloquence à l'Académie où il s'illustra lui-même à partir de 1759. Il en fait un événement fondateur pour les Lumières, à l'occasion duquel apparut, selon lui, une éloquence insurpassable par sa coloration patriotique et nationale, et sans précédent aucun dans l'ancienne république des lettres.

Dans sa destination encore incertaine, il était clair en effet que cette éloquence n'était plus sous tutelle et que sa vocation première n'était plus la célébration du monarque. « Ce n'est point là un discours académique », avait aussitôt écrit Voltaire à Thomas pour marquer son enthousiasme à la lecture de son *Éloge de Descartes*. Certain d'avoir régénéré par une éloquence hardie les formes traditionnelles de l'éloge savant, et de s'être acquis pour cette raison les suffrages de ses contemporains, celui-ci conclut son essai par une série de conseils détaillés. Le grand manufacturier d'éloges délivre ainsi la formule et lègue les recettes de son succès à tous ceux – et ils sont nombreux –

qui se montrent alors impatients de s'illustrer à leur tour dans le nouveau genre. L'ouvrage de Thomas sera bien, en effet, salué par la presse comme un manuel attendu, et d'Alembert renvoie à maintes reprises par la suite, dans ses propres éloges académiques, à cette référence obligée.

Les éloges de Thomas et en général de ceux qui participèrent aux concours académiques forment un répertoire tout à fait irremplaçable, en ce qu'il permet de repérer, à travers la récurrence des lieux communs, la poétique propre et les invariants du nouveau genre. Une légende inédite se fonde peu à peu par l'expansion et le cumul d'un récit dont les canons semblent inusables. Cet ensemble d'éloges, où se spécifient et s'imposent, à mesure que la série se constitue, les critères du nouvel héroïsme, est le véritable creuset de l'imaginaire des grands hommes au XVIIIe siècle. Quoique issu du milieu expert et confiné de l'Académie, le nouveau récit produit par les Lumières n'a rien dans son principe d'une histoire savante. Sa force de conviction et d'entraînement repose au contraire sur son caractère élémentaire et sur la fonction éminemment pédagogique de la répétition qui favorise la diffusion et la vulgarisation de l'imagerie. C'est donc une conscience historique, d'abord idéologique et émotionnelle, qui se forge alors, c'est-à-dire une mémoire. Et celle-ci est, de fait, profondément accordée à l'historiographie philosophique, anti-érudite du XVIIIe siècle.

Parmi les traits distinctifs de l'éloge, le traitement du temps illustre plus particulièrement la morphologie propre du genre. La vie du grand homme est toujours inscrite dans une double téléologie, parce qu'en se réalisant lui-même celui-ci accomplit le devenir de l'esprit humain, conformément à la théorie de la perfectibilité où la volonté humaine vient prendre la place qu'avait la providence dans l'ancienne vision finaliste. Accomplissant des progrès fulgurants dans sa propre genèse individuelle, l'homme de génie fait preuve d'une égale rapidité pour devancer la marche du temps historique par sa forte vision de l'avenir dont il est l'annonciateur : sa précocité n'a donc rien de commun avec celle de l'enfant prodige, car elle concerne à un niveau bien supérieur une assomption collective. Un commentaire spirituel rapporté par d'Alembert à propos des débuts de

Bossuet illustre, sur le mode amusé des ana, un curieux rapport au temps dont le grand homme vient en général brouiller les repères habituels : « Le prédicateur n'avait que seize ans, et il était onze heures du soir, ce qui fit dire à Voiture si fécond en jeux de mots, qu'il n'avait jamais entendu prêcher ni si tôt, ni si tard[6]. » La chronologie de l'éloge, et particulièrement dans les petits commencements biographiques qui en sont l'ouverture obligée, tend invariablement à l'anticipation dans une inévitable fuite en avant : « Vous les voyez presque tous nés avec une espèce d'instinct qui se déclare dès le berceau et les entraîne » (Thomas, *Essai sur les éloges,* chap. XXXVI) ; « il n'avait pas encore huit ans et déjà on l'appelait le philosophe » (Thomas, *Éloge de Descartes*) ; « Maurice dès le berceau semble s'élever vers les combats [...] dès l'âge de douze ans il signale sa valeur » (Thomas, *Éloge du comte de Saxe*) ; « Sully n'est encore âgé que de seize ans et déjà il commence à se signaler » (Thomas, *Éloge de Sully*) ; « dès l'âge de dix-neuf ans il s'était essayé dans le ministère de la parole évangélique » (La Harpe, *Éloge de Fénelon*). Ce caractère d'emballement et de marche forcée signale l'élection du grand homme et sa vocation prophétique. Toujours pressé et projeté en avant dans une hâte énergique, celui-ci semble happé par une formidable bourrasque du temps.

Par leur façon de surgir chacun à leur heure mystérieuse de la nuit des siècles, les grands hommes viennent illustrer une nouvelle conception mythique de l'histoire, certes linéaire et cumulative selon l'idée du progrès, mais aussi extraordinairement lacunaire et trouée ; car, entre les exceptions majestueuses qu'ils représentent, l'humanité reste en attente et se trouve confrontée à un vide sidérant dont les Lumières ont fait un thème très onirique : le XVIIIe siècle eut en effet une fascination un peu effrayée et bizarre pour l'intervalle muet entre deux renommées sonores et pour les longues périodes déshéritées dont aucun signe éclatant ne vint troubler l'insondable léthargie. Saint-Just déplore ainsi, dans une aveugle témérité bien à l'image de son époque, que depuis les Romains il n'y ait eu de génération véritablement héroïque que la sienne, et Guibert regrette de la même façon, dans son *Éloge de Catinat*, la « disette de grands hommes » à certaines époques de l'histoire. Il est vrai, en tout cas, que, si les grandes silhouettes du Panthéon sont venues à la fin prendre leur place dans un vaste cortège, elles ne semblent d'abord être apparues que de loin en loin, dans une étrange solitude et un horizon raréfié. C'est pourquoi Thomas, dans son *Éloge de d'Aguesseau*, constate que « la mort d'un grand homme laisse un vide dans l'univers et la nature est des siècles à le remplir ».

Dans le canon de l'éloge, l'apparition d'un grand personnage est toujours désignée en termes messianiques et décrite sous la forme d'une irruption théâtrale également joyeuse et traumatisante où, comme dans l'esthétique du drame bourgeois, le bonheur d'avoir trouvé un père se conjugue avec la fatale perspective de rester un jour orphelin. L'imagerie monumentale du Panthéon est donc traversée d'absence et abandonnée à tout le vertige de l'attente. Cette rêverie sur l'avenir va jusqu'à consacrer le vide comme une divinité énigmatique. Au début de son discours de réception à l'Académie française, où il succède à Voltaire le 4 mars 1779, Ducis déclare que « c'est à la suite des siècles seule, à remplir le vide immense qu'ils [les grands hommes] ont laissé », et il propose que le fauteuil de Voltaire demeure à jamais vacant, comme il est de coutume dans la tradition juive de réserver à table, le jour de Pâque, une chaise pour Élie. Thomas souhaite lui aussi, de même « qu'Athènes éleva un autel au dieu inconnu », qu'on puisse « élever sur la terre une statue avec cette inscription : *Aux hommes vertueux que l'on ne connaît pas*[7] », idée reprise par Chaisneau en 1792 lorsqu'il suggéra de placer au Panthéon un simple socle que l'on laisserait indéfiniment vide de toute statue[8]. Comme l'a si justement noté Michelet, le Champ-de-Mars est bien le vrai monument laissé par la Révolution française, une pure surface vierge qui donne à espérer parce qu'elle est ouverte à toutes les virtualités, clair emblème de cette scansion abstraite d'un temps qui s'offre comme un appel et une sommation, et comme une annonciation sans fin.

Au terme de la lente maturation qui finit par produire le grand homme comme un effort inouï de la nature, pour reprendre les métaphores habituellement utilisées dans les éloges, le grand homme représente une soudaine accélération. En un éclair, il agit plus que le néant des siècles dans leur cours paresseux et, durant toute son existence, il calcule jalousement son temps. Dans son enfance même, il ne s'amuse jamais, tant il est dès le berceau frappé de gravité bourgeoise et en proie à la tristesse des enfants chastes et méritants. À son avenir glorieux, il n'hésite pas à sacrifier la liberté et les amusements du premier âge : « Il n'était pas encore sorti de l'enfance que déjà l'enthousiasme de la vertu était dans son cœur. À douze ans, il s'était consacré au genre de vie le plus austère » (Thomas, *Éloge de Marc Aurèle*) ; « dès l'âge des passions et des erreurs, d'Aguesseau n'a d'autre passion que l'étude » (Thomas, *Éloge de d'Aguesseau*).

Ces enfances tellement sérieuses sont en tout point contraires à la pédagogie rousseauiste de l'*Émile*, où seul le temps perdu est en définitive du temps gagné. C'est qu'elles ne renvoient pas uniquement, on l'a vu, à la durée biologique et à la formation individuelle, mais que, à travers le rôle attendu du grand homme, s'y joue l'avenir du genre humain. Il n'y a donc pas ici de temps à perdre comme aiment à le rappeler les *Dictionnaires d'enfants célèbres* qui s'inspirent de l'éloge sur ce point précis pour offrir de grands exemples à l'enfance : on y apprend que Voltaire ne prenait jamais de récréations au collège, préférant deviser avec les professeurs qui étaient déjà ses seuls vrais pairs, que Milton veillait jusqu'à minuit, que déjà Pline emportait ses tablettes à la chasse, qu'Avicenne trompait la fatigue avec le vin ou avec la prière, ou, « s'il arrivait qu'il succombât quelquefois au sommeil, il ne manquait pas de rêver en dormant sur la difficulté où le sommeil l'avait surpris, et en trouvait la solution à son réveil[9] » ; le petit Candiac de Montcalm était si pressé d'apprendre « qu'on était obligé de lui cacher ses livres[10] » ; plus impatient encore était Lope de Vega, car « à peine avait-il appris à parler qu'il voulut montrer au public des essais de ses facultés poétiques et que sans attendre que sa main fût assez forte pour tenir une plume et apprendre à écrire, il dictait aux autres des vers de sa composition[11] ». C'est dans le même état d'esprit, coloré d'un peu plus de vanité avec l'âge, que Bossuet, malade, se serait écrié au sortir d'un évanouissement : « Comment un homme tel que moi a-t-il pu être si longtemps sans penser[12] ? »

Lieu commun de l'éloge, cette utilisation forcenée du temps permet d'opposer le grand homme, de façon polémique, au monde inutile des courtisans qui ne savent que gaspiller leurs jours en d'éternels jeux d'enfants frivoles. Dans son *Éloge de d'Aguesseau*, Thomas commence par signaler que celui-ci ne connut jamais les plaisirs de ce que l'on appelle communément « amusements » et tenait une comptabilité maniaque de ses heures :

> Son principe était qu'il n'est permis de se délasser qu'en changeant d'occupations. Il ne faisait aucun voyage, même à Versailles, sans lire ou se faire lire en chemin quelque ouvrage de philosophie, d'histoire ou de critique : ainsi, la durée qui est si courte pour nous, s'étendait pour lui et il vivait plus que le reste des hommes.

L'orateur conclut par une adresse théâtrale aux gens de Cour, sur le ton du sermon, en leur offrant le grand homme en exemple : « Ô vous qui consumez le temps dans l'indolence, [...] contemplez d'Aguesseau et apprenez à exister. » Pour les besoins de cette pédagogie morale et politique, Thomas aime à faire paraître les grands hommes comme une « censure de leur siècle », dans la simplicité et la sage économie de leur vie privée, silhouettes modestes à l'image du bon Louis XII à cheval sur sa mule, de Sully qui avait « conservé à la Cour l'antique frugalité des camps », ou de d'Aguesseau, un « spartiate austère parmi les fastes de la Perse ». Condorcet donne toute son ampleur à ce thème puritain dans son *Éloge du chancelier de L'Hospital* présenté pour le concours d'éloquence de 1777 :

> Pauvre et retiré à la campagne, il y fut tel qu'il avait été à la Cour, où il avait donné un exemple de frugalité digne des héros de la Rome ancienne. Pendant son ministère, sa conversation instructive et agréable, formée d'un mélange piquant de philosophie et de littérature, faisait le seul plaisir de sa table. On n'y servait qu'un seul plat de viandes bouillies. Modernes Apicius, pardonnez à la bassesse de ces détails ; daignez songer que les dépenses des gens en place sont payées par le peuple et que l'homme de bien [...] se conduit dans les grandes places de manière à n'avoir pas

même de privation à s'imposer lorsque son devoir lui ordonne de les quitter.

Pures images morales appartenant déjà à un autre monde, tous ces grands hommes ne brillent pas par la verdeur de leur teint. Ils ont plutôt la transparente pâleur des héros que rencontre Télémaque dans les Champs Élysées, et leur cortège prend ainsi un aspect spectral de panathénées néo-classiques.

C'est une énergie sublimée, vidée de toute la part maléfique des anciennes turbulences, qui anime ces figures conformes au canon du nouvel héroïsme. Les excès d'une gloire tonitruante, partout décriée et tournée en dérision, sont désormais tempérés par le triomphe placide de la raison. L'éloge se complait à représenter cette évolution sous la forme d'une conversion spectaculaire rééditant à chaque fois le petit scénario d'allégeance au nouvel ordre pacifique si fortement mis en scène par Rousseau dans le fameux épisode de *La Nouvelle Héloïse* intitulé « L'héroïsme de la valeur ». Voici donc une étrange cohorte de soldats désarmés qui ont renié leurs anciens attributs.

Thomas relève que Duguay-Trouin, pourtant célèbre par ses exploits dans les batailles navales, préfère aux navires de guerre la flotte de la Compagnie des Indes consacrée au négoce, que Jean Bart et Tourville sont « sortis de la marine marchande ». La Harpe fait de Catinat le type même du nouveau militaire portant dans le métier des armes la « raison d'un vrai philosophe et les sentiments d'un vrai citoyen » : dévoué d'abord à la « chose publique », il « semble pour ainsi dire éteindre sa gloire ». Le surnom de « Père la Pensée » désigne en lui un ami de l'humanité patient et réfléchi et, par là, économe de la vie de ses soldats. L'orateur le montre jouant aux quilles avec eux dans une vignette qui atteste sa simplicité légendaire. Parce qu'il ne « voyait dans la guerre qu'un crime public », il avait tâché d'y porter « toutes les vertus de la paix ». C'est pourquoi il refusa de ravager la Savoie et « ne brûla aucune chaumière ». Voltaire applaudit à cet éloge de La Harpe, lui qui avait dans *Le Siècle de Louis XIV* dénoncé les rapines et les brigandages, ceux de Condé et surtout ceux de Turenne, en 1675 [13]. Par sa douceur modeste et l'« ascendant de ses Lumières », Catinat incarne le type inédit du militaire envieux désormais d'une gloire épurée de toute passion guerrière et dont le rayonnement ne doit plus rien à l'éclat des batailles[14].

Les anciennes vertus belliqueuses s'effacent et se moralisent dans le modèle du monarque-philosophe dont Charles V est un exemple souvent cité[15]. D'après Mercier, il avait compris que « c'est moins du bras que de la tête que les rois doivent se servir », renouant ainsi avec l'habile retenue de Fabius Cunctator qui sut « tourmenter les succès d'Hannibal et les consumer par une force inactive[16] ». Thomas, qui s'applique lui aussi à vider l'image royale de toutes ses énergies intempestives, préfère retenir du règne de Louis XIV une fin repentante et couronnée en quelque sorte par l'humiliation. Il conclut un long développement sur la gloire du Roi-Soleil par une curieuse vision propre à en assourdir tout l'éclat, et dans lequel il se plaît à opposer un « autre monument », d'une inspiration très différente, à tous ceux des panégyristes et des sculpteurs :

> Je voudrais qu'on le représentât debout et désarmé, tel qu'il était dans sa vieillesse et peu de temps avant de mourir, foulant à ses pieds toutes les médailles de ses conquêtes : lui-même, au lieu d'esclaves, serait entouré de la plupart des grands hommes qui ont illustré son règne[17].

Astre éteint et refroidi, le monarque ne rayonne plus ici que d'une lumière fantomatique et lunaire, pâle reflet des hommes illustres de son règne. Comme le signale, sans ambiguïté, l'inscription proposée par Thomas (« Sous lui, les Français furent grands »), il a perdu la prérogative de la gloire qui ne lui est plus accordée que de l'extérieur et par surcroît. Cependant, avec son auréole blême de héros shakespearien détrôné, ce Louis XIV travesti dans le goût des Lumières et qui fait amende honorable accède finalement lui aussi par son dénuement même au statut de grand homme. Il ne s'agit pas tant en effet d'abaisser le Grand Siècle, à travers cette image inhabituelle de Louis XIV, que de rendre celui-ci acceptable pour l'idéologie à la mode en le consacrant, certes de façon tout à fait incongrue en regard de l'éclat de son règne, comme héros souffrant plutôt que dans l'énergie brutale de ses triomphes. Seuls un habit de misère et l'expérience tout humaine des revers peuvent désormais ouvrir aux monarques le Temple de mémoire et les élever ainsi au-dessus du « vulgaire des rois », thème essentiel des éloges que Bailly énonce en une formule à propos de Charles V : « Né sur un trône affermi, il n'eût peut-être été qu'un bon Roi, le malheur en fit un grand homme [18]. »

Le canon de l'éloge exprime un ressentiment propre aux Lumières, si bien que le malheur est retenu comme le critère d'élection le plus décisif. Thomas remarque qu'il « imprime au grand homme un caractère qui a je ne sais quoi de sacré [19] », idée qu'il met particulièrement en valeur au début de son *Éloge de Descartes* [20]. Tous ceux qui veulent s'élever au-dessus de leur siècle sont en effet « tourmentés à proportion qu'ils sont grands [21] », et paient finalement leur audace par toutes sortes d'épreuves. Les grands hommes que l'Académie avait proposé d'honorer dans ses concours semblaient avoir été spécialement choisis pour illustrer cette règle, si bien que les orateurs ne manquèrent pas de faire à chaque fois le détail de toutes les traverses qu'ils avaient rencontrées. Versailles est désigné par ceux-ci comme un lieu inhospitalier où la vertu doit préférer l'incognito, car elle s'exposerait en s'avançant à découvert : « Il faut là que le grand homme ne soit ni prévu, ni deviné [22]. » Sa contenance simple suffit pourtant à irriter la malveillance envieuse des « bouffons et baladins de Cour [23] » qui se sont moqués tour à tour de Sully en s'efforçant de l'éloigner d'Henri IV, ou de Catinat : « On attaquait en lui jusqu'à la modestie de son vêtement ; on prétendait y voir le dessein d'être remarqué [24]. » Montausier qui, par sa rigueur et son intransigeance célèbres, était, selon les différents orateurs, un allié des « grands hommes » et leur soutien auprès du trône se trouva de la même façon en butte aux cabales, si bien que « sa vie entière forme le tableau d'un homme vertueux à la Cour [25] ».

Dans cette vision polémique, les allées et venues des bons ministres depuis Paris prennent un tour dramatique et le renvoi dont ils sont constamment menacés finit par se produire comme un épisode des plus attendus. « Toutes les fois qu'il allait à Versailles, avant de partir, il avait coutume de dire adieu à son épouse », remarque Thomas dans son *Éloge de d'Aguesseau*, et La

Harpe s'écrie dans son *Éloge de Fénelon* : « Oublions-nous que la disgrâce est le moment du grand homme ? » Le vrai mérite, en effet, s'épanouit mieux loin de la Cour et surtout quand il est libre de toute origine, car une haute naissance est parfois une entrave. Thomas peut déclarer en ce sens, à propos de Duguay-Trouin, dans une de ces formules poussées jusqu'à l'absurde mais qui plaisait tant à son auditoire, que « le ciel lui accorda la faveur de naître sans aïeux[26] », et voir en lui un héros issu de la pure liberté des eaux : la mer, toujours symboliquement opposée au milieu délétère de la Cour comme une arène ouverte et pure, fait paraître « des hommes extraordinaires qui doivent tout à eux-mêmes ». Dans la proscription où il se régénère également et dans la solitude qui est son milieu naturel, le grand homme devient la preuve éclatante du néant et de l'opprobre du monde spécieux qui le persécute. Son exil fameux qui vient couronner sa gloire est pour lui l'occasion d'une réforme où il se montre enfin tel qu'il est : ainsi Catinat qui, dans sa retraite volontaire de Saint-Gratien, est le symbole de l'ingratitude des puissants envers un militaire sans reproche et injustement puni, *topos* qui fit fortune avec le *Bélisaire* de Marmontel en 1767 et que David illustra avec le même succès au Salon de 1781[27] ; ainsi Sully, chassé sans ménagement, et qui fut alors l'image du « triomphe de la vertu en partance pour l'exil[28] » ; ainsi d'Aguesseau, fidèle serviteur de l'État et dévoué au bien public, qui offrit dans ses revers « le plus grand spectacle que la terre puisse donner, l'homme vertueux aux prises avec la fortune[29] ».

Les orateurs se complaisent dans ces tableaux pathétiques où se révèle la principale destination de l'éloge, qui est de payer la dette de l'humanité, car la nouvelle éloquence funèbre s'impose alors comme le juste instrument d'une postérité dont les arrêts étaient jusque-là incertains et confus. Aussi les officiants éclairés de ce grand rite consolatoire, qui opère une légitime réparation, communient-ils dans le doux plaisir narcissique de la bienfaisance :

> C'est au petit nombre des hommes vraiment sensibles, et à qui la nature n'a pas refusé ce recueillement de l'âme qui porte aux grandes choses et les fait aimer, c'est à eux à célébrer la vertu, à

> honorer le génie. Qu'ils opposent à l'injustice d'un moment la justice des siècles. Que l'homme de mérite, éclipsé par l'intrigue, et persécuté par la haine, sache, en mourant, que son nom du moins sera vengé[30].

C'est à ces intercesseurs laïcs auprès de l'opinion publique que songeait à l'évidence Guibert, quand il s'écriait sur son lit de mort, d'après la jeune baronne de Staël : « Ils me rendront justice, ma conscience est pure, ils me rendront justice[31]. »

Cependant, les attributs et le rôle de ce nouvel aréopage se précisent progressivement dans les concours académiques où il s'agit de faire exclusivement l'éloge des grands hommes de la nation : à l'idée abstraite d'une juridiction universelle, destinée à réhabiliter dans l'imaginaire tous les génies persécutés au cours des siècles, succède un tribunal certes plus particulier, mais aussi plus officiellement institué, dont les jugements se bornent à une mémoire française, si bien que tout éloge se résume déjà à cette adresse en forme de dédicace qui fera fortune ultérieurement au fronton du Panthéon : « Aux grands hommes, la patrie reconnaissante. »

## *La nouvelle imagerie*

Dans la fantasmagorie de l'éloge, qui s'apparente au spiritisme, l'orateur a une fonction sacrée d'évocation et s'efforce, en vertu de son lien de médium avec le passé, de faire surgir de la nuit le cortège des morts illustres. Plutarque offre la première image accomplie de ce magistère poétique, selon Thomas. Celui-ci imagine qu'à un jeune prince impatient de voir les grands hommes et de converser avec eux, et qui s'était adressé pour cela à une « pythonisse célèbre », un vieux sage conseilla plutôt de lire les *Vies des hommes illustres* : « À mesure que tu liras, tu verras s'élever autour de toi les ombres des grands hommes, et elles ne te quitteront plus[32]. » Tout éloge doit s'appliquer principalement, sur ce modèle, à faire paraître les grands hommes en déployant une action qui emprunte à la fois au théâtre, à l'épopée et à l'histoire, alors que celle-ci tend précisément, depuis le *Discours sur l'histoire universelle* de Bossuet, à s'ordonner en une série de vastes tableaux[33]. Les différentes époques de la vie du grand homme, illustrant chacune un trait particulier de son caractère, présentent elles aussi une suite de scènes mémorables dont l'intérêt tient d'abord au dévoilement d'un retrait intime forcé par surprise. Mais on n'oublie jamais le cadre monumental dans lequel viennent s'inscrire ces touchants épisodes. « Quelques amis lui restent, Plutarque et une bible[34] », note La Harpe à propos de Catinat dans sa disgrâce, et Thomas montre un Duguay-Trouin soutenu au milieu du désert des eaux par une profonde rêverie sur les grands hommes :

> Souvent dans le silence de la nuit, tandis que tout repose, tandis que son vaisseau fend la mer d'un cours tranquille, Duguay-Trouin seul et retiré, veille à la lueur d'un flambeau. Il parcourt les annales des mers ; et lorsqu'il lit de grandes actions, son âme s'élève, il s'enflamme et palpite de plaisir, d'admiration et de joie[35].

Le *Petit Lavisse* dans ses illustrations, et plus tard le cinéma, d'Abel Gance à Sacha Guitry, garderont la mémoire de ces premières visions pittoresques et fondatrices du nouvel imaginaire national, à la faveur desquelles les grands hommes célébrés dans les concours académiques sont devenus, selon l'expression de Thomas, un « spectacle pour la France[36] ».

Si l'orateur doit donner à voir de belles scènes immobiles, il ne peut s'y arrêter avec trop de complaisance au risque de figer une action oratoire qui doit tendre au contraire à enchaîner énergiquement ces moments picturaux dans un grand mouvement rhétorique. Les haltes viennent ainsi s'inscrire dans un panorama où il convient toujours de se hâter vers d'autres épisodes encore plus dignes d'intérêt. L'éloge prend donc généralement la forme d'un parcours initiatique qui permet, par exemple, de découvrir le pays réel, loin de la Cour, à l'occasion des voyages de Sully en province ou des promenades de Fénelon dans la campagne auprès des paysans. Il s'agit souvent, d'après le célèbre exemple de Mentor et de Télémaque, d'une visite guidée avec un père pédagogue. C'est ainsi que Montausier sort un jour avec le Dauphin de « ces jardins et de ce parc où Louis avait employé une partie des trésors de l'État à des travaux stériles pour son peuple », et, le prenant « par la main, le fait entrer dans les chaumières[37] ». De même Catinat mène-t-il un enfant aux Invalides, « le conduit partout, lui fait tout voir[38] », alors qu'il est acclamé lui-même par les soldats qui reconnaissent aussitôt le « père la pensée ».

L'éloge tend ainsi à imiter dans son déroulement un pèlerinage ou une promenade de mémoire. Thomas imagine un père qui promène son fils dans les rues d'Athènes pour lui montrer les statues des citoyens vertueux et des héros de la liberté, en l'avertissant que chacun de ces monuments est une « récompense[39] ». Au cours d'un périple préfigurant le *Voyage du jeune Anacharsis en Grèce*[40], l'enfant apprend à déchiffrer partout les traces des grands hommes. Après avoir visité Marathon, les Thermopyles, Platée, il assiste aux Jeux olympiques, symbole d'un pays capable de susciter l'émulation par toutes sortes de prix et qui sait « honorer tout ce qui est grand ». Le succès public de Thomas tint à ce qu'il obéit toujours, dans les concours académiques, au principe dynamique et pédagogique d'un semblable itinéraire.

Son *Éloge de Marc Aurèle* fit plus particulièrement l'unanimité en vertu de sa sombre dramaturgie dont les accents touchaient les auditeurs de 1770. L'ample action oratoire vient se confondre avec la pompe funèbre de l'empereur : l'éloge est placé dans la bouche du vieil Apollonius qui s'adresse au fils du disparu, le terrible Commode (« Et toi, écoute les vertus et les actions de ton père ») et au peuple romain tout entier s'éprouvant lui-même d'autant plus orphelin que l'avenir s'est désormais assombri. Renouant avec les sources rituelles de la *laudatio funebris* antique, le procédé de la *retractatio* (qui consiste à faire parler à son tour l'empereur afin de restituer le « développement de son âme » et l'« enchaînement de ses idées ») produit l'illusion momentanée d'une résurrection : dans *Le Fils naturel* avec sa curieuse scénographie funèbre et dans la célèbre fin de *La Nouvelle Héloïse* où la petite communauté de Clarens croit voir revivre un instant Julie sur son lit de mort, Diderot et Rousseau avaient su jouer les premiers de ce même effet d'hallucination collective qui plaisait tant alors. À travers le passage du morne abattement du deuil aux « mille voix qui s'élèvent » soudain, l'*Éloge de Marc Aurèle* met en scène un semblable moment d'égarement paroxystique : la foule, comme un chœur antique, répond aux exhortations d'Apollonius, et diverses haltes ménagées sur le parcours permettent à des soldats et à des citoyens de toutes les parties de l'Empire de témoigner sur les vertus du disparu. Une séquence plus pathétique, faisant paraître le beau groupe éploré et reconnaissant de la femme et des enfants de Cassius, illustre comment l'empereur a su être clément avec la famille de celui qui avait conspiré contre lui. Dans sa disposition rhétorique et son action, cet étrange oratorio met en place tous les accessoires des fêtes funèbres de la Révolution et annonce plus précisément le programme des futurs convois de panthéonisation.

Plus que la figure du grand stoïcien, popularisée auparavant par la traduction de Mme Dacier et qui incarnait le nouveau modèle de l'exemplarité héroïque, c'est bien d'abord le caractère inédit de cette éloquence surprenante et pleine d'avenir qu'on releva sur le champ dans l'accueil unanime réservé à l'*Éloge de Marc Aurèle*. Diderot met l'ouvrage au nombre des lectures qui l'ont le plus « intéressé[41] », et Meister, comparant l'auteur à Démosthène et à Platon, conclut qu'il n'a « jamais rien écrit avec plus d'éloquence et de simplicité[42] ». Dans son *Éloge de Thomas* au moment où il lui succède à l'Académie, Guibert retient lui aussi cette œuvre comme une des plus marquantes par l'« invention » originale de son « caractère dramatique[43] », ce que Deleyre désigne justement comme une « fiction oratoire[44] » et que La Harpe analyse dans les mêmes termes : « C'est cette forme absolument neuve, qui fait de l'*Éloge de Marc Aurèle* un drame si animé, si attachant, si pathétique, et la beauté du style en fait un drame sublime[45]. » Ignorée aujourd'hui par l'histoire littéraire, cette œuvre a donc passionné les contemporains qui y ont déchiffré spontanément la trame secrète de leurs convictions[46]. Mirabeau, dont l'agonie fut un grand psychodrame en 1791, et en l'honneur duquel fut créée l'institution du Panthéon, avait exprimé une préférence étrangement prémonitoire pour le grand rituel funèbre de la péroraison, avec le récit des derniers moments de l'empereur : « Un des plus magnifiques morceaux, et peut-être le plus beau qu'ait écrit Thomas, c'est celui qui termine son admirable *Éloge de Marc Aurèle*[47]. » Comme le déclare en effet Apollonius aux Romains, « le grand homme mourant a je ne sais quoi d'imposant et d'auguste ».

Cette mise en scène funèbre, si souvent présente dans les éloges, se fonde sur l'exemple originaire de la mort de Socrate, devenue une référence majeure et comme le mot de passe des temps nouveaux. Thomas reconnaît en Platon le premier « panégyriste » et en son œuvre entière une sorte d'éloge toujours recommencé : « On peut regarder tous les dialogues de Platon ensemble comme une espèce de drame composé en l'honneur de son maître[48]. » Cela est particulièrement vrai de la disposition théâtrale de l'*Apologie de Socrate* et du *Phédon*, où la mort de l'homme célèbre est envisagée du point de vue domestique d'un petit groupe d'amis, dans un clair-obscur touchant. On comprend que ces œuvres aient pu devenir une source commune d'inspiration pour les faiseurs d'éloges et les prôneurs du drame qui trouvaient dans cette forme hybride, où l'éloquence et le théâtre se confondent, une même caution antique. La préparation de Socrate à la mort, telle que Platon l'évoque dans ses dialogues, s'apparente tout à fait à ce que Diderot entend par « poésie dramatique », ce domaine tellement mêlé du point de vue strict des genres qu'il est riche de toutes les virtualités et s'offre à l'homme de lettres comme un registre idéalement approprié à son rôle de mage inventant des liturgies inédites. Cet épisode était, en outre, si accordé aux thèmes dominants du prosélytisme des philosophes, que c'était pour eux une autre raison d'en faire une de leurs représentations fétiches : « La mort de Socrate est un événement important dans l'histoire humaine ; elle fut le premier crime qui ait signalé cette guerre de la philosophie et de la superstition », note Condorcet[49]. Thomas y voit un équivalent de la Passion. Athènes, le berceau du régime républicain, devient ainsi le pendant de Jérusalem. Pour le martyr de la cité grecque, qui est un philosophe (« un homme qui meurt pour la vérité »), l'orateur se plaît à inventer un autre chemin de croix avec ses stations mieux adaptées au *credo* des Lumières :

> Pour moi, je voudrais qu'au lieu des ruines du temple de Minerve, le temps eût conservé la prison où est mort Socrate. Je voudrais que sur la pierre noire et brute on eût gravé : « Ici il prit la coupe ; là, il bénit l'esclave qui la lui portait ; voici le lieu où il expira. » On irait en foule visiter ce monument sacré ; on n'y entrerait pas sans une sorte de respect religieux[50]...

L'imagerie précieuse où la nouvelle croyance était impliquée restait fragile et sans beaucoup de poids en regard de la puissance inégalée de la tradition religieuse. Elle tenait encore à peu de chose et souffrait de l'infirmité propre à toute fondation laïque comme de l'incertitude attachée à ce qui est encore en gestation. Il fallut donc en faire un tableau éminemment sérieux, et même tabou, en s'y aliénant aux dépens de la verve critique qui était pourtant le caractère le plus évident du siècle depuis ses débuts. À ce prix seulement pouvait définitivement s'imposer le mythe fondateur si important pour l'avenir. Du drame à l'éloge, de l'évocation du père de famille à celle des grands hommes de la nation, le pari du nouveau psychodrame collectif, imitant dans son principe les plus anciens rituels funèbres, est de créer une même illusion théâtrale qui affecte profondément l'auditoire et le plonge dans une rêverie silencieuse. Pour forcer l'adhésion à ce théâtre d'ombres, Thomas conseille à l'orateur d'adresser son éloge à un public idéal, « à l'homme mélancolique plus qu'à l'homme gai[51] », c'est-à-dire à une communauté susceptible de partager de douces convictions. Il prévient toutefois contre les écueils de la grandiloquence, car quelques lazzis viendraient alors, par un retournement soudain, relâcher l'attention complaisante du public : « Il en est des ouvrages d'éloquence comme d'une pièce de théâtre. Si l'illusion ne gagne, le ridicule perce, et l'on rit[52]. » D'autant plus que les sceptiques et tous les cyniques de Cour, toujours prompts à se moquer de la vertu outragée, spéculent sur l'évanescence de ces graves tableaux si éloignés d'eux et beaucoup trop sérieux à leur goût[53].

Pour faire se lever effectivement le cortège des vrais héros de la nation, l'orateur doit subjuguer l'auditoire par un surcroît de gravité seul susceptible de lester ces visions encore incertaines et de les ancrer durablement dans la mémoire. Ainsi en va-t-il, au même moment, pour le dramaturge impatient de fonder un nouveau théâtre. Quand Diderot, cédant à une scène qui l'obsède, s'emploie à « esquisser » une « suite de tableaux » sur « les derniers instants de la vie de Socrate », qu'il aime à montrer expirant « comme un père au milieu de ses enfants[54] », il note à propos du « caractère » du philosophe que, à « chaque instant, il doit amener le ris sur le bord des lèvres et les larmes aux yeux[55] ». C'est dire que cette action théâtrale ne peut réussir qu'à la condition de ne pas quitter les bornes strictes du pathétique tendre. Thomas compte également, pour ses nouveaux effets oratoires, sur la capacité de recueillement et d'enthousiasme d'un public qui se laisse chavirer dans la volupté un peu dépressive d'un état second. Toute la magie de son éloquence consiste aussi, pour reprendre les termes de Diderot à propos du théâtre, à « mettre un peuple comme à la gêne », et « alors les esprits seront troublés, incertains, flottants, éperdus[56] » : le charme est rompu au contraire par l'incrédulité d'un auditoire frivole, encore trop soumis, selon Thomas, à l'esprit de la Régence[57], et celui-ci se plaint de devoir affronter « un public qui, en général, n'aime point à croire aux grands hommes, rit de ces créations nouvelles, et se moque également de l'apothéose et de celui qui l'a faite[58] ». En dépit de tous ces périls, la tâche de l'orateur est bien de donner véritablement consistance aux grandes images qu'il a l'art de produire. Capable de ressusciter les héros du passé et de les sauver de l'oubli, comme cela a toujours été la fonction du poète, il sait aussi en faire apparaître de nouveaux par la puissance de ses exhortations et la force d'entraînement propre à la forme célébrative. Loin d'être exclusivement rétrospectifs, les éloges intéressent en effet le présent.

En faisant l'histoire des différentes manières d'honorer les grands hommes depuis l'Antiquité, pour les transmettre à ses contemporains, Thomas cherche à leur inspirer une saine émulation de gloire et, surtout, à leur rappeler une dette de mémoire imprescriptible. Pour la France, plus particulièrement, il relève que la première oraison funèbre notable fut celle de Du Guesclin en 1389, mais il préfère retenir d'abord l'éloge de Ronsard par

Duperron en 1586, car l'homme de talent y fut alors célébré à l'égal des puissants et des guerriers. De même pour de Peiresc, mort à Aix en 1637, qui fut gratifié quant à lui de nombreux éloges dans les académies d'Europe et d'une petite mise en scène funèbre à Rome, où « la salle était tendue de noir et son buste était placé dans un lieu élevé[59] ». L'exemple le plus marquant reste de loin celui d'Henri IV, le « héros de la France », qui obtint une louange unanime de plus de cinq cents panégyristes. Mais ce fut un cas exceptionnel, car en général, selon Thomas, les Italiens sont « ceux qui ont rendu le plus d'hommages à leurs hommes illustres », comme en témoignent les inscriptions, les mausolées, les statues de leurs villes[60]. Et, quand il fut question d'ensevelir Michel-Ange dans Saint-Pierre de Rome, « il se fit une conspiration pour avoir son corps » et le ramener à Florence où l'on éleva un catafalque avec huit chapelles décorées de statues, d'emblèmes, de peintures, où « les époques les plus intéressantes de sa vie étaient représentées[61] ».

Au cours des siècles, les Français se sont montrés beaucoup plus oublieux envers leurs gloires nationales, parce qu'ils sont plus légers de nature, si bien que le moment de faire réparation est venu :

> La seule statue de Sully qui existe, est dans un château au fond d'une province ; et l'on a dédaigné, il y a trois ans, la générosité qui en faisait un présent à la patrie. On vient de relever avec éclat dans Stockholm un monument érigé, il y a cent ans en l'honneur de Descartes ; et parmi nous, une simple pierre, dans une église, apprend où il repose. Molière obtint à peine la sépulture. Qui sait où est la cendre de Corneille ? En quel endroit puis-je aller pleurer sur la tombe de L'Hospital ? le général qui sauva la France à Denain[62], déposé depuis près de quarante années dans un pays étranger, attend encore qu'on transporte ses dépouilles et ses restes dans le pays qu'il a sauvé. Catinat, le plus vertueux des hommes, est enseveli sans pompe dans un village ; et, avant qu'une compagnie savante eût proposé aux orateurs l'éloge de Fénelon, et qu'elle eût couronné un ouvrage éloquent, quels honneurs rendus à ce grand homme avaient consolé son ombre des disgrâces et de l'exil[63] ?

Cette sévère exhortation plaisait à l'opinion du temps, qui, loin d'y voir un inutile sermon, ne demandait qu'à s'y plier passionnément. Parce qu'il sut opérer la synthèse des aspirations nouvelles et leur offrir des issues, Thomas contribua plus que personne à faire prendre corps à tout ce qu'il avait mis en scène dans son action oratoire : les pompes funèbres d'abord rêvées et les gestes d'une dévotion encore virtuelle furent réalisés effectivement au gré d'un extraordinaire passage à l'acte, qu'il avait appelé de ses vœux, et qui ne cessa de s'approfondir et de s'amplifier au cours du siècle, de la cérémonie académique à l'apothéose sur un théâtre, de la sépulture privée dans un jardin à l'hommage d'une nation, de la « fête à buste » dans un salon aux convois de panthéonisation à travers la ville.

En donnant sur la scène académique l'impulsion décisive à ce processus, Thomas s'était fait l'interprète zélé d'une demande générale de célébration inscrite dans les textes « philosophiques » de l'époque. Toute cette génération lut en effet Plutarque aussi passionnément que Montaigne l'avait fait jadis. Et l'on voit Rousseau, dans ses Discours comme dans *Émile*, marquer son intérêt pour les grands hommes, exemples indispensables à toute pédagogie, et que les arts ont donc pour destination première de représenter. D'Alembert, dans le *Discours préliminaire* de *l'Encyclopédie* en 1751 assigne, de la même façon, une fonction capitale à « l'homme de génie qui voit en grand ». Ce questionnement sur les personnages d'exception est au cœur de l'historiographie voltairienne comme de l'*Essai sur l'origine des connaissances humaines* de Condillac, en 1746. Condorcet y revient dans son *Esquisse d'un tableau historique des progrès de l'esprit humain*, où les différentes époques sont définies et scandées principalement par l'apparition des grands hommes « qui marquent le passage » entre chacune d'elles comme autant de flambeaux dans la nuit[64]. À la réflexion sur le génie, traditionnelle depuis l'Antiquité, succède donc un nouveau débat, plus historique, sur le rôle du grand homme en son temps[65].

## *L'invention d'une mémoire civique*

Des intérêts nombreux et variés se conjuguaient ainsi de toutes parts pour réclamer les honneurs dus aux grands hommes. L'usage nouveau de proposer leur éloge dans les concours académiques se généralisa rapidement en France et se répandit même en Europe. En 1773, Thomas ne manque pas de revenir sur cette mode en rappelant qu'on a proposé l'éloge de Leibniz à Berlin, de Descartes à Paris, de Duquesne à Marseille, de Corneille à Rouen, d'Henri IV à La Rochelle. Les « vrais citoyens » dans tous les États et dans tous les rangs devraient trouver là des modèles, et cet « honneur, parmi nous, suppléerait aux statues de l'ancienne Rome, aux arcs de triomphe de la Chine, aux mausolées de Westminster[66] ».

D'Alembert avait fait le même bilan deux ans auparavant, en insistant lui aussi sur le caractère très ouvert d'un concours qui, dans son esprit comme dans son palmarès, se devait de répondre en général aux attentes diverses de l'opinion[67]. Dans l'enceinte de l'Académie, désignée de façon polémique contre la Cour comme l'espace exclusif de la valeur, les académiciens se présentent en effet (La Harpe le remarque également) en « interprètes de la nation et de la renommée[68] », qui, dans leurs éloges, s'adressent désormais à leurs « concitoyens » auxquels seuls ils viennent rendre des comptes en rétablissant en leur nom le vrai mérite. Aussi les auditeurs présents aux séances académiques et les journaux du temps applaudissent-ils généralement le choix du grand homme (par exemple celui de Sully en 1762[69]) dont l'éloge est proposé au prochain concours. En déclarant que « le tribut d'un éloge est acquitté au nom du public », Laclos veut notifier que l'évaluation de ceux qu'il convient d'admettre ou de refuser dans le nouveau musée des gloires nationales intéresse chaque citoyen qui doit pouvoir se prononcer sur les critères retenus, « et sans doute chacun a le droit de discuter le mérite de celui qu'on offre à l'admiration de tous[70] ». Cette question ayant été portée devant le tribunal de l'opinion afin que le choix du grand homme réponde à ses attentes, l'éloge peut ensuite résonner bien au-delà de la petite cérémonie académique.

À l'occasion des concours dont la presse aime à rendre compte en détail, un vrai débat public s'instaure effectivement au sujet des grands hommes dont l'éloge permet alors de mesurer en quelque sorte la cote dans l'opinion, selon qu'ils sont plus ou moins accordés au goût du jour et aux intérêts du moment. Comme le signale d'Alembert dans son *Éloge de Bossuet*, « Henri IV et Charles V ont acquis des partisans nombreux, tandis que d'autres monarques, fort exaltés de leur vivant, et dignes de l'être à plusieurs égards ont sensiblement baissé dans l'opinion publique ». À travers le système de références simples et de représentations stéréotypées proposé par l'éloge s'est diffusée aisément et en profondeur la nouvelle vulgate historique des Lumières. Produits dans le réseau académique durant les trente années qui précèdent la Révolution, les innombrables éloges, loin de se révéler inertes et volatils dans leur ressassement, ont formé à la longue un monument qui en impose. Il en avait été de même pour l'oraison funèbre athénienne qui a permis la constitution d'une cité « exemplaire[71] ». Les grands hommes qui se lèvent à l'appel des orateurs académiques du XVIIIe siècle illustrent une histoire de France également exemplaire et parviennent souvent, pour cette raison même, à se faire aimer de toute l'Europe.

Cet étonnant roman des origines, qui dévoile de secrètes filiations, n'atteste pas tant la pérennité de la monarchie que la fondation de l'État, en offrant une galerie de héros bourgeois : voici Suger qui, au XIIe siècle, contribue à édifier la nation contre les féodaux ; voici d'Aguesseau réformateur du droit et précurseur du code civil dont la médaille sera gravée en 1792 ; voici Louis XII le « père du peuple » qui préfigure au début du XVIe siècle l'effort des Lumières ; voici Michel de L'Hospital, magistrat tolérant au milieu des guerres de Religion, qui représente la sage administration et ouvre par là le cortège des bons ministres comme Sully et Colbert ; voici Descartes, Fénelon, Catinat qui font l'expérience de l'ingratitude des cours ; voici Duguay-Trouin qui se crée dans les dangers. Il s'agit bien, à peu près, de la même liste de héros que Fénelon et Saint-Pierre offraient en exemple, en les opposant aux usurpateurs tyranniques ; mais elle a pris une ampleur et une vigueur démonstrative toute nouvelle en devenant une imagerie largement reconnue qui vient faire concurrence au calendrier des saints et qui s'impose désormais comme le vitrail du XVIIIe siècle.

En raison de son succès même, le genre de l'éloge ne resta pas une forme figée, ce qui fut pour lui un gage de durée. Il évolua en s'émancipant peu à peu de son origine trop exclusivement académique. Lorsqu'en 1763 Thomas remporta pour la quatrième fois le prix du concours avec son *Éloge de Sully*, les sévères objections qui s'élevèrent alors annonçaient déjà les infléchissements futurs. Le plus grave ne fut pas tant le « bruit du diable » que cela fit à la Cour, les fermiers généraux se plaignant que l'orateur ait fait la « satire de l'administration actuelle » dont il avait parlé avec « amertume[72] », que les accusations de plagiat lancées par Véron de Forbonnais qui lui reprochait d'« avoir pillé de la façon la moins honnête son livre, *Des recherches et considérations sur les finances de France*, [...] qu'il a rétréci et rapetassé étrangement[73] ». À vrai dire, Thomas était peu porté à citer ses sources, car cela ne convenait pas à l'idée qu'il avait du genre de l'éloge. Il se défendit d'être lui-même un « réformateur » et d'avoir fait une satire, et se retrancha dans son rôle d'orateur tel qu'il l'entendait, s'autorisant à utiliser les ouvrages savants pour chaque domaine dont il avait à traiter afin d'en faire des synthèses poétiques et, par une éloquence enthousiaste, de « vivifier » dans des images une érudition trop sèche. C'est précisément le caractère rhétorique et très littéraire des exercices de Thomas qui finit par sembler un peu limité à toute une partie du public intéressée davantage désormais par une autre conception, plus directement politique, de l'éloge.

Celle-ci fut illustrée le plus notoirement par Necker, lorsqu'il remporta, en 1773, le prix du concours avec son *Éloge de Colbert*, un sujet qui l'amena à se prononcer principalement sur l'administration, de la même façon que Thomas dix ans plus tôt dans l'*Éloge de Sully*. Mais il adopta un point de vue et des termes qui parurent bien différents, si l'on en juge par la comparaison, peu favorable à Thomas, faite dans la *Correspondance littéraire* :

> Ce n'est point ici le travail d'un homme de lettres qui s'est enfermé dans son cabinet, qui a feuilleté avec beaucoup de peine et d'ennui tous les livres qui parlent de l'administration des finances, ou du ministère de Colbert ; c'est le résultat des méditations d'un citoyen et d'un homme d'État qui a réfléchi profondément sur les devoirs d'un administrateur et sur le maniement des affaires qu'il a vues par ses yeux propres, et dont l'expérience lui a fait connaître à fond plusieurs branches essentielles. Ce n'est point un homme qui, la tête échauffée des grandes choses qu'il a lues dans les écrits de Plutarque ou de Platon, forme de beaux rêves sur le bonheur des gouvernements et des États dont il ne connaît ni la vraie puissance, ni les véritables ressorts. C'est un homme qui annonce de grandes vues parce qu'il a des connaissances réelles, et parce qu'il a saisi les objets qu'il a été à portée de voir avec cette étendue qui n'appartient qu'au génie et avec cet esprit de bienveillance universelle qui fut toujours le premier besoin d'une âme élevée et sensible[74].

À l'homme de lettres, qui paraît soudain coupé de la réalité et perdu dans de « beaux rêves » un peu vains, on se met donc à préférer un nouveau type d'orateur qui, par sa compétence technique et son expérience politique, se présente en « homme d'État ». Il est vrai que, partout en France, l'institution académique a ouvert peu à peu une vaste tribune favorisant l'expression de toutes les doléances et des idées réformatrices où l'on débat, par exemple, de la physiocratie et des blés[75]. Le savoir et les vues utiles étant désormais mieux appréciés que les brillantes évocations de la mémoire, le genre de l'éloge tel qu'il s'est défini au milieu du siècle n'est-il pas devenu entièrement caduc ? En remerciant Necker de lui avoir envoyé son éloge publié, Diderot aborde précisément cette question. S'il admet que Thomas a bien été surpassé (« Je n'ai pas mémoire d'avoir jamais fait une lecture qui m'ait autant intéressé ; je n'en excepte pas même l'*Éloge de Marc Aurèle*[76] »), il réagit au fait que Necker ne fasse manifestement « pas grand cas de la philosophie et des lettres », et il conteste les nouvelles prétentions des « hommes d'État » qui croient tout savoir et « n'ont guère la tentation de s'instruire ». Selon lui, Necker s'inscrit bien encore, malgré tout, dans la lignée des orateurs précédents et continue de s'adresser d'abord à l'homme de lettres, au littérateur, au philosophe, c'est-à-dire à celui qui est seul capable de l'entendre et de parler « dignement » de son ouvrage pour le faire connaître : à « celui dont la fonction habituelle est de méditer ; celui dont la lampe éclairait vos pages pendant la nuit, tandis que le reste des citoyens dormait autour de lui ».

Malgré ces assurances de l'encyclopédiste, c'est bien la dimension littéraire de l'ancienne culture des Lumières qui était alors mise en cause au profit d'une sphère plus politique. Mais cela se fit au gré d'une évolution lente plutôt que dans une fracture brutale. Certains orateurs se sentirent trop à l'étroit dans le petit milieu académique dont ils firent une critique sévère. Alors que l'abbé Rémy et Condorcet concouraient pour le prix d'éloquence dont le sujet était l'éloge de Michel de L'Hospital, Guibert décida de ne point envoyer son « discours » mais en fit « distribuer une centaine d'exemplaires aux portes[77] » de l'Académie. Cette liberté fit « sensation » d'autant plus que l'ouvrage répondait en tout point à l'insolence de l'épigraphe (« Ce n'est point aux esclaves à louer les grands hommes »). Guibert y déplore en effet que le ton mâle, « le langage de la philosophie et de la raison », ne soit pas véritablement de mise dans l'éloge, dès lors que « les statuts de l'Académie imposent la nécessité de soumettre les ouvrages destinés au concours à la censure de la Sorbonne[78] ». Ces « chaînes » avaient été, selon lui, voulues dès la fondation par Richelieu, pour « mettre la plus grande partie des gens de lettres sous la discipline du gouvernement[79] ». Loin de tenir rigueur à Guibert d'avoir voulu défier l'institution et sa censure en la doublant hardiment (comme le fera en d'autres circonstances Chateaubriand pour son *Éloge de Marie-Joseph Chénier*), l'Académie se soucia plutôt d'admettre en son sein un homme qui l'avait pourtant si vertement mise en cause. Et le hasard voulut que lors de son discours de réception du 13 février 1786, Guibert eût à prononcer l'éloge de Thomas, en faisant l'historique des concours et de l'éloge des grands hommes au sein de l'Académie.

En dépit de tant d'attaques diverses, le petit genre de l'éloge, dont la vogue avait commencé au milieu du siècle, n'était aucunement épuisé et conservait même à l'évidence tout son pouvoir d'attraction auprès des jeunes littérateurs et de tous ceux qui désiraient faire leur entrée dans l'arène politique. C'est que, au-delà de l'impérieuse dette de mémoire dont il permettait de s'acquitter, il s'imposait à eux de surcroît comme un instrument irremplaçable pour se placer sur la scène publique et se donner à eux-mêmes l'adoubement. Depuis ses origines antiques, la forme célébrative avait toujours servi en effet de miroir secret et impliqué une part d'identification narcissique. Comme le remarque Thomas à propos de Cicéron, dans une formule qu'il pourrait tout aussi bien s'appliquer à lui-même : « Cependant il célébra presque tous les hommes fameux de son siècle à commencer par lui[80]. » Pour cette génération qui, dès l'enfance, a appris à se mesurer à de grandes images dans Plutarque (ou plus scolairement dans Cornelius Nepos, Rollin et le *De viris illustribus* de Lhomond), faire l'éloge d'un grand homme garde un aspect d'apprentissage et d'initiation scolaires. Il s'agit de rôder autour d'une gloire étrangère pour s'en envelopper. Par son caractère biographique, la structure de l'éloge permet en effet la surimpression furtive d'une perspective autobiographique. Tout ce jeu de masques hérité du genre des vies parallèles se retrouve dans les plus grandes œuvres, et plus particulièrement chez Diderot et Chateaubriand. Dans l'éloge, bien souvent, l'orateur se choisit un grand homme comme faire-valoir afin de venir se placer lui-même au premier plan. Ainsi fit Necker dans son *Éloge de Colbert* :

> On dirait qu'il a deviné l'âme de ce grand ministre sur la sienne, et qu'il ne doit son succès qu'au rapport étonnant qui s'est trouvé entre leurs manières de voir et de sentir[81].

Buffon, quant à lui, n'hésite pas à affirmer que l'orateur l'emporte par ses talents sur le grand homme qu'il célèbre : « Colbert mérite une partie des éloges que lui donne M. Necker ; mais certainement il n'a pas vu si loin que lui[82]. » En se soumettant ainsi à l'exercice obligé de l'éloge dans l'enceinte académique, Necker souhaitait toucher, bien au-delà de ce petit milieu, l'opinion publique elle-même et préparer son destin futur d'homme d'État.

Puisque l'éloge se prêtait aussi bien aux stratégies politiques et littéraires, beaucoup d'écrivains en herbe et de jeunes ambitieux destinés à jouer plus tard un rôle dans la Révolution sacrifièrent à cette mode : Condorcet fit l'éloge de Michel de L'Hospital, Marat celui de Montesquieu, Robespierre celui de Gresset, Carnot celui de Vauban, Mme de Staël celui de Guibert, Hérault de Séchelles celui de Suger. Rivarol, Chamfort, Joubert donnèrent aussi leur contribution, et certains auteurs, comme Mercier, Guibert, Bailly firent paraître des recueils de leurs éloges.

Loin d'être une poussiéreuse rhapsodie tournée exclusivement vers le passé, le genre de l'éloge se révélait donc une petite machine de pouvoir qui intéressait le présent le plus immédiat et l'avenir de la cité. Dès l'origine, il avait bien été question à part égale d'« honorer les grands hommes et d'en faire naître[83] ». Aussi l'éloge survivra-t-il à la disparition de l'Académie et jouera-t-il un tout premier rôle dans les fêtes funèbres de la Révolution, avant de renaître sous son ancienne forme académique après les orages.

# *Chapitre VI*

## LE RÔLE DES ARTS

> Car enfin la description d'un grand homme vaut bien celle d'un grand édifice.
>
> Abbé J-J Barthélemy [1].

Après la Régence, la monarchie se montra soucieuse de revenir à la politique volontariste de Colbert mise en œuvre jadis par Le Brun : Louis XV devait apparaître à son tour comme le principal protecteur des arts [2]. Les commandes royales de d'Angiviller à partir de 1775, appelant les sculpteurs et les peintres à représenter les grands hommes de la nation, furent donc l'aboutissement d'une action officielle menée avec une belle continuité à la direction des Bâtiments du roi [3]. Dans leurs visées pédagogiques et leur souci de rendre l'histoire plus accessible, les philosophes appuyèrent pleinement ces vues et pour une grande part les inspirèrent. Ils étaient convaincus, en effet, qu'il y a une énergie propre à la « langue des signes qui parlent à l'imagination [4] ». Loin de promouvoir le règne exclusif de la raison, comme on le croit trop souvent, les Lumières ont produit, dans une intense fébrilité idéologique, tout un répertoire d'images. Ainsi s'est peu à peu réalisé le programme assez brutalement présenté par l'abbé de Saint-Pierre et que résume bien, dans *Les Aventures de Télémaque*, cette proposition radicale de Mentor à Idoménée pour la réforme de Salente : « Il ne faut employer les sculpteurs et les peintres que pour conserver la mémoire des grands hommes et des grandes actions[5]. »

Parfois, Louis XV marqua son désaccord en exprimant son goût personnel : par exemple, lorsque Cochin, collaborateur de l'*Encyclopédie*, ami de Diderot et de Marmontel, entreprit d'aménager, en 1764, la galerie du château de Choisy. Il prétendait bannir les actions guerrières pour réaliser une sorte de temple de la générosité et de la vertu, avec pour ornement des allégories de la pitié et de la clémence, quelques traits de morale (« Coriolan cédant aux prières de sa mère ») et d'humanité (« Marc Aurèle soulageant son peuple en un temps de famine »). Mais, du fait de la désapprobation royale, on appela à la rescousse Boucher, le spécialiste des sujets mythologiques[6]. La peinture philosophique et civique prônée par Cochin était plutôt destinée, à vrai dire, à un usage public qu'à l'ornement d'un appartement privé. Il serait erroné d'en rester, à cause de cet incident, au stéréotype micheletien d'un Louis XV d'abord voluptueux, alors que son règne fut incontestablement marqué dans les arts par le retour à un grand goût « sévère et antique », en réaction contre la petite manière décorative[7]. La meilleure illustration n'en est-elle pas l'impressionnant colosse de la basilique Sainte-Geneviève dont les proportions gigantesques, souvent critiquées de nos jours, ont dû paraître bien autrement surprenantes dans le Paris du XVIIIe siècle. Conçu apparemment pour rivaliser avec Saint-Pierre de Rome, ce temple à la grecque devait à la fois apparaître comme un symbole des libertés gallicanes et exalter le lointain passé du royaume : une ancienne monarchie fondée sur le culte des saints.

Pour la direction des Bâtiments, la représentation des grands hommes dans les arts était destinée à servir les intérêts de la nation en entretenant un patriotisme strictement monarchique : ces icônes de commande, vouées à rester au second plan, rehausseraient l'éclat de celle du roi qui avait le privilège exclusif d'être vue sur les places publiques. De la statue d'Henri IV érigée sur le Pont-Neuf en 1614 à celle de Louis XIII sur la place Royale en 1639, ou à celle de Louis XIV sur la place Louis-le-Grand en 1699 (actuellement place des Vosges et place Vendôme), les Bourbons firent de leurs statues équestres, à Paris et dans les villes du royaume, le signe le plus visible de l'absolutisme de droit divin : toute la gloire de l'État royal devait s'incarner dans la seule effigie du « roi cavalier [8] ». Mais l'époque des Lumières vit s'affirmer non moins ostensiblement la prétention des philosophes, et de leurs relais au sein de l'Académie, à être dans la nation les véritables « organes de la gloire [9] ». Ils se trouvèrent ainsi fatalement en rivalité avec un pouvoir royal fort de sa traditionnelle prééminence symbolique. En devenant les rois de l'opinion publique, ce monde certes invisible mais dont la puissance n'allait cesser de grandir, ils purent élever leur propre monument aux héros fondateurs de l'État dans des œuvres, et plus particulièrement des éloges, comme on l'a vu, aux accents déjà républicains.

Le débat sur la destination de l'art (des statues et des monuments publics particulièrement) comme le rôle du théâtre dans l'affrontement idéologique à propos des grands hommes révélèrent de façon encore un peu plus aiguë les tensions sous-jacentes, dont Thomas, par exemple, fit les frais en étant interdit de parole pendant deux ans à l'Académie. La question resta indécise de savoir quels étaient les inspirateurs et les premiers desservants du culte des grands hommes, dont on ne pouvait exactement dire en faveur ou aux dépens de qui il s'exerçait.

## *Le Parnasse français*

L'idée d'une dette de la nation envers les grands hommes se fit si pressante que l'on commença à réclamer pour eux le droit au monument, qui était demeuré jusque-là une prérogative du monarque. Au lieu d'être reléguées dans des galeries d'illustres, leurs effigies devaient pouvoir coexister sur les places publiques avec celle du roi. Parmi les nombreux projets de monuments associant la monarchie et le souvenir des grands hommes, l'un des premiers et des plus curieux fut conçu au début du siècle par Évrard Titon du Tillet (1677-1762), un mécène obstiné appartenant à une riche famille d'officiers royaux [10]. Après que le sculpteur Louis Garnier eut achevé, à sa demande, en 1721, un modèle en bronze de 2,50 m de hauteur, Titon en donna la description en 1727 dans un ouvrage qui allait être plusieurs fois réédité jusqu'en 1760 [11]. Comme l'indique la dénomination de *Parnasse français*, ce monument devait nationaliser l'allégorie antique du séjour d'Apollon et des muses dont Mantegna et Raphaël avaient donné en Italie de célèbres illustrations. La fille aînée de l'Église ne prétendait-elle pas depuis plus de deux siècles que les muses avaient trouvé refuge chez elle ? Aussi une nymphe de la Seine évoque-t-elle, dans cette sculpture, la fontaine Castalie, source de toute inspiration. Le groupe repose sur un rocher en forme de pyramide surmonté de Pégase, le cheval ailé symbolisant le vol rapide du génie à l'Immortalité. Au sommet trône Apollon avec sa lyre sous les traits de Louis XIV, entouré des trois grâces et des neuf muses représentées par des écrivains du Grand Siècle [12]. Les sites suggérés pour l'édification du monument étaient l'Étoile, la place Louis XV ou le jardin de Versailles, mais la direction des Bâtiments du roi ne prit jamais ce projet au sérieux. Quatre ans après la disparition de Titon, Louis XV finit par accepter de bien mauvaise grâce que le neveu de celui-ci dépose le modèle de Garnier à la Bibliothèque royale.

Le pittoresque Titon du Tillet s'était efforcé, les années passant, de donner un tour plus contemporain à son *Parnasse français* dont l'idée l'obsédait. En 1760, peu avant sa mort, il avait prié le sculpteur Augustin Pajou d'aménager une petite terrasse tout en bas du rocher pour y placer la figure de son ami Jean-Baptiste Rousseau, celle du vieux Crébillon et celle de Voltaire. Importuné par les sollicitations trop pressantes de Titon à ce sujet, Crébillon le pria de ne plus lui « chiffonner la cervelle » avec ses « idées d'immortalité [13] ». Voltaire se montra plus insolent encore. Il est vrai que, dans son *Temple du goût* publié en 1733, où il désignait les gloires un peu tombées depuis soixante ans, il traitait déjà fort mal certains des écrivains que Titon venait tout juste de faire figurer dans le modèle de son monument [14]. C'est pour répondre à de telles objections que celui-ci voulut ajouter à sa composition de bronze quelques écrivains vivants.

En réalité, son *Parnasse français* n'offrait plus depuis longtemps qu'un tableau trop suranné des gloires et des genres littéraires pour pouvoir être utilement actualisé. Conçu tout juste après les derniers sursauts de la querelle des Anciens et des Modernes, il devait alors symboliser la réconciliation de la république des lettres[15]. Voltaire supporta mal, en 1760, l'idée de se voir placé dans la sculpture non seulement sur le même plan (et pour ainsi dire au même étage topographiquement parlant) que J.-B. Rousseau et Crébillon, mais très au-dessous de Segrais, de Chapelle et de certaines autres grâces ou muses ayant perdu tout éclat à ses yeux. Furieux d'être ainsi relégué dans le marais du Parnasse, il répondit vertement aux lettres maladroites de Titon[16]. Pour celui qui était déjà le patriarche et un athlète des Lumières, le vieil amateur parisien, appartenant à plusieurs académies de province et de l'étranger, incarnait ce monde savant un peu terne à force d'être indistinct. Et la rocaille tarabiscotée du Parnasse de bronze, si éloignée du grand goût néo-classique, ne ressemblait plus elle-même qu'à un surtout de table d'un autre temps ou à un vieux décor pour ballet de cour.

Il est néanmoins tout à fait notable que Titon ait remis à plus tard son projet, finalement jamais réalisé, de *Temple de Victoire ou triomphe de Louis le Grand au milieu des fameux capitaines et des héros qui ont paru sous son règne*. Il était à l'évidence bien davantage inspiré par l'allégorie du Parnasse fondée sur l'idée héritée des Anciens que la création intellectuelle confère l'immortalité. Cet état d'esprit est illustré par son ouvrage de 1734 dont la profession de foi est que « les auteurs tiennent le même rang au Temple de mémoire que tous les hommes les plus fameux par leurs grands exploits et par leur vertu éminente », et qu'ils sont « dignes des mêmes monuments de l'immortalité » que les héros et les rois[17]. Titon évoque, dans ce livre, les statues des grands hommes depuis l'Antiquité[18] et leurs tombes, comme celle de Dante à Ravenne ou le mausolée de Camoens à Lisbonne. Il est un des premiers, avec Voltaire et Fontenelle, à faire de Westminster un modèle de sépulture nationale. Intéressé autant par la description des « honneurs » rendus que par celle des monuments, il rappelle les cérémonies funèbres organisées pour le Tasse à Rome, ou pour l'Arioste et Marino à Naples. Et il évoque longuement, bien avant Thomas et Mercier, le couronnement de Pétrarque à Rome en 1341, jetant en cela les bases d'une histoire du culte des grands hommes.

Quant au projet du *Parnasse français*, il échoua parce qu'il était à la fois trop tourné vers le passé – il glorifiait le Roi-Soleil – et trop audacieux par sa façon de réunir dans un même monument un monarque et des grands hommes. Louis XV ne pouvait en effet céder sur ce dernier point, d'autant que son image avait un moindre éclat que celle de Louis XIV. Il avait choisi de se rendre visible aux yeux de la nation sur un tout autre registre que le Roi-Soleil. Il avait été surnommé le Bien-Aimé parce qu'il avait été un roi souffrant puis miraculeusement guéri en 1744 à Metz, où il fit le vœu de consacrer une église à Sainte-Geneviève[19]. S'il aima se faire représenter souvent en armure (par Lemoyne, Maurice Quentin de La Tour, Van Loo), dans un style rappelant qu'il restait bien le premier des chevaliers, il fut généralement célébré comme le pacificateur. Louis XIV à l'agonie n'avait-il pas fait promettre à son jeune successeur de ne pas imiter son goût pour la guerre ? Et Voltaire s'était écrié à la fin de son discours de réception à l'Académie française, le 9 mai 1749, où il associait Louis XV aux figures protectrices de Louis XII et d'Henri IV : « Puissé-je voir dans nos places publiques ce monarque humain, sculpté des mains de nos Praxitèles, environné de tous les symboles de la félicité publique ! Puissé-je lire au pied de sa statue ces mots qui sont dans nos cœurs : *Au père de la patrie*[20]. » Ce souhait serait bientôt exaucé.

De nouvelles places royales furent en effet aménagées dans un esprit assez peu martial[21]. Témoin la fameuse statue de Bouchardon inaugurée le 20 juin 1763 place Louis XV : au lieu d'un triomphateur, c'est un roi plein de modération qui parut alors s'avancer dans Paris du haut de ce monument[22]. La douceur et l'humanité qui, selon les témoignages, émanaient de la statue, tenaient pour une grande part au cheval, car le sculpteur avait choisi comme modèle un animal non pas fougueux mais un peu vieux, d'une « beauté exquise et rare » et qui s'était pris pour lui « d'une affection et d'une amitié singulières[23] ». On ne voyait pas, d'autre part, sur le piédestal de l'ouvrage des esclaves enchaînés et foulés aux pieds comme dans les monuments à la gloire des monarques précédents, mais des allégories désignées (dans les dessins préparatoires) comme celles de la Justice, de la

Prudence, de la Force, de l'Amour de la paix : « Les Vertus vont à pied, le Vice est à cheval », répandit aussitôt une mauvaise rumeur.

L'ouvrage conçu par Pigalle pour la place royale de Reims, et dont le modèle avait été achevé en 1760, illustrait un même héroïsme tempéré[24]. Le piédestal était orné de la figure d'un artisan nu, se reposant assis sur des ballots, désigné comme *Le Citoyen heureux*. Ce fut l'occasion pour le sculpteur de faire son autoportrait et de répondre littéralement au désir de Voltaire qui avait déclaré à propos de la statue de Louis XIV érigée par Martin Desjardins place des Victoires : « C'est un ancien usage des sculpteurs de mettre des esclaves au pied des statues des Rois. Il vaudrait mieux y représenter des citoyens libres et heureux. » Surplombant cette scène, la statue pédestre de Louis XV donnait l'idée d'un roi clément et bienfaisant, parce que, selon la belle analyse de Diderot, « ce n'est point une main qui commande, c'est une main qui protège. Ainsi le bras est mou, les doigts de la main sont écartés et un peu tombants ; la figure n'est pas fière et elle ne doit pas l'être, mais elle est noble et douce[25] ». Dans la ville du sacre, le roi était donc cette fois consacré comme un père.

Comme on l'a vu dans les éloges académiques, ce thème paternel permettait le plus souvent de faire un tri sévère parmi les rois, si bien que l'on déniait à la plupart d'entre eux d'avoir contribué utilement à bâtir le royaume. Qu'elle le veuille ou non, la propagande philosophique tendait ainsi, irrémédiablement, à priver l'image royale de son charisme en la dépossédant de ses attributs traditionnels. Le roi n'étant plus finalement désigné par elle que comme le premier des grands hommes de la nation, il fallait que ceux-ci viennent désormais faire corps autour de lui dans les monuments publics. Grimm, par exemple, relatant l'inauguration de la statue de Bouchardon, propose que les allégories du piédestal, trop abstraites à son gré, soient remplacées par des grands hommes[26]. Deux ans plus tard Pierre Patte regrette, dans le même sens, qu'il ne soit « pas d'usage d'élever en France des monuments aux grands généraux ou aux hommes célèbres » et que « les Rois seuls obtiennent cette distinction[27] ».

Cette clause restrictive ne valant pas pour les tombeaux, c'est à travers quelques célèbres œuvres funéraires, illustrant le passage insensible mais indubitable d'une mémoire chrétienne au mémorial laïc, que parut parfois s'exprimer indirectement le droit au monument pour les grands hommes. L'exemple le plus éclatant en est le *Mausolée du Maréchal de Saxe*, ce chef-d'œuvre de la sculpture du XVIIIe siècle, mis en place dans le temple Saint-Thomas de Strasbourg, en 1776, et dont la maquette avait été présentée à Paris dès 1756. Louis XV avait tenu à honorer cet autre Turenne, vainqueur avec lui à Fontenoy. Incroyablement fêté au retour de cette campagne, le fameux Maréchal (1696-1750) avait même été couronné sur la scène de l'opéra. Diderot se fait le plus ardent défenseur du projet de Pigalle dont l'idée lui paraît « noble, simple et touchante ». Il retient que « le héros y est représenté debout et regardant en haut [28] ». Par ce fier maintien et par la position de son regard, Maurice de Saxe défie la mort qui lui fait signe en contrebas. On ne dirait pas qu'il s'apprête à lui obéir et à descendre les degrés à sa rencontre : il semble plutôt immobilisé, dans une attitude triomphale, par une promesse évidente d'immortalité, que symbolise derrière lui une « pyramide avec plusieurs trophées [29] ». Thomas, qui avait vu la maquette du monument, en fit une évocation majestueuse trois ans plus tard, en 1759, dans l'exorde de son *Éloge de Maurice, comte de Saxe*, pour le premier concours académique destiné à honorer les grands hommes de la nation.

On retrouve une inspiration proche dans la composition de Paul-Ambroise Slodtz pour le tombeau du curé Languet à Saint-Sulpice [30], qui eut un égal retentissement : sur le fond d'une pyramide semblable, le prêtre à genoux tourne ostensiblement le dos à une mort de marbre noir qu'un grand ange de résurrection, qui pourrait tout aussi bien passer pour le génie de la Renommée, repousse énergiquement vers les ténèbres extérieures. Il tire un épais rideau sur le squelette à la renverse et déséquilibré par la faux, faisant ainsi basculer dans le vide ce vieil accessoire poussiéreux et démantibulé dont le temps est manifestement venu de dissiper l'illusion. Peut-on imaginer à la fois plus étrange et plus exacte illustration du thème que « la mort n'est rien », développé dans l'article « Mort » de l'*Encyclopédie* ?

Ce tombeau a en effet toute l'apparence d'un mémorial, et la très longue épitaphe qui détaille les bonnes œuvres du « citoyen bienfaisant » sonne presque à la façon d'un éloge académique[31].

Comme dans le cas du Maréchal de Saxe, l'affirmation de l'individu et le rappel de son action sur la terre semblent dans le tombeau du curé Languet l'emporter sur la préoccupation chrétienne de l'au-delà. Ce « point de vue commémoratif » avait dominé pour la première fois en Grèce à l'âge classique, avant que la Renaissance humaniste n'en permette la résurgence[32] ; et, dans le contexte idéologique des Lumières, il était soudain réaffirmé un peu plus radicalement, d'autant qu'il était illustré par la sereine et stoïque plénitude du style néo-classique. Si l'idée que la mort puisse être garante d'immortalité avait envahi aussi indiscutablement les églises elles-mêmes, en y faisant la part belle à la mémoire due aux grands hommes, ceux-ci ne pouvaient rester plus longtemps absents des places publiques.

Au moment où les éloges académiques prétendaient renouer avec les sources antiques de l'éloquence funèbre, on s'interrogea dans la même intention sur la fonction commémorative des arts depuis l'Antiquité. Ainsi du comte Octavien de Guasco, ancien secrétaire de Montesquieu, qui, dans son ouvrage *De l'usage des statues chez les Anciens* (1768), s'efforça de répondre à la question de savoir qui a droit à une telle récompense et qui en décide : chez les Anciens, écrit-il, « c'était l'intérêt même de la patrie qui exigeait et qui réclamait les monuments honorifiques, dus au mérite et à la vertu[33] ». Dans les années 1760, de nombreux projets de monuments virent le jour, où le roi était environné de grands hommes[34]. Pierre Patte en présenta un en l'honneur de Louis XV et pour l'« éclat du nom français », tout en prévenant que la statue du monarque y « aurait paru comme la source d'où tout dérive et le centre où tout aboutit[35] ». Le baron de Faugères se montra moins précautionneux, en 1772, dans son projet d'aménager la place du Peyrou à Montpellier, où il plaçait autour d'une ancienne statue de Louis XIV ceux qui avaient « coopéré » à sa gloire : « c'est parmi eux qu'est son trône, écrivait-il, puisqu'ils ont contribué à lui assurer l'immortalité. » La visée toute pédagogique de ce Parnasse français d'un nouveau genre n'était pas tant de célébrer le roi que de susciter une émulation de gloire : « Le militaire, le magistrat, l'homme de lettres, l'artiste même, poursuivait en effet Faugères, mènera son fils, son élève dans cette place, lui montrera à quel honneur il peut prétendre [...] C'est ainsi qu'Athènes et Rome ont vu former leurs grands hommes[36]. »

Ce projet illustre une notable évolution des esprits depuis le milieu du siècle, lorsque l'abbé Laugier, par exemple, considérait encore que, les hommes illustres n'étant que des « astres subalternes » par rapport aux monarques, ils ne sauraient figurer dans de grands monuments[37]. Mais le débat était loin d'être clos à en juger par la remarque désenchantée de l'abbé de Lubersac en 1775 : « Notre nation semble peut-être trop divisée d'intérêts pour jamais concourir à élever des monuments à ses illustres concitoyens[38]. » Ce constat lucide sonne comme un avertissement prémonitoire, et il se vérifiera en effet pleinement, par la suite, dans l'histoire mouvementée du Panthéon, pendant et après la Révolution.

## *Le grand homme à la scène*

Le théâtre se révéla comme un formidable instrument de propagande, et l'affrontement idéologique y fut extrêmement vif. En 1760, au moment où était révoqué le privilège de l'*Encyclopédie*, Palissot triompha avec *Les Philosophes*, en ridiculisant sur la scène les encyclopédistes[39]. Mais lorsqu'il récidiva, dix ans plus tard, en voulant faire représenter anonymement *Le Satirique ou l'Homme dangereux*, le parti philosophique avait gagné en influence et le lieutenant de police Sartine soumit la pièce à Diderot qui évoqua alors la menace lointaine du tribunal de la postérité :

> Les philosophes ne sont rien aujourd'hui, mais ils auront leur tour. On parlera d'eux ; on fera l'histoire des persécutions qu'ils ont essuyées, de la manière indigne et plate dont ils ont été traités sur les théâtres publics ; et si l'on vous nomme dans cette histoire, comme il n'en faut pas douter, il faut que ce soit avec éloge[40].

Diderot déplore qu'aient pu être insultés une première fois sur la scène, en 1760, ces philosophes qu'il présente, avec quelque grandiloquence, comme « ceux de vos concitoyens qu'on honore dans toutes les parties de l'Europe », que « les voyageurs se font un devoir de visiter » et qui « conspireront à la gloire du nom français quand vous ne serez plus, ni eux non plus ». À vrai dire, la monarchie tolérait difficilement leur prétention à soutenir désormais mieux que quiconque la renommée de la nation.

La principale question qui se posa, au théâtre, du point de vue du culte des grands hommes, fut de savoir quels héros paraîtraient désormais sur les scènes. Les personnages marquants du Panthéon national ne pouvaient y être évoqués sans un renouvellement profond des genres dramatiques. Voltaire s'était risqué le premier à traiter de sujets tirés de l'histoire de France, comme l'illustrent l'action de *Zaïre* (1732) ou celle de *Tancrède* (1760), située à l'époque des croisades, et celle d'*Adélaïde du Guesclin* (1734) située au XIVe siècle à Lille. En 1765, dans un manifeste dédié à Louis le Bien-Aimé, de Belloy présenta *Le Siège de Calais* comme « la première tragédie française où l'on ait procuré à la nation le plaisir de s'intéresser à elle-même[41] ». Il s'agissait d'arracher le public à une longue amnésie, en substituant aux modèles de l'Antiquité ceux d'un héroïsme national[42]. Alors que la fin peu glorieuse de la guerre de Sept Ans (se soldant par la perte des colonies) était encore présente à tous les esprits, cet appel à l'union du pays autour du roi émut la Cour. La pièce fut donnée trois fois à Versailles et eut ensuite un grand retentissement, entretenu par quelques séances « gratis » et par des représentations pour les soldats dans les villes de garnison[43]. À propos de l'ivresse générale que l'ouvrage semblait susciter, le *Journal des savants* nota que « l'amour de la Patrie prend chez [les Français] la forme qu'il doit avoir dans une monarchie, il ne se distingue point de l'amour du monarque[44] ».

Pour mieux s'assurer du soutien officiel, de Belloy n'avait pas manqué d'excepter les philosophes de cette belle unanimité. On pouvait aisément les reconnaître en effet dans la charge contenue dans sa pièce, à la manière satirique de Palissot, contre « ces cœurs glacés et morts pour leur pays » qui « s'honorent du grand nom de Citoyens du monde ; / feignent, dans tout climat, d'aimer l'humanité, / pour ne la point servir dans leur propre cité[45] ». Comme le reconnaît la *Correspondance littéraire*, *Le Siège de Calais* « a fait réellement un événement dans l'État », mais les « philosophes ont passé pour n'être pas convaincus de la sublimité de la pièce[46] ». Ils étaient, il est vrai, fort peu enthousiastes, au risque d'être taxés une fois de plus de défaitistes. Diderot dénonça la « fausseté » dramatique de l'ouvrage, et Grimm regretta que les bourgeois de Calais soient travestis en nobles au lieu d'être mis « en contraste » avec les chevaliers, car « avec les mœurs et le langage de leur médiocrité, ils auraient montré un héroïsme d'autant plus touchant qu'il aurait paru plus rare dans leur condition[47] ». Pour le parti philosophique, attaché à promouvoir les canons d'un nouvel héroïsme, il n'y avait manifestement aucune contamination possible entre la tragédie classique et la tragédie domestique, ou le drame qu'ils appelaient de leurs vœux. Le débat sur le théâtre, comme celui sur l'éloquence académique, relançait ainsi, en la radicalisant, la controverse sur la définition du héros.

Mercier déplora que ce nouveau genre annoncé n'ait pas eu vraiment de suite. « Que nous sommes loin de la tragédie nationale ! à peine la concevons-nous », s'écrie-t-il en souhaitant lui aussi que les « héros » romains soient remplacés par des exemples français de « grands hommes[48] ». De fait, seul le drame lui paraissant capable d'accomplir effectivement cette révolution, il en vint à rejeter toutes les anciennes formes héroïques versifiées comme l'épopée, l'ode, l'héroïde et la tragédie quand bien même elle serait « nationale ». Pour Mercier, il ne saurait y avoir de grands hommes au théâtre qu'en prose. De même que les orateurs académiques prétendaient renouer avec l'éloquence des Anciens, il rêvait, avec Diderot, d'une dramaturgie qui retrouve les sources politiques du théâtre grec. C'est à cette condition, selon lui, qu'une pièce pourrait à nouveau passer, comme dans l'Antiquité, pour une « affaire d'État[49] ». Par là serait rétabli un théâtre patriotique qui devrait être une sorte de tribune aux harangues où le dramaturge, tel un autre Démosthène, débattrait des affaires de la cité. Comme l'auteur d'éloge, celui-ci avait également vocation à s'ériger en arbitre du mérite et en juge de l'histoire. « Les rois passent mais la patrie est immortelle[50] », déclare Mercier dans la préface de *La Mort de Louis XI*, où il met en scène de façon shakespearienne un « monarque haï ». S'il lui est arrivé de célébrer Henri IV et Sully, son goût de l'innovation dramaturgique l'a porté à s'intéresser à des héros tout différents et encore jamais vus au théâtre.

Il s'est appliqué à y faire, principalement, « un tableau de la vie privée de l'homme de lettres » : ainsi dans *Molière* (« un sujet national et rappelant la mémoire d'un de nos grands hommes[51] ») et dans *Montesquieu à Marseille* où le héros favorise en secret le rachat d'un prisonnier aux corsaires barbaresques. Mercier reconnaît qu'il était plus facile pour lui d'illustrer ce fait exemplaire que de tenter l'impossible transposition à la scène du génie « inimitable » de Montesquieu. Il avait déjà esquissé ce thème du « bienfait caché » dans son *Éloge de Descartes* pour le concours académique de 1765, en notant que le philosophe, « content d'être estimable, n'aspirait point à le paraître » parce qu'il regardait une action généreuse et ignorée comme cent fois plus « éclatante[52] ». À la façon de l'éloge, le drame prétend en effet surprendre l'homme de génie au plus intime d'une vie domestique illuminée de vertus discrètes.

Dans *Montesquieu à Marseille*, le philosophe agissant incognito est finalement reconnu par l'épouse sensible et lettrée d'un négociant. Elle demande à ses enfants de « baiser les mains » de ce petit homme mélancolique, habillé de noir et sans équipage, qui est à l'évidence peu soucieux du présent mais qui, leur apprend-elle, est passionnément animé par « le désir de la gloire et de l'immortalité[53] ». Pour finir, l'écrivain délivre quelques vues générales sur la fonction du théâtre désigné comme « le triomphe de l'instruction publique » et fait cette annonce inoubliable : « Je m'en vais planter des choux à La Brède ! » Ainsi la scène française s'enrichissait-elle, dans ces années-là, de tableaux attendrissants clairement inspirés des vignettes propres au genre de l'éloge.

Pour Mercier, « la physionomie de ces hommes connus » que sont les « écrivains célèbres » présente un tout nouvel intérêt au théâtre (bien différent de celui des noms trop grands de la tragédie), et il suggère de compléter cette galerie de portraits par ceux des magistrats, des hommes de guerre, des prélats qui ont compté dans l'histoire de France : « Le public, dit-il, appelé à juger de l'exacte ressemblance, descendrait à son tour dans l'âme d'un homme qui a vraiment existé, achèverait l'ouvrage du poète et le sentirait avec transport[54]. » Aux mythes et aux fables succéderaient donc les grandes figures de la nation. Sur la scène apparurent effectivement les bons rois avec les bons ministres dont le mérite avait été déjà reconnu dans les éloges académiques, et surtout les écrivains les plus représentatifs des Lumières, tels Montesquieu, Fénelon, Voltaire et Rousseau[55].

Par l'esthétique du « tableau » qui se prête particulièrement à l'évocation biographique, le genre du drame semblait en mesure de montrer le grand homme de façon plus saisissante que l'éloge académique limité aux seuls effets rhétoriques. Mais ce ne fut pas généralement le cas, en raison de la médiocrité de la plupart des pièces. Le théâtre n'en permit pas moins d'illustrer, et d'entretenir, avec ses moyens propres, toute une part rituelle du culte des grands hommes, en mettant en scène des visites auprès des personnages célèbres et des apothéoses[56]. Le théâtre révolutionnaire, de même, transposera spontanément bien des fêtes[57].

À l'exception du succès indiscutable remporté par *Le Siège de Calais*, auquel de Belloy donna une suite avec des pièces dans le style troubadour (*Gabrielle de Vergy* en 1770 et *Gaston et Bayard* en 1771), la légende chevaleresque et monarchique n'avait pas eu de fortune durable. Au lieu de seconder la propagande officielle, le théâtre contribua plutôt en réalité à populariser un nouvel imaginaire historique : aux grands hommes du Panthéon national s'ajoutèrent certains héros émancipateurs appartenant au patrimoine universel, comme Spartacus, Rienzi, Guillaume Tell, Barnevelt, Pierre le Grand, Washington.

Le public, pleinement familiarisé avec cet ensemble de références cryptées qu'offrait alors la galerie des grands hommes, au théâtre de la même façon que dans les éloges, était à l'affût de tout rapprochement inopiné ou de toute allusion subversive qui lui permettent de réagir à l'actualité. On applaudissait donc spontanément Necker en Sully, ce qui revenait à siffler les mauvais ministres en place, si bien qu'il fallait à tout moment faire évacuer la salle. Les censeurs tentaient à chaque fois de prévenir ces troubles. Ils suspendirent ainsi les représentations de la *Mort de Socrate* de Sauvigny en 1763, par crainte que le public ne marque en cette occasion son soutien à Rousseau après la condamnation d'*Émile*. C'est pourquoi Linguet, ayant achevé lui-même l'année suivante un *Socrate* pour le théâtre, jura qu'il n'avait cherché à faire aucun rapprochement entre les deux philosophes[58]. En 1789, l'interdiction momentanée du *Charles IX* de Marie-Joseph Chénier (assez inutile puisque l'ouvrage dénonçait principalement le fanatisme) assura le triomphe ultérieur de la pièce. Ce fut un cuisant échec pour la monarchie qui était rarement parvenue à mettre le théâtre au service de sa propre glorification.

### *Les commandes royales*

L'idée du Parnasse français, chère à Titon du Tillet, parut devoir s'incarner idéalement dans un projet qui n'avait cessé de se préciser depuis le milieu du siècle : celui d'un musée dans la Grande Galerie du Louvre, où le roi serait représenté au milieu de portraits et de sculptures des grands hommes[59]. À l'avènement de Louis XVI, en 1774, alors que Turgot et Necker venaient de faire leur entrée au ministère, le comte d'Angiviller fut nommé à la direction générale des Bâtiments. Cet homme réputé austère, lié à Marmontel et au peintre Joseph-Marie Vien (le premier adepte du néo-classicisme), était acquis depuis longtemps aux thèses des philosophes sur la moralisation de l'art et la valeur pédagogique des grands exemples. Après avoir annoncé l'intention du roi (c'est-à-dire principalement la sienne) d'« ordonner » une série de tableaux d'histoire et de statues de grands hommes français, il écrivit le 4 janvier 1775 au peintre Pierre, alors directeur de l'Académie de peinture et de sculpture, une lettre où il détaillait son programme : la commande régulière de statues allait permettre de présenter à la nation « l'image de ceux qui l'ont honorée » en rappelant les arts « à leur ancienne origine ». Cette « collection » publique de grands hommes étant destinée à la Grande Galerie du Louvre, le peintre Duplessis put faire en 1779 un portrait de d'Angiviller où il le désignait essentiellement comme celui qui s'emploie à fonder le Muséum.

Depuis longtemps, le marquis de Marigny avait prôné la peinture d'histoire. Des cours de littérature et d'histoire avaient été ouverts à cette fin, en 1748, pour les élèves peintres chargés de « constituer une histoire parlante et représentative ». Ils purent suivre à partir de 1755 l'enseignement de Dandré-Bardon qui leur fit découvrir Homère et Virgile, Plutarque, Rollin et les historiens antiques, et, pour l'histoire de France, l'*Abrégé chronologique* du président Hénault, l'histoire de Charlemagne et d'Henri IV et, bien sûr, les éloges des grands hommes de la nation[60]. D'Angiviller n'eut donc pas de peine à imposer ses vues lorsqu'il exigea à son tour, en 1775, qu'on remplaçât « les tableaux indécents et licencieux » par des portraits de grands hommes, afin de « ranimer la vertu et les sentiments patriotiques ». Deux ans auparavant avait été présentée au Salon une *Vie de Saint Louis* en onze tableaux, destinée à la chapelle de l'École militaire : celui que Chateaubriand nommera le « roi de sainte mémoire » y apparaissait à la fois comme un saint et un grand homme, et comme le modèle du monarque modéré. Par ce mélange de propagande royale et d'idéaux des Lumières, la peinture religieuse rejoignait la peinture d'histoire dans sa dimension nationale.

Les commandes de d'Angiviller manifestent un intérêt indéniable pour les nouveaux modèles héroïques. Les sujets retenus pour les grands tableaux d'histoire (de 1775 à la Révolution[61]) composent une suite de vertus : tempérance, mépris des dangers, sacrifice à la patrie, fermeté héroïque contre les factieux et les fanatiques, fidélité à la monarchie. On put voir au Salon de 1781 *Léonard de Vinci mourant dans les bras de François I^er^* par Ménageot, ou bien, en 1783, *Henri IV et Sully* par Le Barbier, et, en 1777, le sujet très moral de *La Continence de Bayard* par Durameau. Jean-Simon Berthellemy présenta la même année *L'Action courageuse d'Eustache de Saint-Pierre au siège de Calais* inspiré de la célèbre pièce écrite par de Belloy[62].

Les vingt-huit statues de grands hommes commandées pour le Salon, de 1775 à 1789, illustrent de semblables choix[63]. On y retrouve un certain nombre de personnages dont l'éloge a été proposé pour le concours d'éloquence. Celui-ci avait lieu, comme on l'a vu, pour la Saint-Louis, le jour où le Salon ouvrait également ses portes tous les deux ans. Entre ces manifestations académiques s'établissait donc naturellement un système d'échos et d'emprunts. Il arriva même, en 1777, que le sculpteur Gois présente son Michel de L'Hospital au moment même où l'Académie faisait l'éloge de celui-ci. En quelques années, la sculpture allait faire surgir une collection monumentale de grands hommes pour la plupart déjà plébiscités par le public : de bons ministres et de valeureux hommes d'État comme Sully et L'Hospital, de vertueux magistrats comme Molé et d'Aguesseau ; une majorité d'hommes de lettres et de savants dont ceux qui, comme Descartes ou Fénelon, avaient été frappés par une disgrâce injuste. Si Montesquieu faisait partie de la liste, il était exclu d'honorer les philosophes vivants.

Les nombreux hommes de guerre de la série montrent, comme il se doit, une vaillance tempérée par une sage circonspection. À propos de Catinat, par exemple, le « père la pensée » dont l'éloge avait été mis au concours d'éloquence en 1775, d'Angiviller écrit, dans le style qui plaît à ses contemporains, qu'il est « un général de terre non moins recommandable par ses talents militaires que par son désintéressement, son humanité et son esprit philosophique[64] ». Et le *Turenne* d'Augustin Pajou debout, son épée à la main pour protéger la couronne, loin d'exprimer d'abord l'impétuosité du soldat, donne bien davantage l'idée d'une sérénité tutélaire et l'exemple du zèle patriotique. Tout en s'efforçant de trouver un savant équilibre, d'Angiviller ne méconnaît ni le goût, ni les partis pris de son temps, ni le débat public le plus récent à propos des grands hommes au sein de l'institution académique : c'est pourquoi il « ordonne » la statue de Fénelon avant celle de Bossuet. Il ne dédaigne pas non plus les allusions les plus contemporaines. Il aurait suggéré lui-même à Gois l'évocation dramatique de L'Hospital (au moment où il commande d'ouvrir les portes de son château à ses ennemis venus l'assassiner) afin de rappeler un trait de fermeté semblable de Turgot dans une émeute en 1775.

Comme l'orateur dans les phases successives de l'éloge, ou le peintre et le dramaturge dans l'esthétique du « tableau », le sculpteur doit choisir le bon « moment » susceptible de produire une vision à la fois synthétique et fugitive. Diderot n'avait-il pas demandé aux portraitistes, dans le *Salon de 1763*, de l'intéresser d'abord par une « action [...] indépendamment du mérite de la ressemblance », analyse que Baudelaire reprendra à son compte avec la notion de « biographie dramatisée[65] ». C'est sur ce point du moment favorable ou ingrat que portaient essentiellement les explications fournies dans le livret lors du Salon, et ensuite les commentaires des critiques. Diderot approuva Houdon, par exemple, pour avoir présenté un fougueux et romanesque *Tourville*, les cheveux agités par le vent, s'apprêtant, sur l'ordre fatal de Louis XIV, à donner le signal imprudent de la bataille de la Hougue avant l'arrivée d'un renfort : « Cette figure a du mouvement ; le moment choisi est sublime ; ce n'est pas de la sculpture, c'est de la peinture, c'est un beau Van Dyck[66]. » Approbation plus sèche à propos du *Pascal* (un peu « bossu »), que Pajou a choisi de saisir au plus profond de sa réflexion de mathématicien : « Cette figure m'a paru avoir le caractère qui lui convient[67]. » Le public aima reconnaître le « bonhomme » La Fontaine en train de composer et en proie à une distraction pleinement conforme à sa légende[68]. Mais il déplora généralement que le *Descartes* et le *Catinat* ne soient pas animés par une action suffisante, les sculpteurs n'ayant pas su trouver le « moment choisi ».

Puisque ces statues étaient destinées à faire cercle autour de celle du roi dans le Muséum, il ne convenait pas qu'elles aient l'aspect d'une troupe de philosophes à l'antique, à moitié nus. En signalant sa préférence pour le costume moderne, d'Angiviller se montra soucieux de fonder un grand style monarchique qui évite les excès d'un néo-classicisme radical[69]. Requis en tant que premier sculpteur du roi pour réaliser quatre statues (*Bossuet*, *Pascal*, *Turenne*, *Descartes*), Pajou remplit pleinement son contrat, en s'interdisant pour cette série l'audace dont il venait de faire preuve en 1776 dans son *Monument à Buffon*[70]. Mais de telles contraintes risquaient de figer l'ensemble dans une médiocrité tout académique. C'est pourquoi Diderot exhorta Mouchy, à propos du modèle en plâtre de son *Duc de Montausier*, à donner à ce « héros de la vertu » des « traits d'une nature moins commune, un caractère plus austère et plus élevé[71] ». La critique rejeta unanimement, en 1776, le modèle présenté par

Clodion de son *Montesquieu*, à vrai dire un peu contorsionné et la jambe gauché dénudée. Dans la statue achevée de 1783, le sculpteur présenta cette fois l'écrivain et le magistrat dans un costume d'apparat dont il sut rendre la matière chatoyante avec une virtuosité extrême. Seul le spécialiste des terres cuites pouvait donner au marbre cette brillance qui exprime à la perfection la tranquille énergie des Lumières.

D'Angiviller exprima le souhait de « faire exécuter en porcelaine et en petit les statues de grands hommes que Sa Majesté a déjà fait exécuter en marbre par les principaux sculpteurs de son académie[72] ». À partir des commandes furent tirées (entre 1783 et 1785) vingt et unc répliques de quarante à cinquante centimètres conçues pour la décoration de salon. Ces reproductions d'objet d'art permirent d'accroître la diffusion d'une imagerie et de répondre au nouveau goût du public. Cependant, l'Angleterre avait devancé la France dans le commerce de ces petites œuvres, puisque Josiah Wedgwood avait commencé en 1760 de vendre partout en Europe ses camées et ses *heads of illustrious moderns from Chaucer to the present time* où il y avait une majorité d'écrivains français du XVIII<sup>e</sup> siècle et surtout un *Voltaire* flanqué d'un *Rousseau*.

Un tableau de Coypel aujourd'hui disparu (un dessus de porte de l'Académie des inscriptions et belles-lettres) représentait « Minerve qui prend soin de l'éducation de Louis XV et le conduit dans le chemin qui mène au Temple de mémoire ». Une estampe intitulée *Musée français projeté* montre la statue de Louis XVI entourée par celles des hommes célèbres de la nation[73]. Le roi était censé en effet occuper le centre prestigieux d'un Muséum idéal imaginé depuis le milieu du siècle, mais cette place se révéla peu à peu vacante et finalement vide : bientôt le monarque resterait à la porte du Musée et du Panthéon. À la différence de Louis XIV, aussi à l'aise en Apollon qu'en dieu Mars, ses successeurs n'auront jamais su s'imposer en princes des poètes. L'effacement progressif de la personne royale tint à la perte du pouvoir spirituel accaparé lentement mais sûrement par ces nouveaux tuteurs que promettait l'imagerie des grands hommes. Malgré les initiatives monarchiques à l'Académie pour prévenir ces risques, tant avec les concours d'éloquence qu'avec les commandes royales, une rivalité fatale s'était établie. Et c'est Voltaire qui, dans une découpure de Huber, parvient sur un furieux cheval Pégase au Temple de mémoire. L'idée du Parnasse français demeura cependant présente : lorsque le marquis de Villette propose la fondation du Panthéon en novembre 1791 pour accueillir la dépouille du patriarche, il suggère qu'en haut du bâtiment on remplace la croix par une lyre[74].

# III

# LE GRAND ÉCRIVAIN
# ET LE TEMPLE DE MÉMOIRE

## *Chapitre VII*

# LA PRÉÉMINENCE OMBRAGEUSE DES HOMMES DE LETTRES

> Sans la liberté de blâmer, il n'est point d'éloge flatteur.
>
> Beaumarchais [1].

Le genre académique de l'éloge risquait à la longue d'apparaître comme une forme inerte et vite épuisée en raison de son imagerie assez pauvre et du retour sans surprise de ses thèmes canoniques. Après avoir mis en cause les oraisons funèbres du Grand Siècle, on en vint donc à incriminer parfois, en des termes voisins, le travail tout aussi mécanique des « élogiers ». Leurs discours n'avaient-ils pas, en outre, le tort de donner au public un sentiment exagéré de complaisance envers lui-même à travers un rite de communion narcissique ? C'est à la lumière de ce contexte bien particulier qu'il convient manifestement de lire l'article « Oraison funèbre » de l'*Encyclopédie*, où le chevalier de Jaucourt cite le prologue du *Ménexène*. Platon y dénonce la séduction trouble qu'opère sur les vivants le discours sur les morts en dévoilant les effets pathogènes de ces éloges qui plongent leur auditoire dans une « aimable illusion » et dans une euphorie toute passive :

> Chaque citoyen s'appliquait en particulier les louanges qu'on donnait à tous les corps de citoyens, et se croyant tout à coup transformé en un autre homme, il se paraissait à lui-même plus

grand, plus respectable, et jouissait du plaisir flatteur de s'imaginer que les étrangers qui assistaient à la cérémonie avaient pour lui les mêmes sentiments de respect et d'admiration[2].

Le *Ménexène* est « explicitement consacré à exorciser le discours officiel[3] » et à le soumettre à une ironie corrosive ; car, par son effet identitaire et solennel, celui-ci est aussi loin que possible des exigences de la parole socratique. C'est pourquoi Platon a recours, en cette occasion, aux comédies d'Aristophane où celui-ci fait la satire des funérailles publiques et des admirateurs fanatiques de la louange funèbre dont le défaut est de faire paraître toujours des hommes plus grands que nature. Renchérissant sur le dramaturge, le philosophe en vient à critiquer, de façon plus systématique, le fantasme civique et la fallacieuse idéalisation qui conduisent à une vision uniforme et beaucoup trop orthodoxe de la cité, en regard de quoi Socrate incarne une exigence de lucidité et de vérité.

Si les grands écrivains des Lumières souscrivent bien, quant à eux, à la nouvelle imagerie du culte des grands hommes, en témoignant leur intérêt pour les concours académiques qui ont effectivement leur importance dans le combat philosophique, ils n'en prennent pas moins, dans leur œuvre, une distance toute socratique par rapport à ce processus de vulgarisation inévitablement répétitif. Au nouvel encens des éloges, ils opposent le sel de leur verve singulière, soucieux de ne pas abandonner aux anti-philosophes les armes de la satire. C'est ainsi que Diderot imagine le neveu de Rameau, le plus souvent « médiocre et fâché », rêvant un instant qu'il est devenu un grand homme adulé avant de succomber à un profond assoupissement :

> Tu serais convaincu le soir que tu es un grand homme ; et le grand homme, Rameau le neveu, s'endormirait au doux murmure de l'éloge qui retentirait dans son oreille ; même en dormant, il aurait l'air satisfait ; sa poitrine se dilaterait, s'élèverait, s'abaisserait avec aisance ; il ronflerait comme un grand homme ; et en parlant ainsi, il se laissait aller mollement sur une banquette ; il fermait les yeux, et il imitait le sommeil heureux qu'il imaginait. Après avoir

goûté quelques instants la douceur de ce repos, il se frottait les yeux, et cherchait encore autour de lui ses adulateurs insipides[4].

Nous avons là un écho incontestable du *Ménexène*, montrant qu'avec *Le Neveu de Rameau* la référence à Socrate change de statut. Le philosophe athénien ne se confond plus exclusivement, dans ce dialogue, avec l'image morale du grand homme persécuté, à laquelle Diderot s'identifiait en traduisant l'*Apologie de Socrate* durant son emprisonnement à Vincennes. Il incarne désormais la virulence de ce qui a du relief et du ton. C'est un « citoyen turbulent » qui cause du charivari, et non plus ce philosophe rempli de prétentieuse componction que raillait Aristophane. À travers ce maître d'insolence, la réflexion sur la nature du génie va pouvoir s'approfondir et se renouveler. Ainsi le Socrate des Lumières est-il une figure ambivalente, étrange Janus qui montre un double visage, à l'image d'une époque partagée entre la nécessité de briser les idoles et le besoin de fonder de nouvelles valeurs positives. Il est révélateur de voir Diderot, longtemps hanté par une vision tragique du philosophe, tout enveloppée dans le sublime de la belle mort, revenir à celle moins compassée du silène qui rit, à un Socrate désigné déjà par Fontenelle comme le « philosophe moqueur[5] ». Mais il le fit principalement dans ses textes posthumes.

Cette hésitation chronique entre la gaieté et la mélancolie, entre un Héraclite pleurant sans cesse et un Démocrite riant toujours, est constitutive de la culture des Lumières et lui confère toute sa richesse paradoxale. Elle ne renvoie pas à une sensibilité un peu confuse et cyclothymique, mais à une duplicité foncière qui mélange savamment les genres. Voilà pourquoi l'on pourra, plus tard, dénoncer en même temps et sans inconséquence, comme la double face indécise du siècle, le « hideux sourire[6] » de Voltaire et la sentimentalité larmoyante de ses contemporains. C'est en vérité dans les querelles et les polémiques que le culte des grands hommes prendra sa véritable ampleur, et la dévotion ne fera que s'approfondir à l'épreuve des formes les plus variées de la satire.

Dans son agitation imprévisible souvent évoquée, le parisien se montre à la fois « frondeur et enthousiaste[7] », partagé sans cesse entre deux aspirations qui lui font brûler ce qu'il a adoré.

Il incarne en cela les incertitudes de l'époque, fatalement aggravées par la suite dans la période révolutionnaire. La passion de la critique et la capacité de nier, qui sont le propre des Lumières, semblent ne devoir laisser qu'un champ de ruines, alors qu'elles s'accompagnent toujours en réalité d'un tout aussi furieux besoin de croire et de s'inventer des idoles. Parce qu'il faut aussitôt meubler le vide produit par la disparition des repères traditionnels, les élites incrédules font preuve d'un étonnant esprit de sérieux quand il s'agit des nouveaux totems qu'elles se donnent à elles-mêmes. En raison de ce mouvement perpétuel dont les rotations et les aléas sont troublants, la fameuse gaieté française du XVIIIe siècle semble indissociable d'une sourde gravité.

## *Le sel et l'encens*

Le règne des philosophes s'annonça par une certaine emphase, et l'on conçut alors le projet en apparence extravagant d'inventer un rire compatible avec l'idée même du sérieux, car un « philosophe [...] rit rarement », tout au plus « sourit-il » à la façon des « mélancoliques » et des « amants [8] ». La formulation la plus radicale de ce thème a été donnée par Rétif de La Bretonne jamais en reste dans son rôle de législateur onirique et qui déclare péremptoirement : « on ne rira plus, mais on sera content [9]. » Cette anathémisation du rire, très rousseauiste, rappelle l'ancien interdit monastique et, dans un temps plus rapproché, les sévères mises en garde de Nicole ou de Bossuet. Elle a en vérité des fondements bien différents, car les hommes des Lumières jouent avec beaucoup d'habileté de cette profession de foi un peu trop officielle, eux qui continuent en outre de rire sous cape avec Voltaire, leur chef de file incontesté.

Pour bien marquer qu'avec eux le siècle va passer aux choses sérieuses, les auteurs de l'*Encyclopédie* présentent leur ouvrage comme un pieux monument qui s'élève très au-dessus des polémiques subalternes. Au début du « Discours préliminaire » dont il est l'auteur, d'Alembert prévient que celui-ci est « destiné principalement à l'éloge des grands hommes » et que l'entreprise est inspirée par l'urgente dette à payer aux travaux utiles. « Je hais cent fois plus les satires dans un ouvrage que les éloges ne m'y plaisent », déclare Diderot dans l'article « Encyclopédie », annonçant par là qu'il préfère de loin prendre le parti de la juste louange. Il ajoute que « le ton de la satire est le plus mauvais pour un dictionnaire », car un « grand livre » ne saurait s'accommoder des méchancetés éphémères, des allusions fines et des historiettes. Aussi en ont été bannis le détail mesquin des « personnalités » et les « petites circonstances » que la « postérité ignore ».

Cette prétention à prendre de la hauteur exaspéra les antiphilosophes et particulièrement Palissot, qui dénonça aussitôt la volonté hégémonique des encyclopédistes trop impatients, selon lui, de s'ériger en seuls dispensateurs de la gloire. Il ne veut voir que les calculs sectaires d'un clan dans « cette navette de louange » et « ces listes d'éloges de leurs associés, qu'ils impriment, dit-il, à la tête de chacun de leurs volumes [10] ». Après les avoir tournés en dérision dans *Le Cercle ou les originaux* (« le théâtre représentait l'intérieur du Temple de la gloire décoré des statues des grands hommes »), il poursuit plus vivement ses attaques en 1760, comme on l'a vu, dans sa comédie des *Philosophes* qui obtient un réel succès. Diderot, qui désigne Palissot comme une « espèce d'Aristophane [11] », s'interdit alors de lui répondre publiquement avec les mêmes armes. « Car je n'ai jamais fait de satire ni contre les grands ni contre les petits. [...] Il est vrai que j'étais du nombre de ceux qu'on appelle philosophes [12] », reconnaît un des interlocuteurs du *Paradoxe sur le comédien*. Mais le patron de l'*Encyclopédie* prépare déjà en sous-main sa vengeance posthume, en écrivant *Le Neveu de Rameau* destiné à être reconnu bien plus tard comme la plus étonnante satire du siècle.

S'abstenant de répondre directement à leurs détracteurs, les encyclopédistes leur opposèrent une critique de la satire en général. Jaucourt remarque, par exemple, que « dans le cœur du satirique » il y a « un certain germe de cruauté » qui le pousse toujours, comme Aristophane en donne le triste exemple, à faire inconsidérément des « personnalités odieuses [13] ». Zoïle incarne alors le type même du critique malveillant et nuisible : ce rhéteur grec, auteur d'un traité où il dénigre en détail l'œuvre d'Homère, fut, selon Vitruve, condamné à mort sur l'ordre de Ptolémée Philadelphe pour ce crime de lèse-majesté littéraire. Au XVIIIe siècle, son nom désigne la tourbe des écrivains et la triste cohorte des méchants, « la ligue secrète et générale des sots, selon l'expression de d'Alembert, contre les gens d'esprit et de la médiocrité contre les talents supérieurs[14] ». Aussi les adversaires des philosophes, obstinés mais sans réelle envergure, comme Fréron, Palissot, Poinsinet, Sabatier de Castres, Clément, sont-ils traités par les encyclopédistes, de Zoïles, d'insectes et de nains littéraires qui succombent parfois eux-mêmes au poison de leur mauvaise bile : quand le poète Gilbert meurt fou, prématurément, les journaux notent que « son imagination s'était noircie » par l'effet de sa verve satirique, car « il est rare que les hommes marqués par un talent de cette espèce n'aient pas quelques écarts dans l'esprit[15] ».

Cette diabolisation du « satirique » n'épargna pas les plus illustres représentants du genre depuis l'Antiquité, tels Horace et Boileau. Ces appréciations, trop uniformément reprises et constituées en dogme, finirent par lasser. Lorsque d'Alembert prononça son *Éloge de Despréaux* à l'Académie, en 1774, on s'étonna que « le genre de la satire » y fût si « fort déprimé » tout en admettant que le goût du siècle se portait de préférence vers l'éloge[16]. Ceux qui, à contre-courant, écrivaient des satires, comme Clément, prirent la défense d'un genre qu'on avait « voulu anéantir[17] ». Cet auteur relève à juste titre la duplicité des philosophes et plus particulièrement celle de Voltaire, qui, dit-il, prenait « grand soin de ne donner jamais le titre de satire à ses satires les plus effrénées[18] ». Rousseau lui-même n'avait-il pas fait ses premières armes dans un journal intitulé *Le Persifleur* ? Malgré leurs dénégations réitérées, les écrivains des Lumières puisaient en effet plus que quiconque à la tradition venue de Juvénal, de Lucien, de Rabelais ou de Swift.

Au-delà du genre de la satire, au sens strict, qui se maintient pendant tout le siècle et connaît un certain regain après la Révolution avec Mercier, Rivarol et Marie-Joseph Chénier, une veine satirique court dans les écrits où elle était en apparence le moins attendue : par exemple, dans cette *Encyclopédie*, où Diderot, en dépit de ses déclarations de principe, suggère qu'il faut orienter les renvois entre les articles afin de « les diriger secrètement contre certains ridicules [19] » et contre certains préjugés ; également, dans les éloges des académiciens faits par leurs pairs, et qui sont animés souvent d'intentions moqueuses et remplis de caricatures. Et il en va de même dans ceux des grands hommes de la nation émaillés de considérations peu amènes et de remontrances diverses sur le présent. En 1763, par exemple, l'*Éloge de Sully* sonne à l'évidence comme un reproche pour les mauvais ministres du moment. Depuis l'Antiquité, le discours épidictique avait toujours offert un semblable mélange, car cette éloquence d'apparat où les orateurs se proposent de désigner les valeurs s'accompagne inévitablement d'une certaine virulence critique.

Ce passage constant, propre à l'époque des Lumières, de la célébration respectueuse à une mise en pièces sans merci est illustré par la fonction paradoxale et particulièrement flottante du petit genre de l'épitaphe [20]. En vertu de sa brièveté qui tend à la pointe, celui-ci rejoint en effet bien souvent l'épigramme, attestant par là, à sa manière, l'étrange et constante ambivalence du discours sur les morts. Quelques mots d'esprit assassins reproduits dans les journaux suffisent à expédier définitivement les défunts. Du sel qui assaisonne à la flèche impitoyablement mortifiante, il n'y a qu'un pas [21]. Cette inspiration maligne, qui rappelle le ton vif des obituaires anglais, se retrouve encore au début du XIXᵉ siècle dans de nombreux articles de la *Biographie Michaud* écrits sur le mode de la nécrologie venimeuse. Avec le genre tellement mêlé de l'épitaphe, les Français du XVIIIᵉ siècle renouent avec l'esprit des Saturnales et la coutume antique de tolérer une part d'insolence au milieu des triomphes et des pompes funèbres. Au-delà de cet aspect inattendu de franc défoulement, l'épitaphe procure également bien des délices à ceux qui s'activent dans les salons, lorsqu'un grand homme disparaît, à en trouver une pour son tombeau ou sa statue, afin d'offrir aux passants des maximes simples et utiles.

## *La leçon de Fontenelle*

À ne pas reconnaître franchement que l'éloge et la satire sont à bien des égards indissociables, les hommes des Lumières se sont rendus curieusement schizophrènes. Heureusement, l'exemple de Fontenelle demeurait pour eux bien vivant et plein d'enseignements ! Cet écrivain qui fut lui aussi, dans un tout autre registre que Fénelon et de façon plus souterraine, une de leurs ombres tutélaires, leur permit en effet de concilier les deux aspects, au premier abord peu compatibles, d'une même culture. Auteur d'innombrables éloges d'académiciens pendant plus de cinquante ans comme secrétaire perpétuel de l'Académie des sciences, Fontenelle avait, dans ses *Nouveaux Dialogues des morts* de 1683, abordé un ensemble de questions sur la gloire, la postérité et les grands hommes, qui allaient alimenter pendant longtemps tous les débats ultérieurs. Mais il le fit sur un mode tout à la fois profond et badin.

C'est pourquoi d'Alembert regrette chez Fontenelle « une sorte d'affectation à montrer en petit les grandes choses [22] ». On comprend que celui-ci représente pour Thomas le type même du moraliste bel esprit qui ne se soucie pas « de forcer l'admiration [23] ». Cet esprit plein de finesse et amoureux des détails n'a certes pas la chaleur et le large mouvement à l'antique que prétend retrouver l'orateur si souvent couronné dans les concours académiques. On ne voit donc en lui généralement que le spécialiste un peu trop subtil d'une éloquence exclusivement savante, en oubliant parfois le rôle pourtant décisif de ses fameux éloges : par exemple, celui de Pierre Ier, de Leibniz, de Vauban et surtout celui de Newton, en 1727, où il ne manque pas d'évoquer les honneurs sans précédent que l'Angleterre rendit à celui-ci de son vivant comme à sa mort [24]. Il n'en reste pas moins vrai que Fontenelle apporte une contribution bien peu orthodoxe au culte des grands hommes : il en dévoile en effet l'envers et les coulisses ; il en offre par avance le contrepoint exact et le meilleur antidote.

Les *Nouveaux Dialogues des morts* sont dédiés, à juste titre, à Lucien, l'auteur grec du IIe siècle qui est un maître d'irrévérence et le premier modèle de Fontenelle, ce que regrette un des protagonistes de l'ouvrage au moment où les morts viennent à la fin se prononcer sur celui-ci : « Lucien attaque tout ce qu'il connaît de plus grand et de plus élevé ; le Copiste en fait autant[25]. » À plusieurs reprises dans les dialogues, on débat de la louange et de la satire en condamnant plutôt les excès de la première qui tourne trop aisément à la flatterie. C'est plaider pour un gai savoir, ennemi du repos, au nom duquel Fontenelle aime à se réclamer d'Anacréon et de Marot, de Molière et de Scarron, de La Fontaine et de Brantôme.

La mort elle-même est évoquée sur un ton enjoué, bien éloigné de la grandiloquence des discours funèbres. Non content d'avoir supprimé « tout ce qui est usé dans les Enfers[26] », Fontenelle traite sur le mode burlesque le thème de la « mort philosophique » et s'amuse, par exemple, à faire la « critique » du célèbre suicide de Caton, qui avait été depuis la Renaissance si souvent mis en balance avec la mort de Socrate : après qu'on eut apporté l'épée, « on dit qu'il s'endormit et ronfla[27] ». L'aimable promenade de Fontenelle aux enfers ressemble peu aux sombres cheminements de Virgile ou de Dante, et pas davantage à ce pèlerinage pédagogique tout empreint de sérieux qu'y fait Télémaque[28]. Le dialogue des morts est en effet plutôt un anti-genre qui tourne en dérision les formes célébratives et qui ne cherche guère à donner corps aux mythes et aux légendes. Homère se plaint, dans l'épisode final, que certains morts soient ressuscités pour se « décrier », si bien que Pluton interdit « que l'on fît jamais parler personne contre soi-même, à moins que d'en avoir une procuration en bonne forme[29] ». De fait, il arrivera souvent, plus tard, aux grands hommes de tomber entre les mains des « faiseurs de dialogues », qui continueront pendant tout le XVIII<sup>e</sup> siècle, et surtout au moment de la Révolution, de les faire s'exprimer à tort et à travers dans des prosopopées sans fin, tantôt pour s'approprier leur gloire, tantôt pour l'anéantir. Au moment où les panthéonisations – suivies parfois de dépanthéonisations rapides – attesteront la vanité et les aléas des réputations, la belle leçon de relativité donnée naguère par Fontenelle s'offrira encore comme un recours.

Fontenelle a des doutes sur la rationalité de l'histoire et se soucie fort peu des visées commémoratives. Alors que le genre des vies parallèles et plus encore celui de l'éloge concourent à la fondation progressive d'une mémoire, le dialogue des morts tend quant à lui à défaire la chaîne illusoire des identifications hâtives et des repères trop définitifs. Au lieu d'associer Alexandre à César comme il est de tradition, Fontenelle le fait dialoguer avec la courtisane Phryné par un goût systématique du contraste et parce que « tout l'agrément d'un dialogue, s'il y en a, consiste dans la bizarrerie de cet assortiment[30] ». Et voici, dans le même registre fait pour surprendre, Sénèque conversant avec Marot, Apicius avec Galilée, un fou avec un sage. Ce point est particulièrement censuré par Thomas notant sèchement que « cette manière de chercher des petits rapports qui étonnent l'esprit sans l'éclairer, n'a dû être approuvée dans aucun siècle[31] ». Il est vrai que brouiller la ligne temporelle d'une façon aussi incongrue interdit toute vision linéaire et empêche que l'histoire s'organise en un panorama rassurant. L'ironie de Fontenelle va en effet dans le sens de la plus totale confusion. Avec lui, les morts deviennent turbulents et produisent un incroyable désordre aux enfers :

> Il y avait auparavant différents quartiers, où l'on mettait ensemble tous les morts de même condition. Ils s'y entretenaient de ce qui leur était convenable, ou bien ils ne disaient mot ; mais depuis qu'ils ont lu les Dialogues qu'on leur fait faire, tout est renversé, les courtisanes se sont jetées dans le quartier des héros, et leur ont dit cent sottises, dont la gravité de ces messieurs a été offensée[32].

Fontenelle s'emploie à « désassembler » ce qui tend à s'agréger en dogmes et en idéologies. Il démystifie tout ce qui est grand en montrant qu'il n'y a là bien souvent qu'un « composé de plusieurs hasards » : ainsi des empires issus des vicissitudes des choses ou du génie qui tient « à une petite disposition de fibres[33] ». Il suffit même d'observer un peu attentivement les actions éclatantes pour s'apercevoir qu'elles ont parfois des causes peu glorieuses et pour dissiper la part d'illusion dont la gloire s'entoure généralement, car « ce sont les passions qui font et qui défont tout[34] ». Les arrêts de l'histoire eux-mêmes sont souvent indéchiffrables. C'est pourquoi il est bien difficile de savoir ce que la postérité retiendra. Dans son *Éloge de Fontenelle* en 1784, Garat reproche à celui-ci d'abuser du paradoxe et de ne pas faire assez « voir » : ayant, il est vrai, peu de goût pour ce que Diderot appellera plus tard « les grandes images qui prêchent[35] », l'auteur des *Nouveaux Dialogues des morts* empêche au contraire que rien de tel ne se forme et ne se fige en tableaux. Nietzsche note la « croissance posthume[36] » d'un écrivain qui parut souvent plus léger que profond aux hommes des Lumières, auquel il associe Chamfort. On pourrait leur adjoindre d'autres maîtres d'irrespect, comme Hérault de Séchelles et Rivarol, qui tous s'amusent à combattre l'emprise du sérieux et tâchent de s'en délivrer.

C'est la leçon de Fontenelle : elle s'applique tout particulièrement à l'imaginaire du culte des grands hommes, la nouvelle vulgate qui, menacée de devenir trop assoupissante, avait besoin d'un peu de jeu pour acquérir de la profondeur en s'allégeant et de s'enrichir de formes antagoniques. Seul cet apport essentiel de la dimension critique put lui assurer une étonnante pérennité. On le doit pour une grande part à Fontenelle sans lequel Diderot, par exemple, n'aurait peut-être pas débattu de la postérité de la même façon allègre, en se donnant des contradicteurs aussi incisifs que Falconet, d'Alembert ou le neveu de Rameau. L'auteur des *Nouveaux Dialogues des morts* permet surtout de replacer le culte des grands hommes dans une longue tradition très diverse depuis l'Antiquité et la Renaissance, et dans celle qui, de Montaigne aux moralistes, met en question le mythe du héros. De même que Lucien, quoique athée, fut jugé d'un assez bon œil par l'Église, parce qu'il avait fait la critique des rites et des croyances antiques, on sut gré à Fontenelle, le bel esprit narquois, d'avoir dénoncé la fausse gloire en souhaitant que soit exclusivement pris en compte désormais le mérite personnel. Fontenelle n'hésite pas en effet à renverser hardiment, aux enfers, l'ordre jusque-là naturel de la préséance : « [...] et l'on a vu Charles V qui marchait à la suite d'Érasme et qui le traitait de majesté[37]. »

## *Querelles intestines de la république des lettres*

Les écrivains des Lumières les plus notoires, ceux qu'on appelle les philosophes, laissent se développer à côté d'eux le culte des grands hommes en y acquiesçant d'abord de loin. Ils se contentent de donner leur aval aux auteurs d'éloges qui, à partir de l'Académie, s'emploient à populariser la nouvelle vision légendaire, préférant quant à eux camper dans un lieu protégé des disputes éphémères, où rien ne détonne et d'où ils croient déjà entendre les accords lointains de la postérité. Ce retrait stoïcien qui convient à l'image ancienne du philosophe plus enclin à méditer sur le rivage qu'à essuyer les tempêtes révèle un parti pris hédoniste qui apparaît désormais de plus en plus hors de portée.

Après avoir publié, en 1763, *Le Bonheur des gens de lettres*, Mercier comprit vite qu'il lui serait bien difficile d'être « heureux quoique auteur », faisant en cela l'expérience de toute une génération qui avait cru un moment trouver refuge dans une conception irénique de la république des lettres. Le jeune Mercier s'abandonne à rêver d'une communauté de sages encore tout idéale, cléricature abstraite siégeant dans l'Empyrée littéraire au-dessus des discordes et des « illusions du monde ». D'après cette vision éthérée, l'homme de lettres vit libre dans une douce indépendance, recueilli dans l'admiration des génies les plus rares et des écrivains de tous les temps. C'est pourquoi on ne le voit point « épouser de misérables querelles, se plonger dans un chaos d'affaires épineuses où l'âme se dénature[38] ». Il préfère se cantonner dans une société selon son cœur, où l'amitié domine et non pas la mauvaise émulation qui empoisonne généralement les corps littéraires. Certain que La Fontaine, en vertu de sa fameuse insouciance, a été protégé sûrement des injures et de la vulgarité du présent, il aimerait pouvoir jouir lui-même d'une gloire qui ne soit pas inquiète.

Le petit tableau idyllique brossé par Mercier renvoie au monde ancien avec ses abbayes de Thélème et témoigne de la peur qui saisit alors les philosophes devant les effets imprévisibles de leur action. Ayant contribué à une laïcisation sans précédent des valeurs et de l'imaginaire public, en s'émancipant des vieilles tutelles, ils en sont venus à revendiquer pour eux-mêmes le premier rôle. Les anciennes figures du héros ont laissé, en s'effaçant, un vide qu'ils rêvent désormais d'occuper, convaincus d'incarner alors la forme supérieure du mérite et le modèle du grand homme par excellence. Mais ce magistère symbolique auquel ils prétendent, en se désignant comme les pédagogues de la nation, ils savent qu'ils ne pourront véritablement l'exercer en faisant plus longtemps sécession dans un retrait utopique au-dessus de la mêlée. Les espérances qu'ils ont suscitées comme figures exemplaires et comme nouveaux recours vont les contraindre à venir sur la scène, dans une sphère de plus en plus politique. Pour avoir voulu décider de l'opinion publique, les voici sur la sellette : ils ne peuvent plus désormais échapper à ce tribunal permanent qu'ils ont eux-mêmes institué.

La définition du mérite en effet, cessant d'être leur prérogative, est devenue l'affaire de tous sur une arène tumultueuse. La fureur des classements dévoile soudain la relativité de toute évaluation et aggrave en réalité cet arbitraire des réputations si longtemps décrié et auquel on avait prétendu porter enfin remède. En vertu de son influence irrésistible et de moins en moins occulte, l'homme de lettres en vient à s'engager à découvert dans les âpres luttes de pouvoir d'une république des lettres qui tend à se confondre désormais avec la société tout entière.

Dans ce bouleversement, la presse est l'élément nouveau qui a transformé profondément le paysage littéraire. Mercier note, en ce sens, que l'académicien soucieux de « plâtrer sa réputation » compte moins dorénavant sur le salon de son épouse que sur la « page immortalisante[39] » offerte par le journaliste : voilà l'intrus dont l'homme de lettres doit désormais s'accommoder. Il représente en effet une autre puissance que la sienne, dont la vraie nature est pour l'instant encore insoupçonnée et à laquelle la Révolution donnera toute son ampleur. Parce qu'ils ont aussitôt identifié en lui un concurrent redoutable et déloyal, les porte-parole des vrais écrivains dénoncent sa façon perverse de brouiller les cartes. Marmontel a relevé le rôle néfaste de la presse littéraire, « une des causes de la ruine dont les Lettres sont menacées », car les journalistes travaillent à dénaturer par leurs « Extraits » les productions du talent et des gens de lettres les « plus amoureux de la gloire[40] ». D'Alembert avait été le premier à donner un semblable avertissement : « D'une main ils élèvent à la médiocrité puissante des statues d'argile et de l'autre ils font de vains efforts pour mutiler les statues des grands hommes sans protection et sans crédit[41]. » D'autant plus virulents qu'ils sont le plus souvent méprisés comme auteurs, ces petits juges jouissent de l'impunité que leur confère un pouvoir inédit et exorbitant.

La presse a produit, il est vrai, une nouvelle race de critiques qui ne respectent aucune règle et qui se sont par là même exclus de la famille des hommes de lettres[42]. Appliqués à proférer des diatribes plutôt qu'à formuler des jugements, ces « feuillistes » peu scrupuleux ont fondé leur renommée coupable sur la seule faculté de nuire qui fait l'essentiel de leur emploi. C'est pour en avoir fait lui-même la douloureuse expérience que Mercier épingle si justement ces rubriques des journaux, dont la seule raison est le fiel[43]. À la demande d'un public dominé par la passion du persiflage s'ajoute le calcul cynique du « ministère » qui protège les petites feuilles satiriques où les auteurs sont « déchirés à belles dents afin d'entretenir la haine et la jalousie entre les membres de la république littéraire[44] ». Ainsi parut s'abîmer dans une vraie foire d'empoigne le projet pacifique des philosophes qui avaient rêvé de prêcher sereinement les « idées saines » et les vertus douces au « peuple assemblé » : c'est finalement devant l'insolente populace du parterre qu'ils en vinrent à s'exhiber dans des luttes fratricides.

Bien différente des querelles littéraires du siècle précédent, la « déplorable guerre des auteurs » que condamne Mercier se déroule en effet sous les yeux du public qui compte les coups et voit « avec joie des hommes célèbres se donner en spectacle[45] ». Le chapitre « Boxeurs » du *Tableau de Paris* décrit les grands « tournois » où s'affrontent Beaumarchais et Bergasse, Calonne et Necker, et qui annoncent les tréteaux cruels de la Révolution. En attendant, la bataille fait rage surtout dans les nombreux dictionnaires que les anti-philosophes s'empressent d'opposer aux encyclopédistes. Palissot publie, à partir de 1764, son *Nécrologe des hommes célèbres de France par une société de gens de lettres*. Sabatier de Castres donne, de 1770 à 1801, plusieurs éditions de son ouvrage intitulé *Les Trois Siècles de la littérature française ou Tableau de l'esprit de nos écrivains depuis François Ier*, où il s'attache principalement à reléguer « à leur place » les « prétendus » philosophes de notre siècle. « Quelle plaisante idée, déclare-t-il dans l'édition de 1779, de nous donner les Diderot, les Marmontel, les Thomas, les Lambert, etc. pour l'honneur de la Nation ! » Il ne voit en effet qu'une intolérable usurpation dans la « cabale triomphante » de ceux qui prétendent s'identifier au génie français. Aussi dénonce-t-il le parti philosophique comme une assemblée machiavélique dont l'élément le plus virulent est Voltaire.

Dans cette dissension générale, la guerre des dictionnaires aura une sorte d'apogée burlesque dans le nouveau genre du dictionnaire satirique dont l'exemple le plus connu est le *Petit Almanach des Grands Hommes* publié en 1788 par Rivarol, ouvrage auquel celui-ci adjoint en 1790 le *Petit Dictionnaire des Grands Hommes de la Révolution*.

## *Les écrivains et leur image publique*

Malgré ces querelles et toute l'ébullition suscitée par le culte des grands hommes, celui-ci finit par trouver un certain point d'équilibre dans la célébration des grands hommes vivants. On ne peut comprendre cet aspect des choses sans évoquer le renouvellement de l'histoire littéraire qui fut soudain beaucoup plus ancrée dans le présent grâce à une réévaluation profonde de la tradition biographique. Tous les vieux canons des anciennes biographies furent alors soumis à la critique. On revendiquait désormais un style neutre qui s'appuie d'abord sur une stricte érudition et sur des sources fiables. Les vies des hommes illustres et celles des grands capitaines à la façon de Brantôme cessèrent d'être des références plausibles, et l'on disqualifia surtout les compilations hasardeuses ainsi que les formes piquantes des ana et des historiettes. S'il ne fallait point risquer d'ennuyer à l'avenir en étouffant toute verve, il paraissait urgent de mieux définir un genre biographique dont l'existence se révélait d'autant plus nécessaire que l'on s'employait à la fondation d'une véritable histoire nationale. Cela se fit plus particulièrement à partir de l'« histoire des savants » qui servit alors de modèle et au sein de laquelle naquit au cours du siècle l'histoire littéraire.

Publiée d'abord en latin à l'usage d'une république des lettres européenne, l'« histoire des savants » commença à s'écrire en français dans le dernier tiers du XVIIe siècle. Dans ce mouvement de francisation s'inscrit *L'Histoire littéraire de la France* publiée par les bénédictins de Saint-Maur de 1733 à 1763, et qui fut interrompue alors qu'elle atteignait seulement l'année 1167. Les grandes sommes de ce genre, vouées fatalement aux siècles éloignés, peinaient en effet à remonter le cours du temps. L'histoire immédiate de la vie savante fut donc assurée de fait par des ouvrages périodiques « littéraires » (apparus pour la première fois en France) qui évoquaient les œuvres les plus contemporaines[46]. Soucieuse d'en finir également avec une érudition intemporelle, l'*Encyclopédie* déplora qu'on ne parlât point des « auteurs vivants » dans les dictionnaires, « ne fût-ce que pour donner le catalogue de leurs ouvrages qui sont une partie essentielle de l'histoire littéraire actuelle[47] ».

Dans la seconde partie du XVIIIe siècle, la notion moderne d'écrivain tend à se substituer à celle d'homme de lettres qui demeure plus floue parce qu'elle comprend tout le champ de la production intellectuelle. Les auteurs de dictionnaires biographiques ressentent alors la nécessité de faire un tri plus rigoureux et sont amenés, pour cette raison, à rompre nettement avec la tradition exhaustive de l'érudition ecclésiastique, qui présente toujours une masse un peu confuse d'élus placés sur le même plan, alors qu'il convient désormais de faire apparaître en pleine lumière les véritables phares de la république des lettres. Sabatier de Castres ironise, en ce sens, sur ceux qui ne trouvent « de Grands Hommes que dans les bénédictins et Port-Royal[48] » et sur Dom Calmet qui, dans sa *Bibliothèque des écrivains de Lorraine*, prodigue le « nom de célèbres, d'illustres, à des écrivains ignorés jusque dans leur propre patrie[49] ». Dans le petit milieu « savant » des académies provinciales en effet (et même à l'Académie française), il suffisait parfois d'avoir commis quelques quatrains pour se croire aussitôt admis à figurer dignement au panthéon littéraire. C'est pourquoi sans doute, en réaction contre les listes d'auteurs tellement ouvertes qu'elles en perdaient toute signification, Voltaire prend soin d'adjoindre, en annexe de son plus célèbre ouvrage historique, un « catalogue de la plupart des écrivains français qui ont paru dans le siècle de Louis XIV, pour servir à l'histoire littéraire de ce temps ». Et Mercier ne cesse d'annoncer, on ne peut plus clairement, quelques années plus tard : « Trente écrivains en France, pas davantage [50]. » Cette restriction permet de désigner plus distinctement les vraies gloires nationales et de mettre en valeur les grands auteurs pour lesquels on allait avoir une dévotion toute nouvelle.

Celle-ci peut d'autant mieux se manifester que les écrivains, cessant d'être des entités abstraites, offrent désormais une image proche et familière, évolution capitale qui est un des aspects marquants du culte des grands hommes. On en était venu à s'interroger avec tant d'insistance sur la part exacte qu'il convenait de réserver, dans l'« histoire des savants », à la biographie que celle-ci risquait de prendre le pas sur la bibliographie. Ce processus suscita donc d'abord, et pendant longtemps, de nombreux rappels à l'ordre. D'après l'*Encyclopédie*, « dans un éloge académique on a deux objets à peindre, la personne et l'auteur », mais « c'est aux ouvrages qu'il faut principalement s'attacher ». Quant aux informations nécessaires concernant la vie, il faut « en retrancher les détails bas, puérils, indignes enfin de la majesté d'un éloge [51] ». Sabatier de Castres n'hésite pas, de ce point de vue, à critiquer la fameuse *Vie de Descartes* d'Adrien Baillet [52].

En dépit de telles mises en garde et d'une condamnation quasi unanime, l'intérêt pour la biographie ne fit qu'augmenter et s'aviver au cours du siècle. Il est vrai qu'il avait fini par devenir légitime dès lors que ce domaine du savoir s'était, à l'égal de l'histoire en général, refondé sur des bases plus exactes et plus compatibles avec les nouveaux critères de l'érudition. C'est pourquoi d'Alembert en vient à déclarer finalement, dans ses courtes *Réflexions sur les éloges académiques*, qu'il « peut être aussi utile de peindre l'homme en même temps que l'écrivain », et « que le caractère des hommes célèbres n'est pas moins digne de fixer nos regards que leurs talents [53] ».

D'Alembert ne résiste pas quelquefois, dans ses éloges, par complaisance pour son public (ainsi qu'on le lui a reproché), au plaisir de faire un bon mot ou de rapporter quelques faits piquants, mais son effort le plus clair consiste bien plutôt à tâcher de s'affranchir du fonds immémorial et inépuisable des rumeurs jamais vérifiées. Il ne veut plus s'appuyer que sur des documents authentiques, sur des pièces justificatives et, selon son expression, sur le « meilleur témoignage » :

> Il y a longtemps que nous avons prié ceux qui peuvent, comme parents ou comme amis, s'intéresser à la mémoire des confrères que nous avons perdus, de nous fournir des détails sur ce qui les concerne. Cette prière a été rendue publique dans plusieurs journaux [54].

À en juger par ses écrits et les notes qui les accompagnent, d'Alembert parvint avec le temps à collecter par ce moyen de nombreux éléments nécessaires à son travail d'historien de l'Académie. Pour son *Nécrologe*, Palissot invite lui aussi les « familles intéressées à la gloire des hommes célèbres » à vouloir bien faire parvenir des « mémoires fidèles ». Il assure en effet que le *Journal des dames* lui a reproché de ne pas donner assez d'« anecdotes communes de la vie domestique » des gens de lettres. Mais, surtout, cet ouvrage, qui doit devenir une des « principales sources » de notre « histoire littéraire », repose manifestement pour son auteur sur une toute nouvelle proximité, aux antipodes des temps lointains où aimait à se cantonner l'ancienne érudition :

> On saura que nous étions les contemporains des hommes célèbres dont nous avons parlé ; que nous avons pu connaître personnellement la plupart d'entre eux ; que nous avons été les témoins des différentes sensations produites par leurs ouvrages [55].

Ces exemples permettent de mieux comprendre comment a pu se former, à partir de 1750, le fameux syntagme récurrent de « l'homme et l'œuvre », qui s'imposera, avec Sainte-Beuve, comme le principe fondateur de l'histoire littéraire. Quand d'Alembert déclare qu'il a tâché de rendre chaque éloge « plus analogue et j'ose le dire plus ressemblant à celui qui en était l'objet [56] », on est en droit de s'interroger sur cette notion de ressemblance qui fait son apparition à ce moment précis dans la critique et qui va transformer radicalement les formes de l'expérience littéraire : car cette idée, pour une bonne part illusoire, d'une coïncidence possible entre l'auteur et son œuvre, accréditant tout un jeu plus ou moins spécieux de reflets, débouche souvent sur le leurre des interprétations biographiques. L'image de l'auteur va tendre en effet à se substituer à l'œuvre et, dans cette concurrence avec elle, à lui faire parfois écran.

Voilà plus de deux siècles que nous devons nous accommoder de cette présence bizarre, encombrante et à vrai dire incongrue du grand écrivain vivant qui, en raison de son rôle de premier plan dans la société des Lumières, a été contraint d'avoir une image publique, de s'exhiber sans cesse et de rendre des comptes. C'est l'étiquette à laquelle se plie Voltaire dans l'exercice de sa magistrature idéologique et intellectuelle. Paradoxalement, l'image publique de l'homme de lettres qui se répand alors a un caractère très privé, car l'opinion n'accepte d'accorder ses suffrages qu'à travers des formes célébratives qui sont autant de rites d'authentification. Les contemporains cèdent à une pente émotive en réclamant d'abord des témoignages et un dévoilement domestique. Ainsi le genre de l'éloge vise-t-il à montrer encore un peu plus l'homme dans l'homme célèbre, selon un scénario biographique qui prétend faire accéder aux coulisses pour y surprendre les identités. Cette nouvelle façon d'approcher imaginairement les grands écrivains annonce les entretiens, les visites et les pèlerinages réels qui vont se multiplier au cours du siècle.

Tout concourt à faire désirer ces rencontres comme des moments exceptionnels d'émotion et d'illumination, en vertu de l'ascendant propre au grand homme. Sa personne est environnée de tout un bruit légendaire sur ses moindres faits et gestes, indéfiniment colporté par toutes sortes de correspondances (privées ou publiques) et par la presse[57]. Aujourd'hui encore, des sociétés savantes perpétuant ce « on dit », sur un mode indéniablement plus mélancolique et plus terne, se réunissent annuellement pour écouter sans broncher des communications sur un rhume, un déplacement, une chute de leur auteur de prédilection, simple et poétique attachement de fidèles confinés à la porte du sanctuaire. Au cours du XVIIIe siècle, une imagerie plate, répondant aux besoins de ce culte inédit, donne progressivement à voir le grand homme à partir du stéréotype de l'éloge, de pièces théâtrales la plupart du temps sans éclat, de portraits et de bustes aussitôt vulgarisés par l'estampe : voici le bon La Fontaine, le bon Fénelon, le bon Montesquieu, le bon Henri IV béatifiés au nom d'une bonhomie tout humaine. Dans cette représentation qui nous semble pauvre et décolorée, on perçoit alors un effet touchant de naturel et de simplicité qui est la marque même de la nouvelle production légendaire. Il en atteste précisément la véracité par sa tonalité austère : le triste camaïeu des nouvelles images pieuses apparaît alors comme le plus précieux des gages.

Ainsi que le relate Mercier, les hommes de lettres du XVIII^e^ siècle assistent les premiers à la prolifération de leur image et des commentaires sur leur personne, par quoi ils sont soudain transformés en hommes publics qui ne s'appartiennent plus :

> Leurs livres, leurs pièces de théâtre, leur genre de vie, leurs rivalités mêmes, donnent lieu à des conversations intarissables qui sont probablement les plus agréables de toutes, puisque tout le monde y revient si fréquemment ; la vie d'une jolie femme est moins scrutée que celle de tel homme célèbre [58].

Comment réagissent les auteurs à cette contrainte d'exister en dehors de leur œuvre, au fait qu'on les visite et les recherche si avidement pour les dévisager, les questionner et tirer leur portrait ? Du point de vue particulier du dramaturge exposé souvent à la brutalité d'un parterre « en délire » et qui « réclame à grands cris l'auteur », Mercier trouve des mots décisifs dont la portée est générale et qui annoncent chez lui une ferme et constante résistance à cet aspect du culte des grands hommes :

> Comment le public ne sent-il pas lui-même que tout auteur a le droit de se refuser à sa folle turbulence, parce qu'il ne peut exister aucun rapport entre son ouvrage et sa personne ? Ce sont ses vers ou sa prose qu'il faut juger, et non sa physionomie, son habillement et son maintien [59].

Il convient de rappeler dans ce débat que, depuis le XVe siècle, au sein de la république des lettres européenne, les bibliothèques les plus prestigieuses et quelques particuliers possédaient des « collections » d'hommes illustres réunissant des tableaux, des gravures et toutes sortes d'effigies[60]. Par leur facture sévère, ces portraits de « savants » (d'Érasme à Descartes) étaient encore, en quelque sorte, une transposition laïque de la représentation traditionnelle de saint Jérôme ou de saint Augustin dans leur « étude ». Les recueils de portraits gravés, accompagnés d'une épigramme, d'un éloge ou d'une biographie eurent un grand succès et permirent de rêver, à l'aide des principes de la physiognomonie, sur tous les rapports secrets que l'on peut imaginer entre le visage et le « génie » d'un auteur[61].

Mais lorsque Charles Perrault souhaita orner de gravures son ouvrage sur les « Hommes illustres » du XVIIe siècle, il répondait déjà manifestement à une bien plus large demande : parallèlement aux sages icônes du monde savant allait se créer tout un commerce d'images autrement publiques. Bien des personnages célèbres et des hommes de lettres résistèrent à la nécessité de plus en plus pressante de se faire représenter[62]. Montesquieu, très réticent sur ce point, déclare dans la préface des *Lettres persanes* qu'il a bien d'autres œuvres dans son portefeuille, qu'il pourra donner dans la suite, « mais c'est à condition, dit-il, que je ne serai pas connu ». Dans l'*Éloge de Montesquieu* sur lequel s'ouvre le cinquième tome de l'*Encyclopédie*, d'Alembert note que celui-ci n'était « nullement empressé de se montrer au public », qu'il rejeta toutes les sollicitations du peintre Quentin de La Tour et qu'il céda difficilement à un artiste venu de Londres en 1752 pour frapper sa médaille. La génération suivante se prête plus volontiers à la contrainte de poser et en admet mieux le principe.

C'est dans leur œuvre, d'abord, que les grands écrivains ont répondu à cette nouvelle curiosité qui leur intimait d'être, à part égale, vus et lus : jamais, dans l'histoire, des auteurs n'avaient vu s'imposer ainsi leur image aux dépens de leur œuvre. Diderot s'en amusa plutôt, car il avait décidé de s'adresser d'abord à la postérité. Ce fut pour Rousseau une expérience cruciale, et toute son œuvre autobiographique est une réaction violente au culte importun dont on prétendait l'honorer. Quant à Voltaire, il se laissa voir sans le moindre état d'âme et assista, pour cette raison même, à son apothéose. Qu'ils aient joué de cette situation nouvelle pour leur plus grande gloire, ou qu'ils l'aient durement subie quand ils ne supportaient pas de voir leur image mise à l'encan, ils se sont tous efforcés d'en éviter le piège, contribuant ainsi, finalement, que ce soit de leur plein gré ou dans la contrainte, à leur légende.

## *Chapitre VIII*

# DIDEROT OU LE PARI SUR LA POSTÉRITÉ

> Comptez que l'homme précoce vit, boit, mange avec les stupides qui l'environnent, mais converse avec l'avenir.
>
> Diderot[1].

Si nous pouvons placer aujourd'hui Voltaire, Rousseau et Diderot sur le même plan, leur gloire ne fut pourtant pas équivalente aux yeux de leurs contemporains. C'est de leur vivant que Rousseau et Voltaire furent consacrés l'un et l'autre comme grands écrivains de la nation. À leur mort en 1778, des estampes montrent leurs ombres volant vers le Temple de mémoire, et ils seront panthéonisés tous les deux pendant la Révolution. En revanche, Diderot ne fut pas à la même époque pareillement reconnu et célébré : il était le plus souvent représenté au milieu d'un groupe, comme responsable de l'*Encyclopédie*. Son image d'écrivain était encore bien peu nette, parce qu'il était impossible à ce moment-là de se faire une idée précise de son œuvre. En 1913, le projet de le panthéoniser, à l'occasion du bicentenaire de sa naissance, fut discuté et finalement rejeté par le Sénat. Barrès proclama en cette circonstance que l'encyclopédiste n'était plus qu'un inutile et vieux ferment de désunion, un de ces « prodigieux agitateurs » qu'il ne convient pas de « consacrer comme des hommes nationaux » et de « proposer à l'esprit public comme des modèles et des guides[2] ».

Le cheminement si tortueux de Diderot dans la mémoire française tient au risque singulier que celui-ci avait pris en se montrant peu soucieux du destin ultérieur de son œuvre : il faudra près de deux siècles pour en découvrir l'ampleur et la diversité, à travers les rebondissements multiples d'un étonnant roman bibliographique[3]. Mais, sous cette apparente désinvolture, se laissent aisément deviner un pari audacieux sur l'avenir et la résolution étonnamment patiente de s'en remettre au jugement de la postérité.

Sans doute des écrivains comme Sade se sont-ils complu à tourner en dérision la « folie de l'immortalité » et l'envie de se perpétuer sous une forme ou sous une autre. Le marquis demande, dans son testament, que sa sépulture soit recouverte d'un « taillis » : il faut, dit-il, que « les traces de ma tombe disparaissent de dessus la terre, comme je me flatte que ma mémoire s'effacera de l'esprit des hommes ». Diderot, bien au contraire, s'est toujours promis la reconnaissance tardive d'une foule « illimitée » d'adorateurs et a plaidé pour ce qu'il appelle « la belle manie [...] de l'inscription[4] ». Tout au long de son existence, ce fut pour lui une préoccupation essentielle : après avoir abordé cette question dans l'*Encyclopédie*[5], il entretiendra une « correspondance polémique » sur ce sujet avec le sculpteur Falconet, de décembre 1765 au mois d'avril 1767. Cette méditation sur les temps lointains s'impose dès lors comme un thème dominant de l'œuvre, et témoigne d'une adhésion sans réserve à l'idée de la postérité, qui est un point fondamental du *credo* des Lumières.

L'originalité foncière de Diderot consiste à prendre cette idée beaucoup plus au sérieux que tout autre écrivain de son temps et à en tirer pour lui-même les conséquences logiques. Au-delà d'une simple occasion de « cicéronnerie », comme il l'explique à Falconet, la référence à la postérité s'impose à lui en effet avec l'évidence d'un véritable système : de là ce choix, qui lui appartient en propre, de faire, pour la plus grande part, œuvre posthume, de là aussi sa façon très particulière de venir prendre sa place dans le culte des grands hommes.

C'est en Russie, où Falconet achève sa fameuse statue équestre de Pierre le Grand, que Diderot poursuit avec lui ce débat sur la postérité depuis longtemps engagé. Auprès de Catherine II, d'octobre 1773 à mars 1774, il fait l'expérience d'un philosophe au milieu d'une cour et aime dès lors à s'imaginer volontiers en Sénèque. Aussi, quelques années plus tard, à l'occasion d'une commande, il s'emploie à réhabiliter le personnage trop contesté, selon lui, du grand stoïcien, et présente à travers lui son autoportrait : en publiant l'*Essai sur les règnes de Claude et de Néron*, en 1782, deux ans avant sa mort, il s'adresse à nouveau (depuis bien longtemps) directement à ses contemporains afin de leur léguer une image de lui-même susceptible de s'inscrire à côté de celles de Voltaire et de Rousseau. Le culte des grands hommes, si présent et si explicitement évoqué dans cette œuvre testamentaire, a été pour lui une constante source d'inspiration : que ce soit dans la scénographie funèbre du *Fils naturel* pour évoquer le père, dans les nombreuses variations sur les formes nouvelles de l'apologétique, ou dans le thème républicain qui parcourt les dernières œuvres et qui, avec le personnage de Brutus, annonce le Panthéon révolutionnaire.

## *Une impossible ressemblance*

Si Diderot manifeste un vif intérêt pour le nouveau genre de l'éloge, il se tient lui-même à l'écart de toute compétition académique et, malgré les sollicitations de Voltaire, manifeste bien peu d'empressement à être reçu parmi les « immortels ». Il adopte une réserve analogue vis-à-vis de ses contemporains en général et refuse de les considérer comme ses répondants privilégiés. À ceux qui sont trop impatients de le voir de près, il ne se montre que « sur le trépied », opposant ainsi à leur curiosité le spectacle étrange, et la plupart du temps indéchiffrable pour eux, d'un homme en proie à l'enthousiasme. À la contrainte nouvelle d'avoir une image, il ne peut en aucun cas répondre aussi nettement que les deux autres grands philosophes du temps, placés beaucoup plus sur le devant de la scène. Seules les voies complexes et sinueuses du mentir-vrai conviennent, en réalité, à sa position paradoxale : au cours des années 1760, la rédaction de ses premiers chefs-d'œuvre réservés à la postérité le rassure définitivement quant à son propre destin d'écrivain et à sa capacité de faire une œuvre personnelle ; mais il comprend en même temps que, pour un public privé de la connaissance complète de ses écrits, il n'a pas donné de gages suffisants pour être traité à l'égal de Rousseau et de Voltaire.

D'autre part, la question de son image ne se pose pas d'abord et principalement pour lui – comme il en va pour eux – du seul point de vue du combat des Lumières ou de la vérité, comme ce sera le cas pour Rousseau dans ses œuvres autobiographiques. Elle apparaît plutôt dans une réflexion, constante et originale chez lui, sur la question : « Qu'est-ce qu'être soi ? » Il est vrai que le fondateur de la critique d'art était le mieux à même de répondre en termes philosophiques et esthétiques à certaines interrogations apparues dans le nouveau contexte du culte des grands hommes : « Quelle image offrir de soi à la curiosité du public ? », « Comment poser pour un peintre ? », « Qu'est-ce qu'un portrait ? » et, surtout, « Qu'est-ce qu'un portrait d'écrivain ? ».

Diderot consacre une grande part du *Salon de 1767* à ce débat. Dès la présentation adressée à son ami Grimm, il donne (en se référant à *La République* de Platon) sa définition du beau idéal opposé à ce qu'il appelle « une ligne quelconque, altérée, déformée, portraitique, individuelle[6] ». La belle nature doit en effet avoir « un caractère exclusif de toutes les contentions de notre vie chétive[7] ». C'est en composant un être imaginaire au lieu de se contenter de jouer d'après son expérience personnelle que le grand comédien Garrick se surpasse. Si les bustes communs des « bienheureux mortels, inertes, imbéciles engourdis » qu'on peut voir au Salon sont à coup sûr ressemblants, il ne saurait en aller de même pour celui de Montesquieu qui est du nombre des êtres énergiques dont « on ne sait où est la sépulture ». Les promenades de Diderot parmi les nombreuses « ruines » qu'Hubert Robert a exposées en 1767 le conduisent à une rêverie topographique sur la position des hommes de génie qui, irréductibles au cercle étroit du présent, ne peuvent passer à la postérité que sur des échasses et comme de grands fantômes.

En ouverture du *Salon de 1767*, Diderot analyse son propre portrait exécuté par Michel Van Loo. Il se trouve « assez ressemblant [...] mais trop jeune, tête trop petite. Joli comme une femme, lorgnant, souriant, mignard, faisant le petit bec, la bouche en cœur ». Il impute cet air de féminité babillarde à une sorte de phénomène de contagion. Pendant qu'il posait, la femme du peintre « venait jaser » avec lui et a tout gâté. Le résultat aurait été tout autre si elle avait chanté au clavecin un air de Métastase... Ce tableau illustre donc la difficulté à représenter un être qui dissemble constamment de soi et qui a « en une journée cent physionomies diverses ». Une fois, pourtant, un peintre parvint, sans même s'en douter, à transcender une imitation superficielle pour atteindre une forme plus élevée de la ressemblance :

> J'ai un masque qui trompe l'artiste, soit qu'il y ait trop de choses fondues ensemble, soit que les impressions de mon âme se succédant très rapidement et se peignant toutes sur mon visage, l'œil du peintre ne me retrouvant pas le même d'un instant à l'autre, sa tâche devienne beaucoup plus difficile qu'il ne la croyait. Je n'ai jamais été bien fait que par un pauvre diable appelé Garand, qui m'attrapa, comme il arrive à un sot qui dit un bon mot. Celui qui voit mon portrait par Garand me voit. *Ecco il vero Polichinello*[8].

En effet, le tableau de Garand réalise par hasard cette conjonction de singularité et de beau idéal, que Diderot prétend ériger en modèle dans le *Salon de 1767*[9]. À une ressemblance incontestable mais passagère, il préfère en général le masque du « vrai polichinelle » dont les pirouettes sont plus accordées à la secrète chorégraphie de l'œuvre et qui lui permette de poser pour la postérité.

Devant ses visiteurs, il invente chaque fois un nouvel « emploi » librement improvisé à partir du répertoire de ses écrits. Et il lui arrive d'être mystifié lui-même (à moins qu'il ne se prête en secret à cette mise en scène) lorsque de grands personnages veulent le rencontrer « sans en être connus », seul l'incognito permettant de surprendre le grand homme dans son simple négligé[10]. À propos de ces visites et préfigurant les analyses de Rousseau dans les Dialogues, Diderot note sur le fond qu'« il n'y a pas de vanité à avoir un livre ; mais il y a de la vanité à avoir approché, à avoir conversé avec un grand homme[11] », manie qu'il épingle chez le personnage fébrile du petit comte de Lauraguais, toujours sur les routes pour visiter Voltaire ou Buffon[12]. Le philosophe ne refuse apparemment pas de se laisser interviewer, mais il s'ingénie toujours à surprendre ses visiteurs[13]. C'est pourquoi le jeune Garat, par exemple, peut faire un portrait satirique, publié dans le *Mercure de France*, où Diderot apparaît en une sorte de Rameau énergumène :

> Il m'épargne la peine de balbutier gauchement le motif de ma visite. Il le devine apparemment au grand air d'admiration dont je devais être tout saisi. [...] Il se lève, ses yeux se fixent sur moi, et il est très clair qu'il ne me voit plus du tout. [...] Il me joue une scène entière de Térence ; il chante presque plusieurs chansons d'Horace. Il finit enfin par me chanter une chanson pleine de grâce et d'esprit, qu'il a faite lui-même en impromptu dans un souper[14].

Diderot reviendra sur ce portrait dont, selon la rumeur, il aurait été « choqué ». S'il prétend ne pas se formaliser de ce « plaisant récit » tendant à le faire passer pour un original, il met en garde contre la présomption ridicule de la jeunesse quand elle se risque à attaquer des « écrivains qui honorent la nation ». Ce sévère rappel à l'ordre se conclut pourtant par la suggestion bienveillante d'une seconde entrevue, car, après tout, ce jeune littérateur a donné quelques gages de sa révérence pour les grands hommes en participant au concours académique (pour l'*Éloge de Suger*) : « Quand il lui plaira de se retrouver devant le modèle dont il a fait l'agréable caricature, je suis prêt à le recevoir et à poser une seconde fois[15]. » Ainsi pourra-t-il revenir sur sa méprise, car il a cru rencontrer la personne transitoire, alors qu'il lui fut donné, sans qu'il y prenne garde, d'entr'apercevoir l'être éternel en vertu précisément de cette exagération de l'enthousiasme dont il a ri : l'inspiration permet en effet de lever un pan du voile. C'est le privilège de l'homme de génie que d'affronter ainsi la déraison au risque calculé d'être pris pour un fou, dût-il, dans l'apparent désordre de ses vaticinations, être comparé « à ces chiens de chasse, mal disciplinés, qui courent indistinctement tout le gibier qui se lève devant eux[16] ». Ces accès de « singerie sublime[17] » rejoignant celle du grand comédien tendent à discréditer par avance le témoignage de ceux qui prétendraient revendiquer indûment une familiarité et une proximité quelconques avec le grand écrivain. C'est pourtant à de tels témoins – Garat, Mme Necker, Naigeon, etc. – que Sainte-Beuve, tellement attaché aux conversations, aux correspondances et aux documents de toutes sortes, a cru pouvoir se fier pour découvrir Diderot et faire le portrait prétendument conforme de la girouette de Langres.

En vérité, de même qu'il aime à égarer ses visiteurs, Diderot se plaît à brouiller, dans ses écrits, les repères du déchiffrement réaliste, et dissuade le lecteur de chercher à identifier, derrière le narrateur, un sujet biographique aussi varié qu'inaccessible. En effet, comme il est clairement notifié à propos de la question de la chronologie dans une réplique du *Neveu de Rameau*, ouvrage adressé exclusivement à l'avenir, « cela ne fait rien à l'affaire [18] ». Les œuvres que Diderot a laissées, cet ensemble de textes tellement dispersés que la collecte n'en est pas encore tout à fait achevée, ne sauraient en effet renvoyer à une image unifiée de leur auteur et semblent illustrer par anticipation et de façon exemplaire les thèses de Marcel Proust dans *Contre Sainte-Beuve*. Tout en imitant les formes les plus vives et les plus chaleureuses de la présence, Diderot ne cesse de s'arracher supérieurement à elles, car il nie qu'il y ait jamais de moments privilégiés et sincères. Même au plus intime de l'écriture amoureuse, il dévoile la fracture du langage et le paradoxe de l'imitation (« On dit qu'on pleure mais on ne pleure pas, lorsqu'on poursuit une épithète énergique qui se refuse [19] »), si bien que les lettres à Sophie sont finalement destinées aussi aux milliers de lecteurs futurs. Diderot tend ainsi, à chaque fois, à lâcher en fin de compte ses interlocuteurs réels, êtres mortels dont la parole reste prisonnière du commun babil des brutes [20]. À une communication illusoire sur la scène fallacieuse du présent, il préfère les lointaines promesses du « dialogue » posthume.

C'est dans le *Salon de 1767*, précisément, qu'il prend le parti de résister aux formes d'exhibition de soi que le culte des grands hommes encourage et qui ne lui conviennent décidément pas, renonçant par là même sans retour à toute ambition de caractère autobiographique. Il en avait caressé un moment l'idée dans sa correspondance avec Sophie Volland. Le voyage en Italie, qu'il avait songé à faire avec Grimm, devait également fournir l'occasion de procéder à une confession surprenante et, en vérité, absolument chimérique pour lui. Sous les « voûtes obscures » du Panthéon romain, les deux amis devaient se révéler l'un à l'autre tous leurs « sentiments secrets » et tous les « mystères de leur vie ». « Eh bien, mon ami, nous mourrons donc sans nous être parfaitement connus », conclut Diderot après avoir renoncé à ce projet, et il ajoute : « J'y aurais peut-être perdu autant que vous y auriez gagné. Combien de côtés en moi que je craindrais de montrer tout nus [21]. » Les petites misères de la vie, que Rousseau n'hésitera pas à révéler au risque du scandale, n'importent aucunement à la postérité selon Diderot.

## *Ni vu, ni lu*

Si l'image publique de Diderot est précaire, c'est que, de son côté, il n'a pas de vision stable de lui-même. Il ne cesse de se définir en effet comme vivant d'une « vie imitative qui n'est pas la mienne [22] », dit-il. Lorsqu'il rédige, par dérision du genre, une « vie abrégée » de La Fontaine, c'est, de toute évidence, sa propre existence qu'il évoque à travers celle du fabuliste : « Au milieu de la société, il en était absent. Presque imbécile pour la foule, l'auteur ingénieux, l'homme aimable ne se laissait apercevoir que par intervalle et à des amis [23]. » Appliqué à lui-même, ce thème apparemment léger de la distraction continuelle s'est imposé très tôt à Diderot comme l'obsession tenace d'une infirmité : quand il se compare au modèle paternel, image sans égale à laquelle il ne saurait se mesurer [24], ou bien à ces grands hommes vivants que sont Voltaire et Rousseau, qui doivent plutôt répondre quant à eux à un excès d'image, l'idée lancinante surgit que cette royauté iconique restera toujours pour lui hors de portée. Il lui est en effet presque impossible d'offrir au public l'image rassemblée d'une œuvre et d'une vie en raison de son pari exclusif sur la postérité et de ses choix d'écrivain, qui concourent en tout point à défaire l'unité de l'œuvre et l'image de l'auteur. Vis-à-vis de ses contemporains, Diderot est donc une sorte d'absent, un homme sans vie (à la façon de l'homme sans ombre du romantisme), qui attend le moment fort improbable et toujours reporté où il pourra se rendre enfin visible, situation étrange qu'illustre ce petit dialogue concernant le tableau si ressemblant de Garand :

> M. Grimm l'a fait graver ; mais il ne le communique pas. Il attend toujours une inscription qu'il n'aura que quand j'aurai produit quelque chose qui m'immortalise. – Et quand l'aura-t-il ? – Quand ? demain peut-être. Et qui sait ce que je puis ! Je n'ai pas la conscience d'avoir encore employé la moitié de mes forces. Jusqu'à présent, je n'ai que baguenaudé[25].

Il convenait en effet, selon Diderot, de réserver pour plus tard ce portrait d'un écrivain sans œuvre notable et qui n'avait donc rien à montrer[26].

Par son caractère monumental, l'*Encyclopédie* semblait pourtant avoir donné à celui qui en avait été le premier responsable des assurances suffisantes sur l'avenir. « La plus grande considération dans la mémoire des hommes m'est assurée[27] », écrit-il à Sophie Volland. Mais, à mesure qu'elle touchait à sa fin, l'entreprise collective révélait *a contrario* l'inachèvement de l'œuvre personnelle et ne produisait plus qu'une impression désagréable de frustration : « Les années du travail et de la moisson des lauriers se passent, et je m'avance vers le dernier terme, sans rien tenter qui puisse me recommander aux temps à venir[28]. » Et Diderot reconnaît son histoire dans les méditations de Sénèque *Sur la brièveté de la vie*.

Au-delà des considérations mélancoliques sur le temps qui passe et les années perdues, c'est un malaise profond et durable qui s'empare de lui autour de la cinquantaine, comme s'il avait été plus affecté qu'il ne voulait bien se l'avouer par les vives attaques que lui avaient réservées les anti-philosophes : selon Palissot, et pour commencer par le critique le plus virulent, un « dictionnaire, quelque bon qu'il puisse être, ne fut jamais un ouvrage de génie », et le genre bâtard du drame que Diderot avait inventé n'était qu'un « monstre né de l'impuissance des auteurs[29] » ; de même Sabatier de Castres voyait, en celui-ci un littérateur « qui a fait beaucoup d'ouvrages sans qu'on puisse dire que nous ayons de lui un bon livre[30] » ; et Fréron l'accusait, plus précisément, d'être un plagiaire de Réaumur pour les planches de l'*Encyclopédie* et d'avoir emprunté à Goldoni pour *Le Fils naturel.* Diderot craint, jusqu'à la fin, de s'être trop dispersé et de n'avoir été en tout qu'un amateur. Une de ses dernières remarques, où il y a sans doute une part de coquetterie, n'en témoigne pas moins d'une inquiétude persistante à ce sujet :

> Je sais à la vérité un assez grand nombre de choses, mais il n'y a presque pas un homme qui ne sache sa chose beaucoup mieux que moi. Cette médiocrité dans tous les genres est la suite d'une curiosité effrénée et d'une fortune si modique, qu'il ne m'a jamais été permis de me livrer tout entier à une seule branche de la connaissance humaine[31].

Ce sentiment d'incomplétude trouve son expression la plus aiguë dans une série de formules étonnantes où Diderot, affirmant se sentir, depuis plus de cinquante ans, « étranger dans ce monde[32] », se définit comme un maillon peu solide et bien hasardé dans la chaîne des êtres, pour conclure : « Je suis un hors-d'œuvre[33]. » Qu'on le prenne dans le sens qu'il a en musique, dans le jeu d'échecs ou dans la cuisine, ce terme de l'art désigne toujours un ornement adjacent sans effet déterminant sur l'ensemble. Il révèle la peur de compter finalement pour peu et le péril de l'inconsistance, thème névralgique que Diderot n'a pu véritablement conjurer qu'en l'affrontant jusqu'au vertige avec le personnage si papillonnant du neveu de Rameau dont l'arabesque brillante ne saurait laisser de trace et qui déclare pour signifier que les temps lointains ne sont pas de son ressort : « car moi, je suis sans conséquence[34]. » Fâché d'être médiocre et jaloux de son oncle, Rameau le neveu se désole de l'inutilité de ses dons, incapable qu'il est de composer un air ou de « fagoter un livre ». « Si cela était écrit, je crois qu'on m'accorderait quelque génie », conclut-il on ne peut plus clairement, car il a beau se frapper la tête, « le dieu est absent ».

Certes, Diderot affecte de donner de lui-même, tout au contraire, l'image d'un homme inspiré et en proie à l'enthousiasme, mais c'est dans la fréquentation dangereuse de cet être inabouti qu'est le neveu, en captant à son profit ses facultés imitatives à la fois illimitées et stériles, qu'il a surmonté un doute secret quant à sa propre capacité à produire quelque chose de durable et qui soit véritablement une œuvre. Du dictionnaire à la lettre et au dialogue, au chevet de ses interlocuteurs ou dans les marges d'œuvres étrangères, dans la traduction, la citation ou la réfutation, il aime à s'évanouir dans un concert de voix et s'enchante par là même, selon son expression, de ce que tous les êtres circulent les uns dans les autres. Mais cette allégresse matérialiste de la fusion, une des rêveries à laquelle il s'abandonne le plus volontiers, était peu compatible avec une claire fondation de soi. L'ambition de fixer les pensées les plus fugitives ne pouvait en effet se réaliser que dans une écriture volatile, au prix d'une image tellement tremblée de l'auteur que celui-ci risquait de n'être en aucune façon reconnu par ses contemporains ni par la postérité. Avec *Le Neveu de Rameau*, cependant, Diderot acquiert la certitude que c'est paradoxalement dans cette fluidité même que sa « manie de l'inscription » risque le mieux d'aboutir et que cet effort d'épouser la solubilité des choses lui sera reconnu à l'avenir comme son plus grand titre. Il peut donc réaffirmer, avec une certaine assurance sur la suite, dans l'*Essai sur les règnes de Claude et de Néron* : « je ne compose point, je ne suis pas auteur [35] », ce qui ne doit plus être entendu comme une restriction mais comme un écho du *Salon de 1769* où il disait de Chardin : il « n'est pas un peintre d'histoire, mais c'est un grand homme [36] ».

Nombreux seront les témoins crédules et les lecteurs légers qui, abusés par sa gesticulation et par ses déclarations ambiguës sur son œuvre, prétendront que Diderot n'a rien fait qui vaille, ainsi que le neveu de Rameau le reconnaît de lui-même. De fait, Mme Necker ne voit en lui que le « Garrick de la philosophie » parce que « son plus grand talent consistait dans la pantomime [37] ». Marmontel note qu'« il a écrit de belles pages comme il le disait lui-même ; mais il n'a jamais fait un bon livre [38] ». Proposition que Mercier, dans une belle intuition, renverse et rétablit dans le sens exact (« Il ne se vantait pas de savoir faire un livre, mais bien d'écrire des pages[39] »), suivi en cela par Nodier qui déclare : « Jamais homme ne fut moins l'homme d'un livre, et ne s'occupa moins à en faire[40]. » Sainte-Beuve tout au contraire, et principalement en raison de son diagnostic erroné sur l'homme, conclut qu'il n'est bon qu'à des esquisses mais capable d'aucun monument et lui dénie le statut de grand écrivain précisément parce qu'il ne compose pas.

Ainsi le destin posthume de Diderot ne tenait-il à la vérité qu'à un fil, aussi ténu que celui de la conversation et des songes, mais que Goethe sut aussitôt percevoir en reconnaissant dans *Le Neveu de Rameau* une « chaîne d'acier qu'une guirlande dérobe à nos yeux », démentant ainsi tous les mauvais juges qui ont osé contester à « ce grand homme » le talent de la composition[41].

## *Le grand homme est « au parterre »*

C'est dans l'*Encyclopédie* que Diderot a d'abord expliqué pourquoi il en vint à adopter de préférence la perspective des temps lointains. Il rapporte que les rédacteurs de cette longue entreprise furent souvent « ranimés par cette idée si consolante et si douce[42] » qu'on s'entretiendrait d'eux lorsqu'ils ne seraient plus. L'homme de mérite, en effet, ne doit compter que sur une « jouissance anticipée » des honneurs qu'on lui rendra dans l'avenir quand il ne restera plus de lui que des monuments dignes d'éloges. Pour ce qui est du présent, il « se montre à ses contemporains et se voit tel qu'il est, composé bizarre de qualités sublimes et de faiblesses honteuses[43] ». À cette idée, chère à Fontenelle on l'a vu, que l'homme est une construction aléatoire et souvent fort « désassemblée », Diderot donne une ampleur nouvelle en l'inscrivant au cœur de sa réflexion morale et esthétique sur le grand homme défini, de manière ambivalente, comme un être hybride qui ne peut, de son vivant, offrir de lui une image entièrement pure[44]. De là une conception singulière du génie, plutôt amorale, à laquelle il a tenu longtemps.

Dans l'article « Platonisme », il décrit l'homme de génie comme une exception qui peut être en contradiction avec les lois présentes, odieux à ses contemporains et affligé de vilains « défauts domestiques ». Il suffit qu'il « décrie une erreur générale » ou « accrédite un peu de vérité » pour que notre « vénération » lui soit due. Le génie a droit à la « malfaisance » parce que celle-ci sera finalement effacée « par l'éponge des siècles ». Et il en va de même, dans *Le Neveu de Rameau*, du « grand arbre » qui a « fait sécher quelques arbres plantés dans son voisinage » mais qui « a produit des fruits d'un goût exquis et qui se renouvellent sans cesse[45] », et de la triste galerie des génies peu avenants (Racine qui est méchant, Rameau qui est avare, Greuze qui est vaniteux). L'*Essai sur les règnes de Claude et de Néron* réaffirme également, dans le contexte bien différent de la réhabilitation de Sénèque, que le grand homme « peut broncher », qu'il reste un « homme ordinaire », « pas toujours admirable ». Le propre du génie, c'est, précisément, qu'en dépit de tous ses défauts manifestés de son vivant il ne se révèle qu'à la longue comme un bienfaiteur du genre humain en vertu de son seul talent : parce qu'ils « ne sont bons qu'à une chose », dit le neveu. Un temps viendra pourtant où Diderot oubliera ce Panthéon plutôt grinçant, pour accepter de prendre mieux en compte, à part égale, la belle page et la belle action, et pour considérer avec quelque bienveillance les grands hommes vivants réunissant à ses yeux la Sainte Trinité du Bon, du Beau et du Vrai. Ainsi se ralliera-t-il davantage à la vulgate des éloges académiques.

Le pari aléatoire sur la postérité est constamment soumis à un débat polémique, comme l'implique la forme du dialogue. Ceux qui contestent la validité de ce pari sont des personnages sans assiette fixe, ne reconnaissant que la vicissitude des choses sous un ciel changeant et incarnant en cela le grand thème diderotien de l'inconstance qui est la forme matérialiste et naturaliste du *Memento mori*. D'Alembert proclame ainsi que le monde est un mouvement perpétuel ne donnant rien à saisir. Face au gaspillage de la nature, le mathématicien semble toutefois gagné par un ultime souci scientifique de conservation et par une révérence inattendue vis-à-vis de l'énigmatique molécule paternelle, puisque, après avoir perdu sa semence, au profond de son rêve, il suggère à Julie de Lespinasse que « cela » puisse « se recueillir, être enfermé dans un flacon et envoyé de grand matin à Needham[46] ». Avec le neveu de Rameau, le thème du « tout passe » prend un tour nettement scatologique, car si la trajectoire du « bouillon » qui va à sa perte est certaine, les cheminements de la gloire sont beaucoup plus hasardeux. À ces êtres relatifs exprimant les incertitudes de l'individu perdu dans un univers chaotique et précaire répondent ceux qui, parlant du point de vue de l'espèce, qui, elle, « n'a point de fin », sont davantage persuadés de la pérennité des productions humaines[47]. Le philosophe peut donc répliquer au nihilisme radical du neveu par une profession de foi sur les temps éloignés où les génies seront finalement reconnus et vengés[48].

Il y avait là un enjeu si essentiel pour Diderot qu'il a saisi l'occasion de poursuivre ce débat avec un interlocuteur réel qui lui permette de s'exprimer plus directement en son propre nom. En vertu d'un de ces heureux hasards qui ponctuent son œuvre, tout avait commencé comme un jeu qu'une fois encore il ne devait pas prendre à la légère : « Quelques plaisanteries du sculpteur Falconet m'ont fait entreprendre très sérieusement la défense du sentiment de l'immortalité et du respect de la postérité », écrit-il à Sophie Volland le 21 novembre 1765. Au scepticisme de son contradicteur, qui insiste sur la vanité de tout en se moquant de la « loterie maussade » et du « feu follet de la postérité », Diderot rétorque hardiment : « Vous serez l'homme du catafalque qu'on élève aujourd'hui et qu'on détruit demain : je serai l'homme de l'arc de triomphe qu'on bâtit pour l'éternité[49]. » Tout est dit dans cette formule opposant deux univers (celui de l'oraison funèbre et celui de l'éloge) à travers l'image de deux formes d'architecture qui s'inscrivent bien différemment dans le temps, puisque l'une est éphémère comme le moment des funérailles, tandis que l'autre est inscrite dans la durée de la commémoration. Diderot reprend, dans ses arguments, tous les points sur lesquels se fondent la notion de postérité, qui caractérise son époque : l'idée du temps qui voit tout et rend justice si bien, dit-il, que « la postérité pour le philosophe, c'est l'autre monde de l'homme religieux » et « la seule consolation[50] » ; le rôle des hommes de lettres désignés comme les meilleurs arbitres de la renommée ; enfin, la nouvelle religion du livre, seul monument véritablement indestructible, à la différence des tableaux et des statues, en vertu de sa reproduction par l'imprimerie et de sa diffusion dans les régions les plus éloignées par le miracle de la poste. Ainsi le grand homme appartient-il à un temps et à un espace multiples.

Selon Bordeu, dans *Le Rêve de d'Alembert*, et dans la perspective médicale qui est la sienne, le grand homme « n'est pas abandonné à la discrétion du diaphragme », c'est-à-dire qu'il garde la tête froide, siège du génie, au lieu de subir les mouvements désordonnés de sa sensibilité :

> Il sera grand roi, grand ministre, grand politique, grand artiste et surtout grand comédien. Il régnera sur lui-même et sur tout ce qui l'environne [...] Les êtres sensibles ou les fous sont en scène. Il est au parterre. C'est lui qui est le sage[51].

Ainsi est énoncé pour la première fois le « paradoxe sur le comédien », qui est donc également un paradoxe sur le génie et sur le grand homme en général, et qui sera développé quatre ans plus tard, en 1773. Diderot reprendra alors la même métaphore topographique, en notant que « dans la grande comédie, la comédie du monde [...] toutes les âmes chaudes occupent le théâtre ; tous les hommes de génie sont au parterre[52] ». C'est de là seulement en effet qu'ils peuvent sereinement observer, décrire, peindre, au lieu d'épouser la fièvre d'un moment, distance en vertu de quoi, rien n'étant pour eux circonscrit et resserré, ils outrepassent ce qui risquerait de n'être qu'obtus, monotone et médiocre. La hardiesse d'anticiper et d'exagérer leur permet de se hausser à la mesure de l'avenir. De même que les acteurs doivent toujours s'efforcer de « sortir de l'enceinte étroite où leur sensibilité naturelle les renfermait[53] », de même l'homme de génie ose au-delà du goût présent : comme Richardson, il « franchit les barrières que l'usage et le temps ont prescrites aux productions des arts » et « foule aux pieds le protocole et ses formules[54] ». La définition du grand homme qui voit tout en grand, selon Diderot, est au cœur d'une réflexion sur l'esthétique du sublime dont témoigne tout particulièrement le *Salon de 1767*[55].

Cette rêverie sur la postérité semble sans repère et sans proportion à Falconet, qui déclare qu'il ne saurait se « chauffer de si loin[56] ». Diderot choisit, quant à lui, la distance qui lui permet de parler pour tous les siècles et de dédaigner les suffrages immédiats de ses contemporains dont le jugement borné, n'est, selon lui, jamais pur : « Je n'ai trouvé qu'un moyen, leur dit-il, de m'assurer la durée de votre éloge [...], c'est d'avoir sous les yeux le grand juge qui nous jugera tous : la postérité[57]. » Ces déclarations ne sont pas de simples rodomontades à mettre au compte d'une « postéromanie » superficielle. Diderot a été en effet le seul à avoir cette audace froide et cette folle malice de nous léguer son œuvre comme un trésor en partie enfoui qu'il nous a laissé découvrir au gré de révélations hasardeuses qui se sont échelonnées sur plus de deux siècles.

C'est dans une de ses lettres à Falconet qu'il traite le plus explicitement de ce choix de l'œuvre posthume. Après avoir évoqué un « littérateur » qui, « jaloux de la perfection de son travail, le gardait trente ans dans un portefeuille », il revient à « cet ami qui a adressé son ouvrage à ceux qui viendront après lui » :

> Mais je voudrais que vous le vissiez, lorsque je suis avec lui dans son muséum, me montrer du doigt ses posthumes, et me dire, ils les auront un jour. Je voudrais que vous vissiez la joie qui éclate sur son visage lorsqu'il ajoute, les scélérats hypocrites, les abominables tyrans en seront réduits à frémir autour de ma tombe[58].

Plus que d'un sacrifice, ce choix relève d'un calcul hédoniste. L'assurance de parler à la postérité permet en effet à Diderot de se préserver de tous les désagréments du présent. Quoique son œuvre témoigne, par quelques traces aigres et douloureuses, de l'éprouvant combat encyclopédique, la position du sage, audessus de la mêlée, est celle qu'il préfère adopter le plus généralement. Il supplie Falconet de ne pas entrer dans les querelles subalternes de la république des lettres, et Moi presse le neveu de Rameau de laisser là les « petites jalousies du tripot académique[59] ». Alors que Rousseau est tombé pour ses malheurs dans les pièges tendus par ses contemporains et ne cesse de vouloir apporter des retouches à son image publique[60], Diderot se félicite quant à lui de s'être procuré un mol oreiller et un château en Espagne, si bien qu'il n'a pas mis son bonheur à la merci des « fâcheux, des méchants, des importuns, des envieux[61] ». Et Falconet lui-même va finalement trancher en faveur du pari sur la postérité : « Mais je crois que ceux qui préfèrent le posthume au martyre sont les plus sages[62]. »

Malgré les aléas de la poste entre Paris et Saint-Pétersbourg, Diderot a voulu conclure le débat par une énigmatique et poétique assurance tout enveloppée dans la sérénité heureuse de l'œuvre accomplie et du monument à jamais présent : « Mon ami, ne rétrécissons point notre existence. Regardez-y bien, tout se passe en nous. Nous sommes où nous pensons être ; ni les temps ni les distances n'y font rien [63]. » C'est ainsi que, déjouant la part de cérémonial endeuillé qui allait de pair avec le *credo* sur la postérité et le culte des grands hommes, il parvient à couronner l'adresse aux temps futurs par une relation qui ne cesse d'être vive en vertu d'un « système » qui l'identifie à jamais avec tout ce qui lui est cher. Même s'il les qualifie de « grands fantômes[64] », le sentiment de l'immortalité et le respect de la postérité lui procurent une ivresse bien réelle, égale en intensité à ces « violents enthousiasmes de la vie » que sont pour lui « l'amour, l'amitié, la religion[65] ». De là, sans doute, pour caractériser cette jouissance et cette volupté de l'avenir si particulières, la douce image du « concert lointain », le seul qui « enivre[66] ». Déjà d'Alembert avait opposé aux cris discordants du présent les échos futurs d'une renommée qui « bientôt imposera silence à toutes ces voix subalternes, comme la force du son fondamental dans un bel accord anéantit toutes les dissonances qui tendent à altérer son harmonie[67] ». Mais, comme pour la métaphore du « parterre » utilisée elle aussi d'abord par d'Alembert, celle du concert à venir prend chez Diderot une tout autre force. Comme si son œuvre issue du chaleureux mélange de la conversation et de sa parole lumineuse qui répandait « un jour enchanteur sur la vie[68] » était destinée depuis toujours à se parachever dans une extase musicale et dans cette fusion suave qui, loin de consacrer sa propre disparition, viendrait confirmer la déclaration péremptoire faite naguère à Sophie Volland : « Est-ce que je ne vous ai pas dit cent fois que j'étais éternel[69] ? »

Lorsque Falconet fit lire à Catherine II la correspondance sur la postérité et prétendit la publier à Saint-Pétersbourg sans avoir vraiment l'aval de Diderot, qui aurait sans doute préféré ne conserver que ses propres lettres, celui-ci s'inquiéta principalement des corrections éventuelles du sculpteur :

> Si vous m'en croyez, vous ne supprimerez rien de ces feuillets-là. Vous risquez en les châtiant de leur ôter leur air de négligence qui plaît toujours ; c'est la caractéristique des ouvrages faits sans peine, sans apprêts, sans prétention. Si on ne lit pas notre brochure comme nous l'avons écrite, nous sommes perdus[70].

Présentées comme impromptues et indignes de la reliure, ces pages doivent impérativement conserver la fraîcheur et l'inspiration du moment. Pour son grand débat sur la postérité (engagé selon lui, il est vrai, simplement comme un jeu à partir d'une boutade de Falconet), Diderot affecte plus que jamais de mimer l'évanescence de la parole vive, sans doute pour conjurer le risque de grandiloquence qui tient au sujet lui-même, mais surtout parce que cette façon très concertée de souffler le chaud et le froid a toujours été sa marque propre : il ne peut voir si loin en effet qu'à la condition d'être au plus près du mouvement des choses, comme s'il n'avait d'accroche sûre que dans les grands vents. C'est le visage qu'il offre aux artistes lorsqu'il pose pour eux. Et les critiques reconnaissent dans le buste de Houdon « l'enthousiasme du brûlant auteur des *Bijoux indiscrets*[71] » et voient dans le tableau de Van Loo une « tête nue et fumante[72] » qui exprime « l'esprit et le feu du génie[73] ». De toutes ces représentations, les terres cuites réalisent presque idéalement l'image de lui-même, que Diderot souhaitait laisser, car, à l'épreuve du four, leur matière restitue des icônes presque animées qui semblent sorties du moule de la nature avec leurs fêlures imprévisibles :

J'ai le front et le nez rouges ; mais cela n'empêche pas que je ne sois très beau, très ressemblant, très fin, plus que je ne le suis, et tout aussi vivant. Mon ami dit que j'ai l'air d'un homme que le génie va saisir et qui va partir de la chaleur, comme il m'arrive quelquefois[74].

Comme les regards jamais éteints qui illuminent les tombes étrusques, voici donc, par le même effet de la terre cuite, une ébriété sans fin illustrant le singulier privilège que Diderot s'est acquis d'être reçu dans un Panthéon où il est loisible d'avoir le « nez rouge ».

## *Monuments et dédicaces*

Diderot a attendu la soixantaine pour se risquer à un long voyage. Et ce ne fut pas pour aller en Italie, comme il en rêvait depuis toujours, mais pour se rendre à Saint-Pétersbourg où il se laissa finalement convaincre que son devoir d'homme de lettres l'appelait. Il avait bien de bonnes raisons de ne pas quitter Paris, qu'il énumère le 15 mai 1767 dans une lettre à Falconet, alors déjà auprès de la tsarine : la maladie de sa femme ; la nécessité de « faire le véritable rôle de père[75] » auprès de sa fille ; celle de surveiller l'achèvement des quatre derniers volumes de planches de l'*Encyclopédie* ; à quoi s'ajoute l'argument sans réplique qu'il est amoureux plus que jamais de Sophie Volland[76]. Pourtant, six ans plus tard, en 1773, il se résout à partir et arrive en octobre à Saint-Pétersbourg épuisé par la colique et sans sa perruque qu'il a perdue en route. Il ne vient pas seulement pour marquer sa gratitude envers l'impératrice, sa bienfaitrice ; il apparaît comme impérieusement appelé par deux importantes entreprises auxquelles il tient : il veut voir la grande statue équestre de Pierre le Grand à laquelle travaille Falconet et, quant à lui, il prétend apporter à Catherine II la « pyramide » qu'il lui avait promise, c'est-à-dire sa propre contribution philosophique et politique aux projets réformateurs de celle-ci. L'homme de lettres et l'artiste, avec chacun leur tribut (une « pyramide » de mots et une statue équestre), et la souveraine qui les accueille sont ainsi réunis un moment dans un débat sur la destination de l'art, la postérité et la réforme de la société, où chacun a sa façon légitime d'être têtu.

Cette complicité avec Catherine II remontait à quelques années déjà. Par ses comptes rendus sur les salons de peinture et de sculpture (publiés dans la *Correspondance littéraire*), Diderot était apparu à celle-ci comme un des meilleurs connaisseurs et critiques du moment, si bien qu'elle avait fait de lui son conseiller attitré pour ses achats d'œuvres d'art à Paris. Lorsqu'en 1766 elle lui demande quel sculpteur pourrait réaliser à Saint-Pétersbourg une statue de Pierre le Grand, il lui souffle aussitôt le nom de son ami Falconet dont l'œuvre est déjà très reconnue et avec lequel il entretient depuis quelques mois, comme on l'a vu, sa « correspondance polémique sur le respect de la postérité ». Le sculpteur résidera à Saint-Pétersbourg de septembre 1766 à 1778. Catherine II remercia l'« embaucheur » et se félicita du résultat de son entremise.

Dans ces années-là, Diderot se représente l'impératrice comme « une femme ivre du sentiment de l'immortalité[77] » et comme la « vraie femme d'Henri IV[78] ». Il avait applaudi à son souhait de réunir en vis-à-vis dans ses appartements les deux bustes du bon roi et de Voltaire qui, avec *La Henriade*, était devenu son chantre attitré. Pour sa collection d'hommes célèbres, installée dans une galerie de l'Ermitage, l'impératrice avait commandé aussi les bustes de Sully, de Buffon, de Diderot. Falconet adhère, quant à lui, sans réserve à l'idée que la principale destination de l'art est « de perpétuer la mémoire des hommes illustres, et de donner des modèles de vertus[79] ». Dans une lettre à Diderot, il précise sans équivoque ses intentions en ce qui concerne la statue de Pierre le Grand. À des allégories désuètes de la gloire militaire, il préfère les repères propres au nouvel imaginaire historique : « Une plus belle image à montrer aux hommes est celle du créateur, du législateur, du bienfaiteur de son pays[80]. »

Cette vision du tsar conforme à tous les mythes des Lumières s'était constituée au cours du siècle : dans un éloge prononcé en 1725, Fontenelle avait le premier réuni les éléments du portrait en insistant sur le protecteur des sciences, le réformateur de la religion et des mœurs. En 1759, dans son *Histoire de l'empire de Russie sous Pierre le Grand*, Voltaire avait idéalisé son héros en en faisant une allégorie de la volonté pure et du commencement absolu, c'est-à-dire, effectivement, un « créateur[81] ». Voltaire opposait, dans un contraste souligné, un Charles XII guerrier, mi-Alexandre et mi-Don Quichotte, à un Pierre le Grand législateur à la manière de Thésée et de Solon. Thomas, d'autre part, était en train d'écrire son épopée de *La Pétréide*, qu'il n'acheva jamais et dont il allait lire les premiers chants pour sa réception à l'Académie en 1767 : il y met en scène un grand homme curieux de toutes les techniques et soucieux des progrès de la Russie.

Diderot, qui avait eu à donner son opinion sur de nombreux monuments et qui avait même été prié de fournir des projets de mausolée, ne manqua pas de prétendre donner des conseils à Falconet sur une statue que son imagination fougueuse lui faisait déjà apercevoir. Le sculpteur en prit ombrage et tint à marquer en mainte occasion que l'idée première lui en appartenait. Ils furent donc dans une émulation incessante, et rivalisèrent aussi pour l'inscription dédicatoire. Falconet l'emporta par son inspiration laconique : *Petro primo, Catharina secunda.* Cela suffisait en effet à indiquer que la descendante était à même d'achever l'action éclatante du héros fondateur qu'elle désirait honorer.

Falconet aurait souhaité plus de silence et de sérénité, mais il ne put échapper aux évaluations bruyantes de ses contemporains, auxquelles il répondit malgré les mises en garde de Diderot. La statue se révéla bientôt un colosse ventriloque résonnant de tous les plus vifs débats. L'artiste répétait que la sculpture n'avait rien « à narrer », qu'elle n'avait qu'un instant heureux et « qu'un mot à dire ». Il dut pourtant longuement s'expliquer et se défendre sur tous les points litigieux, sur le « moment » qu'il avait choisi de représenter, sur le vêtement, le mouvement, le socle, le coût de l'ouvrage. Il publia des *Observations sur la statue de Marc Aurèle* que les tenants de l'Antiquité lui opposaient pour dénigrer son ouvrage. Cette œuvre antique qu'on peut voir au Capitole et dont Verrocchio s'est inspiré pour sa célèbre statue du Colleoni à Venise passait en effet pour le modèle de toutes les statues équestres. Falconet en était si obsédé qu'il avait fait venir le moulage du cheval à Saint-Pétersbourg. Mais c'était plutôt le cavalier qui était alors en cause. L'*Éloge de Marc Aurèle*, prononcé par Thomas à l'Académie française en 1770, avait été reçu triomphalement. Cette vogue du grand stoïcien, présenté comme un vrai père prudent, marqua le passage à des valeurs héroïques plus assagies. Pierre le Grand fut dès lors décrié, de Linguet à Mirabeau et à Mickiewicz, comme un prince un peu égaré, illustrant l'immémoriale turbulence nobiliaire et trop pressé d'arriver à l'immortalité. Falconet avait beau dire que son cheval « était à son dernier pas » et dans « l'arrêt sur lequel se termine le galop », certains ne voulurent plus y voir qu'une monture emballée.

La critique ne portait pas sur la valeur esthétique de la sculpture, mais sur son sujet et principalement sur le temps abstrait dont elle était l'illustration. Voltaire ne s'était-il pas abaissé au niveau de la pire platitude des éloges académiques en écrivant : « Enfin Pierre naquit et la Russie fut formée. » L'énorme socle de pierre brute souhaité par Falconet symbolisait précisément l'« ancien chaos » et les ténèbres muettes d'où surgit le grand homme, accréditant ainsi ce fantasme historique et politique propre aux Lumières, selon lequel tout intervalle est du néant et tout ce qui est de l'ordre de l'« immémoré », pour reprendre une formule ultérieure de Chateaubriand, est du vide. Dans ses instructions politiques pour Catherine II, Diderot en vint à penser que cette idée forcée et précipitée du temps ne convenait aucunement à la situation russe, qu'il fallait en venir à une conception plus organique. Plutôt que d'appeler auprès d'elle les hommes de génie de toutes les contrées pour créer des élites artificielles, la tsarine devait donner l'occasion à une classe moyenne de se constituer parce que c'était en fin de compte la condition préalable à tout effort de civilisation. À vouloir forcer la marche de la nature au lieu de commencer par le commencement, le pays risquait de n'être qu'un fruit pourri avant d'être mûr. Par cette image évoquant le *topos* du *puer senex*[82], Diderot rejoignait les principes pédagogiques d'*Émile* sur les bienfaits de la lenteur et même du retard, appliqués par Rousseau à la Russie dans le *Contrat social* où il conclut : « Les Russes ne seront jamais policés dès lors qu'ils l'ont été trop tôt. »

Irrité par tous ces débats étrangers à l'exercice même de son art et à la pure « poésie de l'histoire » à laquelle il tendait, le sculpteur fut finalement rassuré quant à la valeur intrinsèque de son œuvre. Diderot, en effet, après avoir longtemps craint qu'il ne rate le cheval, reconnut aussitôt dans une lettre dès qu'il l'eut vu le 6 décembre 1773 : « Il est colossal, mais il est léger ; il a de la vigueur et de la grâce. » Plus que la monture de Marc Aurèle faisant, à vrai dire, un peu grosse pouliche de manège, ce cheval l'émouvait autant que les coursiers d'Achille pleurant la mort de Patrocle.

Diderot avait écrit de Paris à Falconet le 29 décembre 1766 : « Si je vais jamais à Pétersbourg, j'y porterai ma pyramide entre mes bras. » Il évoque par là le monument de papier qu'il conçoit comme le pendant de celui du sculpteur, pour « célébrer » la tsarine : il songe à un « vocabulaire général », c'est-à-dire à un dictionnaire plus philosophique et politique que son *Encyclopédie*, où il développerait les moyens de « transporter chez une nation naissante tous les travaux, toute la lumière de trois ou quatre cents ans d'une nation policée ». Mais ce projet fut sans suite, Diderot en convient à regret : « Je me suis offert, j'ai proposé. J'attends encore une réponse. » Il est vrai qu'avec les *Instructions sur le Nakaz*, Catherine II venait de rédiger elle-même sa propre somme politique qui allait être traduite et interdite en France, ce qui lui vaudrait d'être saluée par Voltaire comme l'égale de Lycurgue et de Solon. Le philosophe et l'impératrice se firent l'un à l'autre maintes offres ambitieuses qui tantôt furent acceptées, tantôt refusées. En 1762, Catherine avait en vain proposé d'imprimer l'*Encyclopédie* en Russie. Puis Diderot accepta de rédiger pour elle des mémoires et plus tard un *Plan d'université*. En 1775, l'impératrice rejette le projet d'une réédition en Russie de l'*Encyclopédie*, revue, corrigée et traduite, que le maître d'œuvre présente cette fois comme un « obélisque » en suggérant pour l'inscription dédicatoire : « À l'honneur de la Russie et de la souveraine, À la honte de qui il appartiendra. »

On a trop interprété la conduite de Diderot à Saint-Pétersbourg comme une improvisation risquée de philosophe égaré à la Cour, alors qu'il avait, avant même sa visite à la souveraine, défini très exactement son rôle et sa position. Il ne s'était donc à aucun moment véritablement exposé à la désillusion. Il joua le rêveur et le fol enfant, le causeur impénitent et, selon son expression, le « pauvre diable qui s'avise de politiquer », masques innocents qui lui permirent de se ménager avec la tsarine une apparence de complicité bien utile à son jeu. Il fit comme si Catherine II allait véritablement réunir à nouveau la grande commission dissoute sans retour cinq ans auparavant, comme si elle était prête à se soumettre ainsi à une instance représentative permanente. Les nombreuses séances de travail à deux qui se déroulèrent dans le boudoir impérial accréditèrent cette fiction, sans que personne ne soit dupe. Diderot choisit de parler surtout, d'un point de vue pratique, de changements concrets et de mesures d'utilité publique, ce qui était une habileté de plus pour ne pas mettre en cause frontalement une autorité abusive. Il pouvait du reste pratiquer sans scrupule cette autocensure, car il avait réservé pour plus tard une vérité plus crue.

En quittant Saint-Pétersbourg, il avait en effet averti la tsarine qu'il y avait encore bien des « choses dont sa vieille cervelle d'enfant ne s'était pas délivrée ». En 1785, un an après la mort de Diderot, Catherine II découvrit avec stupeur et rage, dans les manuscrits de celui-ci qu'elle venait de recevoir, les *Observations sur le Nakaz* : c'était le dernier état du monument promis où le philosophe lui faisait malicieusement, mais sans bassesse aucune, le don posthume de la vérité. Cette mise à l'épreuve différée comportait un véritable test, puisque dans une extraordinaire dramaturgie politique, Diderot écrivait : « Qu'elle lise ce que je viens d'écrire et qu'elle écoute sa conscience. Si son cœur tressaillit de joie, elle ne veut plus d'esclaves ; si elle frémit, si son sang se retire, si elle pâlit, elle s'est crue meilleure qu'elle n'était[83]. » Grimm conseilla à l'impératrice de brûler aussitôt ces « chiffons », car Diderot n'avait jamais été qu'un « enfant sous tutelle » dont les écarts pétersbourgeois ne méritaient que d'être anéantis dans le plus profond secret des cours. Mais le philosophe avait évidemment pris soin de faire tirer copie de son ouvrage et prévu, selon le dispositif théâtral de l'adresse à la postérité, que les murs du boudoir de la tsarine se reculeraient un jour à l'infini pour ouvrir une scène immense et publique à la mesure de l'avenir.

### *Rousseau renié, Voltaire prôné*

Après cette expérience inédite du voyage en Russie où il a risqué de compromettre son image de philosophe, Diderot s'empresse d'en tirer la leçon dans une série de textes politiques. La doctrine du despotisme éclairé n'a plus désormais de véritable fondement à ses yeux, et il ne voit partout que des autocrates à quelques nuances près. Aussi retrouve-t-il les accents de son ancien article « Autorité » de l'*Encyclopédie*, où il affirmait qu'« il n'y a de vrai souverain que la nation ». Une fois délié de son rôle épisodique de conseiller des puissants, il reprend toute sa liberté de ton dans sa participation à l'*Histoire des deux Indes* de l'abbé Raynal, vaste somme rédigée collectivement, dont le succès est immense [84]. Il y renoue avec ses habitudes de travail de l'*Encyclopédie*, en s'efforçant de se prononcer sur les questions urgentes que soulève une période où tout semble changer de face. « Nous sommes tout entiers aux questions de gouvernement, de législation, de morale, de politique et de commerce », proclame-t-il, en prédisant qu'« incessamment les esprits se tourneront du côté de l'histoire, carrière immense où la philosophie n'a pas encore mis les pieds [85] ». Il apparaît alors plus que jamais comme un philosophe pleinement dans son siècle et capable d'en épouser les mouvements avec toujours la même curiosité. Mais il continue à le faire dans l'anonymat et depuis la coulisse, de cette façon occulte qui le rend presque invisible à ses contemporains. Nul doute, cependant, qu'il lui ait été difficile de rester plus longtemps dans l'ombre, après la mort de Voltaire et de Rousseau en 1778, qui fut pour l'un et l'autre une apothéose. Diderot en vient donc à s'interroger à nouveau sur sa propre image, non plus cette fois du seul point de vue de la postérité, mais en tâchant de répondre au formidable appel suscité en son temps par le culte des grands hommes.

L'occasion lui en fut donnée par le baron d'Holbach qui lui demanda, en 1776, de rédiger une sorte d'éloge de Sénèque pour servir de complément à la traduction des œuvres complètes de celui-ci [86]. Réhabiliter à ce moment-là le précepteur de Néron, si longtemps décrié, en le désignant comme un sage auprès d'un tyran et l'image exemplaire d'un philosophe courageux dans son action, c'était vouloir opposer un contre-feu aux allégations supposées, et d'autant plus redoutées, de Rousseau dont les « Mémoires » (c'était le terme employé alors) étaient tout juste achevés. Diderot se laissa passionnément envahir par la figure de Sénèque, tout en l'absorbant à son habitude : bien différent du neveu de Rameau ou de Suzanne Simonin la religieuse (ces figures de l'altérité dans lesquelles il avait aimé que son propre visage s'abolisse), ce personnage lui permettait de faire son autoportrait à travers la célébration d'un autre, comme autrefois dans son *Éloge de Richardson*. Publié à la fin de 1778, l'*Essai sur la vie de Sénèque le philosophe, sur ses écrits et sur les règnes de Claude et de Néron* lui valut de violentes critiques, parce qu'on l'avait aussitôt reconnu en Sénèque, et, surtout, pour une note, assez vive il est vrai, à propos des *Confessions* dont la parution semblait alors imminente.

Évoquant un livre où d'« honnêtes gens » risquent d'être « impitoyablement déchirés », Diderot vouait Rousseau par avance à l'exécration. Il le dénonçait comme un « ingrat qui dit du mal de ses bienfaiteurs » et un « lâche » révélant sur sa tombe les « secrets qui lui ont été confiés [87] ». Ce passage ayant fait un « grand bruit », Diderot entreprit de se justifier longuement dans la version amplifiée et définitive de l'ouvrage, parue quatre ans plus tard, où il se défendit d'avoir fait une « satire ». Il lui fallait, écrit-il alors, venger « la secte entière » que Rousseau avait calomniée [88]. Se dévoilant un peu plus, Diderot retouche son image par quelques derniers traits incisifs qui font de l'*Essai sur les règnes de Claude et de Néron* le pendant trop méconnu de l'entreprise autobiographique du promeneur solitaire : ce testament inclassable et composite, qui tient à la fois du commentaire et de l'entretien, est un des rares textes publiés du vivant de l'auteur et aussi une de ses œuvres les plus oubliées aujourd'hui, comme si la postérité avait voulu se venger de cet écart surprenant. Après plus de vingt ans de silence (pendant lesquels ses écrits n'ont circulé que sous forme manuscrite pour les quelques abonnés de la *Correspondance littéraire*), Diderot décide donc de publier à nouveau un ouvrage qu'il donne à lire à ses contemporains. Mais il rétablit en quelque sorte l'adresse posthume qui lui est familière, en s'exprimant comme un revenant qui serait déjà mort, dans une étonnante réapparition d'outre-tombe : car, dit-il, « on ne pense, on ne parle avec force que du fond de son tombeau : c'est là qu'il faut se placer, c'est de là qu'il faut s'adresser aux hommes [89] ».

La réhabilitation du philosophe antique lui permet d'apparaître à nouveau dans ce rôle de vengeur du génie outragé, qui avait été le sien dans l'*Encyclopédie*[90]. L'*Essai sur les règnes de Claude et de Néron* revient de façon beaucoup plus explicite sur la nécessité d'honorer ceux qui, par leurs talents et leur vertu, ont bien mérité de leur pays. Prônant essentiellement la faculté d'admirer, l'ouvrage dénonce sur tous les tons l'« art indigne de noircir, de calomnier, de diffamer les grands hommes [91] ». Parmi les détracteurs de Sénèque, Diderot désigne Suilius, Dion Cassius, La Mettrie, et s'accuse lui-même, lorsqu'il était jeune homme et « sans la moindre expérience de la vie [92] », d'avoir porté sur le philosophe un jugement hâtif et injuste. En se faisant le défenseur de Sénèque, de Voltaire et de Raynal, parce qu'il a toujours été plus naturellement porté à louer, Diderot s'acquitte pleinement, en outre, de cette dette envers les grands hommes dont l'idée inspire le genre académique de l'éloge [93]. Dans le contexte explicitement apologétique de l'*Essai sur les règnes de Claude et de Néron*, c'est Rousseau qui est alors désigné comme un Zoïle et comme le principal fauteur de troubles venant rompre, par ses médisances intempestives, la sacro-sainte solidarité des philosophes.

Quand Diderot, enfermé à Vincennes, traduisait l'*Apologie de Socrate*, Rousseau, comme on le sait, eut en allant le voir son illumination décisive pour la suite de son œuvre. Leur liaison fut longue et orageuse, et s'exprima toujours chez l'un et l'autre dans un vocabulaire passionnel. La correspondance entre les deux amis, qui devint pathétique et âpre dans l'année précédant leur rupture définitive en octobre 1758, témoigne de cette relation pleine de tracas et d'exaspération, de critiques réciproques sur leurs œuvres respectives, de scènes où ils s'accusent l'un et l'autre d'ingratitude, où Rousseau demande sans relâche des éclaircissements en prétendant déjà qu'on veut le « noircir ». Au-delà des commérages et des petits incidents, ce sont leurs choix les plus profonds qui les font irrémédiablement diverger, comme leur querelle à propos du théâtre, où Michelet voit très justement l'origine du grand schisme encyclopédique : dans ce débat, en effet, s'affrontent déjà deux conceptions parfaitement inconciliables du rôle et de l'image du philosophe. Aussi Diderot ne verra-t-il, plus tard, dans l'entreprise autobiographique de Rousseau, si étrangère à son propre tempérament et à ses positions d'écrivain, qu'un parti pris monstrueux et la preuve définitive chez son ancien *alter ego* d'une altérité radicale.

Dès que le singulier projet des *Confessions* fut connu et annoncé par les journaux comme une entreprise polémique où l'auteur allait enfin régler ses comptes avec tous ses persécuteurs, Diderot ne put s'empêcher d'y voir pour lui-même un défi auquel il était sommé de répondre. Le vieux désaccord se réveilla aussitôt dans son esprit, et les dernières années de sa vie furent hantées par une ultime confrontation avec l'image si proche et si lointaine de Rousseau [94]. Contre les attaques du piètre Palissot et des anti-philosophes en général, Diderot s'était promis jadis de n'avoir « pas un mot de représailles [95] », mais les révélations à venir de Jean-Jacques l'angoissèrent bien autrement [96]. Il prétend bien, en cette circonstance, qu'il va continuer à se taire, comme il l'a toujours fait à chaque fois qu'il a été attaqué, parce qu'il est décidé à ne « jamais donner au public le scandaleux spectacle de deux amis qui se déchirent [97] ». Cependant, les termes dont il use alors pour évoquer Rousseau (« le plus adroit dans ses vengeances, le plus redoutable par la multitude de ses enthousiastes ») font pressentir qu'il ne pourra demeurer plus longtemps dans cette sérénité heureuse qui convient à son caractère et à ses principes.

Par l'effet de ce troublant mimétisme, qui depuis le début marque leur rapport, il semble éprouver les mêmes affres que Jean-Jacques, au point de reprendre les termes de celui-ci (auquel il reproche, par exemple, ses « noirceurs »), et de se livrer comme lui à une obsédante comptabilité fort peu dans ses habitudes : n'avait-il pas déjà ressenti le besoin, en 1758, de faire le catalogue des « sept scélératesses du citoyen Rousseau » et, ensuite, de transcrire dans des « tablettes » la liste de ses démêlés avec lui ? C'est, pour une part, dans le même esprit chicanier que l'*Essai sur les règnes de Claude et de Néron* se présente comme une suite de paragraphes numérotés dont le dernier est une réponse en vingt-sept points aux objections soulevées dans les « feuilles éphémères » : Diderot prétend en ce lieu reproduire – avec quelques ajouts de sa main – des « observations » de Marmontel. Cette volonté d'introduire un tiers dans le débat évoque étrangement la structure tellement procédurière des Dialogues de Rousseau. Mais Diderot n'alla pas jusqu'à insérer dans son ouvrage, comme il en avait eu un moment l'idée, une *Histoire de la vie domestique de J. J. Rousseau.*

S'il prétend ne pas regretter d'avoir prévenu les effets d'une grande calomnie au moment où la « rumeur générale en annonçait le prochain éclat [98] », il convient toutefois qu'il a fait un pas de clerc en quittant le rôle de la candeur pour celui d'un dangereux antagoniste. En explicitant ses griefs contre Rousseau dans la seconde édition de son ouvrage, il les a inévitablement aggravés. Et il s'en veut un peu plus de s'être aventuré aussi inconsidérément sur la scène empoisonnée du présent. Non qu'il ait été manipulé, dans toute cette affaire, par le petit clan du baron Grimm et de Mme d'Épinay. C'est bien d'abord en son nom, quoi qu'il en dise, qu'il s'expose d'une façon aussi contraire à ses plus fortes résolutions.

Les lectures des *Confessions* faites par leur auteur en personne, en 1771, et dont la presse a donné des récits enthousiastes, en laissant supposer quelques règlements de compte avec les encyclopédistes, l'ont naturellement plongé dans les alarmes, et il n'a pu qu'être épouvanté, s'il l'a lu, par le premier Dialogue de Rousseau publié à Londres en 1780. Dans ses révélations autobiographiques, celui-ci ne s'accuse lui-même, pense-t-il, que pour mieux charger les autres et jeter sur eux un discrédit très peu fondé, car, par « son caractère ombrageux, il était sujet à mal voir [99] ». Son usage dévoyé de l'écrit posthume agité comme une obscure menace et dont les effets restent imprévisibles effraie ceux qui prétendent légitimement laisser une mémoire « honorée ». On comprend que son crime majeur, aux yeux de Diderot, soit de lui causer tant d'inquiétude au crépuscule de sa vie, de venir troubler en lui l'ivresse du concert lointain et entamer l'idée si forte de la postérité, qui lui a permis jusque-là d'envisager agréablement l'avenir en se promettant de rire le dernier. Beaucoup moins conforté désormais dans cette plaisante assurance, il est convaincu que Jean-Jacques, après s'être « fait anti-philosophe », a conçu en vrai renégat le dessein pervers de citer ses anciens amis au tribunal de l'avenir.

Le litige porte essentiellement sur l'image d'eux-mêmes qu'ils doivent, en tant que « philosophes », offrir dans le présent et léguer à la postérité. C'est la principale question opposée aux *Confessions*. Aux yeux de Diderot, cette façon de céder à l'exhibitionnisme et à une publicité tapageuse est la plus mauvaise réponse qui se puisse donner aux nouvelles sollicitations déjà très « médiatiques », à en juger par le rôle de la presse, du culte des grands hommes. En outre, Rousseau désire accréditer, par là, cette image fanatique de soi qu'il s'est composée dans la solitude, au bout d'une fatale dérive dont Diderot a le sentiment d'avoir repéré les premières manifestations [100]. Rousseau a toujours voulu incarner, de fait, une figure du philosophe très rigide dont il a fini par devenir le prisonnier. Diderot pense à lui, assurément, lorsqu'il évoque en 1754, dans l'article « Cynique » de l'*Encyclopédie*, la « bile âcre et caustique » de ceux qui veulent à tout prix prendre pour exemple un « personnage sublime » :

> Ils ressentent sans cesse la contrainte d'un rôle qu'ils se sont imposé, et pour lequel la nature ne les a point faits, et ils s'en prennent aux autres du tourment qu'ils se donnent à eux-mêmes. Cependant il n'appartient pas à tout le monde de se donner Caton pour modèle.

C'est bien Jean-Jacques, en effet, qui a toujours exprimé une vénération particulière pour l'exilé d'Utique, le patriote stoïcien inflexible et farouche. Il a prétendu revêtir aussi le manteau probe de Socrate. Mais, pour Diderot, qui est certain de bien le connaître, il restera toujours l'homme des paradoxes, un Diogène spécieux laissant complaisamment dépasser la tête du tonneau pour surfaire son effigie.

L'*Essai sur les règnes de Claude et de Néron* montre que se donner Sénèque pour modèle n'implique en aucune façon une telle contention hypocrite, ni rien d'une adhésion contraignante ou d'une identification forcée, comme l'illustre la fréquente référence à Montaigne qui sut avec tant de souplesse, au cours de sa vie, se trouver dans l'Antiquité des garants très divers. « Il y a dans le stoïcisme quelque chose de monacal qui me déplaît[101] », avoue Diderot qui s'empresse de présenter Sénèque, tout au contraire, comme un « stoïcien mitigé[102] », non pas un « modèle fantastique[103] » et inaccessible, mais un « honnête païen[104] » avec ses défauts très humains. S'il s'emploie à le réhabiliter vigoureusement contre les jansénistes et Malebranche, et en général contre les moralistes du Grand Siècle qui avaient dénoncé sa fausse vertu, c'est pour en faire l'exemple d'une morale exclusivement laïque et d'un héroïsme propre aux Lumières : comme en écho (du moins en ce qui concerne le rôle et l'action du philosophe) à « ces grands hommes modérés » pour lesquels Montesquieu avait jadis marqué sa préférence[105].

Dans cette image apaisée qu'il lègue à ses contemporains, la dernière définition du grand homme à laquelle il se rallie, Diderot en vient à mesurer son propre cheminement, à comprendre en quoi, par exemple, il s'est délivré d'un thème victimal associé longtemps pour lui à une figure redoutable du père : « Quelle étrange révolution les années ont apporté dans mon caractère[106] ! » s'écrie-t-il, comme s'il tenait à conjurer par là un ancien dolorisme et son penchant naturel pour toutes les formes de l'héroïsme tragique. La morale stoïcienne, dont il se réclame plus explicitement à la fin de sa vie, ne lui fait pas tant obligation du martyre que de se rendre heureux et de ne pas craindre la mort. La formulation de cette sagesse sereine (ce sera le dernier mot des *Éléments de physiologie*) se prépare dès le *Salon de 1767* dans le contexte du débat sur le sublime :

> Se jeter dans les extrêmes, voilà la règle du poète. Garder en tout un juste milieu, voilà la règle du bonheur. Il ne faut point faire de poésie dans la vie. Les héros, les amants romanesques, les grands patriotes, les magistrats inflexibles, les apôtres de religion, les philosophes à toute outrance, tous ces rares et divins insensés font de la poésie dans la vie. De là leur malheur. Ce sont eux qui fournissent après leurs morts aux grands tableaux. Ils sont excellents à peindre[107].

S'il garde une commisération fascinée pour le génie errant et ombrageux de Rousseau, sur lequel pèse la malédiction du Tasse, Diderot préfère de beaucoup désormais (parce que « le monde est la maison du fort [108] ») de grands exemples beaucoup plus réconfortants, comme celui de Buffon tellement satisfait de sa gloire [109]. Contestant un des lieux communs de l'éloge académique, qui illustre toute la part de ressentiment des Lumières, il dénie alors que « le grand homme soupire après les traverses » (« Il ne faut pas calomnier la prospérité : le bonheur n'est pas toujours un mépris des dieux [110] »). C'est ainsi qu'avec Sénèque s'accomplit le partage, évoqué dès le *Salon de 1767*, entre le grand homme et le héros tourmenté.

Depuis qu'il s'est mis à redouter de façon panique la publication des *Confessions*, Diderot a résolu d'opposer à leur auteur l'exemple bien préférable de l'autre grand philosophe célèbre. L'image de Voltaire vient alors contrebalancer l'anathème jeté contre un Rousseau qui s'égare dans la solitude. Le patriarche de Ferney ne cessera de grandir aux yeux du vieux Diderot. Cela témoigne, pour une part, du calcul d'un groupe qui, craignant d'être diffamé par l'un des deux grands hommes du temps, avait besoin de récupérer l'autre pour sa cause : Métra note, en 1778, que les « mêmes encyclopédistes » qui accablent Rousseau « s'efforcent d'exalter la belle âme de Voltaire [111] ». Mais cela s'accorde également avec tous les points de ce testament intellectuel, moral et politique qu'est l'*Essai sur les règnes de Claude et de Néron*.

Diderot et Voltaire ont toujours eu l'un pour l'autre une estime réelle, quoique un peu distante, ce qui ne les empêcha pas de s'opposer secrètement sur des points essentiels. Voltaire appréciait peu le côté souvent phraseur et trop emphatique, à son goût, de Diderot. Quant à celui-ci, il ne manque pas de dénoncer en privé, chez son glorieux aîné, un manque total de jugement à propos des arts, ou bien la lâcheté qu'il y a à demeurer en sûreté dans son asile de Ferney. Pourtant, ils savent faire cause commune quand il le faut, et surtout contre Rousseau dont l'attitude leur paraît irresponsable et cynique. En décembre 1776, Voltaire écrit à Diderot sur un ton appuyé de regret, qui est sans doute aussi celui du reproche : « J'ai quatre-vingt-trois ans, et je vous répète que je suis inconsolable de mourir sans vous avoir vu. [...] Mon grand malheur a été que Ferney ne fût pas précisément sur votre route quand vous revîntes de chez Catherine [112]. » Il irait volontiers passer son « dernier quart d'heure » à Paris, « pour avoir la consolation » de l'entendre. Que cette rencontre tant souhaitée ait eu lieu ou non en 1778 (le doute demeure en l'absence de preuve définitive [113]), Diderot en a tiré pour son *Essai sur les règnes de Claude et de Néron* une scène exemplaire où la part de l'anecdote et la réalité des faits comptent manifestement peu.

Diderot restitue idéalement, ou peut-être invente, cette visite au grand homme. Inséré pour la première fois en 1778 dans l'*Essai sur la vie de Sénèque*, cet épisode fut relevé de façon moqueuse par la presse [114]. Il est vrai que l'éloge dithyrambique de Voltaire, où sont détaillés tous les aspects de son génie et de sa gloire, y prend la forme d'une remontrance hardie à l'illustre vieillard trop sujet aux petites jalousies littéraires et inutilement empressé de répondre à des nains par des satires [115]. Aux critiques parues dans les journaux sur ce point, Diderot répond en reconnaissant sa témérité mais en contestant que l'entretien se soit mal passé :

> J'ai pris la liberté de contredire de vive voix et par écrit M. de Voltaire avec les égards que je devais aux années et à la supériorité de ce grand homme, mais aussi avec le ton de franchise qui me convenait, et cela sans l'offenser, sans en avoir entendu de réponses désobligeantes [116].

Pour donner une preuve supplémentaire et quelque amplification à la fameuse rencontre, le récit se clôt sur la vision touchante et idyllique des deux philosophes qui s'embrassent en se promettant de rester fermement unis contre tous les persécuteurs des grands hommes.

À partir d'une visite qui fut sans doute un peu ratée, si toutefois elle a eu lieu, Diderot invente l'entrevue qui convient à son propos en sacrifiant la véracité des faits à une conception audacieuse de la vérité historique. Chateaubriand ou Malraux se risqueront parfois eux aussi, de la même façon, à faire état de rencontres hypothétiques à première vue, et pourtant d'une indiscutable nécessité à leurs yeux. Les contemporains de Diderot pouvaient être surpris de le voir se présenter de plain-pied avec un aussi grand homme que Voltaire. Mais, en ce qui le concerne, l'idée d'une telle disproportion entre lui et le patriarche ne pouvait l'atteindre au moment où il s'apprêtait à faire connaître, du moins à quelques *happy few*, deux de ses chefs-d'œuvre (*Jacques le fataliste* et *La Religieuse*[117]). C'est donc parfaitement confiant en la force de son génie qu'il ose, à la fin de sa vie, se placer lui-même à côté de Voltaire au centre de son tableau.

## *Le grand homme dans la cité*

Dans ses dernières œuvres, plus politiques et plus historiques, Diderot tend à préciser davantage en quoi la grande idée de la postérité, comme il l'explique déjà à Falconet, importe à toute la communauté humaine. Elle outrepasse en effet les bornes limitées de l'individu : avec elle, il s'agit de l'homme en général, d'un peuple, d'une nation, de l'espèce entière, de la « splendeur présente de la ville et sa longue durée[118] ». Les « corps » tout particulièrement assurent la pérennité de la cité et, par exemple, l'Académie française qui, reconnaît-il, a « l'esprit de l'immortalité[119] ». De là une théorie de l'enthousiasme qui, ne concernant plus uniquement le génie solitaire, intéresse également l'émulation civique et l'admiration collective à laquelle il faut offrir sans cesse, pour l'enflammer, les « images des grands hommes », des « hommages nationaux » et des « récompenses publiques[120] ».

À la marginalité radicale de Rousseau, obsédé à la fin de sa vie par la seule préoccupation autobiographique, l'*Essai sur les règnes de Claude et de Néron* oppose donc une sorte de monument où résonnent des voix multiples, et qui s'apparente, par bien des aspects, au genre de l'éloge, dont Diderot relève alors publiquement toute l'importance qu'il a eue pour lui :

> Je préférerais un petit volume qui contiendrait l'*Éloge de Fénelon*, celui de *Marc Aurèle*, et quelques pages à choix de l'*Histoire naturelle*, à tous les ouvrages de Rousseau. S'il fut éloquent, il

faut avouer que personne ne fit un plus mauvais usage de l'éloquence[121].

C'est La Harpe, rappelons-le, qui avait remporté le prix de l'Académie, en 1771, pour l'*Éloge de Fénelon*, et c'est Thomas qui, en 1770, avait connu son plus grand succès pour l'*Éloge de Marc Aurèle* (l'autre grand stoïcien du moment avec Sénèque). Diderot tient à rendre, dans le contexte nouveau de sa dernière œuvre publiée, un hommage très appuyé à Thomas, qu'il avait si souvent encouragé lorsque celui-ci participait au concours[122].

Ayant déploré souvent que les orateurs académiques soient trop monotones et compassés, Diderot manifesta en mainte occasion le désir de se mesurer à eux. Quand l'éloge de Fénelon fut proposé par l'Académie, il alla jusqu'à prêter la main à un des concurrents[123]. Son *Éloge de Richardson*, en 1762, se présentait déjà comme un modèle énergique, susceptible de ranimer un genre menacé par la routine. Et Thomas reconnut lui-même combien cette œuvre singulière transcendait l'exercice académique : « ce n'est point un éloge, conclut-il, c'est un hymne[124]. » Diderot est certain en effet de pouvoir surpasser tous ces orateurs auxquels « rien ne bat au-dessous de la mamelle gauche[125] », mais c'est dans l'écriture exclusivement qu'il consent à donner les preuves de sa capacité vocale. L'*Essai sur les règnes de Claude et de Néron*, où il s'emploie à « montrer Sénèque » comme il « avait montré Richardson » autrefois, appartient lui aussi au genre « historique » et « apologétique[126] », et apparaît en cela comme une autre variation originale sur la forme de l'éloge.

Ce goût si réaffirmé, à la fin de sa vie, pour cette forme d'éloquence amène Diderot à marquer dans l'*Essai sur les règnes de Claude et de Néron*, comme nulle part ailleurs dans son œuvre, son intérêt pour le culte des grands hommes. Au moment où il s'adresse à ses contemporains, il reconnaît volontiers (plus aisément, en tout cas, que dans la correspondance avec Falconet) la vénération qu'ils en sont venus à éprouver pour les grands hommes vivants, leur désir de les approcher et leur passion pour les témoignages de toutes sortes. Contrairement à ses propres partis pris d'écrivain, qui l'amènent à disparaître résolument, il en vient donc à concéder l'utilité de toutes ces enquêtes et collectes de documents qui, au cours du siècle, ont renouvelé plus particulièrement l'histoire littéraire. Aussi rend-il grâce aux « biographes » anciens (Plutarque) et modernes (Moreri, Bayle) ainsi qu'aux différents secrétaires des académies (Fontenelle, d'Alembert, Condorcet) chargés de faire l'éloge des académiciens disparus : « nos neveux » leur devront « la connaissance utile des vertus sociales ou des défauts domestiques qui rendirent agréable ou fâcheux le commerce des hommes célèbres dont ils admireront les ouvrages [127] ». Diderot marque par là fortement l'intérêt des éloges savants de l'Académie, qu'avaient fait un peu oublier, il est vrai, ceux des grands hommes pour le concours d'éloquence.

Le nouvel intérêt pour la biographie des auteurs ayant conféré un peu plus de ferveur aux éloges traditionnels des académiciens disparus, ils ont fini par inspirer au public une piété inédite :

> Une sorte de reconnaissance délicate s'unit à une curiosité digne d'éloge, pour nous intéresser à l'histoire privée de ceux dont nous admirons les ouvrages. Le lieu de leur naissance, leur éducation, leur caractère, la date de leurs productions, l'accueil qu'elles reçurent dans le temps ; leurs penchants, leurs goûts, honnêtes ou malhonnêtes, leurs amitiés, leurs fantaisies, leurs travers, leur forme extérieure, les traits de leur visage, tout ce qui les concerne arrête l'attention de la postérité. Nous aimons à visiter leurs demeures ; nous éprouverions une douce émotion à l'ombre d'un arbre sous lequel ils se seraient reposés ; nous voudrions voir et converser avec les sages dont les travaux ont augmenté le pouvoir de la vertu et les trésors de la vérité [128].

Ainsi les hommages publics évoqués de façon encore lointaine dans la correspondance avec Falconet sont-ils devenus une réalité de la cité. Il n'y a rien de plus doux, s'écrie alors Diderot (en en faisant assurément l'application à lui-même), que de « croire qu'on enrichira sa nation d'un grand nom de plus » et qu'on laissera « à ses parents, à ses amis, à ses descendants, aux étrangers, aux siens, à l'univers, un sujet d'admiration, d'entretien et de regrets [129] ».

S'il se complaît parfois dans la jouissance anticipée du moment où sa statue sera placée entre celles des autres grands hommes, l'encyclopédiste ne sera pourtant jamais un objet de vénération pour tout un peuple à la façon de Voltaire ou de Rousseau. Il ne sera gratifié que de petites cérémonies modestes dans sa ville natale. Un des « moments les plus doux » de sa vie n'avait-il pas été, dans ses touchants commencements, celui où son père en pleurs le « vit arriver du collège les bras chargés de prix [130] » ? Lorsqu'en 1780 il offre une édition de l'*Encyclopédie* à ses concitoyens, le « conseil de ville » arrête « par acclamation qu'il sera écrit à monsieur Diderot pour le prier de trouver bon que la ville de Langres fît faire son portrait pour être placé dans une des salles de l'hôtel de ville ». Quelques mois plus tard, le maire accusera réception du buste de Houdon envoyé par Diderot et fera un commentaire enthousiaste (« Vous êtes plein de vie [131] ») en acceptant l'« idée excellente » de l'inaugurer à l'occasion d'un repas au champagne. Ce qui sera fait peu après :

> Nous avions hier à notre dîner une partie de nos citoyens les plus distingués. Votre buste placé à une des extrémités de la table, en réunissant les yeux des convives, inspirait cette gaieté agréable qui est le sentiment de la satisfaction générale ; tout le monde était dans la plus grande joie. Nous avons bien bu à votre santé et à celle de M. Houdon [...]. Après le café votre buste a été porté avec acclamation dans la chambre du Conseil où il va être exposé aux regards du public qui attend le moment où il verra l'image d'un citoyen qui lui est cher et qui lui fait honneur, et où il pourra admirer ainsi que nous l'ouvrage de l'artiste [132].

Comparée avec le couronnement du buste de Voltaire en sa présence, trois ans auparavant, à la représentation d'*Irène*, cette petite aubade municipale conçue par Diderot lui-même est une forme plutôt intime, et idéalement appropriée, de la cérémonie avec buste dont le goût se répand alors : moment parfait de joie presque domestique, où l'enthousiasme tient à l'effet du vin et surtout au rayonnement propre du buste qui réunit les cœurs dans une autre sorte d'ivresse. Voici donc Diderot à nouveau couronné à Langres, non plus comme un collégien plein de promesses, mais cette fois comme un patriarche dont l'effigie peut maintenant faire face à celle longtemps redoutée de son propre père. Cette vision réconciliée où l'encens domine, l'écrivain se garde bien pourtant de l'authentifier comme la révélation ultime d'une image publique de lui-même qui enfin le satisfasse. Si l'*Essai sur les règnes de Claude et de Néron* est marqué par le retour des figures paternelles, et même grand-paternelles, et par la multiplication de celles des grands hommes, le vieux Diderot ne se laisse pas en effet aisément « grand-périser [133] ».

## *Le dernier Panthéon de Diderot*

À la fin de sa vie, Diderot en vient à prendre en compte la belle action autant que la belle page, et la « défense des Calas » autant que la « tragédie de Mahomet [134] ». C'est la morale en action qui intéresse d'abord l'auteur de l'*Essai sur les règnes de Claude et de Néron*. De même que Sénèque était à Rome et non pas au fond des bois, de même il tient à se présenter comme un philosophe dans le siècle. Et, pour faire bonne mesure en suggérant un parallèle avec le célèbre couple de Voltaire et de Frédéric II, il ne manque pas de rapporter « que Sa Majesté Impériale de Russie l'a comblé de bienfaits dans sa patrie et de distinctions à sa Cour [135] ». Il se rapproche alors de ses contemporains comme jamais auparavant et ne dédaigne pas de les « citer », appelant ainsi à comparaître toute une galerie de grands personnages du moment : allusions peu flatteuses au défunt Louis XV et à ses mauvais conseillers (Terray, d'Aiguillon et surtout Maupeou [136]) ; invocations au « jeune souverain » qui vient de monter sur le trône ; mentions répétées (avec leurs initiales) des trois bons ministres successivement éconduits malgré leur dévouement et la sagesse de leurs vues : Turgot, Malesherbes, et Necker qui a offert sa démission le 19 mai 1781.

En même temps qu'il se réfère à ce Panthéon de plus en plus politique et très ancré dans le présent, Diderot en vient à se passionner pour une éloquence à l'antique dont il donne lui-même l'exemple en écrivant, en sous-main, les pages les plus véhémentes de l'*Histoire des deux Indes* de l'abbé Raynal, comme la fameuse *Apostrophe aux insurgents d'Amérique*. C'est pourquoi il ne manque pas de rappeler alors, après Thomas et Marmontel, que le genre de l'éloge a des origines strictement républicaines.

Il note que l'usage de « consacrer la mémoire d'un *grand homme*, après son décès, par l'éloge qu'en ferait un *grand homme*[137] » s'introduisit à Rome à l'occasion de l'oraison funèbre de Junius Brutus par Valerius Publicola : ce fut, précise-t-il, « l'année qui suivit l'extinction de la royauté » et « aux acclamations du peuple ».

Après le viol de Lucrèce par un des fils de Tarquin, Lucius Junius Brutus avait chassé celui-ci du trône et n'avait pas hésité à envoyer à la mort ses deux fils convaincus d'œuvrer au retour du tyran. Diderot avait sans doute été familiarisé très tôt avec cette image sévère de l'inflexibilité, lorsqu'il était l'élève du père Porée, professeur de rhétorique au collège Louis-le-Grand et auteur en 1708 d'un *Lucius Junius Brutus*, tragédie en latin à la première représentation de laquelle le jeune Voltaire assista et dont il s'inspira en 1730 dans sa tragédie de *Brutus*[138]. Plus encore que l'assassin de César (Marcus Brutus), ce personnage pouvait intéresser un siècle tellement obsédé du thème paternel. Pour sa défense de l'abbé Raynal, Diderot invoque ces deux emblèmes de la vertu républicaine : « Le livre que j'aime, proclame-t-il, et que les rois et leurs courtisans détestent, c'est le livre qui fait naître des Brutus[139]. » Il plaide en cela pour la puissance de sa propre parole à la façon des auteurs d'éloges qui se flattent de susciter par leur seule éloquence d'autres grands hommes. Ceux qu'il appelle de ses vœux, dans l'*Histoire des deux Indes*, sont d'un genre assez nouveau comme, par exemple, le « Spartacus » noir destiné à être le héros libérateur des colonies. Attentif au profond changement des choses, il sait monter le ton quand il le faut et saluer la « grande manière » du *Bélisaire* de David dans le *Salon de 1781*, ou mettre avec insistance au rang des grands hommes ce Brutus qui s'imposera peu après comme un des mythes les plus durables de la période révolutionnaire[140].

Le culte des grands hommes a une résonance profonde et constante dans l'œuvre de Diderot, parce qu'en vertu de sa propension à se fondre dans des voix multiples celui-ci ne pouvait qu'être fasciné par le genre de l'éloge où l'orateur en vient parfois à s'identifier à son modèle. Parmi les grands exemples qui s'offraient à sa mémoire, il ne cessa lui-même, tout au cours de son existence, de choisir quelques masques à sa convenance et il s'en empara à chaque fois avec une telle passion théâtrale, pour redonner vie à ces médailles un peu ternies, qu'il est bien difficile d'établir une hiérarchie entre ses grands hommes d'élection. À propos de l'« ami Diogène », par exemple, qu'il a aimé souvent contrefaire et dont l'image est tellement ancrée en lui, il déclare en 1762 « qu'il s'en va tous les jours » et que « dans huit ou dix ans d'ici, il n'en restera pas le moindre vestige[141] », comme si l'âge allait bientôt le rendre incapable de cet emploi devenu un peu trop bohème pour lui. En fait, il n'a jamais véritablement jeté le froc ni quitté sans retour le tonneau du cynique[142]. Loin d'apparaître seulement à leur heure, dans des périodes bien distinctes, selon l'ordre contraignant de la successivité biographique, les personnages qui l'ont un moment hanté (Socrate, Diogène ou Sénèque) sont une fois pour toutes à sa disposition et il en use ainsi qu'un vieil acteur du répertoire inoubliable de ses rôles. Au lieu de s'assagir, il se complaît jusqu'à la fin à faire l'enfant et le fou, désormais convaincu de n'être véritablement lui-même qu'à la condition d'être toujours hors de soi. À la façon de Rameau qui se place volontiers « entre Diogène et Phryné[143] », il préfère occuper l'intervalle et faire avant tout parade de ce cabotinage inspiré qui est apparu quelque peu histrionesque de son vivant, alors que s'y révèle pour nous l'art d'un grand comédien. De l'évanouissement dans une sagesse quasi orientale aux accents héroïques les plus virils, ces tons variés et ces compositions disparates attestent une non-coïncidence perpétuelle qui est érigée en principe par l'écrivain. Il n'y avait que la démesure si originale de cette parole de vie qui fût à sa ressemblance.

Ses vaticinations l'amènent à envisager, mieux que quiconque, l'imaginaire des grands hommes d'un point de vue onirique et visionnaire[144]. Aussi déclare-t-il, selon une belle intuition qui vaut d'abord pour lui-même, que le sentiment de l'immortalité et le respect de la postérité ont « je ne sais quelle analogie secrète avec la verve et la poésie » :

> C'est peut-être que les poètes et les prophètes commercent par état avec les temps passés et les temps à venir. C'est qu'ils interpellent si souvent les morts ; ils s'adressent si souvent aux races

futures, que le moment de leur pensée est toujours en deçà ou en delà de celui de leur existence. Espèces d'êtres bien rares, bien extraordinaires, bien étonnants[145] !

Diderot désigne ici son propre rôle de montreur d'ombres et de mage de la mémoire qui, pour reprendre son expression à propos de Thomas, sait « invoquer les mânes ». Ce pouvoir d'évocation tient à la faculté de se laisser déposséder de soi par l'enthousiasme. Il appartient surtout pleinement au registre de la « poésie dramatique[146] », notion hybride et mêlée du point de vue des genres, qui permet à Diderot d'allier les conceptions théâtrales les plus neuves à la plus ancienne tradition oratoire. Toutes ses visions esthétiques, divagations rêveuses et hardies, surgissant dans le chaos des orages ou au milieu des ruines, faisaient de lui un ordonnateur de cérémonies virtuelles et le prédisposaient à prendre en compte la part la plus liturgique du culte des grands hommes. *Le Fils naturel* et les *Entretiens sur le Fils naturel*, publiés en 1757, se présentaient comme une geste domestique évoquant rituellement le père, où le théâtre était expressément désigné comme l'espace privilégié d'une commémoration laïque : les grands hommes de la nation apparurent peu après sur de nombreuses scènes au moment où l'éloge académique concourait avec ses moyens propres à leur résurrection. De l'autel des dieux lares, qui délimite le périmètre confiné de ses premières pièces, aux grandes enjambées de la « promenade[147] » de mémoire qui, dans l'*Essai sur les règnes de Claude et de Néron*, lui permet de parcourir les époques, Diderot a donné toute la mesure, dans son œuvre même, de la prodigieuse extension des formes célébratives au XVIII<sup>e</sup> siècle.

Il prétendait, dans son ultime ouvrage, suivre l'« idée utile et grande » de « laisser un testament de mort[148] ». De même qu'il tente de dévoiler le fond de l'âme de Sénèque et le secret de sa « vie privée », Diderot en vient, à la fin de son livre, à faire un bilan surprenant de son propre destin d'écrivain malgré ses réticences pour toute forme d'élucidation autobiographique : dans cette première confession publique, un peu à la sauvette, il n'offre toutefois que le raccourci de sa vie en quelques lignes. Malgré sa façon d'affirmer (comme Montaigne) que c'est bien lui-même qu'il peint dans son livre, ses contemporains eurent de la peine à y démêler son portrait sinon dans le malentendu. Alors que Rousseau et Voltaire se montrent constamment soucieux de leur image, il refuse de prendre la pose pour fixer la sienne, préférant la laisser flotter indéfiniment en se rendant insaisissable. C'est d'abord dans le rôle de l'officiant, et non pour sculpter sa propre statue, qu'il s'intéresse au culte des grands hommes. Il aime inscrire, à la fin, celui-ci dans une simple conversation chaleureuse, c'est-à-dire dans le cadre qui lui est le plus familier et dont il a fait le principe de toute son œuvre :

> Ô Sénèque ! [...] Tu seras à jamais avec Socrate, avec tous les illustres malheureux, avec tous les grands hommes de l'Antiquité, un des plus doux liens entre mes amis et moi, entre les hommes instruits, de tous les âges, et leurs amis. Tu es resté le sujet de nos fréquents entretiens, et tu resteras le sujet des leurs [149].

Dans cette liturgie douce, moins dramatique que les entretiens de l'*Apologie de Socrate* qui ont si longtemps obsédé Diderot, le rite de mémoire repose sur une interlocution infinie entre générations et sur un agnosticisme fraternel. C'est dans le cercle le plus intime où la « verve » est loi que s'ancre l'adresse posthume. Jamais oublieux de ses folies, Diderot a pu ainsi se passionner pour le culte des grands hommes sans renier en quoi que ce soit le « libertinage » de son esprit ni sacrifier ses « catins [150] » à Caton.

## *Chapitre IX*

### LE TOURMENT DE ROUSSEAU

> Je pensais de cet homme admirable et singulier que ceux qui ne l'appelaient que Diogène ne l'avaient pas lu et que ceux qui ne l'appelaient que Socrate ne l'avaient pas vu.
>
> Le chevalier de Toustain [1].

Rousseau publie ses œuvres à découvert en y mettant sa signature avec beaucoup de panache ; il s'y dévoile à ses contemporains en leur disant leurs vérités. C'est à une affirmation de soi aussi nette que tint assurément son prodigieux succès. Le caractère provoquant de ses paradoxes, la hardiesse et la singularité de ses vues ont contribué à faire de chacun de ses livres un événement. Aucun autre écrivain du siècle n'aura trouvé aussi indiscutablement un public, par les voies très diverses de l'écrit politique et de l'opéra, du roman et du traité pédagogique. À preuve les innombrables comptes rendus de ses livres et l'important courrier des lecteurs sur des sujets qui, touchant aux mœurs, les passionnaient tout particulièrement. Jean-Jacques fut donc l'auteur le plus à la mode, et les Français, comme il en vint à le déplorer, se mirent à le « figurer à leur mode ». Adulé comme grand homme autant que Voltaire et Buffon, il fut plus inquiété qu'eux du fait de ses œuvres. Ainsi grandit le zèle de ses « enthousiastes ». Ce qu'il appela sa « réforme », c'est-à-dire le choix de faire sécession en se retranchant de la société, irrita un peu plus une curiosité grandissante à son endroit, et l'on n'hésita pas à le traquer dans ses retranchements où sa vie devint un spectacle. Il était voué en effet à subir les affres de la célébrité. Comme le lui déclare le prince de Ligne, avec beaucoup de perspicacité, à l'occasion de sa visite rue Plâtrière : « M. Rousseau, plus vous vous cachez, et plus vous êtes en évidence ; plus vous êtes sauvage, et plus vous devenez un homme public[2]. »

Or, il était destiné à réagir plus vivement qu'aucun autre à cette situation nouvelle de l'homme de lettres, car il avait dénoncé le règne de l'opinion et les dangers des masques, et vu venir mieux que quiconque le développement ultérieur de ce que nous appelons les « médias ». Cette acuité visionnaire, doublée d'une susceptibilité paranoïaque, l'amène peu à peu à se préoccuper presque exclusivement de l'intégrité de son image, à consacrer sa vie à rétablir celle-ci et, comme il le dit, à « ramener » les Français sur son compte. Son entreprise autobiographique est donc avant tout une réponse à l'obligation d'être vu que sa notoriété lui impose. Après avoir répondu à cette requête de ses contemporains, dans une exhibition crucifiante et toujours à recommencer, il parvient à se libérer du piège de cette comptabilité obsessionnelle en décidant de ne plus exister pour eux et de jouir de lui-même en dépit d'eux. Son errance, aussi fameuse que l'exil de Voltaire, prit la forme d'une véritable Passion et d'un parcours héroïque comme l'annonce Bernardin de Saint-Pierre : « Je présente à tous les hommes la statue de Rousseau battue aux vents de l'adversité, nue, rude, mutilée, n'ayant rien de l'élégance moderne ; mais à la grandeur de ses proportions, on verra que c'est une antique[3]. » Grand homme des Lumières tourné vers l'Antiquité républicaine, Rousseau apparaît bien comme une figure d'une autre trempe et déjà à la mesure des liturgies de la Révolution ; certes, un « pauvre homme [...], pareil aux morts sans sépulture », mais « comme l'aigle au devant des orages[4] ».

## *La tentation des « hommes illustres »*

« À six ans Plutarque me tomba sous la main, à huit je le savais par cœur[5] », note Rousseau qui aime à rappeler l'importance pour lui de cet auteur, « la première lecture de mon enfance », dit-il, qui « sera la dernière de ma vieillesse[6] ». De fait, dans le petit nombre de livres qu'il avait emportés à Ermenonville, il y avait bien la *Vie des hommes illustres*. Un épisode célèbre des *Confessions* le montre tout enflammé dans sa prime jeunesse par les grands modèles de l'Antiquité et se croyant grec ou romain, au point qu'« on fut effrayé » de le voir un jour, à l'exemple de Mucius Scaevola, « avancer et tenir la main sur un réchaud pour représenter son action[7] ». En vertu des mêmes souvenirs scolaires, bien des personnages de la période révolutionnaire cèderont à un emportement sacrificiel en se jetant dans le gouffre, pourvu que la patrie soit sauvée. « Moi qui braverais les supplices s'il les fallait éviter par un mensonge[8] », continue à proclamer Rousseau à la fin de sa vie, fidèle à cette même intrépidité juvénile que l'on retrouvera plus tard chez Stendhal dans la *Vie de Henry Brulard*, et bientôt dans les *Mémoires* de Brissot ou de Mme Roland, laquelle se plaît à rappeler qu'à neuf ans elle emportait son Plutarque à l'église « en guise de Semaine-Sainte ». Et Mably ne prétendait-il pas remplacer, dans l'éducation, les exemples de la fidélité chrétienne par ceux des vertus sociales, en offrant pour modèles à la jeunesse des héros qui fussent de simples citoyens ?

Dans son *Traité des études* de 1727, Rollin souhaite que l'histoire ait comme principale destination de faire entrer les élèves « en commerce avec tout ce qu'il y a de grands hommes dans l'Antiquité[9] ». C'est aussi en acquérant les premiers rudiments de la langue latine que les collégiens étaient initiés aux valeurs stoïciennes du sacrifice et de la grandeur d'âme. Rousseau semble surenchérir sur cette cruauté civique des Anciens si présente dans la plupart des exemples à visée pédagogique. Tous ceux qui font l'offrande de leurs entrailles au nom du bien commun le fascinent, et il ne manque pas d'évoquer l'histoire fameuse du jeune spartiate qui préféra se laisser dévorer le ventre que d'avouer le vol d'un renardeau. À propos de Brutus immolant ses fils, « l'exemple qui révolte le plus notre siècle », il remarque laconiquement que « s'il leur eût fait grâce [...] la République était perdue », sans envisager la moindre hésitation ou le moindre doute paternels[10].

Un transport héroïque venu de la plus lointaine enfance est à l'évidence, pour Rousseau, à l'origine de sa vocation d'écrivain. Dans son « illumination de Vincennes » qui lui donna l'idée de son premier discours, il prétend avoir composé sur place la prosopopée de Fabricius où, s'identifiant spontanément à ce consul probe et austère de la République romaine, il épouse sa « grande âme » en imaginant les sévères reproches que celui-ci aurait pu adresser aux romains décadents. C'est dans le même état d'esprit qu'il répond deux ans plus tard, en 1753, à la question, posée cette fois par l'académie de Corse, de savoir « quelle est la vertu la plus nécessaire au héros et quels sont les héros à qui cette vertu a manqué ». Rousseau n'enverra pas finalement ce discours qui n'a certes pas la vigueur des deux autres et qu'il désavouera fermement plus tard. Ce sujet à la mode, traité auparavant par Montesquieu, l'abbé de Saint-Pierre et Voltaire, lui fournit en tout cas l'occasion de désigner quelques-uns de ses grands hommes d'élection, animés par l'amour de la patrie, comme Lycurgue et Caton d'Utique. Il aime à rappeler, avec Montaigne, que la « prudence est mortellement ennemie de toute action héroïque », si bien qu'à ses yeux la principale vertu du héros est « la force de l'âme » : qualité qui semble alors le séduire malgré ce qu'elle comporte d'exaltation et toute une part obscure qu'il désigne comme l'« intempérance de gloire ».

Genève est le lieu de l'initiation première, mais c'est aussi la ville que Jean-Jacques assure avoir fui pour aller sur les grands chemins à la rencontre de ses chimères : « Ne trouvant rien autour de lui qui réalisât ses idées, il quitta sa patrie encore jeune adolescent, et se lança dans le monde avec confiance, y cherchant les Aristides, les Lycurgues et les Astrées dont il le croyait rempli [11]. » Étrange série attestant les rapports troubles que Rousseau entretient avec les hommes illustres, et où s'affirment les deux versants contradictoires de son tempérament. Tantôt, en effet, il assure que Plutarque le « guérit un peu des romans [12] » (c'est-à-dire des « émotions confuses » et des « notions bizarres » qui y étaient attachées), tantôt il met toutes ses premières lectures sur le même plan en y voyant l'origine de ses « folies », ainsi que d'un « goût héroïque et romanesque [13] ».

Si ses jeux d'enfants dans la campagne de Bossey adoucirent un peu son « âpreté romaine [14] », une flamme demeura toujours prête à se ranimer. La seule vue du pont du Gard, par exemple, réveille aussitôt en lui une irrévocable nostalgie pour la grandeur antique, ce qui suffit à l'arracher un moment à la liaison peut-être la plus sensuelle qu'il ait connue. Perdu « comme un insecte dans cette immensité » du monument où il aime à se faire « petit », il s'abandonne à une « rêverie qui ne fut pas favorable, dit-il, à Mme de Larnage », sa compagne de voyage : « Elle avait bien songé à me prémunir contre les filles de Montpellier, mais non pas contre le pont du Gard. On ne s'avise jamais de tout [15]. » Pour Diderot ou Casanova, des intérêts aussi divers ne sauraient entrer en concurrence et encore moins être sacrifiés les uns aux autres, alors que chez Rousseau il s'agit bien de deux attirances rivales où l'imaginaire est impliqué sur le même mode ; si bien que le pont du Gard apparaît lui aussi finalement comme un danger [16]. Comme le note Alexandre Deleyre, dans une lettre au marquis de Girardin peu après la mort de l'écrivain, « ainsi dans l'Élysée, Orphée ne cherchait qu'Eurydice, et Rousseau ne doit voir que Caton [17] ».

Lorsqu'il remporta le prix de l'académie de Dijon pour son premier Discours, cette nouvelle, se rappelle-t-il, « acheva de mettre en fermentation dans mon cœur le premier levain d'héroïsme et de vertu que mon Père et ma patrie et Plutarque y avaient mis dans mon enfance [18] ». Dans cette ébullition de gloire, qui se confond alors pour lui avec sa fidélité à Genève, il écrit peu après sa tragédie de *Lucrèce* et traduit le premier livre des *Histoires* de Tacite, comme s'il lui fallait se pénétrer un peu plus intimement des exemples antiques. Le rôle qu'il se met alors à jouer pour ses contemporains, tout empreint d'une disproportion donquichottesque, le conduit irrémédiablement à une rupture éclatante : il se met à copier de la musique pour gagner sa vie, convaincu que l'état d'auteur ne pouvait être « illustre et respectable qu'autant qu'il n'était pas un métier [19] ». Il ne cessera, dès lors, de vouloir apparaître comme le premier exemple, et le plus rigoureusement accompli, d'une émancipation qu'appelait de ses vœux d'Alembert quand il écrivait :

« Liberté, Vérité, Pauvreté [...] voilà trois mots que les gens de lettres devraient toujours avoir devant les yeux[20]. »

Cette grande manière et cette image inflexible de lui-même, si tôt adoptées, lui vaudront l'essentiel de ses tourments ; car, en se montant à une telle hauteur, il s'expose à être mis constamment en défaut. « C'est un bien curieux citoyen qu'un ermite », note aussitôt Diderot en épinglant une première contradiction apparente, et Rousseau conviendra lui-même du caractère excessif de ses positions lorsqu'il cherchera à élucider tout ce qui a pu faire le malheur de sa vie. Sa timidité, expliquera-t-il, l'a rendu cynique et conduit à se raidir dans une contention de vertu bien éloignée de sa nature, ce qui lui valut « une réputation de misanthropie » et fit de lui sans retour une figure du retranchement et de l'exil[21].

Tout un ensemble de causes, où Rousseau ne veut voir qu'un engrenage fatal, le contraignit donc à chausser le cothurne tragique et à se donner des rôles trop grands pour lui, l'amenant ainsi à éprouver le péril des images héroïques de l'enfance, qui peuvent se révéler finalement persécutrices. C'est pourquoi il en va bien autrement pour Émile. On ne lui fera pas lire l'histoire comme aux autres écoliers qu'on s'efforce de « faire devenir, tantôt Cicéron, tantôt Trajan, tantôt Alexandre », en leur donnant à « chacun le regret de n'être que soi[22] ». Et Rousseau déclarait encore comme un regret, à la fin de sa vie, qu'il ne faut jamais se rendre étranger à soi-même et que « c'est une erreur de se patronner sur les grands hommes[23] ».

## *Socrate, Caton, Jésus*

Son enthousiasme républicain a longtemps poussé Rousseau, il est vrai, à se chercher des modèles plutôt chez les Grecs et les Romains[24]. En vérité, il est loin d'être le seul à aimer le drapé, mais c'est par une ferveur purement égotiste qu'il cède à l'attrait des grands exemples, essentiellement afin de se donner des garants pour authentifier ses positions paradoxales et sa mythologie personnelle. Ainsi, dans son plaidoyer contre les sciences et les arts, il n'hésite pas à opposer Socrate aux philosophes des

Lumières eux-mêmes qui en avaient pourtant fait, avant tout autre, leur grand homme. Et il n'en met pas moins en concurrence, par ailleurs, l'image de Socrate avec celle de Caton l'Ancien, confrontation qui se clôt sur ce point d'orgue : « L'un était plus philosophe, et l'autre plus citoyen[25]. » Au nom du critère d'« utilité » si cher à l'abbé de Saint-Pierre, Rousseau donne finalement la préséance à l'homme d'État (qui porte sa patrie dans son cœur) sur le philosophe.

Au moment où une certaine définition du « grand homme » tend à se fixer dans le débat public, il aime à brouiller les repères en faisant appel, d'une façon plus syncrétique et plus ambiguë, à des notions qui évoquent également le héros et le saint. Soucieux de réconcilier les athées vertueux et les chrétiens tolérants, il n'est pas acquis à l'idée d'un Panthéon exclusivement laïc. Caton, qui « semble un dieu parmi les mortels », est ainsi tout auréolé d'un lexique hybride annonçant un autre ordre de la valeur et de la croyance[26]. Et Socrate compte peu finalement si on le compare au Christ car la sublime simplicité de l'Évangile fait paraître petits les livres des philosophes (« le fils de l'homme » sait en effet parler le langage de la vérité dont il a « la source en lui-même[27] »). Poussant cette provocation jusqu'au bout dans *Émile*, Rousseau remet en cause un véritable mythe des Lumières en réévaluant la mort de Socrate, une « mort facile », et qui suffit à peine à racheter l'« adroit sophiste », en regard de celle du Christ : « Oui, si la vie et la mort de Socrate sont d'un sage, la vie et la mort de Jésus sont d'un Dieu[28]. »

Le Christ lui offre, à l'évidence, une image de sa propre solitude. Cette figure rassurante, qui le conforte dans l'idée qu'il est possible de se suffire à soi-même, s'impose de fait comme l'unique solution à ses hantises et l'aide à conjurer celle de devoir comparaître au tribunal des humains. « Il n'y a point d'hommes entre cette preuve et moi », déclare-t-il à propos de l'Évangile[29]. La parole si humaine du divin prophète qui seul peut l'absoudre se confond pour lui avec l'immortelle et céleste voix de la conscience, c'est-à-dire que le jugement de Dieu auquel il prétend se soumettre se réduit en réalité à une curieuse ordalie narcissique dans la clôture protégée de ses chimères[30]. Ainsi le censeur virulent de son siècle semble-t-il vouloir s'excepter de toute juridiction humaine, et le citoyen révoque-t-il (aussi vivement que le font les anti-philosophes) les juges de mémoire laïcs qui prétendent rendre leurs arrêts au nom de la cité. C'est donc grâce à une image irénique et libératrice de Jésus que Jean-Jacques put enfin « briser les fers de l'opinion [31] ».

« Je prends le parti [...] d'être mort au public de mon vivant [32] », écrit-il en 1766, et il aime à se présenter ensuite comme seul sur la terre et sans attaches, ayant désavoué la génération présente parce qu'elle a ourdi un complot contre lui. Bien qu'il affecte cette posture d'outre-tombe, il ne s'en remet pas aussi résolument que Diderot à une lointaine postérité, et ce n'est pas non plus pour le salut de son âme qu'il décide de se consacrer à une vaste entreprise autobiographique. « Être éternel, rassemble autour de moi l'innombrable foule de mes semblables : qu'ils écoutent mes confessions [...] [33] », lance-t-il au début de son ouvrage en réclamant l'intercession de la divinité. C'est à la condition de ce recours à Dieu comme à un arbitre ultime qu'il accepte et revendique d'être jugé, non pas devant un petit cénacle de philosophes ni même devant l'opinion publique, dans ses réseaux très relatifs, mais devant le tribunal universel du genre humain. Cette supplique si pleine de démesure est à l'image de celui qui prétend être dans l'abîme et qui écrit de la même façon : « Mon Dieu ! donne-moi des vertus, et me place un jour auprès des Fénelons, des Catons, des Socrates. Que m'importera le reste du genre humain ? Je ne rougirai point d'avoir été homme [34]. » Cet autre vœu emphatique a un caractère tout aussi surprenant, car qu'est-ce qu'être un grand homme pour Dieu et exclusivement pour lui ?

## *La geste du génie souffrant*

Rousseau fait partie de ceux qui – pour reprendre l'expression de Diderot – « font de la poésie dans la vie [35] ». Il relève en lui-même un penchant à la « mélancolie » et une « source de tristesse » dont il ne sait démêler l'origine [36]. Aussi les revers subis par les grands hommes l'ont-ils toujours autant intéressé que leurs actions d'éclat. Selon Bernardin de Saint-Pierre, « il préférait Plutarque à Tacite comme le peintre du malheur[37] », et il est vrai que celui-là n'omet pas les aspects touchants et pathétiques de la vie des hommes illustres : n'était-ce pas, en outre, une part essentielle, et la plus plaintive, de l'éloge académique ? Ceux qui avaient pleuré à la lecture de *La Nouvelle Héloïse* en vinrent donc à s'intéresser au destin troublé et ténébreux de Rousseau, rappelant l'exil d'Ovide ou l'égarement du Tasse[38]. Devant ses visiteurs, Jean-Jacques s'abandonne parfois à une mélodieuse et narcissique aubade en chantant une pièce de son « recueil d'airs, romances et duos » qu'il a intitulé *Les Consolations des misères de ma vie.*

C'est dans les épreuves que, s'identifiant à de grands personnages, il en vient à entretenir le plus sûrement son propre mythe[39]. Lorsqu'il est décrété de prise de corps au moment de la condamnation d'*Émile* en 1762, il est aussitôt comparé à Socrate par plusieurs de ses correspondants (Rey, Rulhière, d'Alembert), et encore à l'occasion des remous soulevés par les *Lettres écrites de la montagne* : « Homme illustre, vous êtes persécuté, mais n'avez-vous pas dû vous y attendre ? Tout novateur, Socrate même, ne l'a-t-il pas été[40] ? » Plus tard, Helvétius et Malesherbes ne pourront l'imaginer sans que s'opère cette surimpression devenue presque obligée.

L'auteur de la *Profession de foi du vicaire savoyard*, n'hésite pas, d'autre part, à recourir, quand il parle de lui-même, au vocabulaire de la sainteté : « J'envie la gloire des martyrs. Si je n'ai pas en tout la même foi qu'eux, j'ai la même innocence et le même zèle, et mon cœur se sent digne du même prix[41]. » Cela explique qu'il ait suscité une sorte d'adhésion religieuse sans équivalent, dont il lui est arrivé de s'effrayer lui-même et qui atteignit son paroxysme pendant la période révolutionnaire[42]. Quand Alexandre Deleyre écrit au marquis de Girardin « pour prendre en charge la mémoire » du grand homme mort peu auparavant, il fait appel précisément à cette dimension tout à fait particulière : « Les amis de Rousseau sont comme apparentés par son âme qui les a liés à travers la distance des pays, des rangs, de la fortune et même des siècles. Soyons amis en Rousseau, comme les Chrétiens le sont en Jésus-Christ[43]. » Un tel zèle ne pouvait que s'enflammer un peu plus à la parution des *Confessions*, ouvrage si plein de résonances bibliques sur le thème principalement de la chute, où le récit d'une vie prend la forme d'un chemin douloureux avec ses différentes stations.

Ainsi de la fameuse « lapidation de Môtiers », promue au rang de catastrophe. Cet incident, au cours duquel des cailloux furent lancés contre les volets de Rousseau, avait été, pour une grande part, le fait de garnements pareils à ceux qui accompagnaient parfois le promeneur solitaire en se moquant de son habit arménien ; et Voltaire, de même, pendant son séjour à Paris en 1778, lorsqu'il s'aventura dans la rue vêtu d'un antique accoutrement, fut pris pour un masque de carnaval par quelques galopins qui lui firent un moment escorte. Dans de telles circonstances, Rousseau s'imagine toujours être l'objet d'une proscription et d'une dérision universelles[44]. Le comte d'Escherny, qui se présente dans ses souvenirs comme un témoin habilité de la vie de Rousseau, a fait sur la « lapidation de Môtiers » un commentaire sans doute excessif par son ironie, mais riche d'enseignements quant à la constitution progressive d'une aura légendaire :

> Les grands hommes ne font rien comme le commun des mortels ; ils aiment à occuper d'eux le public, à exciter sa curiosité, à devenir le sujet des conversations, à donner matière aux discours, aux conjectures, aux réflexions de toute espèce. Il s'agissait donc de faire du départ de Rousseau un *événement*, de lui donner l'apparence d'une fuite pour se soustraire à la persécution, fuite qui pût devenir célèbre, faire époque, et à laquelle on pût donner un nom, comme, par exemple, *fuite du philosophe de Môtiers-Travers à l'île de Saint-Pierre* ; ce qui rappellerait celle du *prophète de la Mecque à Médine*. Comment s'y prendre ? attendrons-nous du hasard l'événement, ou l'obligerons-nous d'arriver ? Dans l'un ou l'autre cas, cet événement s'est réduit à une vitre cassée. [...] Ceci n'est point une satire (je parle de l'hégire de Jean-Jacques) car je vous jure que si j'étais grand homme, j'en ferais tout autant. Chaque état a son charlatanisme[45].

Si Rousseau fut plus réellement importuné que ne le suggère cette version de l'incident, l'analyse vaut pour l'essentiel en dévoilant comment l'écrivain fait un sort à certains épisodes de sa vie. Il sait intéresser par là à ses malheurs, et incarne finalement, mieux que tout autre, l'image canonique du grand homme persécuté. Ainsi naît l'idée durable (qui resurgira dans l'enceinte de l'Assemblée nationale) d'une dette particulière de l'opinion publique et de la nation envers lui[46].

Par sa marginalité même, Rousseau vient occuper une toute première place dans le culte des grands hommes vivants auquel il réagit plus violemment que tous les autres écrivains célèbres du temps, en lui opposant une réponse forcenée dans son œuvre autobiographique. D'autre part, comme le montre sa participation à plusieurs concours, il n'est pas indifférent à ce milieu académique où ce culte a pris un nouvel essor, et il ne réserve pas son admiration pour les seuls hommes illustres de l'Antiquité[47]. Parmi les modernes, il aime citer Turenne et Villars. Ses préférés sont Catinat et Fénelon, qui ont connu l'un et l'autre l'ingratitude des cours[48]. Dans sa jeunesse, Jean-Jacques était devenu, à l'en croire, « dévot presque à la manière de Fénelon[49] » dont l'influence se fait sentir dans plusieurs de ses œuvres (dans *Émile*, par exemple, il réutilise les illustrations des *Aventures de Télémaque*). Fénelon est, avec Plutarque, celui qui l'a initié à l'imagerie des grands hommes et pour lequel il a jusqu'à la fin de sa vie une dévotion sans égale. « S'il avait vécu, j'aurais cherché à être son laquais pour mériter d'être son valet de chambre », déclare-t-il à Bernardin de Saint-Pierre[50]. Il est prompt en effet à admirer : ses démêlés avec Voltaire ne l'empêchent pas, par exemple, de souscrire pour sa statue, et il se plaît à rendre justice à Buffon[51]. Selon Hérault de Séchelles, dans son *Voyage à Montbard*, Rousseau se serait agenouillé sur le seuil du cabinet d'étude du grand homme, et cet hommage aurait été immortalisé par ces vers gravés sur la porte : « Passant prosterne-toi ! C'est devant cet asile / qu'aux pieds du grand Buffon tomba l'auteur d'*Émile.* » Ainsi Rousseau est-il capable de témoigner cette piété dont il fut lui-même l'objet au point d'en être accablé.

### *« Quant à Messieurs mes admirateurs... »*

Rousseau s'est flatté de l'« éclat d'applaudissement » qui avait salué la parution de la plupart de ses ouvrages. S'il a répondu avec soin aux lettres enthousiastes que lui avait valu

*La Nouvelle Héloïse*, il a éprouvé très tôt les désavantages de ce succès sans précédent[52]. À la publication de son premier Discours, suivie de plusieurs polémiques, sa notoriété fut telle que sa « chambre ne désemplissait pas de gens qui sous divers prétextes venaient s'emparer » de son temps, et « les femmes employaient mille ruses » pour l'inviter à dîner[53]. Plus tard lorsqu'il crut s'être mis à l'abri dans le désert de l'Ermitage, il continua d'être importuné par « des tas de survenants » et de « désœuvrés » qui l'obligeaient à renoncer à son « joli projet » pour la journée[54]. Rousseau est assiégé par ses admirateurs de façon plus insistante que tout autre écrivain de l'époque, parce que ses œuvres (du grand roman d'apprentissage au traité d'éducation) apparaissent plus personnellement adressées au lecteur, si bien que « chacun se croit le seul[55] » et n'hésite pas à venir consulter l'auteur : tel père vient montrer son fils élevé selon les préceptes d'*Émile* ; tel jeune homme souhaite présenter sa fiancée ; d'autres sont impatients de soumettre au grand homme comme à un confident leurs problèmes les plus privés. « Quand une fois ma personne fut affichée par mes écrits », note Rousseau avec beaucoup d'agacement pour ses trop nombreux visiteurs, « je devins le bureau général d'adresse de tous les souffreteux ou soi-disant tels[56]. » Il est vrai qu'avec le temps ce phénomène n'avait fait que s'amplifier en s'aggravant :

> J'avais à Môtiers presque autant de visites que j'en avais eu à l'Ermitage et à Montmorency, mais elles étaient la plupart d'une espèce fort différente. Ceux qui m'étaient venu voir jusqu'alors étaient des gens qui ayant avec moi des rapports de talents, de goûts, de maximes les alléguaient pour cause de leurs visites et me mettaient d'abord sur des matières dont je pouvais m'entretenir avec eux. À Môtiers, ce n'était plus cela, surtout du côté de France. C'étaient des officiers ou d'autres gens qui n'avaient aucun goût pour la littérature, qui même pour la plupart n'avaient jamais lu mes écrits, et qui ne laissaient pas, à ce qu'ils disaient d'avoir fait trente, quarante, soixante, cent lieues pour venir voir et admirer l'homme illustre, célèbre, très célèbre, le grand homme etc.[57].

Rousseau ne sait que répondre à cette nouvelle sorte de pèlerins empressés de le rencontrer mais incapables de dire exactement pourquoi, et qui donnent ainsi corps, par leur curiosité muette, à une crainte ancienne de l'écrivain. « Bientôt il aurait fallu me montrer comme Polichinelle à tant par personne[58] », déclare-t-il dès qu'il commence à être connu. De fait, il fallait l'avoir vu pour être à la mode. Mme du Deffand écrit à Walpole qu'il est devenu un spectacle au rang de Nicolet, c'est-à-dire du théâtre de foire ; et l'on a prétendu que Thérèse avait fait payer certains visiteurs pour leur montrer le grand homme à son insu dans son tour de jardin[59]. Ainsi s'explique l'exaspération grandissante de Rousseau contre tout le bruit qui l'environnait[60].

C'est lors de son retour à Paris, en 1770, tellement annoncé et commenté par la presse, qu'il fut le plus assailli. Reconnu partout dans la ville, il rêve de posséder l'« anneau de Gygès » afin de se rendre « invisible[61] ». Il faut en effet mettre des sentinelles pour le protéger de ceux qui veulent assister à sa partie d'échecs, et il y a une grande presse sur son passage :

> Il s'est montré plusieurs fois au café de la Régence, sur la place du Palais-Royal ; sa présence y a attiré une foule prodigieuse, et la populace s'est même attroupée sur la place pour le voir passer. On demandait à la moitié de cette populace ce qu'elle faisait là ; elle répondait que c'était pour voir Jean-Jacques. On lui demandait ce que c'était que Jean-Jacques ; elle répondait qu'elle n'en savait rien, mais qu'il allait passer[62].

Étrange vénération dont l'objet est si flou qu'elle semble convenir assez bien au dernier Rousseau de la rue Plâtrière, qui affecte de n'être qu'herboriste ou copiste, en tirant un trait sur son œuvre. Bien des gens suivront plus tard son convoi de panthéonisation sans l'avoir jamais lu, et c'est cette adhésion populaire très vague dans son principe que mettront alors en cause les détracteurs de l'institution du Panthéon.

Loin d'avoir été exclusivement harcelé par des fâcheux sans étoffe ni intérêt pour lui, Rousseau a aimé recevoir, dans ses différentes demeures, tous ceux qui lui importaient. Il a toujours apprécié, par exemple, une société aristocratique pour laquelle il fait à la fin de sa vie la lecture des *Confessions*. C'est avec une réelle satisfaction d'amour-propre qu'il évoque les hôtes princiers du maréchal de Luxembourg à Montmorency (ducs, marquis, comtesses) « qui du château ne dédaignaient pas de faire par une montée très difficile le pèlerinage de Montlouis[63] ». Cela lui procure souvent, il est vrai, d'agréables interlocuteurs pour une conversation brillante et pleine d'émotion ; si bien que le prince de Ligne éprouve en le quittant « le même vide qu'on sent à son réveil après avoir fait un beau rêve[64] ». Devant le comte de Crillon, ou Aurore de Saxe, Rousseau s'anime jusqu'aux larmes.

L'auteur d'*Émile* apprécie, tout comme Voltaire, la compagnie des jeunes gens auxquels il se plaît lui aussi à servir de mentor. Un jeune aristocrate de vingt-trois ans note en 1761 après une rencontre avec lui : « En nous séparant nous échangeâmes un baiser ; il me parut qu'il m'aimait[65]. » Dans ces touchantes effusions, l'écrivain montre une attention toute particulière à ceux qui pourront, dans l'avenir, mettre leur ferveur au service de son œuvre. Aussi James Boswell est-il reçu sans difficulté : ce jeune voyageur anglais, tellement impatient de rencontrer les personnages célèbres, se présente déjà comme un professionnel de l'entretien et ne manque pas de faire également une halte auprès du patriarche de Ferney[66]. Pour approcher plus sûrement Rousseau, il s'allie les bonnes grâces de Thérèse et s'installe à Môtiers. L'*interviewer* obstiné parvient à imposer à l'écrivain une sorte de contrat tacite pour des entretiens réguliers dont la durée est invariable : et lorsque ce dernier, lassé de cette contrainte, veut par la suite en écourter un, le jeune interlocuteur n'hésite pas à lui rappeler qu'il a « encore vingt-cinq minutes[67] ».

L'affluence devient telle qu'avec l'aide énergique de Thérèse il faut faire la chasse aux importuns et que Rousseau finit par croire, dans le délire de ses dernières années, qu'on veut « l'envoisiner [...] de mouches venimeuses » appartenant au fameux « complot[68] ». Certains écrivains eux-mêmes, et non des moindres, comme Goldoni, Bernardin de Saint-Pierre ou le musicologue Charles Burney, se montrent pleins d'appréhension à la seule idée de s'annoncer, car on dit que Rousseau a « rembarré de nombreux visiteurs[69] ». De là les stratagèmes utilisés par beaucoup d'entre eux pour venir à bout de ce premier et principal écueil. Mais il ne faut pas non plus contrevenir ensuite au rituel de la rencontre et, par exemple, à l'interdit portant sur les cadeaux. Un simple paquet de café offert par Bernardin manque de provoquer une rupture irrémédiable, et quelques bouteilles de vin expédiées par un étourdi font aussitôt annuler l'invitation à dîner. C'est jusque dans ces tout petits détails que Rousseau tient à manifester sa pleine et entière liberté d'écrivain.

En vérité, les visites présentent un beaucoup plus grand intérêt pour lui, à partir du moment où il se consacre exclusivement à son entreprise autobiographique. En octobre 1763, il accueille à bras ouverts deux Suisses de langue allemande qui se vouent à la défense de son œuvre et qui viennent pour un véritable reportage destiné à le faire connaître « en entier [70] ». Il s'empresse de leur lire ses *Lettres à Malesherbes* qui constituent une première ébauche de son portrait. Mieux que tout autre écrivain de son temps, il saura trouver de nombreux propagandistes de l'image qu'il veut donner de lui-même : des témoins comme Ménétra ou d'Escherny, des gardiens attitrés de sa mémoire comme Deleyre ou Dussaulx, lequel publiera en 1798 un ouvrage intitulé *De mes rapports avec J.-J. Rousseau* ; ou Bernardin qui s'emploie à « faire connaître les mœurs » de l'écrivain à la postérité et présente son propre ouvrage « comme une espèce de supplément » aux mémoires de Jean-Jacques, dont il ne sait encore rien lui-même [71].

Obsédé de manifester son unicité jusqu'à se présenter comme le seul être qui soit vrai en tout, Rousseau n'a pas toujours convaincu ses visiteurs. Certains n'ont vu qu'une « affectation d'indépendance » dans sa volonté d'être copiste [72]. D'Escherny relève quelque « coquetterie » au sujet de sa santé (dont il se plaint exagérément comme de son mauvais sommeil) et constate en général une distorsion inévitable chez un homme qui veut incarner ses principes tellement à la lettre :

> Je l'ai vu trop longtemps de trop près pour partager l'innocence de ses jugements, mais je ne l'en ai pas moins aimé et estimé ; il le savait, et quoiqu'il me craignît un peu parce qu'il voyait que je

le pénétrais et que ses faiblesses ne m'échappaient pas, il ne m'en aimait pas moins[73].

« L'on voulait connaître cet homme bizarre[74] », remarque Rousseau en évoquant l'épisode décisif de sa « réforme », conscient que sa nouvelle conduite avait pu alors apparaître forcée et artificielle. Le jeune comte de Szek ne sera pas complètement subjugué en effet par cette adéquation admirable, dont se targue sans cesse l'écrivain, entre son mode de vie et la règle trop rigoureuse qu'il prétend se donner. Il en gardera plutôt l'impression mitigée d'une singularité maniaque qu'illustre, par exemple, l'accoutrement de Jean-Jacques (des « semelles de bois » et d'étranges coiffures qui semblent annoncer les chapeaux d'André Gide), si bien que son constat est empreint d'un doute : « Il est bizarre, mais, ainsi que je crus m'en apercevoir, il cherche à paraître encore plus bizarre qu'il ne l'est réellement[75]. » Plusieurs témoins considéreront eux aussi qu'il y a une part de manège dans la façon un peu trop calculée dont Rousseau a réglé le spectacle de son petit ménage.

Ses positions philosophiques et esthétiques les plus radicales, loin de lui offrir une échappatoire, contribuent à l'enfermer plus irrémédiablement dans le piège où, de son propre aveu, il s'est « enlacé ». Sur ce point précis de l'image aléatoire et proliférante de lui-même, dont tout grand écrivain doit alors apprendre à s'accommoder, il convient de confronter Rousseau et Diderot auquel sa « diable de philosophie » fournit de tout autres ressources et qui sait trouver des solutions heureuses. Diderot, comme on l'a vu, a une capacité singulière à prendre des masques et à théâtraliser ses apparitions. Cela tient principalement à sa réflexion sur les arts et à la notion de « scène composée » où se fonde une esthétique générale de la dissonance et du montage[76]. Et l'on peut dire, en continuant à utiliser le vocabulaire du septième art, tellement approprié aux conceptions modernes de Diderot, que, dans sa manière calculée d'apparaître, celui-ci s'emploie à n'être jamais « synchrone[77] ». Rousseau s'en remet, tout au contraire, à son fameux principe musical d'« unité de mélodie », qui s'est imposé à lui, avec de plus en plus de force, comme un recours fantasmatique pour renouer le fil de sa « vie coupée en deux parties » depuis « le temps où il a publié des livres[78] ».

C'était déjà, selon lui, le « principe caché » de son *Devin de village*[79]. Il se prévaudra toujours, et surtout au moment de l'écriture douloureuse des Dialogues où il cherche à se mettre sous la protection d'Apollon, d'avoir composé un tel opéra, c'est-à-dire du « parfait accord des paroles et de la musique », de « l'ensemble exact du tout qui en fait, dit-il, l'ouvrage le plus un que je connaisse[80] ». De cette esthétique musicale de la linéarité et du lié, qui tend à la libre expression du sentiment dans la musique, il prétendra faire un drapeau pour sa défense et le signe irréfutable de l'unité de son âme, comme de la sincérité innocente de son cœur, en tâchant de calmer par là ce vertige de dépossession insinué en lui par ses persécuteurs qui brouillent son image. Pour calmer ce trouble, Jean-Jacques s'emploie à démontrer sans relâche la coïncidence et l'accord entre son portrait « lié dans ses parties » et le « système lié de ses livres ». Rousseau est donc amené à corriger dans son propre sens les analyses musicales de Diderot, car rien, selon lui, ne doit venir contrarier l'énergie de l'expression et « toute musique où l'on distingue plusieurs chants simultanés est mauvaise[81] ». Il faut d'abord en effet « éviter la duplicité de mélodie[82] » : étrange formule qui trahit la propension rêveuse de Rousseau à faire de la musique un lieu utopique d'allégement et d'assomption, où il puisse conjurer idéalement la fatalité d'être double.

À la nouvelle exigence du public, qui veut les voir et les toucher, Diderot et Rousseau ont réagi vivement en inventant toute une gamme de prestations et de contenances. Surpris par ces nombreux témoins, le premier improvise un jeu supérieur qui ne peut que les décevoir, et se produit sans effort comme personnage dans différents rôles, parce que c'est le principe de son œuvre. L'autre, en proie à l'illusion de la présence, s'entête à vouloir paraître en tant que personne sur cette scène, et prend au tragique la sommation d'être vu, au point qu'il n'en supporte vraiment l'idée que dans l'écriture où il règle tout à sa guise.

## *Histoire des portraits*

Quand le libraire Rey suggère à Rousseau, en 1761, de rédiger une histoire de sa vie pour la placer en tête de ses *Œuvres complètes*, l'écrivain saisit l'occasion d'opposer un portrait enfin définitif à toutes les caricatures qu'on fait de lui. Mais, à la première lecture imprudente des *Confessions*, il découvre plus tard que son ouvrage ne fait qu'irriter un peu plus la curiosité de ses contemporains. Par cet écrit, il a en effet « initié le public dans toutes ses faiblesses, dans toutes ses fautes les plus secrètes [83] », si bien que Diderot pourra évoquer cet « ouvrage posthume où il vient de se déclarer fou, orgueilleux, hypocrite et menteur [84] ». Convaincu qu'il a donné là une matière nouvelle à cette « ligue » attachée à le diffamer, Rousseau affirme que la « canaille » ne l'approche plus que pour le surprendre et tirer de là quelques « nouveaux traits pour son portrait ».

Les Dialogues rédigés à partir de 1772, un an après la lecture publique des *Confessions*, sont une ultime tentative d'élucidation biographique, beaucoup plus cruciale. Cette œuvre étonnante constitue, à coup sûr, la réaction la plus systématique à la contrainte d'apparaître en pleine lumière que le culte des grands hommes avait imposée aux plus illustres écrivains de l'époque. Rousseau y fait le détail de cette expérience particulièrement traumatisante pour lui, passant en revue les défigurations dont il est l'objet comme les brouillages susceptibles de troubler la diffusion de son œuvre. Aussi a-t-il, de son propre aveu, « rarement donné plus d'un quart d'heure par jour » à cet écrit entrepris avec « le plus de répugnance et le plus d'ennui ». Mais il s'agit également, par cet ouvrage, d'avoir recours une fois de plus au monde transparent des chimères contre la malfaisance des signes, et de démystifier par la seule force du langage l'être monstrueux que les Français ont fait de lui.

Après avoir été harcelé, plus qu'aucun autre écrivain de son temps, par une foule de visiteurs de toutes sortes, Rousseau se plaît à concevoir dans l'imaginaire, une « visite à Jean-Jacques » qui soit enfin un parfait scénario d'authentification. Il construit ainsi l'utopie d'un bon témoignage en sa faveur, dont le constat sans appel est l'« accord de sa vie et de ses maximes ». Mais, pour venir à bout d'un sempiternel danger extérieur, il ne sait jamais que se dédoubler en continuant, comme dans *Les Confessions*, à s'instituer lui-même en tout premier garant de sa propre cause. Ainsi l'indique le sous-titre du livre (*Rousseau juge de Jean-Jacques*) et ainsi en prévient l'auteur d'entrée de jeu : « Il fallait nécessairement que je dise de quel œil, si j'étais un autre, je verrais un homme tel que je suis[85]. »

L'ouvrage est une longue interrogation sur l'énigme de ces étranges pèlerins, sans doute mal intentionnés, qui voulaient absolument voir Rousseau, sans l'avoir jamais lu. Cette question est posée, on ne peut plus clairement, au début du deuxième Dialogue : « Le Français : Hé bien, Monsieur, vous l'avez vu ? Rousseau : Hé bien, Monsieur, vous l'avez lu ? » Le personnage du « Français » ne l'a ni lu ni vu, et il se contenterait manifestement de l'avoir vu. Le personnage désigné par le nom de « Rousseau » a une connaissance intime de son œuvre, ce qui fait de lui le plus sûr témoin. C'est lui qui rend d'abord visite au troisième interlocuteur des Dialogues (« Jean-Jacques »), pour une sorte de repérage minutieux afin de tirer son portrait véridique. Ce travail préparatoire est une enquête qui se veut bien différente d'un entretien de passage, car « c'est dans la familiarité d'un commerce intime, dans la continuité de la vie privée qu'un homme à la longue se laisse voir tel qu'il est[86] ». Pour se faire un jugement solide, il faut donc « tenir note de tout ». Rien n'est indifférent en effet dans la vie domestique de Jean-Jacques, comme le fait qu'il soit parvenu à faire nicher des hirondelles dans sa chambre sans qu'elles s'effarouchent, ou qu'il ait appris à son chien à vivre familièrement avec son chat. Après cet examen détaillé, le « Français » peut-être introduit à son tour auprès de « Jean-Jacques ». Dans cette seconde visite, en forme de *happy end*, toutes les contradictions se résolvent. Seule l'écriture peut favoriser une telle résorption de la réalité biographique dans le système de l'œuvre, ce qui permet d'en finir idéalement avec le terrible regard du tiers importun. Ainsi est conjurée, dans un instant d'illumination utopique, une expérience de l'altérité fatalement hostile.

Dans la majeure partie de cet ouvrage généralement sombre, Rousseau revient avec une précision morbide sur les causes de ses souffrances. Il s'ingénie à concevoir « une hypothèse générale qui pût rassembler tous les motifs » qu'on a contre lui et à épuiser les possibilités en « choisissant le pire ». La vision du milieu littéraire qui en ressort, aussi noire soit-elle, apparaît d'une étonnante acuité sociologique et rappelle les hardiesses si éclairantes de la *Lettre à d'Alembert.* Cela fait des Dialogues une œuvre symptôme et un des plus profonds diagnostics formulés sur les Lumières. Reprenant à son compte certaines expressions des anti-philosophes, Rousseau décrit comment se sont réunis dans les petits « tribunaux » littéraires ceux qui se vantent d'être les « arbitres de la renommée, les distributeurs de la gloire », et qui ont « endoctriné » peu à peu l'opinion publique. Ce « tripot littéraire » a fini par produire une « jaunisse universelle », car les gens de lettres, autant nourris de fiel que de philosophie, sont ravagés par l'amour-propre. Dans cette foire d'empoigne, Rousseau imagine sur le mode de l'exagération clairement annoncée, et que la structure des Dialogues encourage, toutes les formes de trafic auxquelles prêtent son portrait, sa vie, son œuvre. Faire l'hypothèse du « pire » consiste donc pour lui à examiner ce qui est attentatoire à son intégrité, à égrener l'histoire cruelle d'une dépossession systématique et d'un parasitage criminel de son être.

Un des points majeurs du « complot » est qu'on a voulu donner à Jean-Jacques une « figure » aux yeux du public. Le premier visiteur (« Rousseau »), celui qui a lu l'auteur, sait quel est le vrai visage de celui-ci : « Je lui trouve aujourd'hui, déclare-t-il, les traits du mentor d'Émile. Peut-être dans sa jeunesse lui aurais-je trouvé ceux de Saint-Preux [87]. » Il y a loin de cette vision bienveillante au « féroce ou doucereux aspect » que de célèbres tableaux ont répandu de « Jean-Jacques » : féroce dans le tableau de Ramsay et doucereux dans celui de Quentin de La Tour [88]. Rousseau éprouve l'angoisse d'une représentation flottante, car les occasions sont nombreuses où son vrai visage se dénature. Près de Diderot, par exemple, qui l'excite aux sarcasmes, il devient « satirique et mordant [89] ». À propos des toiles pour lesquelles il a volontiers posé comme les autres écrivains de son temps, il imagine une machination qu'il appelle « histoire des portraits ». Commencée en France chez de « bruyants » protecteurs, qui ont fait faire ces portraits avec beaucoup « de dépense et de soin », et les ont annoncés « avec pompe » dans les journaux et les gazettes [90], elle éclate en Angleterre chez Hume qui le fait représenter en « cyclope affreux » :

> Là, le premier et le plus important de ses soins est de faire faire par Ramsay son ami particulier le portrait de son ami public J.-J. Il désirait ce portrait aussi ardemment qu'un amant bien épris désire celui de sa maîtresse. À force d'importunités il arrache le consentement de J.-J. On lui fait mettre un bonnet bien noir, un vêtement bien brun, on le place dans un lieu bien sombre, et là, pour le peindre assis on le fait tenir debout, courbé, appuyé d'une de ses mains sur une table bien basse, dans une attitude où ses muscles fortement tendus altèrent les traits de son visage [91].

À partir de l'affreux coloris du tableau, on obtient ensuite, dans des « graduations préparées », des tirages de plus en plus sombres pour mieux accabler le modèle et « rendre l'original aussi noir que la gravure ». Puis, lassé de ce portrait qui est un « objet d'horreur », on décide de faire de Jean-Jacques un « objet de dérision » :

> C'est alors que parut le portrait grimacier de Fiquet qu'on avait tenu longtemps en réserve jusqu'à ce que le moment de le publier fût venu, afin que la mine basse et risible de la figure répondît à l'idée qu'on voulait donner de l'original. C'est encore alors que parut un petit médaillon en plâtre mais dont on avait eu soin de changer l'air terrible et fier en un souris traître et sardonique [92].

Rousseau ne voit plus que malveillance sournoise dans le désir pourtant légitime et bien innocent de ses admirateurs de posséder son portrait [93]. Il refuse tout net, par exemple, de rencontrer l'épouse d'un de ses visiteurs sous prétexte qu'elle a de lui la gravure où il est « travesti en arménien » et par laquelle, dit-il, on a voulu le « couvrir de ridicule [94] ». Les aspects les plus populaires de ce qui compose à nos yeux son iconographie sont également ceux qui l'inquiètent le plus. C'est à cette époque

que les marchands de gravures de la rue Saint-Jacques ont proposé des estampes dites demi-fines, contribuant ainsi à une vulgarisation rapide de l'imagerie des grands hommes. Dans cette production de facture assez simple, Rousseau feint de n'apercevoir que des contrefaçons faites par de « mauvais ouvriers avides », et qu'on « laisse pourrir sur les quais, ou parer les chambres des cabarets et les boutiques des barbiers ». Plutôt que l'expression réelle du culte qu'on lui voue, il y pressent celle d'une profonde hostilité populaire qui peut passer à l'acte.

Privé de son image par le complot, Jean-Jacques doit l'être aussi du récit véridique de sa vie, car on prépare « de longue main », pour le publier après sa mort, un ouvrage destiné à fixer le jugement public sur sa mémoire et qui aura tous les caractères des plus « noirs libelles ». Rousseau anticipe sur les thèmes de cette vie criminelle en des termes presque comiques et qui ont par là une curieuse résonance sadienne : le voici en empoisonneur qui « expédie » ses victimes en leur préparant des « bains de jus d'herbe » et des « litrons de graines » ; le voici en « petit fripon, petit coureur de cabaret et de mauvais lieux, vil et crapuleux débauché pourri de vérole[95] ». C'est après que Voltaire lui-même eut fait circuler une semblable diatribe que Rousseau distribua un « billet circulaire » pour détromper les Français. Ces diffamations concernant les prétendus maux occasionnés par ses débauches ont produit une inflation d'obsédantes considérations médicales chez l'écrivain qui, dès son testament de 1763, souhaitait l'autopsie, ce dévoilement anatomique qui est la façon ultime d'être vu.

Autant que pour l'histoire de son « âme », Rousseau prévoit le pire pour le destin de son œuvre qui risque d'être elle aussi dénaturée de la même façon, car on lui attribue faussement certaines œuvres (entre autres, *L'An 2440* de Mercier). Aux plus malignes interprétations, s'ajoute, il en est certain, une entreprise de falsification, car il suffit d'un retranchement bien calculé pour produire des « contresens terribles[96] ». Personne ne pouvant plus « juger de lui avec certitude », il va jusqu'à invoquer le roi et dépose le manuscrit des Dialogues sur l'autel de Notre-Dame. La seule véritable assurance lui paraît finalement, comme à Diderot, dans la postérité qui doit « désabuser le public sur son compte ».

S'il fallut bien longtemps pour que l'œuvre de Diderot soit entièrement connue et reconnue, un culte posthume prit forme dès la mort de Rousseau pour venger sa mémoire. La sépulture d'Ermenonville avait été conçue, il est vrai, par le marquis de Girardin pour devenir un lieu de pèlerinage. En 1764, Pierre-Alexandre Du Peyrou avait soumis à Rousseau un projet du même genre à Neuchâtel, où il voulait construire une chapelle dans le style égyptien qui lui serve à lui-même de tombeau[97]. Cette perspective poétique d'un temple à l'Amitié sur les coteaux bordant le lac préfigurait, sur le mode mineur, l'étonnant jardin de mémoire d'Ermenonville. Marie-Antoinette, qui avait souhaité voir l'île des Peupliers, n'aurait marqué, dit-on, « aucune espèce d'intérêt » pour « la mémoire du saint philosophe[98] ». Bientôt s'accréditera un peu plus l'idée qu'une monarchie aussi oublieuse de tout mérite elle-même d'être oubliée. Il y a loin, en tout cas, de la curiosité de la reine, peut-être distraite jusqu'à l'indifférence, à la vénération passionnée de la jeune baronne de Staël en 1788.

Pierre Le Tourneur publie cette année-là son *Voyage à Ermenonville* sur lequel s'ouvre le premier volume des *Œuvres complètes* de Rousseau. Dans ce guide du pèlerin, qui s'offre également comme un parcours initiatique, le personnage du « visiteur » arrache quelques nouveaux détails sur l'écrivain au gardien des lieux et au docteur qui fut témoin de ses derniers moments. La rencontre d'une couleuvre (« levant déjà une tête menaçante ») est l'occasion d'une remontrance véhémente à l'encontre de Diderot accusé d'avoir, dans ses dernières années, trahi une amitié ancienne[99]. Quelques années auparavant, Gabriel Brizard, un des futurs coéditeurs des *Œuvres complètes*, écrivait déjà d'Ermenonville : « Nous avons fait un sacrifice ce matin en brûlant à ses pieds les calomnies de Diderot[100]. » Cet autodafé de l'*Essai sur les règnes de Claude et de Néron* en annonçait d'autres. Le culte de Rousseau ne cesserait en effet de grandir, et Jean-Jacques serait bien des fois vengé pendant la Révolution qui allait faire de lui un saint politique.

# *Chapitre X*

## LE ROI VOLTAIRE

> Là, à Ferney, où il n'entre plus personne, à ce Ferney autour duquel je viens rôder seul, que de personnages célèbres sont accourus !
>
> Chateaubriand [1].

De l'enfant rebelle au patriarche adulé, le parcours de Voltaire est à l'image d'une époque soucieuse de s'inventer de bons pères en critiquant les abus de l'ancien pouvoir paternel. Le jeune Arouet se complaisait à l'idée d'être le fils d'un certain Rochebrune, un homme de beaucoup plus d'esprit à ses yeux que son propre père dont le défaut principal était d'être très hostile à sa vocation littéraire. Après avoir refusé qu'on lui achète un office d'avocat, le jeune homme devint le secrétaire privé de l'ambassadeur du roi à La Haye, d'où il prétendit ramener à Paris une petite Olympe. Le père le déshérita, obtint une lettre de cachet, puis admit que la punition s'allégeât en une déportation aux îles : il vint finalement à bout du rejeton turbulent en le plaçant chez un notaire.

Après ces orages domestiques, rien d'étonnant à ce que la première tragédie de Voltaire soit *Œdipe*, en 1714. Le même thème obsédant se retrouve dans *Brutus* (1730) et *La Mort de César* (1731), dont les héros font taire en eux le sentiment paternel et la piété filiale au nom de leur ardeur républicaine. Aussi intéresseront-ils passionnément le public des débuts de la Révolution. On peut parler en général d'un véritable « complexe paternel » chez Voltaire, plus particulièrement dans le jugement qu'il porte sur la religion [2]. Le Dieu chrétien ne saurait être pour lui que le Dieu terrible de l'Ancien Testament et des jansénistes, d'où cette adresse à la divinité, très éclairante quant à l'inspiration du déisme voltairien : « On te fait un tyran, en toi je cherche un Père ; / Je ne suis pas chrétien, mais c'est pour t'aimer mieux [3]. » Au père archaïque, au Dieu vengeur, Voltaire s'efforce toujours d'opposer des modèle de clémence et d'humanité dont le meilleur exemple est pour lui Henri IV.

Le jeune Arouet n'ayant pas été couronné au concours de poésie de l'Académie en 1714, pour lequel il avait envoyé un poème sur le « vœu de Louis XIII », le projet d'écrire une épopée qui ferait de lui le Virgile français lui apparut comme la revanche la plus appropriée : s'illustrer dans le plus grand des genres qui touchait à l'amour-propre national ferait de lui un chantre insurpassable de la monarchie. Avec *La Henriade* éditée soixante fois de son vivant (à partir de 1723), Voltaire s'imposa d'emblée comme le champion des hommes de lettres, bien avant de s'affirmer plus tard comme le chef de file du parti philosophique. Il le dut à sa façon magistrale d'aller à l'essentiel en envisageant les origines de la nation. Au chant VII du poème, Saint Louis vient, dans un songe, consacrer Henri IV, le héros de la concorde civile, comme son fils et son successeur légitime. Il le conduit aux enfers où sont punis les tyrans et les conquérants inutiles, puis aux Champs Élysées où « vivent les vrais sages » tels Charlemagne et Clovis, Du Gesclin et Bayard. Au temple des destins, il lui montre même les « portraits des humains qui doivent naître un jour » et les « vivantes images » des siècles à venir : par exemple Louis XIV entouré de Colbert, de Catinat et de Vauban [4]. Saint Louis, dont Voltaire écrira plus tard qu'il est mort « avec la piété d'un religieux et le courage d'un grand homme [5] », a donc ici le même rôle initiatique que Mentor dans *Les Aventures de Télémaque*.

Ainsi s'annonçait l'historien qui commença à travailler au *Siècle de Louis XIV* dès 1732 et fut nommé historiographe du roi en 1745. Il écrivit cette année-là le livret d'un opéra de Rameau, *Le Temple de la gloire*, où il eut l'idée présomptueuse de débattre, même en musique, de la nature de la royauté.

Louis XV s'émut de cette prétention déplacée à vouloir faire le partage entre les bons et les mauvais rois. Mais Voltaire s'était depuis longtemps déjà octroyé ce rôle, de sa propre initiative et sans réclamer l'aval de personne. Pressé par l'abbé de Saint-Pierre, comme on l'a vu, de montrer une plus haute ambition, en donnant des « modèles d'histoire », il est allé au-delà des vœux de son sévère conseiller, sans se perdre jamais dans les minuties[6]. Il s'est employé en effet à illustrer le rôle des grands hommes sur tous les tons, en vers et en prose, et dans tous les genres : de l'épopée à l'histoire, au théâtre dont il fut le maître incontesté pendant soixante ans. Ainsi a-t-il conquis une royauté symbolique sans équivalent.

Alors que Diderot, enfermé au donjon de Vincennes, traduit l'*Apologie de Socrate* et se complaît dans l'image du grand homme persécuté, Voltaire, dans les mêmes circonstances, ne s'apitoie pas un instant sur lui-même. Qu'il ait pu concevoir *La Henriade* durant ses onze mois de détention à la Bastille (à partir de mai 1717) montre qu'il ne désarme jamais et répond toujours aux revers par des attaques. Il éclaire, venge, écrase, si bien qu'il n'est de Voltaire que triomphant. Sa passion du théâtre et son génie de la publicité l'ont amené à occuper toujours le devant de la scène. Il s'est préoccupé de son image d'écrivain en véritable professionnel des lettres, sans s'inquiéter outre mesure des nombreux désagréments qui en résultaient et qui faisaient partie, à ses yeux, d'un combat nécessaire et quotidien. Il avait une façon si naturelle d'apparaître et de rechercher tous les regards qu'il est le seul écrivain de son siècle, comme ses contemporains se plaisaient à le répéter, à avoir joui vivant de son immortalité[7].

Les marques de reconnaissance qu'on lui manifesta prirent une ampleur inégalée, et le culte des grands hommes, s'exerçant désormais bien au-delà des manifestations discrètes d'une dévotion intime, inspira des célébrations publiques et presque officielles. Et l'on put dire ensuite, à juste titre, que le patriarche était venu, après quatre-vingts ans, « recueillir dans sa patrie des honneurs qui jamais n'ont été rendus qu'à lui[8] ». De ce point de vue, sa situation était en effet bien différente de celle de Rousseau et de Diderot. Celui que La Harpe, son jeune protégé, appelait « papa - grand homme », était destiné à recevoir dans la capitale l'hommage d'une nation. C'est dans la petite aubade domestique de la « visite à Ferney » que s'est préparée cette « ovation universelle » qui, après le couronnement du buste de Voltaire sur la scène en 1778, eut ses derniers prolongements en 1791 dans le cortège de panthéonisation. Le bâtard supposé qui n'hésitait pas à renier son père fut donc vénéré, à la fin de sa vie, comme la figure la plus tutélaire des Lumières.

## *Les pèlerins de Ferney*

Voltaire n'aurait sans doute pas eu une image publique aussi nette sans son exil fameux dans le pays de Gex. Loin d'en faire sa thébaïde, il réussit en effet à s'y rendre intéressant à toute l'Europe pendant des années [9]. La « visite à Ferney » devint ainsi une halte obligée et produisit bientôt une « rotation perpétuelle », comme on peut en juger par cette annonce :

> M. d'Alembert est arrivé le soir avec le marquis de Condorcet, géomètre de l'Académie des sciences ; s'il était arrivé quelques heures plus tôt, il aurait pu embrasser son confrère Séguier. Et le jour du départ de M. d'Alembert, Mme Calas a couché au château de Ferney, dans l'asile de son généreux et infatigable défenseur, avec ses deux filles et son gendre [10].

Une telle affluence laisserait à penser que Paris n'est plus dans Paris mais là où est Voltaire. C'est que, tellement soucieux de ne jamais se faire oublier, le seigneur de Ferney s'offre en quelque sorte tout naturellement à la curiosité de ses contemporains. Comme le note La Harpe, « ce n'est pas assez pour lui d'être le héros du siècle, il veut être la nouvelle du jour [11] ». Il ne saurait être coupé longtemps de la vie en société, au point que lors de ses deux séjours à la Bastille, le gouverneur dut limiter le nombre des visites. Voltaire parvint ensuite, quoique fort éloigné de la capitale, à entretenir une effervescence ininterrompue en faisant graviter autour de lui tout un monde. Sur son domaine vinrent ainsi s'entrecroiser bien des itinéraires européens d'aristocrates et de princes étrangers, de parlementaires et d'intendants de province, d'ambassadeurs et de militaires.

Wagnière, le fidèle secrétaire, a décrit les « libéralités » de son maître quand celui-ci faisait les honneurs de sa maison et de son théâtre de trois cents places[12]. Ces fastes étaient en effet conformes au rang que Voltaire prétendait tenir, mais, dès 1768, il s'était déclaré un peu las d'avoir été pendant quatorze ans l'« aubergiste de l'Europe[13] ». Les visites particulières de ceux qui s'intéressaient de plus près à son œuvre lui importaient assurément davantage. Lorsqu'il invita Thomas à venir séjourner auprès de lui, le rédacteur des *Mémoires secrets* remarqua qu'il agissait de même avec tous ceux qui se rangeaient sous sa « bannière[14] » et qui étaient susceptibles d'entretenir la voltairomanie ou le voltairianisme, pour reprendre les expressions du temps : voici donc Pigalle venu prendre le modèle de la fameuse statue du patriarche, et Panckoucke impatient de lancer l'édition des œuvres complètes ; voici les principaux relais du parti philosophique (d'Alembert, Condorcet, Grimm) ; voici Marmontel, auquel Voltaire fait lire *Tancrède* et qui lui soumet en retour son *Épître aux poètes* ; voici les grands comédiens (Lekain et la Clairon), et d'autres artistes comme le musicien Grétry et le musicologue Burney, ou des écrivains qui se feront mieux connaître plus tard, tels Boswell, William Beckford ou Casanova.

En vertu de sa générosité active, d'autre part (en faveur des serfs du mont Jura), les paysans d'alentour avaient toujours quelques suppliques à présenter à un Voltaire bienfaiteur et législateur que l'on représente rendant la justice à la façon de Saint Louis[15]. Annoncée dans les journaux et reproduite en estampes, la venue à Ferney des Sirven, des Calas et du pauvre Chaumont condamné au bagne pour avoir entendu un sermon au désert contribua à populariser l'imagerie du patriarche[16].

Les nombreux récits de visite sont le meilleur témoignage sur le culte dont Voltaire a été si longtemps l'objet. L'exemple le plus célèbre et le plus curieux en est sans doute la relation fort exaltée que fit Mme Suard dans huit lettres adressées à son mari en juin 1775[17]. « Jamais, écrit la visiteuse, les transports de sainte Thérèse n'ont pu surpasser ceux que m'a fait éprouver la vue de ce grand homme[18]. » Tout l'intéresse en lui, jusqu'à ses rides dont chacune à ses yeux « forme une grâce », et elle ne peut s'empêcher de baiser sans cesse les mains du fameux vieillard, à la fois ému et étonné d'une telle frénésie. Levée de très bonne heure pour le voir dans les « moments de sa plus belle humeur » lorsqu'il a « pris son café à la crème », elle passe ensuite son temps à attendre ses « apparitions ». Pour se délasser de la révision de ses œuvres, il accepte parfois de marivauder un moment avec elle ou de faire le tour de son domaine en carrosse. Ainsi va ce petit témoignage oculaire, plein de sensibilité, sur les coquetteries, la politesse parfaite et la fatigue du vieux Voltaire.

Le seul regret de Mme Suard est d'avoir dû affronter la concurrence d'autres visiteurs qui faisaient antichambre et s'enhardissaient jusqu'à franchir le seuil du cabinet de travail. Depuis longtemps Voltaire tâchait de se prémunir, avec le soutien de Mme Denis, contre les assauts de ses admirateurs. À partir de 1764, il avait décidé de ne plus venir manger à table et avait inventé une parade efficace contre les importuns. Il s'amuse, par exemple, à écourter les visites en faisant « donner du Tronchin », c'est-à-dire en sollicitant l'intervention de son médecin. Parfois il feint de s'évanouir ou prétexte une purge pour quitter soudainement l'assistance. La stricte étiquette de Ferney est conçue principalement pour économiser le temps, comme l'explique un visiteur anonyme en 1777 : « À une heure indiquée il sort de son cabinet d'étude, et passe par son salon pour se rendre à la promenade. C'est là qu'on se tient sur son passage, comme sur celui d'un souverain pour le contempler un instant. »

La « visite à Voltaire » devient au fil des années une sorte de petit genre littéraire dont les jeunes anglais particulièrement se font une spécialité : dans leur « grand tour », en effet, le patriarche de Ferney compte parmi ce qu'il faut avoir vu au même titre que les monuments. Ces relations, toutes pareillement juvéniles et extasiées, adoptent à peu près le même ordre stéréotypé. Une préparation psychologique est nécessaire avant l'entrevue : ainsi le jeune Gibbon se remémore-t-il l'« Ode au lac Léman » (« Ô maison d'Aristippe ! Ô jardin d'Épicure [19] ! »). Puis la rencontre elle-même se déroule selon un rite immuable, le maître des lieux réutilisant sans vergogne quelques couplets bien rodés (sur Shakespeare ou Corneille) agrémentés des mêmes inévitables facéties : par exemple, le jeu de mots sur un habitué du lieu nommé le père Adam, dont on prévient qu'il « n'est pas le premier des hommes », ou celui plus désobligeant sur Mlle Corneille (« *Nigra sed non formosa*[20] »).

« J'aime à débaucher la jeunesse », explique le patriarche qui fut le premier à exercer auprès d'elle un magistère intellectuel, comme le feront après lui Barrès et Gide. Il est donc en permanence très entouré de jeunes gens[21]. Cependant, il ne veut pas perdre son temps avec des badauds extatiques dont il n'y a rien à tirer : « Il aimait à raisonner avec les personnes d'esprit et instruites, mais souvent il recevait assez froidement celles qui ne venaient le voir que par curiosité et qui ne savaient rien dire[22]. » Le seigneur de Ferney a un grand flair pour repérer les demandeurs d'audience sans ressort. Lorsqu'un jeune anglais lui adresse en 1770 quelques vers pompeux pour lui dire que « les muses de la tragédie ont quitté la Grèce et l'Italie pour venir habiter auprès d'un lac », il lui répond que « le plus mauvais des poètes et des philosophes français est quasi mourant » et qu'il ne peut recevoir personne. Et quand un autre visiteur de cet acabit lui envoie une lettre en latin dédiée à l'incomparable génie qu'il désire approcher, il lui fait une réponse de la même farine sur un « vieux morceau de papier d'emballage » qui avait déjà servi un an auparavant dans des circonstances semblables[23]. En revanche, dès qu'il aperçoit la moindre étincelle chez quelque débutant ambitieux, Voltaire délivre volontiers un mot de recommandation pour ses amis parisiens et aime à donner les premiers conseils littéraires qui se terminent par l'invariable formule « cuisez, cuisez tout cela ».

Le fidèle Wagnière insiste à juste titre sur la fameuse et intarissable verve de son maître. Effectivement, celui qui fait le mort ou se compare à un spectre a de sidérantes résurrections. Le voici porté à genoux sur un fauteuil pour recevoir la princesse Dashkoff, ou se relevant de son lit car il prétend avoir entendu des voix d'anges qui sont celles des visiteurs. Chacun est surpris d'une telle énergie spirituelle dans un corps diaphane. Boswell remarque combien il est stimulé par l'anglais, car le génie de cette langue libère en lui une voix de tête débridée[24]. Plutôt que de grandes paroles on attend de lui de bons mots que les visiteurs s'empressent de recueillir pour les redire aussitôt en société ou les publier plus tard. Animé jusqu'à la fin par un furieux désir d'en découdre, Voltaire accepte de recevoir certains contradicteurs comme, par exemple, le genevois François Deluc qui vient lui faire la leçon[25], ou un quaker de Philadelphie, Claude Gay, en face duquel il ne peut contenir sa « vivacité » qui tourne finalement à la « vraie colère », si bien que le saint homme quitte bientôt la partie[26]. Reproduite dans une peinture de Jean Huber, cette scène pourrait s'intituler « Les hasards de la visite à Ferney ».

Parmi les célèbres fiascos, la visite du jeune Casanova laisse encore chez le mémorialiste, qui la rapporte bien plus tard, l'impression d'un compte jamais vraiment apuré. Ce récit plein de vigueur et très éclairant mérite d'être lu d'un peu près. Pour tempérer ce qui resta longtemps pour lui un souvenir cuisant, le vieux Casanova rappelle avec insistance ses ébats amoureux du moment. Il ose même une véritable provocation immoraliste, puisque, dans l'intervalle de ses trois entretiens avec Voltaire, il évoque deux orgies genevoises. Et, dans un parallèle conçu en tout point au détriment de celui-ci, il ne manque pas de placer là le récit de sa visite à un autre grand homme voisin et rival, le savant Haller, qui lui fait, quant à lui, « tous les honneurs de l'hospitalité », en répondant à ses questions avec « modestie » et « en tête à tête ». Casanova rapporte qu'à son arrivée Voltaire sortait de table et était environné de seigneurs et de dames[27]. Prêt à s'abandonner à la commotion de la rencontre et du premier regard, le visiteur a donc la mauvaise surprise d'une effusion différée et se trouve projeté sur une lice où il doit immédiatement se battre[28]. Ainsi est préparé un lever de rideau décevant sur une expérience qui se révèle frustrante et désenchantée.

Pressé de se faire admettre, Casanova s'exprime aussitôt avec beaucoup de forfanterie comme un auteur déjà reconnu, alors qu'il n'a encore rien publié[29]. Sa précipitation risquant d'inverser l'ordonnance habituelle de la visite, Voltaire s'en impatiente et tente de mettre très directement les choses au clair : « Êtes-vous venu pour me parler ou pour que je vous parle ? – Principalement pour que vous me parliez. » Ce rappel aux règles du jeu ne trouble pas vraiment l'aventurier beau parleur, qui met un point d'honneur à la surenchère aussi bien dans l'épreuve de la récitation de vers où chacun force sa voix que dans la discussion qui tourne à la « dispute », car il ne manque pas une occasion de contredire le philosophe[30].

La conclusion que Casanova donne à cet épisode mêle l'aspect fanfaron (« Je suis parti assez content d'avoir dans ce dernier jour mis cet athlète à la raison »), à une révision sage, car il regrette qu'il lui en soit resté pendant dix ans une « mauvaise humeur » contre Voltaire et que ce ressentiment l'ait amené à écrire contre celui-ci, l'exposant ainsi à être mis par la postérité « dans le nombre des Zoïles ». Tout n'est-il pas imputable à la colère et au dépit, conclut Casanova, qui n'a rien d'un témoin timide ni servilement oublieux de soi-même. Son impulsivité valeureuse l'a amené effectivement, selon son expression, à « raisonner juste dans [ses] censures », car il a fait mouche à propos de certaines idées reçues à Ferney. Ainsi cette conversation apparaît-elle comme une dernière passe d'armes de l'ancienne civilité.

Bien différents sont les entretiens sans surprise où l'art de la conversation s'abâtardit dans le questionnaire, l'une des parties s'effaçant dans l'attitude passive du reporter. Boswell, qui vint à Ferney en 1764, à vingt-quatre ans, et qui s'entendait à faire parler les grands hommes (comme on l'a vu à propos de Rousseau), aime les longues dissertations, la concision étant le principal écueil pour l'*interviewer*. De même que Mme Suard est aux aguets, il désire « avoir autant de Voltaire que possible » et préfère ne « pas aller souper » pour ne pas manquer l'occasion inespérée d'un « tête-à-tête ». Toutes ces entrevues si âprement obtenues étaient destinées en général à être l'ornement de Mémoires futurs, mais la « visite à Ferney » intéressa également les journaux.

L'arrivée et le séjour de personnages célèbres chez le patriarche font l'objet d'une véritable chronique dans la *Correspondance littéraire*. Les *Mémoires secrets*, surtout, donnent une grande place aux dépêches de Ferney, promu ainsi au rang des capitales du monde. À partir de 1768 et jusqu'à la mort de Voltaire, la

« Lettre de Ferney » y devient une rubrique régulière avec de longs reportages très circonstanciés. Comme en prévient un rédacteur : « M. de Voltaire est un homme si illustre que tout en est intéressant ; je vais donc entrer dans des détails qui paraîtraient minutieux en tout autre cas[31]. » Dans son *Examen des Mémoires secrets de Bachaumont*[32], Wagnière a mis en cause le sérieux de ces témoins dont il a voulu corriger les « contes ridicules » et les inexactitudes pour être utile aux biographes ultérieurs. Malgré leurs approximations justement rectifiées par un observateur assurément plus habilité qu'eux, les voyageurs pressés qui ont écrit sur le moment même pour de nombreux lecteurs n'en ont pas moins donné à la « visite à Ferney » une publicité qu'elle n'avait jamais eue jusque-là.

## *La figure du patriarche et la « Voltairiade »*

Avec sa suite ininterrompue d'actions de grâces où se rejoue indéfiniment la même scène, la « visite à Ferney » règle un petit scénario de reconnaissance qui a beaucoup d'avenir et dont Voltaire aime à donner des exemples paroxystiques au théâtre : ainsi est-il submergé par les sanglots dans le rôle du vieux Lusignan de *Zaïre*, au moment où celui-ci retrouve ses enfants au fond d'un sérail[33]. Lors de son retour triomphal à Paris, en 1778, où il fut partout acclamé, le vieillard a éprouvé une émotion semblable dans ce même registre de la grande scène de paternité. C'est avec toute son énergie de dramaturge veillant au moindre détail du spectacle et habile à forcer le succès par tous les moyens, qu'il avait réussi à populariser, au fil du temps, son rôle de patriarche porté aux nues. Autant qu'une manufacture de libelles, Ferney était en effet une prodigieuse fabrique d'images.

Le Voltaire piaffant peint à vingt-quatre ans par Largillière, celui du pastel de Maurice Quentin de La Tour à quarante ans ou celui du buste de Lemoyne seize ans plus tard n'ont jamais atteint la dimension légendaire des œuvres ultérieures de Jean Huber qui s'était rendu célèbre dans l'Europe entière par ses « découpures ». Comme les silhouettes et plus tard le physionotrace, cet art fascina une époque intéressée, avec Lavater, par tous les procédés susceptibles de saisir le secret des physionomies. Faisant preuve d'une grande virtuosité en ce genre pour représenter le patriarche, Huber fut bientôt une sorte d'artiste attitré auprès de lui. Il avait « une si grande habitude de faire des Voltaires qu'il les découpait avec les mains derrière le dos » et en faisait même parfois en « mie de pain [34] ». Ces scènes amusantes montrent l'écrivain pensif ou excité, dansant ou jouant aux échecs, affalé dans un fauteuil avec une pantoufle, en suspens, à l'extrême bout du pied. Ce qui a trait au culte des grands hommes est donné sur le mode héroï-comique : ainsi de *Voltaire frappé par l'apparition de Henri IV* (qui, selon le commentaire, vient lui reprocher de n'écrire que des bagatelles), ou bien de *Voltaire montant sur Pégase pour atteindre le Temple de la gloire que lui indique Apollon*. Grimm évoque une découpure où c'est Henri IV qui conduit Voltaire au Temple de la gloire : le poète « court comme un diable pour gagner le sommet de la montagne [35] ».

Certain d'avoir trouvé le ton spirituel qui convenait à son sujet, l'artiste décida de l'essayer en peinture et en gravure. En 1778 parurent deux planches d'inspiration physiognomonique, réunissant « trente » et « trente-trois têtes » de « Voltaire d'après Huber », en forme de bilan de cet étrange atelier où il s'agissait de singer le grand vieillard dans le répertoire multiforme de ses mimiques. Mais le peintre avait aussi souhaité, quelques années auparavant, contribuer plus sérieusement pour une fois à la gloire de son grand homme par une vingtaine de petits tableaux de trente centimètres de hauteur, qui illustreraient les principales scènes de la vie à Ferney sous le titre de la « Voltairiade [36] ». Catherine II, curieuse depuis longtemps de l'entreprise, passa commande en 1773 pour l'ensemble de ces toiles dont neuf sont aujourd'hui au musée de l'Ermitage à Saint-Pétersbourg.

Dans ces riches heures du seigneur de Ferney présentant sur le mode de la simplicité badine *Le Déjeuner de Voltaire*, *Voltaire et les paysans* ou *Voltaire recevant un visiteur*, etc., une œuvre un peu plus satirique que les autres (*Le Lever de Voltaire*), et qu'un graveur avait pu reproduire furtivement si bien que l'on trouvait « cette détestable polissonnerie [...] chez tous les marchands d'image[37] », irrita beaucoup le patriarche tout comme lui déplut, pour les mêmes raisons, *Le Déjeuner de Voltaire* « d'après nature à Ferney le 4 juillet 1775 » par Vivant Denon. Aussi qualifia-t-il de « pasquinades » les œuvres de Huber qui sut joliment et justement répondre à ce reproche de faire des caricatures :

> Je vous ai dit cent fois que je savais précisément la dose de ridicule qu'il fallait à votre gloire. [...] L'empressement du public, votre âme damnée, pour tout ce qui vous représente en bien ou en mal, me force à vous désobliger sans cesse. J'entretiens son idolâtrie par mes images, et mon voltairisme est incurable[38].

Mais cette inspiration grinçante et trop à l'anglaise, qui le transformait en marionnette, ne convenait plus à un Voltaire désireux de laisser de lui une image plus sereine et mieux appropriée à la nouvelle gravité de son rôle. C'est pourquoi il marqua sa préférence pour les figurines moins irrespectueuses de Joseph Rosset dont il envoya un petit buste en ivoire à son ami Damilaville (« Il est vrai que c'est un vieux et triste visage, mais ce morceau de sculpture est excellent[39] »). Appréciation confirmée par Grimm qui y reconnaît le « jeu » de la physionomie de Voltaire sans charge ni caricature.

Il ajoute qu'un habile mouleur l'a réalisé en plâtre : « Il en a déjà vendu un bon nombre à un louis pièce. Un dévot à ce saint a mis au bas de son buste : *o lux immensi publica mundi*[40] ! » Ces pieux bibelots semblent déjà appartenir à la panoplie d'objets hétéroclites utilisés ultérieurement dans les cultes révolutionnaires. Soucieux principalement d'efficacité dans la diffusion de son image, Voltaire manifesta toujours une grande indifférence esthétique en ce domaine, comme l'ont fait remarquer tour à tour Diderot, Mme de Genlis et Stendhal[41]. Il lui arriva pourtant d'être portraituré par de grands artistes, mais ce ne fut pas à son initiative et cela annonçait sa consécration officielle dans une imagerie plus monumentale.

Un des premiers signes en fut le lancement d'une souscription pour une statue à l'occasion d'un dîner chez Mme Necker le 17 avril 1770, qui réunissait entre autres convives Diderot, Thomas, Marmontel, Raynal, Suard. Pigalle y produisit l'ébauche en terre d'une œuvre dont il fut décidé qu'elle porterait sur son piédestal : « À Voltaire vivant, par les gens de lettres ses compatriotes[42]. » Mais, depuis bien des années déjà, le patriarche n'aimait pas son « effigie maigre et vieille[43] ». Aussi adressa-t-il à Mme Necker des remerciements pleins d'inquiétude : « M. Pigalle doit, dit-on, venir modeler mon visage ; mais madame, il faudrait que j'eusse un visage. » Dans ces conditions peu lui importait la ressemblance, et il préférait que le sculpteur s'en tienne à prendre « à peu près » son modèle sur le petit buste de Rosset qui lui convenait assez bien à lui[44].

Grimm trouva le projet de Pigalle convaincant quoique d'un tout autre genre, précisément, que cette figurine de Rosset qui rendait parfaitement le caractère malin et satirique de Voltaire. Le regard lui parut « un peu mélancolique, et comme s'il était travaillé par le spleen, et ce n'est pas assurément, conclut-il, la maladie qui mettra le grand patriarche au tombeau[45] ». Huber déclara d'abord que « le tact des ressemblances n'est pas toujours le partage des grands sculpteurs » : c'est le tact, dit-il, « des petits êtres sensibles, comme les femmes, les enfants et moi », curieuse formule rappelant le cas du neveu de Rameau, à la fois tellement mimétique et incapable de quelque chose de grand[46]. Mais il finit par admettre, en s'en étonnant, que Pigalle avait « saisi Voltaire au premier coup sans l'avoir pratiqué, ruminé, contrefait[47] ». Il exprimera une égale admiration pour le buste dont Houdon lui enverra une copie, le chef-d'œuvre du sculpteur à son avis[48].

L'imagerie miniaturisée et sans prétention des tableaux de Huber et des figurines de Rosset convenait finalement assez bien à Voltaire, parce qu'elle était proportionnée au petit théâtre domestique de Ferney. Avec Pigalle, il s'agissait d'une commande issue d'un cercle parisien et qui avait pris, sans doute par la volonté de Diderot, l'aspect d'un manifeste esthétique : le patriarche fut donc, à cette occasion, représenté dans le goût nouveau du sublime et du « grand beau » néo-classique, accédant ainsi à cette forme exhaussée et supérieure de la ressemblance, qui était appropriée aux scènes futures de son triomphe.

### *Une « apothéose » de son vivant*

Tout commença par un débat chez Mlle Clairon, où Marmontel déplora que l'ode ne soit plus qu'un genre de fantaisie ayant perdu la noble fonction de « ministère public » qu'elle avait en Grèce : les poètes lyriques y étaient, disait-il, « chargés par l'État », tels les bardes dans les Gaules, de célébrer la gloire des héros [49]. Marmontel souhaitait qu'on renoue avec les sources antiques du genre, comme on l'avait fait au sein de l'Académie pour l'éloge, et pour les mêmes raisons. Pressé par ses interlocuteurs de donner quelque consistance à son projet, il songea à une « apothéose » de Voltaire « sur un grand théâtre », avec Mlle Clairon en officiante. Il écrivit peu après son *Ode à la louange de Voltaire* [50], que l'actrice (réservant à ses habitués la surprise de cette cérémonie) leur récita vêtue en prêtresse d'Apollon, à côté du « buste de ce grand homme ». Et, sans doute, comme le suggère Marmontel, est-ce cette petite fête qui fit « imaginer » le fameux « triomphe » de 1778.

Le retour à Paris cette année-là, si longtemps espéré, fut salué comme celui d'un père. Wagnière a décrit l'accueil enthousiaste que le patriarche reçut tout au long de la route. Il fut acclamé à Nantua et reconnu à Bourg-en-Bresse, pendant qu'on changeait les chevaux, si bien que « dans l'instant toute la ville se rassembla autour du carrosse » orné de rubans. À Dijon, « quelques-uns voulurent s'habiller en garçons de cabaret afin de le servir à son souper et de le voir par ce stratagème [51] ». Arrivé dans la capitale, Voltaire subit ensuite les assauts de députations incessantes [52]. Dans une célèbre scène reproduite par les estampes, Franklin lui demanda sa bénédiction pour son petit-fils qui se mit à genoux, et il « la lui donna en prononçant ces mots : Dieu, Liberté et Tolérance [53] ». Le jeune baron de Frénilly fut reçu, quant à lui, d'une façon moins protocolaire. Il raconte comment sa mère, « ne pouvant à son regret approcher de l'idole », le contraignit, alors qu'il n'avait que neuf ans, à porter une lettre au grand homme. Elle lui avait appris, en pure perte semble-t-il, les réponses et les compliments qu'il aurait à faire : « Ô ! le joli enfant », s'écria le patriarche qui demanda qu'on lui serve aussitôt un « énorme gâteau [54] ». Les journaux embellirent cette charmante scène en assurant que le jeune garçon avait fait une fugue de la maison paternelle pour voir Voltaire : enfant jadis maudit par son père, celui-ci se réconciliait alors définitivement avec Paris et avec lui-même.

Le 30 mars, l'Académie lui réserva un accueil exceptionnel en l'admettant à la place de directeur. Puis, il se rendit à la Comédie-Française, qui occupait alors la salle des Machines aux Tuileries, où il allait être couronné. Sa marche depuis le Louvre fut une sorte de « triomphe public », et son entrée dans la salle provoqua une « espèce de délire » qui dura plus de vingt minutes. La cérémonie proprement dite, commentée dans les journaux et popularisée par une gravure, eut lieu, comme on le sait, après la représentation d'*Irène*[55]. Tous les acteurs vinrent se ranger autour du buste au centre de la scène. « À ce spectacle sublime et touchant, qui ne se serait cru au milieu de Rome ou d'Athènes ? [...] et pour la première fois peut-être, on a vu l'opinion publique, en France, jouir avec éclat de son empire », déclare le rédacteur de la *Correspondance littéraire*. Il précise que ces marques d'honneur inhabituelles pour un homme de lettres sont le signe irréfutable d'une « heureuse révolution » dans les mœurs et l'esprit du siècle, et qu'elles n'auraient jamais pu lui être rendues du temps de Louis XIV, tant « l'on aurait craint de commettre un acte d'idolâtrie en prodiguant à un simple particulier les hommages dont lui-même eût été jaloux [56] ». Voltaire fut bien alors fêté comme un roi, et le fauteuil sur lequel Houdon l'assit pour sa plus célèbre statue apparut bien comme le trône réservé au maître incontesté de l'opinion [57].

Les cérémonies funèbres, quelques mois plus tard, furent plus discrètes et d'autant plus marquées de ferveur pour le défunt qu'on lui avait refusé une sépulture à Paris. La loge des Neuf-Sœurs organisa le 28 novembre une manifestation sépulcrale : après l'éloge de Voltaire par La Dixmerie, une pyramide et un tombeau disparaissaient au finale, ne laissant sur la scène que le buste de Houdon et un tableau de Goujet intitulé l'*Apothéose de Voltaire*. Piccini dirigeait l'orchestre qui joua la marche des prêtres de l'*Alceste* de Gluck et des morceaux de *Castor et Pollux* de Rameau. L'atelier de Houdon, où l'on pouvait admirer la fameuse statue, était devenu au mois de mai, peu avant la mort de l'écrivain, un « spectacle public », toutes les personnes qui avaient « vu M. de Voltaire » souhaitant alors « le revoir dans une image si vivante », décrite en ces termes dans la *Correspondance littéraire* : « Les yeux ont tant de vie, un effet de lumière si ingénieusement ménagé, que M. Greuze lui-même, en voyant le buste pour la première fois, présuma d'abord que c'étaient des yeux d'émail ou de quelque autre matière colorée [58]. » Ces visites redoublèrent par la suite, car la sculpture pleine de feu, dont le patriarche avait été si satisfait, avait effectivement de quoi le rendre un moment à ses admirateurs. Des polémiques s'élevèrent à l'Académie et à la Comédie-Française pour savoir quelle statue de Voltaire il convenait d'y placer et à quel endroit. Les bustes partout se multiplièrent, Houdon en devenant bientôt le principal fournisseur pour la France et l'Europe [59].

## *Premiers lazzis*

À travers Voltaire, c'est le culte des grands hommes lui-même qui obtenait une sorte de reconnaissance officielle, et Diderot put s'en réjouir dans son *Essai sur la vie de Sénèque*, paru en 1778. « Toute une nation t'a rendu des hommages que ses souverains ont rarement obtenus d'elle », déclara-t-il avec enthousiasme, ce que le critique du *Journal de littérature* traita de « fade mensonge » en assurant que le triomphe de Voltaire n'avait été qu'une « burlesque parade [60] ». Dans l'*Essai sur les règnes de Claude et de Néron* de 1782, Diderot répondit à cette allégation en évoquant les honneurs posthumes rendus par l'Académie française (le placement du buste dans la salle des séances, la mise au concours de poésie d'une pièce en vers à la louange de Voltaire) ainsi que le fameux éloge de Frédéric II lu à l'académie de Berlin et toutes les actions de Catherine II pour honorer la mémoire de l'écrivain. Il y avait surtout, à ses yeux, une grave contradiction à laisser bafouer dans les journaux l'image du patriarche au moment où les commandes royales de peinture et de sculpture célébraient les grands figures de la nation :

> Comment chez un peuple où le gouvernement ordonne des statues aux grands hommes, entre lesquelles celle de Voltaire sera placée tôt ou tard, est-on autorisé à leur adresser l'injure la plus révoltante avec approbation et privilège ? Ces contradictions qui ne sont pas inexplicables pour nous, sont autant de scandaleuses énigmes pour les étrangers[61].

Ces attaques répandues dans la presse reprenaient les thèmes les plus rebattus des anti-philosophes. Sabatier de Castres, par exemple, ne voulut voir dans le triomphe de Voltaire que l'aboutissement des menées du clan philosophique toujours prompt, d'après lui, à se donner des brevets d'immortalité, mais d'autres voix plus inattendues se mêlèrent à la sienne.

Ainsi de Mercier, convaincu pourtant que la célébrité est le dédommagement légitime de l'homme de lettres et qu'il faut prendre modèle sur le faste de l'Antiquité pour les marques d'estime dues aux grands hommes[62]. Après avoir parlé favorablement du triomphe de Voltaire dans la première édition du *Tableau de Paris* en 1781, en insistant sur la « jalousie des Grands pour les gens de lettres », Mercier change de ton dans la version ultime de ce passage, en 1783. Il critique désormais un culte exagéré en se moquant de ce Voltaire que tout le monde voulait avoir vu et de cette « curiosité épidémique à contempler sa figure, comme si l'âme d'un écrivain n'était pas plus dans ses ouvrages que sur sa physionomie ». Le fameux « triomphe de Voltaire » lui apparaît dès lors comme un « impromptu solennel » arrangé par la « secte encyclopédique » pour narguer la Cour : et dans cette « farce », conclut-il, une « comédienne soubrette s'émancipa même jusqu'à caresser et flatter de la main en plein théâtre le buste triomphant de l'auteur[63] ».

Cette charge contre le patriarche tient à un profond contentieux personnel à propos du théâtre. Mais, surtout, l'exemple de Voltaire, qu'il désigne comme l'« animal de la gloire[64] », est l'occasion pour Mercier de poursuivre une réflexion originale, et très ancienne chez lui, sur la renommée des auteurs et ses formes dévoyées du point de vue de l'absolu littéraire qui est le sien. La passion d'apparaître qui anime Voltaire est en effet contraire à l'idée qu'il se fait du pouvoir mystérieux et sacré de la littérature. « Un écrivain qui se rendrait invisible obtiendrait à mérite égal plus de suffrage », écrit-il dans *Du théâtre*[65]. Résolu depuis longtemps dans son combat contre les idoles, Mercier sera, dans le moment thermidorien, le plus virulent critique des panthéonisations.

En refusant une sépulture à Voltaire en 1778, le clergé ne fit que raviver l'idée d'une dette imprescriptible envers les grands hommes. Diderot remarqua que cela avait lieu dans l'année où l'on avait transporté les cendres du comédien Garrick à Westminster, « parmi la sépulture des rois, à côté de l'urne de Newton[66] ». Et Roucher écrivit sur le même ton d'emphase : « Où repose un grand homme, un Dieu vient habiter[67]. » Voltaire dut donc « prendre la poste pour se faire enterrer[68] », lui qui s'était fait transporter si souvent mourant de son vivant et par exemple de Châlons à Lunéville « presque attaché avec des couvertures[69] ». Il y eut quelque chose d'une grande cérémonie macabre à la romaine dans ce cadavre habillé faisant route vers l'abbaye de Scellières, alors que les héritiers, ayant abandonné le cerveau du grand homme au chirurgien embaumeur, se disputaient âprement la relique de son cœur. Cette dépouille ambulante qui tentait d'échapper à la voirie et qui fit un moment de Voltaire une âme plus errante que celle de Rousseau s'incrivit durablement dans l'imaginaire public et fit sans doute souhaiter, dès ce moment-là, que la noble idée du Temple de mémoire s'incarne désormais dans un tombeau qui soit effectivement procuré aux hommes illustres.

Des visiteurs mélancoliques continuèrent de hanter Ferney. Brissot y fait un détour en pleine Révolution, alors que la demeure sert de quartier général à l'armée française. De passage en 1831, Chateaubriand vient « rôder seul » dans ce lieu déserté en s'attardant à des choses infimes qui le ravissent, comme une « palmette de fougère », des « demoiselles aux ailes bleues » et un « filet d'eau » qu'il découvre derrière le château, ruisseau sans nom dont l'écoulement silencieux est comme une fuite[70]. À ces événements minuscules il oppose l'« homme des trompettes » et de la renommée, qui « écrivait aux princes de la terre et forçait l'Europe à venir l'admirer dans le hameau de Ferney ».

Selon John Moore, visiteur anglais de 1772, Voltaire s'asseyait dans son théâtre de façon à « être vu par une grande partie des spectateurs ». C'est ainsi que le patriarche vole directement à la postérité. Cela plaira à Nietzsche, qui l'excepte de son *Crépuscule des idoles* et qui tresse des couronnes au Roi Voltaire. Celui-ci s'est toujours préoccupé sans détour ni états d'âme de son image publique, essentielle à son combat. Fait pour éclairer, le soleil ne se plaint pas d'être vu.

## *Chapitre XI*

## LE NOUVEAU CÉRÉMONIAL LITTÉRAIRE

> Longtemps après sa mort les étrangers allaient visiter la chambre qu'il avait occupée. Une fois chaque année, j'irai visiter sa tombe.
>
> Diderot, *Vie abrégée de La Fontaine*[1].

Les écrivains qui avaient été les plus célébrés de leur vivant furent l'objet d'un culte posthume : des pèlerins accoururent au pied de leur tombeau et l'on souhaita même parfois faire de leur maison un musée. Dès lors que ces grands hommes avaient disparu, tous les témoignages les concernant, et plus particulièrement les récits de « visite », parurent avoir un peu plus de prix. Les manifestations souvent excessives et pompeuses d'une telle vénération furent tournées en dérision dans de petits genres burlesques. La satire propre au combat anti-philosophique reprit ainsi une nouvelle vigueur, et la caricature, sous toutes ses formes, contribua à déboulonner les statues. Bien des grands hommes habitués des Champs Élysées furent souvent placés aux enfers, car le rire et l'alacrité ne perdirent jamais leurs droits. Ce petit jeu de massacre se poursuivit sur un mode autrement âpre et emporté pendant toute la période révolutionnaire.

Cependant, l'incroyable dévotion envers les grands écrivains ne se limita pas à de stériles exercices d'admiration. Les secrétaires et les témoins zélés contribuèrent, en fait, à la constitution de l'histoire littéraire au sens moderne, avec ses enquêtes et ses éditions d'œuvres complètes menées désormais de façon beaucoup plus méthodique, ce qui transforma à bien des égards l'expérience littéraire elle-même.

## *La maison musée*

Avant que la Révolution n'en vienne à honorer les grands hommes en transformant le nom des rues, et par exemple la rue Plâtrière en rue Jean-Jacques-Rousseau, les maisons d'hommes célèbres étaient considérées depuis longtemps comme pleines d'intérêt pour la nation et pour le patrimoine humain en général[2]. C'est dans ce contexte émotif et commémoratif que la Comédie-Française fut elle-même désignée comme « La maison de Molière[3] », formule caractéristique de l'esprit du temps, où s'abolissait la frontière entre le domaine public et la sphère privée. Ce goût du mémorial s'exprima sur tout le territoire. Ainsi le cardinal de Rohan, évêque de Strasbourg, fit-il l'acquisition d'un emplacement où le « maréchal de Turenne avait été tué » pour y faire construire une maison : elle devait être habitée par un invalide « chargé d'accompagner les étrangers » auprès d'un monument au grand homme (une pyramide, symbole de l'immortalité) et de leur donner tous les détails historiques nécessaires[4].

Les éloges académiques principalement avaient inspiré le goût de ces sortes de pèlerinages et, par exemple, l'idée de la visite à la « maison d'écrivain ». Dans son *Éloge de Massillon*, d'Alembert rapporte qu'un voyageur ayant désiré voir l'ultime séjour du prélat, le grand vicaire lui montra, les larmes aux yeux, les lieux préférés de celui-ci et, arrivant enfin à la chambre où il avait rendu les derniers soupirs : « "Voilà, dit-il, l'endroit où nous l'avons perdu", et il s'évanouit en prononçant ces mots[5]. » Sans prendre une telle tournure dramatique, ces visites se multiplièrent et furent souvent le fait d'écrivains en quête d'une émotion religieuse. Diderot rapporte, d'après un « savant antiquaire anglais », qu'on « montre à Cordoue la *casa de Seneca* et [...] au voisinage d'une des portes de la ville, *el lugar de Seneca*, la métairie de Sénèque[6] ». De là naquit l'idée de la « maison musée », dont le succès n'a cessé de grandir de nos jours dans le tourisme littéraire et dont le premier exemple notable fut le château de Voltaire à Ferney.

Wagnière, le dernier secrétaire de l'écrivain, aurait aimé que Catherine II acquière le domaine et qu'elle le charge lui-même d'en être le conservateur. L'impératrice avait conçu le projet beaucoup plus singulier de le faire venir comme bibliothécaire à Saint-Pétersbourg car elle souhaitait construire une réplique exacte de Ferney à Tsarkoié-Sélo afin d'y réunir la bibliothèque de Voltaire, le cycle de toiles de Huber (la « Voltairiade »), enfin le buste et la statue de Houdon[7]. Pour réaliser ce programme muséographique, un des plus étonnants qu'ait inspiré le culte des grands hommes, elle pria Wagnière de lui fournir des plans de la demeure et des échantillons d'étoffes de chaque pièce. À cette fin, elle se procura une « maquette de la maison de Voltaire à Ferney », qui porte la mention « fait au château de Ferney en l'année 1777 par Morand », et que l'on peut voir aujourd'hui au musée de l'Ermitage.

Une fois propriétaire du château, le marquis de Villette annonça dans les journaux que les étrangers continuaient à « visiter cet ancien séjour de M. de Voltaire avec la même affluence et la même curiosité[8] ». Il fit surtout de la publicité pour un curieux reliquaire conçu par Houdon (une pyramide en faïence commandée à la manufacture de Ferney) pour y placer le cœur de Voltaire dans une pièce désignée pour cette raison comme la « chambre du cœur[9] ». Wagnière accusa son rival d'avoir tout simplement dénaturé les lieux :

> Le nouveau seigneur en vint prendre possession en juillet 1779 ; il changea tout, fit vendre beaucoup de meubles et presque tous ceux de la chambre de ce grand homme. Il fit arranger dans cette armoire, une espèce de petit tombeau de terre cuite vernissée, ou plutôt les débris d'un poêle de la valeur d'environ deux louis, et dit avoir déposé dans ce beau monument le cœur de M. de Voltaire qui n'y est point du tout. Il plaça dans cette chambre les portraits de l'impératrice Catherine II, du roi de Prusse, de Lekain en tableaux et quelques autres en estampes, ainsi que plusieurs cadres vides[10].

Ainsi s'exprime l'amertume de Wagnière dans cette querelle d'héritiers [11]. Il assure qu'en vendant au « cabaretier » de précieux souvenirs comme l'« écritoire » et les « flambeaux » Villette a fait perdre à cette pièce tout ce qui pouvait la rendre propice au « recueillement » et à la « vénération ». Pourtant, ce mémorial privé illustre un réseau d'affinités et de solidarités tout à fait dans l'esprit du Panthéon des Lumières : à côté des portraits des souverains éclairés apparaissent ceux de Diderot et de d'Alembert, de Necker et de Franklin, de Mme Geoffrin et de Mme du Deffand, puis de Condorcet, de La Harpe, de Marmontel, enfin de Thomas dont l'œuvre semble avoir inspiré l'idée de cette petite galerie de mémoire. Mais la « chambre du cœur » n'eut pas le succès public escompté, car il était utopique de prétendre entretenir un intérêt égal chez les visiteurs longtemps après la disparition de l'ancien maître des lieux.

## *La visite : du rite au persiflage*

Petite cérémonie caractéristique de la culture des Lumières, comme nous l'avons vu à propos de Diderot, de Rousseau et de Voltaire, la « visite au grand homme » stimula plus particulièrement le zèle des étrangers qui paraissaient devancer ainsi les arrêts de la postérité. On aimait rappeler constamment ces hommages venus d'ailleurs pour la gouverne d'un pouvoir officiel accusé de méconnaître le vrai mérite. Combien de princes européens curieux d'être introduits auprès des écrivains célèbres, puis reçus officiellement à l'Académie française ou fêtés spontanément au théâtre ! Plus tard, l'Assemblée nationale aura aussi ses visiteurs de même que le Panthéon.

La littérature hagiographique inspirée par ces visites suscita en retour diverses formes de dérision. Du point de vue rétrospectif de ses *Mémoires* parus en 1825, Mme de Genlis, par exemple, ne fait que persifler dans le récit de ses rencontres avec les grands hommes, qu'elle avait sans doute pourtant furieusement désirées sur le moment même. Elle prétend que son mari avait demandé à l'acteur Préville de se faire passer auprès d'elle pour Rousseau et que, avertie de cette mystification, elle aurait ensuite malmené le vrai Rousseau en le prenant pour le comédien. Peu importe la véracité de cet imbroglio : il révèle la théâtralité de ces rencontres mises en scène comme des comédies. La visite de Mme de Genlis à Voltaire tourne, dans le même esprit satirique, à une charge contre « l'étiquette de la présentation à Ferney » avec les pâmoisons programmées « surtout pour les jeunes femmes ». La voyageuse tâche, durant la route, de se « ranimer en faveur du fameux vieillard » en se répétant des vers de *La Henriade*. En attendant l'entrevue, elle a le temps de détailler le mauvais goût qui domine dans le salon (« une véritable enseigne à bière [...] représentant M. de Voltaire dans une gloire »). Elle ne retient du grand homme que sa manie de parler fort, sa perpétuelle colère contre ses gens, son amour-propre irritable parce que « les rois mêmes n'ont jamais été les objets d'une adulation si outrée [12] ».

C'est le *Voyage à Montbard* de Hérault de Séchelles, publié en 1785, qui fonde le canon de l'anti-visite [13]. Le jeune homme irrespectueux relève, dès les premiers instants de la rencontre, la vanité de Buffon qui, pour se faire un peu plus désirer, commence par se retourner « fort tranquillement et fort longtemps pour fermer la porte » et qui « était frisé [...] quoiqu'il fût malade ». Parcourant l'enceinte de la propriété, le visiteur découvre un véritable sanctuaire où le fils de Buffon vient d'élever un monument à son père. Hérault de Séchelles pastiche les motifs les plus convenus de l'éloge, comme la précocité du grand homme (« À vingt ans, il avait découvert le binôme de Newton, sans savoir qu'il eût été découvert »), sa sobriété (« Il déjeune de deux verres de vin et d'un morceau de pain »), sa puissance de travail (« Couché à deux heures, il se fait réveiller à cinq »). « Je ne pouvais m'arracher du sein de ce nouveau père que la science et le génie m'avaient donné », déclare ironiquement le visiteur, alors qu'en vérité aucune magie n'a joué dans cette rencontre décevante (« Ses mots favoris sont "tout ça" et "pardieu" qui reviennent continûment »). Le *Voyage à Montbard* offre la vision comique du plus infatué des grands hommes du XVIII<sup>e</sup> siècle, n'hésitant pas à se placer parmi les seuls cinq génies qui aient existé, selon lui : « Newton, Bacon, Leibniz, Montesquieu et moi ». Il prend continuellement la pose pour l'éternité, marchant « fièrement, la tête haute, toujours seul, daignant à peine regarder la terre, absorbé dans ses pensées, semblable à l'homme qu'il a dépeint dans son histoire de l'homme, sans doute d'après lui-même, tenant une canne dans sa main droite, et appuyant avec majesté l'autre main sur sa jambe gauche[14] ».

Le thème de la « visite » connut une certaine fortune dans la fiction. Le *Voyage du jeune Anacharsis en Grèce* de l'abbé Barthélemy se présente comme une série d'entretiens avec les grands hommes et, plus tard, dans *Les Natchez*, Chateaubriand imagine une rencontre entre Chactas et Fénelon. Ce *topos* fait le bonheur de Sade qui le pastiche dans *Aline et Valcour* : « Rousseau vivait, je fus le voir », déclare le jeune Valcour qui recherche « la conversation de ce philosophe profond[15]. » Plusieurs épisodes de *Juliette ou les prospérités du vice* rapportent des visites auprès des puissants, où Sade bouscule les règles convenues des célèbres rencontres entre les philosophes et les despotes éclairés. Juliette fait en Italie une campagne subversive où le tutoiement est de règle : elle donne, sur le ton révolutionnaire de l'invective, une leçon d'économie politique au roi de Naples (« simple, imbécile, aveugle »), puis subjugue Pie VI en lui promettant que, s'il devient philosophe, son « nom se tracera sur les colonnes des temples de mémoire[16] ». Cette démystification des fétiches religieux et politiques illustre tout à la fois le jugement dernier des rois et l'effervescence propre au Panthéon révolutionnaire.

### *Le temps des secrétaires*

« Que j'aime à me sentir petit, en m'environnant en idée de tous ces grands hommes, et en goûtant le plaisir de les admirer[17] ! » s'écrie Mercier qui exprime ainsi une forme d'admiration presque immature et un peu sacrificielle. Du même point de vue humble et prosterné, Boswell déclare à Rousseau qu'il se sentirait comme abandonné s'il ne pouvait trouver auprès de lui remède à une sorte d'inconsistance et presque d'infirmité qui lui est propre. Hölderlin a donné l'exemple le plus exacerbé de cette « inquiétude juvénile[18] » dans ses lettres à Schiller devant lequel il tient à se montrer dans toute son « indigence[19] » et dont il avoue que la présence le trouble au point, dit-il, que « votre voisinage m'est interdit[20] ». Et pourtant il ne cesse de réclamer sa « bénédiction » et la garantie nécessaire de son « autorité ». Bien d'autres jeunes gens qui se sentaient orphelins ont ainsi cherché des tuteurs auprès des grands écrivains du XVIIIe siècle, et quelques-uns sont même devenus auprès d'eux des serviteurs zélés[21].

Wagnière note qu'il n'avait que seize ans lorsqu'il s'attacha à M. de Voltaire qui fit son éducation. Les secrétaires des grands écrivains ont pu, en général, s'émanciper d'une protection trop paternelle et exister pour eux-mêmes en raison de leur nouveau rôle du point de vue de l'histoire littéraire naissante. Si Ramsay, dans le cas de Fénelon, Longchamp et Wagnière, dans celui de Voltaire, se présentent comme des « témoins oculaires » susceptibles de fournir des anecdotes de première main, ils ne le font plus dans l'esprit des ana ou à la façon de l'abbé Trublet qui aime à « raconter comment Fontenelle toussait et crachait[22] ». Wagnière précise qu'il ne prétend point du tout faire un « *voltairiana*[23] » mais qu'il a écrit ses « remarques » sur le grand homme en espérant « qu'elles pourraient être utiles à ceux qui entreprendraient de donner une histoire vraie et bien détaillée de la vie de [son] ancien maître[24] ». Loin de s'anéantir dans une ferveur muette, les secrétaires tendent à se considérer désormais comme des biographes attitrés qui ont vocation à devenir des éditeurs, car ils se sentent les plus habilités à mettre de l'ordre dans les papiers, à classer cartons et portefeuilles. C'est ainsi que, jouant sur la vénération qu'on avait pour eux, les grands écrivains du temps avaient réussi à intéresser plus solidement certains témoins à leur œuvre et à remplacer les visiteurs de hasard par des complices réguliers en en faisant des truchements, des accompagnateurs et des gardiens posthumes[25]. Le culte des grands hommes eut par là des effets notables sur l'institution et le rituel littéraires.

Les exemples les plus célèbres de cette situation nouvelle sont James Boswell (1740-1795), le biographe de Samuel Johnson (1709-1784), et Jean-Pierre Eckermann (1792-1854), l'auteur des *Conversations avec Goethe* en 1836. Quand Boswell rencontra Johnson à Londres, le 16 mai 1762 (par hasard, à ce qu'il prétend[26]), il crut voir l'apparition du spectre dans *Hamlet*, mais il put bientôt satisfaire sa « curiosité », comme ce fut le cas lors de ses visites à Ferney ou lorsqu'il déjeunait avec Rousseau dans le « site sauvage de Neuchâtel[27] ». La *Vie de Samuel Johnson* se présente comme un montage de plusieurs documents (entretiens, Journal et correspondance, recueils d'anecdotes) et comme une mise en abyme du genre puisque Johnson est lui-même l'auteur de *Vies de poètes* : il peut évoquer ainsi la « difficulté d'obtenir des renseignements authentiques quand on écrit une biographie[28] ». Eckermann, quant à lui, a vécu d'abord longtemps dans l'obsession de devenir le confident de Goethe. Il finit par lui envoyer « une brève esquisse de sa vie et de sa formation intellectuelle », et le grand écrivain l'adopta progressivement.

S'il a un peu banalisé le propos qu'il recueillait, Eckermann a su faire poser le grand homme dans son musée imaginaire ; il a inauguré ainsi un nouveau mode d'entretien littéraire annonçant l'interview et même l'interview audiovisuelle[29]. S'étant illusionné d'abord sur son rôle, il accepta difficilement l'emploi de secrétaire auquel Goethe voulut immédiatement le contraindre. Une sorte de compétition s'établit entre le projet des *Conversations avec Goethe* et l'urgente nécessité pour le grand écrivain dans ses dernières années de mettre de l'ordre dans son œuvre : « Mes relations avec lui prirent une tournure de plus en plus pratique, tandis qu'il m'entraînait un peu plus dans l'ordre de ses intérêts, et, comme préparation à une édition complète de ses œuvres, me chargeait d'une besogne qui ne laissait pas d'être absorbante[30]. » C'est alors que Goethe, malade, le désigna dans son testament comme éditeur de toutes ses œuvres posthumes et lui fit signer un contrat où étaient « nommément indiqués les écrits en partie achevés, en partie encore inachevés, qu'il y aurait lieu de publier après sa mort et surtout les dispositions et conditions afférentes[31] ». Eckermann s'acquitta de sa tâche dans l'ordre souhaité par l'écrivain : il publia les œuvres posthumes en 1832 et 1833, et ses *Conversations avec Goethe* en 1836, avant d'entreprendre une édition complète en 1839-1840.

C'est dans le dernier quart du XVIIIe siècle que les anciennes catégories d'« œuvres, » d'« œuvres diverses », puis de « collection complète » avaient été progressivement remplacées par celle d'« œuvres complètes », qui impliquait déjà une conception moderne de l'édition savante avec toute sa part d'interprétation biographique et d'enquête pour collecter sources, témoignages et anecdotes inédites. Parce qu'ils étaient en général aussi familiarisés avec l'œuvre qu'avec l'homme, les secrétaires furent presque toujours associés aux grandes entreprises éditoriales. Dans les derniers mois de sa vie, Voltaire préparait une nouvelle édition de ses œuvres complètes, avec l'aide de Wagnière, reprise ensuite par Beaumarchais pour l'édition de Kehl qui s'ouvre sur une *Vie de Voltaire* par Condorcet, et dont les vingt-sept volumes publiés de 1783 à 1790 furent portés sur un char dans le défilé de panthéonisation en 1791. Rousseau avait, quant à lui, détaillé dans les Dialogues toutes les manipulations futures dont son œuvre pourrait être l'objet et inventé à travers le personnage du « dépositaire » (auquel seraient confiés manuscrits et documents) un préposé idéal à la gestion de son œuvre. Mais il n'était pas aussi énergiquement « professionnel » que Voltaire, pour commencer à lutter lui-même contre ce qui lui apparaissait comme un complot destiné à le noircir et à dénaturer ses ouvrages : il s'en remit donc aux éditeurs posthumes.

En tant que responsable d'une remarquable édition de Rousseau[32], Mercier remplit avec le plus grand zèle la fonction d'éditeur d'œuvres complètes telle qu'elle venait précisément de se fixer dans ces années-là : il s'employa donc à réunir des textes rares, et particulièrement des écrits de jeunesse ainsi qu'une partie de la correspondance, recueillit des témoignages, fournit des dossiers de presse et le courrier des lecteurs, établit le texte et rédigea notes et notices. Conçue à ses débuts dans l'esprit des Lumières comme une dette envers le grand écrivain, cette édition fut accueillie avec encore plus de passion sur la scène révolutionnaire. Rassembler le corpus complet des œuvres de Rousseau y prit en effet le tour pathétique et profondément religieux d'une collecte de reliques maintes fois évoquée dans l'enceinte de l'Assemblée nationale.

# IV

# LE PANTHÉON RÉVOLUTIONNAIRE

## *Chapitre XII*

### DE NECKER À MIRABEAU

> La popularité... est un rasoir entre les mains d'un enfant.
>
> Le prince de Ligne[1].

À partir de 1789 s'ouvre une période particulièrement intense et tumultueuse pour le culte des grands hommes dont la Révolution se fait aussitôt l'héritière : à la mort de Mirabeau, en avril 1791, la nouvelle église Sainte-Geneviève est officiellement consacrée à cette nouvelle dévotion et le rite de panthéonisation institué. La génération qui occupe alors les premiers rôles a, de fait, été nourrie depuis l'enfance et durablement imprégnée par de grands exemples. Aux apothéoses suggérées et si souvent mises en scène dans la rhétorique de l'éloge succèdent des processions réelles inventant dans la ville des chemins liturgiques et des parcours de mémoire inédits. En vertu de ce passage à l'acte surprenant, qui illustre la hardiesse des temps nouveaux, des cortèges soudain s'ébranlent qui semblent enfin se plier à l'injonction ancienne de réparer une dette vis-à-vis des grands hommes et qui répondent aussi dans le présent à de plus urgents appels.

Le « Panthéon français » apparaît aujourd'hui comme l'institution la plus paradoxale et la plus hasardée de la Révolution. Faire un tel pari sur l'avenir en prétendant devancer les arrêts de la postérité était en effet fort risqué dans le moment spirituel de la Constituante si instable et si démeublé. C'est précisément pour conjurer ce vertige que le monument de Soufflot devait tenir lieu de solide point d'ancrage symbolique sur la « montagne sainte », comme un gage et un défi au temps. Certes, la période était bien peu irénique pour être réellement propice aux juges de mémoire qui allaient devoir statuer sur les panthéonisations ; mais le culte des grands hommes, loin d'offrir à l'opinion des modèles d'exemplarité œcuméniques, n'avait-il pas depuis longtemps donné lieu aux contestations les plus envenimées et préparé ainsi d'irrémédiables fractures ? Il s'était fondé dès le milieu du siècle sur des procédures de réhabilitation et d'exclusion qui ne firent que se radicaliser plus tard.

Le Panthéon révolutionnaire est caractérisé par une prodigieuse accélération du temps en contradiction flagrante avec le thème popularisé par l'éloge académique d'une maturation et d'une patience nécessaires. S'ouvre alors un théâtre de la gloire aux proportions monumentales, dont le centre est désormais l'Assemblée nationale et dont les échos résonnent dans toute l'Europe. Ainsi parviennent à surgir de l'ombre des individus dont la gloire s'enfle de façon surprenante et retombe aussitôt, héros d'un moment rapidement broyés par le tragique cours des choses. De là, parfois, l'idée lancinante et désenchantée que la Révolution n'a produit aucun véritable grand homme. Dans son *Essai sur les règnes de Claude et de Néron* en 1782, Diderot avait déjà noté l'effervescence et l'emballement d'une opinion publique soudain déréglée, tout en saluant l'avènement rapide de quelques grands hommes politiques, dont Necker. À partir de ce même constat, Augustin Cochin fera le dignostic (par trop radical dans son expression) de la perte de tout critère d'évaluation durant la période révolutionnaire :

> C'est le temps des vertiges et de l'ivresse, des réputations sans cause, immenses le matin, écroulées le soir, des faux sages, des faux savants, des fausses victimes, des faux héros, le temps du mensonge et du rêve. Le règne de Louis XVI ne fut-il pas un long cauchemar de ce genre[2] ?

Dans la turbulence et les fluctuations des années 1780 s'annonçait bien, de fait, l'emballement propre à la Révolution qui userait et ferait tomber tant de gloires éphémères.

Une tout autre période parut en effet s'ouvrir par la façon si prompte dont Mirabeau succéda à Necker dans l'opinion publique. Pour reprendre une célèbre expression du premier, ils apprirent finalement tous les deux, à leurs dépens, qu'il n'y a pas loin du Capitole à la roche Tarpéienne. Mirabeau n'était pas, à la façon du « bon papa Necker », un personnage parfaitement lisse de drame bourgeois ou d'éloge académique. Ce génie surprenant était un « composé » de vice et de vertu, à la façon de ces grands hommes évoqués jadis par Diderot dans l'article « Platon » de l'*Encyclopédie* et dont celui-ci assurait que l'« éponge des siècles » fait oublier le mal qu'ils commettent[3]. C'est pourquoi de l'une à l'autre de ces deux figures si tutélaires des débuts de la Révolution, la transition est aussi éclairante qu'exemplaire : ainsi commence incontestablement une nouvelle époque de l'héroïsme et s'ouvre une autre phase du culte des grands hommes.

## *Necker et la roue des popularités*

Necker avait eu sa première heure de gloire, en 1781, avec la publication du *Compte rendu* où il se montrait désireux de réformer l'administration en la rendant plus transparente. C'est pourquoi on lui attribua plus tard un rôle prépondérant dans la grande enquête nationale que furent les *Cahiers de doléances* et dans la convocation des États généraux. Pour avoir obtenu le doublement des députés du Tiers, il apparut comme un ministre libéral sincèrement attaché à la rénovation du régime. Il fut donc consacré pendant l'été de 1789 comme le véritable père de la Révolution. Celui qui donna si soudainement un visage à l'espérance de renouveau et personnifia, pendant plusieurs mois, le mouvement même des choses s'était préparé depuis longtemps à ce rôle. Prenant le relais des grands écrivains adulés à l'époque des Lumières, il est le premier homme politique à s'être acquis, comme eux, les faveurs de l'opinion.

L'éloge de Colbert ayant été proposé au concours académique de 1773, Necker avait saisi l'occasion de se faire connaître sur un sujet qui lui permettait d'annoncer ses compétences. Il avait parfaitement assimilé le canon du genre et sut en exploiter toutes les ressources pour se mettre lui-même au premier plan et remporter le prix d'éloquence avec éclat. Lorsqu'il devint ministre quatre ans plus tard, sa réputation parut donc déjà faite, comme l'illustrent ces vers souvent utilisés au bas des estampes qui le représentaient à sa place toute désignée : « Français vous regrettiez Colbert ? Vous le retrouvez dans Necker ; comme un autre Sully ce ministre fidèle, à la postérité servira de modèle. » Le concours académique s'était révélé, en la circonstance, comme un instrument particulièrement efficace au service d'une réelle ambition politique[4].

Dans son *Éloge de Colbert*, Necker présentait le couple de Louis XIV et de son ministre comme une entité nécessaire, ce dernier étant digne, selon lui, de « comprendre les devoirs du trône et de les partager[5] » : cette conception était illustrée par la vision mélodramatique du roi au chevet de Colbert malade, dans le plus pur style de la peinture d'histoire alors en vogue. En faisant de Colbert un « esprit de sagesse et de modération » qui n'obéissait à « aucun système[6] », l'orateur énonçait sa profession de foi de futur homme d'État et officialisait ainsi sa propre vocation à devenir administrateur des finances. Ce rôle, le second dans l'État à ses yeux, ferait de lui un jour, presque à l'égal du roi, comme une « image de Dieu sur la terre » : un père prévoyant, plein de sensibilité et de vertu, qu'il montrait, dans une de ces visions narcissiques tellement caractéristiques du genre de l'éloge, méditant seul au cœur de la nuit sur tout le bien qu'il a pu faire pendant le jour à ses administrés. Un personnage d'un si grand mérite incarnait désormais la forme supérieure du grand homme : il était destiné à éclipser bientôt l'ancien prestige, un peu vain par rapport au sien, des hommes de lettres. Diderot fut, à l'évidence, agacé par cette prétention de technicien où s'annonçait pour la première fois (Necker aurait sur ce point dans un lointain avenir de nombreux successeurs) toute la suffisance d'un grand argentier s'octroyant un peu vite le rôle prépondérant : c'est pourquoi l'encyclopédiste tint à rappeler au futur ministre, dans une lettre en outre chaleureuse à propos de son *Éloge de Colbert*, que le philosophe reste bien celui qui veille le plus tard et avec le plus de vigilance sur la cité[7].

Necker réussit à s'imposer, selon son vœu le plus cher, comme l'homme du moment, et parut en effet répondre mieux que quiconque aux attentes de ses contemporains, ce dont témoigne une riche imagerie[8]. Les médailles en représentent une part importante : quelques-unes évoquent un événement particulier, comme le doublement des députés du Tiers et l'épisode du 23 juillet 1789 où Necker fut porté en triomphe ; la plupart honorent d'une simple sentence le ministre dévoué, le « vrai père du peuple ». Les estampes rappellent, par exemple, que Necker a été directeur de la Compagnie des Indes et qu'il a fondé un hôpital. Tantôt le buste du ministre est couronné sur une scène, tantôt son médaillon est placé au Temple de mémoire entre ceux de Sully et de Colbert. Necker est situé dans la série communément admise des administrateurs vertueux (Suger, L'Hospital, Turgot), et présenté par quelques emblèmes convenus : l'œil symbole du génie, la balance celui de l'équité et de la justice, la corne d'abondance et les ruches celui de l'heureuse administration. Le nom glorieux du bon ministre fut même consacré par de petits objets populaires et reproduit dans les mailles d'une superbe paire de chaussettes en 1789[9].

Rappelé plusieurs fois triomphalement d'un exil fameux, Necker était tout auréolé de ses disgrâces et de ses retours[10]. Il était le grand homme persécuté dont le mérite avait fini par être reconnu. Sa vie reproduisait ainsi idéalement, et à point nommé pour sa gloire, un lieu commun du genre de l'éloge. Tous les paramètres du temps prouvent qu'il était en quelque sorte au zénith de la popularité de 1781 à 1789. De passage à Moulins, en 1785, où il avait souhaité visiter le tombeau du duc de Montmorency, il suscita des attroupements enthousiastes et un jeune homme improvisa un quatrain en son honneur[11]. Le roi lui-même dut compter avec ce crédit surprenant et cette légitimité nouvelle fondée sur l'opinion. Aussi demanda-t-il sur l'honneur à son ministre le 11 juillet 1789, au nom de sa droiture et de sa réputation, de ne donner lieu à « aucune commotion », et de s'éloigner incognito sans essayer d'obtenir un succès personnel à ses dépens.

Comme La Fayette, qui s'était fait applaudir en Amérique, Necker avait pris le goût des succès populaires. Lors de sa démission du 19 mai 1781 après la publication du *Compte rendu*, on donne le soir même à la Comédie-Française *La Partie de chasse d'Henri IV* de Collé. À chaque fois que Sully apparaît, le personnage est ovationné, et à travers lui le ministre du jour :

> Rien de ce qui pouvait s'appliquer sans effort au sentiment du public pour M. Necker ne fut négligé. [...] Les comédiens ont été s'excuser auprès de M. le lieutenant de police d'avoir donné lieu à une scène si touchante mais dont on pouvait leur savoir mauvais gré [12].

C'est aussi l'épisode du 23 juin 1789 où, après avoir refusé d'assister à la séance royale et d'y cautionner un discours trop dur inspiré par la Cour, Necker est acclamé par un incroyable cortège de députés de tous les ordres venus lui rendre visite dans sa propre maison. C'est le 12 juillet où, à l'annonce de son renvoi, la foule fait fermer les théâtres, les cafés, l'opéra. Quand Desmoulins met en garde au Palais-Royal contre une Saint-Barthélemy des patriotes, on arrache aussitôt les feuilles des marronniers pour s'en faire des cocardes vertes, couleur de la livrée de Necker. Le buste de celui-ci couvert de crêpe et celui du duc d'Orléans, pris au cabinet des figures de cire, sont alors portés en triomphe avant d'être brisés, place Louis-XV, par un escadron de dragons. C'est enfin le dernier retour de Bâle à Paris (Mme de Staël note que son père était reconnu dans les villages grâce aux estampes placées sur les cheminées [13]), et l'apothéose à l'Hôtel de Ville le 30 juillet. Mais Necker, qui était tout le contraire du héros énergique et vengeur, n'avait déjà plus sa place dans ce moment héroïque.

Dans le portrait qu'elle fait de lui à dix-neuf ans, sa fille retient l'aspect « moelleux » de son caractère et, plus tard, elle l'appellera le « Fénelon de la politique », désignant par là un guide doux et placide qui réforme sans violence, l'homme du compromis et de la paix civile. Elle reprend le qualificatif de

« tutélaire » si fréquent dans l'iconographie : « L'ange gardien des enfants, c'est leur père », écrit-elle dans *Corinne ou l'Italie*[14]. En 1810, retournant à Coppet, elle voit l'arc-en-ciel se lever sur la demeure familiale et se plaît à y déchiffrer un signe paternel annonçant la fin des persécutions dont elle est l'objet, thème repris par Michelet contre Necker pour se moquer de sa boursouflure un peu mièvre[15]. Dans cette propension à afficher à tout propos sa sollicitude de père, il y eut chez le ministre un désir calculé de favoriser sa propre popularité : Louis XVI, quant à lui, longtemps considéré pourtant comme l'héritier de Louis XII et d'Henri IV (les bons monarques protecteurs si souvent honorés dans les éloges académiques), ne sembla plus incarner, à mesure que la Révolution avançait, que la part désuète et abusive de l'autorité[16].

L'extraordinaire faveur dont jouit si longtemps Necker dans l'opinion tint en grande part à cette usurpation programmée et réussie de cette bonne image paternelle qui était censée jusque-là être l'apanage du roi, alors qu'en fait l'idéologie du culte des grands hommes, telle qu'elle était issue de l'Académie, contribuait depuis des années à lui substituer d'autres figures tutélaires comme des recours de plus en plus plausibles et finalement redoutables pour la monarchie. On ne savait plus très bien qui du roi ou de son ministre était le meilleur père et le plus proche, mais, à chaque fois que Necker était renvoyé, toute la nation se sentait orpheline[17]. Sénac de Meilhan en déduit un peu vite, en noircissant le trait, que Necker manipulait l'opinion publique avec beaucoup de duplicité en homme « à qui la manie de la célébrité tenait lieu d'ambition[18] ». Si le ministre sut jouer très habilement du thème paternel cher à son temps, il faut reconnaître aussi qu'il l'a effectivement inscrit au cœur de sa pensée politique et qu'il en était très sincèrement obsédé : à la fin de sa vie, dans son *Histoire de la Révolution française*, il va jusqu'à se comparer au roi Lear en se plaignant de la Révolution comme de sa fille ingrate et dénaturée.

Soucieux de sauver la monarchie contre elle-même au moment des plus dures épreuves, Necker avait cru y parvenir en usant principalement de son crédit dans l'opinion. Il avait prétendu se rendre également indispensable au roi et à l'Assemblée nationale, mais, à ce double jeu risqué, il s'était « démonétisé » (pour reprendre une expression du temps) particulièrement vite. Il apparut bientôt comme un personnage terne et pesamment doctoral, composant une « fastidieuse figure[19] ». Ni orateur, ni homme d'action, le grand commis du cabinet ministériel fut surpris par l'impétuosité des jeunes gens qui firent irruption sur la scène politique, et se vit soudain dépassé par l'audace rapide d'une révolution qui, selon la belle formule de Jaurès, « avait l'instinct et le génie du pouvoir exécutif[20] ».

Quand il revint en France à la fin de juillet 1789, Necker eut l'impression de « rentrer dans le gouffre », « en victime de l'estime dont on m'honore[21] », dit-il, car l'équilibre des forces lui semblait avoir été définitivement rompu du 11 au 14 juillet. L'autorité du roi s'étant comme « éteinte » dans la tourmente, le ministre n'eut plus la perspective de s'imposer comme arbitre entre les pouvoirs. Il ne lui restait plus qu'à gaspiller sa popularité pour une cause déjà perdue. Comme il le remarque plus tard avec une certaine noblesse dans le ton : « Si j'ai perdu comme un autre la faveur publique après en avoir longtemps joui, j'ai du moins le souvenir de l'avoir usée volontairement et pour une fin dont je n'ai pas à rougir[22]. »

Mirabeau avait acheté un buste de Necker au début de la Révolution, au moment où Robespierre s'empressait d'écrire à celui-ci une lettre enthousiaste. Le tribun avait de l'estime pour la supériorité de vue du ministre. Mais, si leurs ambitions étaient les mêmes, leur caractère et leurs méthodes étaient incompatibles. Au moment voulu, Mirabeau ne manqua pas de faire remarquer au roi que Necker ayant perdu tout crédit, il lui était devenu parfaitement inutile : « Il n'est rien moins qu'en bonne intelligence avec l'Assemblée nationale. Il ne gouverne plus l'opinion publique. On attendait de lui des miracles et il n'a pu sortir d'une routine contraire aux circonstances[23]. » Quand, malade et usé, Necker quitta Paris le 8 septembre 1790 dans l'indifférence générale, il était déjà, selon Rivarol, un « ancien grand homme[24] ». Il fut arrêté à Arcis-sur-Aube parce que les trop nombreux pamphlets sur son compte (de Marat et de Mirabeau surtout) avaient suffi à le rendre suspect. Comme le constate Mme de Staël, ceux qui « ont fait le siège de sa réputation » sont effectivement parvenus à le « dépopulariser ». Parmi les personnages importants de la Révolution, il est le premier à faire l'expérience amère que la faveur politique est une forme inférieure et inconsistante de la gloire. Celui dont on avait si souvent épinglé la vanité note à la fin simplement, et sans doute en en faisant l'application à lui-même, qu'il « y a des hommes sur qui la gloire ne tient pas[25] ». Il ajoute avec sagesse : « Il n'y a qu'à voir ce qui reste des grands hommes pour se calmer dans son ambition[26]. » Toujours trop à la hausse ou trop à la baisse, le père de Mme de Staël mérite de trouver enfin dans l'évaluation historique un point d'équilibre. Comme le note très justement Quinet : « Necker n'avait ni les vertus, ni les vices que demandaient des temps immodérés, et aujourd'hui la renommée ne sait encore où lui assigner sa juste place, dans une époque où tout devait être excessif[27]. »

## *La mort de Mirabeau*

Mirabeau avait incontestablement, quant à lui, ce qu'il fallait pour s'imposer de façon fulgurante comme le grand homme sans égal des premières années de la Révolution. Individu turbulent et fils cent fois maudit par son père, il avait été longtemps poursuivi par la vindicte familiale sous les formes les plus abusives qu'elle pouvait prendre sous l'Ancien Régime : lettres de cachet, procès, enfermement au fort de Joux et au donjon de Vincennes. Ses premiers écrits pour défendre ses droits annonçaient l'abolition des lettres de cachet et les lois futures sur le divorce, sur les successions et sur les tribunaux de famille. Son dernier discours, rédigé peu avant sa mort, portait sur les testaments. Pour avoir subi la sévérité d'un père qui avait gardé, selon Chateaubriand, l'« inflexible tradition de l'autorité paternelle absolue[28] », il incarnait naturellement l'esprit rebelle de 1789.

Dans les années qui précèdent la Révolution, le vieux marquis de Mirabeau comprend, avec une stupéfaction amusée, que l'enfant prodigue s'est acquis un certain rôle depuis qu'il imprime son nom « prostitué » et manie avec « impudence » l'art de la parole. « C'est à faire vomir, rire ou pleurer ou bailler, ou admirer », s'exclame-t-il en saisissant parfaitement que le crédit de son fils (« dont nous connaissons l'acabit intérieur ») s'enfle d'autant plus dans l'opinion que celui-ci brave avec plus d'insolence la puissance paternelle comme un symbole général de l'arbitraire : « Il va se faire un singulier tribunal politique et d'une grande force. Cet homme aura jaugé son siècle[29]. » Et il est vrai que Mirabeau, loin de s'enfermer dans les seules doléances du ressentiment filial, a su prendre de la hauteur. Dans son affrontement obstiné avec l'ordre familial, il a appris à en découdre avec un pouvoir archaïque qui n'a plus de secret pour lui.

C'est pourquoi il semble avoir une telle avance sur tous les autres, au début de la Révolution, par sa conscience exacte des forces en présence et par l'audace de ses réparties qui font aussitôt sa célébrité. En vertu de sa forte vision politique, fondée sur l'espoir que la monarchie accepterait de se régénérer au sein d'une nation démocratique, il n'hésite pas à se faire élire comme député du Tiers État. De là ce triomphe presque romain en mars 1789 à Aix, où il est accueilli en sauveur de la Provence au milieu des feux d'artifice, au son des cloches et des galoubets. La foule prétend un moment dételer ses chevaux pour tirer elle-même sa voiture. Électrisé par cette gloire soudaine, il prend la mesure de son formidable pouvoir sur l'opinion, tellement précieux à ce moment-là qu'il décide alors de l'exploiter de la façon la plus énergique, en s'entourant de façon très moderne du fameux groupe d'experts de son « atelier » composé principalement de ses amis genevois. Celui que les vitupérations paternelles dénonçaient comme un chien hargneux et fol, ou un misérable incendiaire, allait devenir le Démosthène français au sein de la Constituante et acquérir la stature d'un véritable héros national, souvent désigné comme l'Ulysse et l'Hercule de 1789.

Une affliction profonde suivit l'annonce de sa maladie. Toutes les heures, des bulletins en détaillèrent les progrès. Si la fin tourmentée et convulsive de Voltaire en 1778 avait pu être présentée, dans les journaux cléricaux, comme une punition du ciel, celle de Mirabeau, le 2 avril 1791, eut toutes les apparences de la belle mort, et fut unanimement saluée comme un grand et noble spectacle. Le dernier souhait de l'agonisant, « dormir », vint conclure une longue préparation à la mort très sereine et tout à fait à l'antique. Mirabeau voulut être entouré par ses amis jusqu'au bout et, au-delà de ce premier cercle, aima sentir la présence de la foule qui faisait le siège de sa maison. Ayant désiré qu'on ouvre les fenêtres pour « écouter une dernière fois la rumeur publique [30] », il demanda en percevant un murmure plein de ferveur si l'on apprêtait les « funérailles d'Achille ». Cette référence épique était parfaitement appropriée au goût du moment, à en juger par une série de superbes estampes montrant, dans l'esthétique du sublime, tout un peuple au chevet du héros. La presse témoigna généralement d'un extraordinaire accès de dévotion. « Mais Mirabeau se meurt ; Mirabeau est mort », annonçait Desmoulins dans son journal dont le frontispice représentait pour l'occasion un monument funèbre [31].

Un an auparavant, au moment de la mort de Franklin, c'est Mirabeau lui-même qui avait indiqué les nouveaux honneurs qu'il convenait désormais de rendre en de telles circonstances :

> Assez longtemps l'étiquette des cours a proclamé des deuils hypocrites. Les nations ne doivent porter que le deuil de leurs bienfaiteurs. Les représentants des nations ne doivent recommander à leurs hommages que les héros de l'humanité [...] La France éclairée et libre doit un témoignage de souvenir et de regret à l'un des plus grands hommes qui aient jamais servi la philosophie et la liberté [32].

Mirabeau avait convaincu l'Assemblée, le 11 juin 1790, de s'associer pendant trois jours au deuil décrété par le congrès américain pour l'« un des pères de sa Constitution », parce qu'un grand homme appartenait au genre humain tout entier. C'était un « acte religieux », précisait-il, que d'honorer ainsi la mémoire de Franklin, quand bien même l'hommage à l'américain franc-maçon devait rester strictement laïc. On trouva, à cette fin, un lieu non consacré dont cependant l'architecture monumentale se prêtait à une telle cérémonie civique : dans la vaste rotonde à l'antique de la halle au blé tendue de noir, l'abbé Fauchet prononça l'éloge du disparu dont le buste était placé sur un sarcophage couvert de branches de cyprès. Un an plus tard, à la mort de Mirabeau, la marche à suivre apparut toute tracée. La Révolution venait de perdre son premier grand homme et il était essentiel, pour le présent autant que du point de vue de la postérité, de rendre des honneurs funèbres qui fussent véritablement à la mesure de l'événement.

À l'annonce du décès, une motion émanant de la société des Jacobins suggéra d'inhumer Mirabeau à Saint-Denis au milieu des rois de France. Une députation des quarante-huit sections de Paris proposait que ce soit au Champ-de-Mars, sous l'autel de la patrie. Ce problème de la sépulture fut rapidement traité par l'Assemblée nationale qui, à l'initiative de Barnave, Pastoret et Villette, vota deux jours plus tard, le 4 avril 1791, le fameux décret selon lequel la nouvelle église Sainte-Geneviève était destinée à recevoir les cendres des grands hommes ayant bien mérité de la patrie, comme devait l'annoncer l'inscription sur le fronton : « Aux grands hommes, la patrie reconnaissante. » L'édifice qui n'était pas encore achevé n'avait jamais été ouvert au culte ni même consacré. C'est pourquoi le corps de Mirabeau fut, dans un premier temps, placé à côté de celui de Descartes dans l'ancienne église Sainte-Geneviève, l'actuelle église Saint-Étienne-du-Mont.

## *Le Panthéon français*

Depuis quelques mois déjà, ce projet était dans l'air, et avait surtout progressé grâce au marquis de Villette. À la vente des biens du clergé, à partir de novembre 1789, celui-ci, s'inquiétant pour la dépouille de Voltaire déposée à l'abbaye de Scellières, avait orchestré une campagne dans les journaux et à la société des Jacobins. Le corps de Voltaire ne pouvait en effet devenir la propriété d'un particulier ni être vendu comme un bien domanial et ecclésiastique. « C'est à la nation qu'appartiennent les restes précieux d'un citoyen plus grand que tous les rois de la terre [33] », assurait Villette, ouvrant ainsi un débat qui serait bien des fois repris dans les années suivantes. Comme dernier asile pour le grand homme, il avait d'abord songé au Champ-de-Mars et au terre-plein d'Henri IV, sur le Pont-Neuf, en souvenir de

*La Henriade.* Puis il s'enhardit à faire une proposition d'une tout autre ampleur, quand furent redonnées triomphalement les pièces de Voltaire les plus politiques et les plus appropriées aux circonstances. On vit alors Talma dans *La Mort de César.* Et, à la reprise triomphale de la célèbre tragédie de *Brutus* au Théâtre-Français (l'actuel Odéon), le buste du patriarche fut à nouveau couronné sur la scène, dans une apothéose qui rappelait celle de 1778 [34]. L'infatigable Villette courut donc à la seconde représentation, le 21 novembre 1790, pour crier : « Voltaire à Paris », et faire une pétition concernant la basilique Sainte-Geneviève :

> Ayons le courage de ne point mettre ce temple sous l'invocation d'un saint. Qu'il soit le PANTHÉON FRANÇAIS ! qu'il reçoive les statues de nos grands hommes ; et que les voûtes souterraines renferment la cendre des morts célèbres ! [...] Alors le mont Saint-Hilaire serait véritablement le mont Parnasse. [...] Si de la croix on fait une lyre, les anges qui s'inclinent à l'entour, sans y rien changer, sembleront des amours, attirés par les charmes de l'harmonie, qui se jouent dans les nuages [35].

Quatremère de Quincy allait s'employer, à partir du milieu de l'année suivante, en 1791, à réaliser presque à la lettre ce projet, dont la principale nouveauté était de rompre définitivement avec le modèle de Westminster souvent invoqué durant le siècle et encore devant l'Assemblée nationale à la mort de Mirabeau.

Voltaire avait été l'un des premiers (avec Fontenelle et Titon du Tillet, comme on l'a vu) à donner en exemple à ses concitoyens la fameuse abbaye anglaise où les cendres de Newton avaient été portées, en 1734, au cours de grandioses funérailles. Plus que les tombeaux des rois, on y admirait, disait-il, « les monuments que la reconnaissance de la nation a érigés aux plus grands hommes qui ont contribué à sa gloire [36] ». La France, elle aussi, se devait d'associer enfin dans un même monument des renommées diverses. Un anonyme fit, dès 1765, la proposition étonnamment prémonitoire de transformer en un « *Élisée* chrétien » la nouvelle église Sainte-Geneviève : « Cette basilique, disait-il, monument immortel de la piété du Roi, ne pourrait-elle pas en être un du respect de la Nation pour la mémoire de ses grands hommes[37] ? »

C'est un projet beaucoup plus hardi, inspiré par une évidente volonté de rupture, qui allait être mis en œuvre en avril 1791, dans cette période très mouvementée, où l'on n'hésitait pas à remettre en cause la destination première des édifices, en imaginant, par exemple, d'achever l'église de la Madeleine, alors en chantier, en palais d'Assemblée nationale ou de transformer Notre-Dame en bibliothèque. Quatremère de Quincy, chargé d'aménager l'église Sainte-Geneviève en fonction de sa nouvelle vocation, commença par s'interroger sur l'exacte dénomination du bâtiment : « Si les mots simples de Portique ou Monument des grands hommes ne semblent pas au niveau de l'idée, on pourra employer ceux de Basilique nationale, Panthéon, cénotaphe, ou mausolée des grands Hommes[38]. » Le nom de « Panthéon français » fut finalement adopté le 19 juillet[39]. Dès son premier rapport et conformément au décret du 4 avril, Quatremère jugea que l'ouvrage de Soufflot devait être exclusivement réservé au « culte de la Patrie » et aux « usages civiques » décrétés par l'Assemblée « sans aucun mélange de culte » : ce serait « une espèce de théâtre souvent ouvert à des fêtes nationales[40] ». Il faudrait en bannir tous les emblèmes de la mort et placer les tombeaux des grands hommes dans la crypte. Quatremère obtura les fenêtres pour atteindre un clair-obscur idéal et imiter l'épure d'une pyramide. En vrai citoyen des Lumières, il chercha à créer cette atmosphère de sérénité stoïque propre au genre de l'éloge en répudiant l'imaginaire convulsif de l'oraison funèbre. Ni église, ni musée, le Panthéon apparut bien comme l'incarnation, longtemps espérée, d'un Temple de mémoire resté jusque-là allégorique et virtuel, et comme l'édifice enfin dûment consacré à ce légendaire laïc du culte des grands hommes que le siècle avait pour une grande part inventé[41].

Durant de longues années, l'Académie française s'était acquis par ses éloges le privilège de décerner des brevets d'immortalité au nom de l'opinion publique. Désormais, c'était le corps législatif représentant la nation qui était le garant des honneurs et qui devait statuer sur les panthéonisations. La question de la définition du grand homme se posa dès lors sur une scène infiniment plus large et d'une façon beaucoup plus pressante et polémique. Les réponses successives et contradictoires qui y furent appportées vinrent illustrer les incertitudes et les aléas propres au Panthéon révolutionnaire[42]. Les arrêts que les différentes assemblées rendirent en ce domaine furent en effet à l'image des conflits qui les traversaient, si bien que les voûtes du Panthéon résonnèrent de toutes ces querelles. À chacune des phases de la Révolution, des factions tentèrent d'accaparer tel ou tel grand homme pour en faire leur propre drapeau et l'enrôler comme bannière distincte dans leurs stratégies politiques.

Le décret du 4 avril 1791 stipulait que, excepté Descartes, Voltaire et Rousseau, seuls les grands hommes du présent (« à dater de l'époque de notre liberté ») étaient susceptibles d'être admis au Panthéon. Lorsque le 5 avril, à la barre de l'Assemblée, Le Peletier de Saint-Fargeau vint proposer de décerner aux rois les honneurs dus aux grands hommes, le tollé qu'il souleva fut le signal sans appel que le Panthéon serait expressément purgé de la superstition attachée aux monarques. Sans doute fallait-il les punir ainsi d'avoir voulu faire de Saint-Denis une sépulture exclusivement dynastique. Quand Lambert de Belan, le 12 février 1792, réclama que soient panthéonisés Louis XII et Henri IV, parce qu'ils étaient « les seuls de nos rois qui se soient montrés les pères du peuple », la demande n'eut pas plus de suite. Elle était pourtant bien différente, car il s'agissait là des deux monarques que les auteurs d'éloges n'avaient cessé de désigner comme de vrais grands hommes. Mais, de même que jadis l'éloge du Dauphin par Thomas avait été jugé fort incongru, il semblait évident que les rois n'avaient aucunement leur place au Panthéon. Par là s'accomplissait le divorce irrémédiable entre deux mémoires concurrentes, qui s'était depuis longtemps dessiné dans l'éloquence académique. C'est pourquoi l'ancien lieu de pèlerinage monarchique apparut obsolète dès que l'autre temple s'ouvrit à une nouvelle dévotion civique : le Panthéon était, à l'évidence, destiné à se substituer à Saint-Denis. Il ne suffisait pas pourtant d'en chasser les rois pour en faire aussitôt le symbole pacifié d'un improbable consensus national.

L'époque précédente avait légué à la Révolution une idée du grand homme si générale qu'elle devait fatalement susciter des controverses. Si le Panthéon des Lumières réunissait bien d'abord les gloires nationales incontestables, il était en principe ouvert aussi aux bienfaiteurs de tous ordres dont le mérite était moins notoirement avéré : à tous ceux qui avaient d'une façon ou d'une autre fait preuve de dévouement et de zèle pour l'intérêt commun. C'est dans cet esprit fort peu restrictif que l'Assemblée nationale eut à se prononcer sur la question primordiale et sujette à bien des discussions de savoir qui était panthéonisable.

Le débat fut lancé dès avril 1791 lorsque les honneurs du Panthéon furent réclamés pour le jeune lieutenant d'infanterie Desilles, qui s'était courageusement entremis pour éviter le massacre des soldats mutinés de Châteauvieux. En écho aux réactions que cette proposition avait soulevées, le *Journal de Paris* nota :

> Il ne suffit pas d'être un héros pour être un grand homme ; il ne suffit pas d'une seule action fût-elle la plus sublime de toutes. C'est par une longue suite de pensées, d'actions et d'ouvrages, c'est en quelque sorte par toute une vie d'homme conçue et exécutée sur des grandes vues qu'on mérite le titre de grand homme[43].

Cette argumentation allait être bientôt renversée au profit de ceux qui donnaient leur sang pour la patrie et dont l'héroïsme serait reconnu avec de plus en plus d'éclat. Aux premiers modèles du législateur (Mirabeau) ou du grand écrivain des Lumières (Voltaire, Rousseau) succédèrent en effet les martyrs et les saints patriotes (Le Peletier, Marat). Le culte des grands hommes pendant la Révolution resterait ainsi constamment partagé entre divers types d'exemplarité : entre le philosophe et le militaire[44] ; entre le grand homme solitaire et les héros collectifs comme les Suisses de Châteauvieux ou les patriotes du 10 août ; entre les « talents ambitieux », selon l'expression de Robespierre, et les vertus plus modestes de Bara et de Viala. Des grands hommes réhabilités par la République thermidorienne aux militaires honorés par le Directoire, la Révolution connut de fait des fluctuations incessantes dans ses arbitrages et ses choix.

Après les dépanthéonisations de Mirabeau et de Marat (puis le retrait de la dépouille de Le Peletier) ne restèrent au Panthéon que Voltaire et Rousseau, les deux grands hommes incontestés des Lumières. Un doute irrémédiable fut alors jeté sur cette institution révolutionnaire accueillie pourtant si favorablement à ses débuts, lorsque Desmoulins, par exemple, avait prédit dans l'euphorie du moment qu'il n'y aurait « point de dispute parmi les hommes sur la sainteté de ce temple et de ces reliques[45] ». Loin de mettre fin à toutes les querelles sectaires propres aux religions, ce nouveau culte avait illustré, au contraire, l'instabilité et la relativité des juridictions humaines. La Constituante avait tâché, dès l'origine, de remédier aux jugements précipités et aux délibérations d'enthousiasme qui allaient ensuite permettre ces « panthéonisations à la légère » dénoncées plus tard par Mercier dans *Le Nouveau Paris*. Le décret du 4 avril prévoyait, en ce sens, que l'Assemblée ne pourrait pas statuer quant aux honneurs du Panthéon pour un de ses membres, que seule la législature suivante y pourvoirait. Danton réclama, après beaucoup d'autres, le 10 mai 1793, que nul ne puisse « entrer au Panthéon français que vingt ans après sa mort » afin de laisser « à une génération entière le soin de juger si cet honneur fut mérité ». Cette proposition, qui témoignait d'une inquiétude généralement partagée quant aux jugements de l'avenir, ne fut jamais entérinée par un décret.

Le « Panthéon » connut sa première crise, la plus traumatisante, lorsque la découverte de l'« armoire de fer », le 20 novembre 1792, ne laissa plus de doute sur la « trahison » de Mirabeau : Marie-Joseph Chénier fut alors chargé d'instruire le procès du grand homme, et l'on mit « sa mémoire en arrestation[46] ». Plus tard, Tallien proposa, en ce sens, de revoir tous les cas de panthéonisation et d'être plus vigilant à l'avenir :

> Il faut que toutes les réputations usurpées disparaissent. Il ne faut pas qu'un décret présenté par quelques individus, soutenus par d'autres, intéressés peut-être à faire passer certains petits hommes pour des héros, soit sujet à la censure de la postérité, dont nous devons au contraire rechercher avec empressement l'estime et la reconnaissance[47].

Ainsi la Révolution avait-elle échoué à mettre en pratique une évaluation enfin scrupuleuse et juste qui se fonde sur un nouveau discours sur les morts. Elle n'était pas parvenue à instituer vraiment cette nouvelle magistrature que l'époque des Lumières n'avait cessé de désigner comme essentielle à toute société. Nombre de ses principaux acteurs (Mme Roland, Brissot, Saint-Just, Danton) n'eurent le plus souvent d'autre choix que de s'en remettre finalement à l'« impartiale postérité ».

En vérité, il y eut toujours un décalage sans remède entre le temps révolutionnaire, si emporté et soumis aux calculs à très court terme d'un microcosme, et les perspectives lointaines requises par le Temple de mémoire. Entre le moment où les honneurs du Panthéon étaient accordés et celui de la translation elle-même, il y eut bien souvent des distorsions surprenantes, tellement le cours des choses avait changé. Il apparut donc que cette institution si radicale, qui prétendait illustrer une mémoire séparée, en faisant oublier Saint-Denis, n'avait pas tenu ses promesses. C'est peut-être d'abord en réaction contre cet inachèvement et l'infirmité propre à toute fondation laïque que s'exprimèrent, dans le culte de Marat, des formes de religiosité très intenses, comme si les enthousiastes de l'Ami du peuple avaient tenté à cette occasion de s'approprier le culte des grands hommes, un peu trop savant et trop épuré à leur goût pour en faire un moment leur religion.

## *Chapitre XIII*

## LE DIVIN MARAT

> Rome était alors pleine d'astrologues et de diseurs de bonne aventure. [...] On est pieux et crédule dans les alarmes.
>
> Diderot [1].

La mort de Marat assassiné par Charlotte Corday le 13 juillet 1793 suscita pendant des mois une extraordinaire émotion populaire. Des fêtes funèbres furent organisées à Paris et sur tout le territoire, à l'occasion desquelles on inaugura des bustes et des monuments, en prononçant d'innombrables éloges de l'Ami du peuple. La Convention accorda les honneurs du Panthéon dès le 14 novembre 1793, mais la panthéonisation n'eut lieu que le 21 septembre 1794, après Thermidor, ce qui apparaît tout à fait étonnant dans l'histoire de la Révolution, et rend un peu plus étrange le phénomène sans équivalent de la dévotion à Marat. Cette béatification allait cependant être de courte durée ; la dépanthéonisation y mettrait rapidement un terme le 26 février 1795. La formidable exaltation céda aussitôt à une exécration d'égale intensité, qui inspira partout un effacement sauvage. Le Temple des grands hommes lui-même en parut alors sérieusement ébranlé.

Un tel excès de ferveur envers l'Ami du peuple avait tenu principalement à ce que, par l'exhibition de ses victimes sanglantes, le culte des martyrs de la liberté [2] touchait plus profondément les imaginations populaires que ne pouvaient le faire des doctrines abstraites ou le culte de la Raison. D'autre part, le culte de Marat, parce qu'il fut contemporain de l'épisode déchristianisateur qui s'étendit de septembre 1793 à mars 1794, parut se substituer un moment à la tradition catholique qu'il transposa effectivement sur bien des points. Il est clair que ces manifestations extrêmes de religiosité appartenaient en propre aux sections populaires qui, par cette expression exaltée de leurs positions, tentèrent de prendre l'initiative et d'occuper le terrain politique. Il ne faudrait pas pour autant réduire le culte de Marat, comme le fait Michelet, au seul « instinct des simples », qui inspirait le club des Cordeliers, c'est-à-dire à un engouement spontané illustrant le retour d'une émotion populaire archaïque. En fait, les litanies au cœur de Marat furent, d'une certaine façon, d'abord écrites par Marat lui-même, car il avait incontestablement programmé sa propre légende. Toute sa conduite, dans les années qui précèdent la Révolution, permet de mieux comprendre comment il a pu devenir ainsi le tout premier ordonnateur de son culte.

Avant que la Révolution ne vienne lui offrir des moyens autrement puissants de se faire connaître, Marat vécut longtemps dans l'obsession d'être admis dans le milieu académique. Ses ambitions, en ce domaine, n'étaient à vrai dire « ni bornées, ni médiocres[3] ». La preuve en est que sa traduction de *L'Optique* de Newton est considérée aujourd'hui comme excellente[4]. Ses expériences sur l'électricité lui avaient donné une certaine notoriété parisienne. Pourtant, Marat est allé d'échec en échec et Vicq d'Azyr l'a finalement dénoncé comme un charlatan en demandant, au nom de la Société royale de médecine, qu'il soit chassé de Paris. C'est qu'il était bien difficile de recevoir comme un des siens un personnage dont les manières et les procédés étaient exécrables en tout point. L'animosité et la virulence polémique de Marat vis-à-vis de ses collègues étaient en effet d'une violence inouïe. Il lui fallait sans cesse anénantir son contradicteur, contester toute autorité scientifique et s'attaquer si possible aux savants les plus reconnus pour se mettre lui-même en lumière[5]. À cette fin, il usait de toutes les intrigues, n'hésitant pas à publier dans la presse, sous de faux noms, des comptes rendus de ses propres livres, ou à manipuler quelque académicien de province (comme le bénédictin Dom Gourdin à Rouen) pour remporter le prix du concours. Il n'en dénoncera pas moins ces mêmes pratiques dans *Les Charlatans modernes*, son pamphlet anti-académique publié en 1791.

Marat avait cherché à se rendre célèbre également par le roman et l'essai philosophique. Il avait réussi à faire parler de lui avec son traité *De l'homme*[6], évoqué cruellement par Voltaire et en termes plus indulgents par Diderot dans ses *Éléments de physiologie*. Comme tout homme de lettres un peu ambitieux, Marat a sacrifié au genre académique de l'éloge des grands hommes. Dans son *Éloge de Montesquieu* présenté pour un concours à l'académie de Bordeaux en 1785, on le voit déjà se mesurer à un exemple qui restera pour lui la référence insurpassable, et esquisser, à cette occasion, les premiers éléments de son autoportrait et du personnage de l'« Ami du peuple ». À la vision fort répandue à ce moment-là, entre autres par une pièce de Mercier[7], d'un Montesquieu dans le rôle du philosophe bienfaisant, il ajoute des qualités dont il se prévaudra lui-même durant la Révolution : le « discernement » et le « coup d'œil ferme » de celui qui arrache les masques, en vertu de quoi Montesquieu lui semble « fait pour diriger l'opinion publique[8] ».

Dans son autoportrait de 1793, Marat montre que toute sa vie fut animée par une seule et même ambition : « À cinq ans j'aurais voulu être maître d'école, à quinze ans professeur, auteur à dix-huit, génie créateur à vingt, comme j'ambitionne aujourd'hui la gloire immortelle de m'immoler pour la patrie[9]. » Dans ce court texte très éclairant, il proclame à trois reprises que son unique passion fut l'amour de la gloire, en précisant toutefois que pendant longtemps ce ne fut qu'un « feu qui couvait sous la cendre ». De fait, c'est avec la Révolution, explique-t-il, qu'il commença à « respirer » dans l'espoir de voir bientôt l'humanité vengée et de pouvoir enfin occuper lui-même une « place » à sa mesure.

Marat serait resté un ambitieux ordinaire, obsédé de se rendre célèbre comme tous les hommes de lettres de son temps, si la Révolution ne lui avait en effet donné l'occasion d'inventer le journalisme politique et de s'emparer mieux que personne de ce tout nouveau pouvoir. C'est ce que David a remarquablement mis en lumière dans son fameux dessin pour le *Serment du Jeu de paume* de 1792, où il montre, dans un raccourci synthétique, deux fonctions différentes de la presse à travers deux journalistes en plein travail. Barrère très visible, au centre de la salle parmi les députés, prend des notes, attentif à tout enregistrer pour son *Point du jour* dont le sous-titre est : « Recueil de ce qui s'est passé la veille à l'Assemblée nationale. » Beaucoup moins en vue, Marat se cache tout en haut du coin droit, dans les galeries du Jeu de paume qui annoncent et désignent clairement le lieu stratégique des tribunes à l'Assemblée nationale. Debout contre le mur, il rédige un numéro de *L'Ami du peuple*. Loin de se confiner dans un simple rôle informatif, il occupe déjà un poste de surveillance, à côté des fenêtres, c'est-à-dire le point mitoyen du passage où s'établissent les collusions décisives. Il fait ostensiblement cause commune avec l'extérieur et avec le vent qui s'engouffre dans les rideaux. Ainsi incarne-t-il d'emblée un contre-pouvoir redoutable.

Voici un guetteur qui crie au loup, plutôt qu'un observateur impartial, car il s'agit, selon un des premiers prospectus de son journal, de « suivre la marche des États généraux » en rappelant à l'ordre les députés qui oublieraient les « principes ». À l'épreuve, ce programme se transforma bientôt en une guerre incessante contre l'Assemblée nationale, ce qui explique la vie si mouvementée de Marat, toujours inquiété et poursuivi jusqu'à être décrété d'accusation par la Convention devant le Tribunal révolutionnaire le 12 avril 1793. Le succès de *L'Ami du peuple* tient à ce rôle audacieux qui fait pâlir rétrospectivement celui des anciens hommes de lettres dans les circuits plus académiques de l'opinion à l'époque des Lumières.

Après avoir échoué dans ses ambitions de « faire changer de face à l'optique », Marat s'est acquis une réputation considérable, et de façon fulgurante, en tant que journaliste incendiaire, ce qui n'est pas sans rapport avec ses premières expériences de phlogistique sur le feu et l'électricité. C'est dans le rôle de l'écrivain patriote, en expérimentant et en exploitant aussitôt avec une maîtrise étonnante la part la plus trouble du quatrième pouvoir, qu'il est devenu à lui seul une puissance. En cela réside son originalité la plus grande, et non pas tant dans ses idées politiques. Desmoulins note que « le brutal Marat appelle duplicité, coquinisme, vénalité, le système d'ubiquité de Mirabeau[10] ». En vérité, parce que la souveraineté changeait sans cesse de visage et n'avait pas d'assiette fixe, tous les grands acteurs de la Révolution ont été amenés à faire valoir ainsi leur popularité en la marchandant, et à pratiquer d'une façon ou d'une autre le double jeu. Marat fut expert en ce domaine surtout quand il en vint à cumuler un mandat de député et sa fonction de journaliste. Son mépris formidable pour l'Assemblée nationale et sa capacité à lui résister tiennent à la royauté sans partage de son journal.

Le culte de Marat, fondé principalement sur l'image de lui-même que celui-ci avait peu à peu composée dans *L'Ami du peuple*, offre le curieux mélange d'une émotion populaire et d'une tradition rhétorique issue de l'Académie. Les sociétés populaires qui ont organisé les fêtes en son honneur se sont efforcées en effet d'imiter les canons et de reprendre les thèmes du genre de l'éloge[11]. C'est pourquoi le culte de Marat, loin d'être le plus aberrant des cultes révolutionnaires, apparaît plutôt comme une exaspération du Panthéon des Lumières, comme sa transposition hésitante, maladroite, et parfois même émouvante, dans l'espace révolutionnaire. Il s'inscrit donc indiscutablement dans cette longue histoire du culte des grands hommes qui avait commencé bien avant la Révolution.

## *Les éloges de l'Ami du peuple*

Dans *Les Chaînes de l'esclavage*, en 1774, Marat avait prévenu qu'il convenait d'avoir les yeux constamment « ouverts sur le cabinet ». Cette idée fixe d'une nécessaire surveillance, qui va de pair avec l'obsession du panoptique présente sous d'autres formes chez plusieurs écrivains du temps et, par exemple, dans l'inspiration inquisitoriale de Rétif de La Bretonne, sera mise en œuvre de façon systématique dans *L'Ami du peuple*. Par son journal, Marat va prétendre en effet se faire à lui seul l'œil du peuple, et il s'accordera dès lors le rôle exorbitant de « censeur national » et d'« accusateur primitif ». Cette image de matamore, aussi comique qu'effrayante, était tempérée par celle du pauvre journaliste solitaire qui pouvait se flatter d'un rapport immédiat avec le peuple[12].

Ce caractère de proximité avait été un des traits du culte des grands hommes avant la Révolution ; Marat sait en jouer mieux que quiconque et le mettre en scène à travers une constante exhibition biographique. Il parvient ainsi à faire corps avec son journal et à l'authentifier par une voix et un paraphe inimitables. Quoique Rousseau ne soit pas son auteur de prédilection, il sait lui emprunter sa défroque et sa rhétorique pour son autoportrait. Dans *Les Charlatans modernes*, dont le ton acrimonieux est proche de celui des Dialogues de Jean-Jacques, il évoque les persécutions que celui-ci a subies et les falsifications que les encyclopédistes auraient insérées dans *Les Confessions*. Et il n'hésite pas à reprendre l'exergue de ce célèbre ouvrage pour *L'Ami du peuple* (*Vitam impendere vero*). Dès 1789, il déclare en pastichant la profession de foi sempiternelle de Rousseau : « Mes principes sont connus, mon genre de vie est connu. [...] Il suffit de jeter les yeux sur mes écrits, pour s'assurer que je suis peut-être le seul auteur depuis J.-J. qui dût être à l'abri du soupçon[13]. » Il eut donc lui aussi, de son vivant, ses dévots et ses enthousiastes, composant un parti de l'ombre qui lui était entièrement dévoué. Il eut ses audiences et ses visiteurs, et même une ultime visiteuse. Elle lui offrit une mort à sa mesure, qui fit aussitôt de lui un martyr de la liberté au moment même où son étoile semblait pâlir sans retour. Ainsi fut relancée la dévotion à Marat dans un culte posthume qui parut long et même interminable à l'aune du temps révolutionnaire.

Les éloges funèbres de l'Ami du peuple proviennent, pour la plupart, des quarante-huit sections parisiennes et des sociétés populaires de province qui se réclament du mouvement sans-culotte. Inspirés par l'émulation civique, les orateurs envoient, de tous les départements, leurs éloges à la Convention où ils tentent d'obtenir la « mention honorable », d'être cités dans le bulletin de l'Assemblée et, peut-être, si l'*imprimatur* est accordé, d'avoir l'honneur plus grand que l'opuscule soit distribué dans tout le pays. Rien de surprenant à ce que l'Ami du peuple soit principalement honoré par ces groupes qui « forment comme une république à part[14] », et dont il a toujours décrété l'autonomie et l'indivisible souveraineté. Ils se célèbrent eux-mêmes à travers leur héros tutélaire, présenté comme « l'homme qui s'empara dès le début de la Révolution de la tribune du peuple et n'attendit pas que la voix des électeurs l'appelât à la défense de son pays[15] », comme celui « qui s'est attaché sans réserve à la minorité de la Montagne[16] », et qui incarne « l'esprit vivificateur qui anime toutes les sociétés populaires[17] ».

Le thème maratien du complot et l'obsession d'une République assiégée sont énergiquement réaffirmés par les sectateurs de l'Ami du peuple, qui se font menaçants pour la Convention. Nouveau Moïse posté au plus haut de la montagne sainte, Marat apparaît comme celui qui a toujours su dénoncer la « partie infectée » de la représentation nationale : « C'est un aigle aux yeux de feu, qui, dans les régions de la foudre, plane sur vos têtes et ne manque jamais de marquer où doit frapper le tonnerre entre les mains du peuple[18]. » Par sa vie comme par sa mort, l'Ami du peuple enjoint et permet à ceux qui se réclament de lui de devenir « puisqu'il le faut, cruels par humanité[19] ».

Prononcés par des orateurs manifestement peu familiarisés avec le monde savant et auxquels parfois la parole fait défaut, les éloges de Marat n'en respectent pas moins les lois convenues du genre : il s'agit bien toujours en effet de venger un grand homme. Comme Fabre d'Églantine dans son fameux portrait de Marat, tous les auteurs d'éloges se font un devoir de blanchir celui qui fut trop longtemps défiguré par des « dénominations affreuses ». Pour régénérer son image, il convient donc de le comparer aux animaux nobles de la « montagne » (aigle, lynx) afin que le bestiaire pestilentiel soit désormais réservé aux « reptiles du marais ». Dans cette entreprise de réhabilitation, on voit des hommes du peuple tenter d'imiter le monde savant en s'efforçant, par exemple, de se plier aux formes de l'enquête biographique prônées par d'Alembert pour l'éloge des académiciens.

Un « canonnier de Paris » en vient ainsi à se plaindre de n'avoir pas été suffisamment secondé par la « veuve Marat » qui a eu le « manuscrit » de son éloge quinze jours entre les mains, mais il se félicite tout de même d'avoir « puisé quelques éclaircissements » sur son héros dans « trois entretiens » qu'il a eus avec elle[20]. Marat a surtout laissé d'innombrables écrits et principalement son journal, dont les extraits, la doctrine et l'« esprit » se révèlent bien utiles lorsqu'il s'agit de faire paraître, comme de faire parler, son ombre. C'est par là que « son âme respire dans l'âme de tous les Français[21] » ; c'est par là que l'on peut « pénétrer dans l'intérieur de cet homme simple[22] ». Dans cette intention, on lut dans certaines fêtes une « courte notice » biographique de Marat, et un orateur put s'écrier devant la Convention : « Nous allons raconter ta vie[23]. »

De là une vision épurée de Marat sous la forme d'un être essentiellement « bonhomme » et plein de compassion. De nombreux éloges le présentent comme le « soulagement de l'humanité souffrante », car il « exerce la médecine non en scientifique mais en ami de l'humanité[24] », et parce que le journal de cet « homme de lettres citoyen » était un soutien de chaque matin pour le peuple. Un éloge prononcé à Tulle évoque l'« écrivain populaire » grâce auquel, s'il avait été plus imité, « l'art social serait dans tout son éclat » et « la langue politique serait perfectionnée ». Par ses écrits d'un nouveau genre, Marat a peut-être été un plus précieux recours que Rousseau lui-même pour les malheureux :

> Lorsqu'ils [les ouvriers] retournent dans leurs tristes réduits à la fin de leur journée, ils demandent en vain la Feuille consolatrice qui était un adoucissement à leurs peines [...]. Le peuple avait besoin d'un homme qui sût écrire uniquement pour l'instruire, qui eût l'art de tempérer ses lumières pour ne pas trop l'éblouir, qui eût une tournure de style, d'imagination, d'originalité, capable de le réveiller[25].

La vision légendaire de Marat qui ressort des éloges est un curieux hybride où se mêlent l'amour et la haine, la colère prophétique de l'imprécateur et la pitié du médecin secourable devenu le journaliste des pauvres, autour duquel déjà se placent de saintes femmes[26]. Ce grand homme-là est donc désigné comme un saint politique à la façon de Rousseau, mais par une communauté de fidèles infiniment plus populaire. Ainsi naît l'image christique de l'Ami du peuple dont David, par son chef-d'œuvre du *Marat expirant,* donnera la représentation la plus accomplie. Marat possède une tombe consacrée où l'on vient en pèlerinage. Comme Jésus, il a « prêché sur les toits, dans les rues et les carrefours[27] », et ses œuvres composent un nouvel Évangile. On évoque l'« ineffable bonté de son cœur », son refuge dans les carrières de Montmartre comme dans les catacombes, son « mouchoir, hélas ! presque toujours trempé de vinaigre afin de tempérer l'ardeur de son cerveau qui ne pouvait se faire au sommeil des amis de la liberté[28] ».

Les éloges tendent d'autre part, d'un point de vue plus académique, à inscrire Marat dans des repères historiques très convenus. Il est inévitablement associé à la série des héros énergiques de l'Antiquité gréco-romaine, ceux de la liberté et de la vigilance civique (les deux Brutus, Mucius Saevola, Caton, les Gracques) et à celle des hommes simples et intègres (Aristide, Phocion, Fabricius, Regulus, Cincinnatus, Bélisaire). Parmi les modernes, il prend place au milieu des fondateurs de républiques comme Barnevelt (qui concourut à la création des Provinces-Unies), Guillaume Tell, Franklin, Rousseau, Voltaire. De nombreuses références à la mythologie constituent la part la plus populaire de cette héroïsation : voici Marat en Prométhée, en Hercule, en Bellérophon tueur de la Chimère, en Apollon. Une telle divinité archaïque et solaire évoque plutôt les étranges toiles de William Blake que l'angélisation néo-classique de David. L'homme fantomatique du souterrain se métamorphose en un éblouissant archange de résurrection, dont les « écrits lumineux » réveillent un peuple profondément endormi et grâce auquel celui-ci passe de « la léthargie sépulcrale dans laquelle il traînait une existence cadavéreuse à la vie active de la liberté[29] ». Dans un discours à la « ci-devant église de Sorbonne », un orateur note que « la nature crée de ces sortes de génie, dans la décrépitude des siècles, pour rendre du ton à l'espèce humaine et la ramener à la vie[30] ».

Marat apparaît comme un étrange devin appartenant à la fois à la tradition philosophique et religieuse, et à l'univers mental sibyllin des almanachs. C'est pourquoi il est souvent associé à

Moïse, à Élie, à Jésus, à Socrate ainsi qu'à Diogène ; cette dernière référence est sans doute celle qui lui convient le mieux. Une célèbre estampe montre ce dernier avec sa « lampe » allant chercher l'Ami du peuple au fond de son souterrain pour le délivrer de sa clandestinité et le conduire à la Convention. Marat et Diogène (que Diderot nommait, on l'a vu, le « cynique déguenillé[31] ») sont en effet l'un et l'autre des figures de la marginalité héroïque et de l'outrance radicale. Ils ont en commun la bizarrerie et la folie, une franchise insolente à démasquer les imposteurs, une capacité sans égale à braver le ridicule et le mépris. Marat est bien, lui aussi, essentiellement un cynique : exilé aux portes de la cité, il aboie pour donner l'alarme.

Si la plupart des grands hommes loués jadis dans les éloges académiques étaient supposés devancer l'opinion de leur siècle, l'Ami du peuple sait quant à lui prévoir les événements funestes. Il s'est plu à exercer ce don sur le mode plutôt dramatique et fabuleux de la prophétie et de la divination, ce qui explique, pour une grande part, le sombre et large rayonnement de son journal. Desmoulins qui s'amuse à le décrire dans les transes s'est moqué de son rôle immuable de « tragicotatos ». Mais il reconnaît pourtant que « Marat toujours en colère et toujours aussi échevelé que la pythonisse, ne rêve pas toujours » et qu'il lui « échappe de grandes vérités à travers ses songes[32] ». Chateaubriand allant puiser obscurément de semblables images au plus profond de la presse révolutionnaire aimera se présenter lui aussi comme une « inutile Cassandre ».

## *Les liturgies funèbres*

Comme Necker à l'Hôtel de Ville le 30 juillet 1789, Marat prétend avoir vécu son apothéose en avril 1793. Dans la version euphorique qu'il en donne, il aurait été acclamé par une foule innombrable, après avoir été acquitté par le Tribunal révolutionnaire : « Plus de deux cent mille âmes bordaient les rues depuis le palais à la Convention. [...] Ils formaient des amphithéâtres, où hommes, femmes et enfants étaient entassés[33]. » Michelet se moque de ce triomphe en remarquant que Marat y a cédé avec la « terrible sécurité d'un fol[34] », et bien des contemporains n'y virent eux aussi qu'une « mascarade[35] ». Certains peintres en ont donné une représentation plutôt favorable à l'Ami du peuple : une gouache de Le Sueur, au musée Carnavalet, en propose une version populaire et colorée, avec un jeune Marat porté sur les épaules de souriants sans-culottes, alors que Boilly préfère une mise en scène monumentale. En cette occasion, Marat ne semble pas avoir perdu toute sa lucidité. Quand le cortège entre dans la Convention, il se hâte d'ôter les couronnes dont le peuple avait chargé sa tête, et quand, le lendemain aux Jacobins, quelques jeunes filles vêtues de blanc s'apprêtent à nouveau à le couronner, il demande qu'on laisse tous ces « enfantillages ».

Il ne tolère généralement de cérémonies civiques (comme la fête aux martyrs de Châteauvieux) que si elles sont inspirées par le peuple comme « camp séparé et nation distincte[36] ». Il exècre toutes celles qui célèbrent la concorde civile. De ce point de vue, il est l'anti-Necker, car celui-ci se présentait comme l'homme du compromis. Fidèle à son emploi de Diogène, Marat dénonce une fois de plus, à propos de l'institution des fêtes, les thèmes endormeurs du consensus et l'enthousiasme mystificateur. La fête de la Fédération lui paraît illustrer l'aveuglement d'une multitude en proie à une joie stupide et abusée par des « faux dehors de fraternité », alors que l'Ami du peuple conserve, lui, en la circonstance, toutes ses facultés critiques pour éclairer les « badauds de Parisiens » :

> Cependant, un seul citoyen dans la capitale détournait les yeux de dessus cette cérémonie trompeuse, levait les mains au ciel, gémissait sur l'avilissement de ses compatriotes et s'efforçait en vain par des cris d'alarme de leur découvrir l'abîme creusé sous leurs pas[37].

Le paradoxe est que la mort de Marat fut le prétexte de la plus interminable série de fêtes de toute la Révolution, mais il est vrai que, loin d'être unanimes, elles réunirent exclusivement « les citoyens qui n'ont pas rougi de passer pour des sans-culottes[38] ».

Les premières fêtes funèbres en l'honneur de Marat se distinguèrent par un expressionnisme sanglant. Dans ces exhibitions tragiques, la blessure du martyr de la liberté devait être vue par tous, comme celle de Le Peletier quelques mois auparavant : seul le sang pur des victimes de la contre-révolution avait ce privilège dans des cérémonies qui, en général, répugnaient à tout spectacle cruel. La mise en scène dramatique prévue par David pour les funérailles, où le corps devait être porté dans la baignoire de l'assassinat, fut rendue impraticable en raison de la décomposition rapide du cadavre, exposé un instant sur un catafalque dans l'église des Cordeliers. Un simulacre fut utilisé par la suite sur un « lit de mort » à Saint-Eustache et à l'église Bonne-Nouvelle, ce « spectacle affreux » étant accompagné du « récit de la vie malheureuse » du disparu. D'autres fois, ce fut le tableau de David qui tint lieu de simulacre[39]. Marat s'était rendu si proche de ses lecteurs, en se confondant avec le personnage de l'Ami du peuple, qu'il fallait tenter de prolonger ce lien par une constante remémoration biographique. Cette intention transparaît dans un projet de fête dont le parcours devait par quelques stations (à la Convention, au Palais de justice, etc.) « présenter comme en un tableau mouvant [...] l'ensemble des principales circonstances de la vie de l'homme célèbre, les retracer par des inscriptions et emblèmes caractéristiques[40] ». L'auteur donnait dans des notes l'explication de ces symboles à vrai dire peu aisés à déchiffrer. Cette surcharge de l'allégorie, la « langue même de la Révolution » selon Quatremère de Quincy, Marat l'avait dénoncée l'année précédente comme un faux goût romain[41]. David rejeta, comme on le sait, une telle abstraction, lui préférant de nouveaux effets en rupture avec la tradition savante.

Quelques documents iconographiques donnent une idée de l'esprit et de l'ordonnance des fêtes en l'honneur de l'Ami du peuple. Une *Pompe funèbre de Marat en l'église des Cordeliers*, appartenant au musée Carnavalet, surprend par l'éclat des coloris. Les « apprêts lugubres » étaient en effet censurés. Un décret du 21 novembre 1793 rendit même obligatoires, pour les enterrements, le blanc et les couleurs tricolores. On alla jusqu'à prévoir des libations, des repas et des baisers fraternels, par quoi les formes du deuil devaient s'inverser en rite de prospérité. Les fêtes s'achèvent souvent par l'évocation de la dernière demeure. « Restez au milieu de nous. Chaque jour nous vous visiterons, nous vous couronnerons de fleurs », s'écrie un orateur [42]. Pour satisfaire ce besoin d'une sépulture propice aux pèlerinages, le sculpteur J.-F. Martin élève un tombeau à Marat dans le jardin des Cordeliers [43]. D'autres monuments sont érigés dans certains lieux propres au recueillement, comme une tombe de verdure au milieu des Champs-Élysées et un petit obélisque place du Carrousel [44].

Pendant plusieurs mois, le culte de Marat se répand sur tout le territoire comme une formidable machine de propagande. Des bustes sont alors tirés en série à partir d'un prototype présenté à la Convention par le sculpteur Beauvallet, le 25 juillet 1793. On peut en voir un exemplaire au musée Carnavalet : Marat a l'air gai, des lèvres coupantes, le nez un peu tordu, la poitrine découverte, ce qui donne une impression générale d'énergie heureuse, comme il convient pour l'usage qu'on doit en faire. Cette sculpture de plâtre peint est envoyée dans tous les départements, où elle fournit l'occasion (et souvent dans le plus petit bourg) de la forme minimale et la plus répandue de la fête, qui est l'inauguration de bustes. À la Convention, dans les tribunaux et les théâtres, ainsi que dans la salle des assemblées populaires, Marat retrouve ainsi, par-delà la mort, toute son ubiquité et un surcroît de présence affective [45].

Des gravures, des médailles et une série de bibelots attestent que le culte fait décidément fureur : Marat est représenté sur des éventails, des assiettes, des boîtes, de petits monuments pour dessus de cheminée. Des femmes adoptent une « coiffure à la Marat », et portent bagues et broches à l'effigie du martyr. Un semblable engouement fétichiste se manifeste en faveur du nom même de Marat : Montmartre devient Montmarat, les îles de Lérins sont baptisées Marat et Chalier, Neuville-sur-Saône et Compiègne prennent le nom de Marat, ainsi que d'autres villes dans la Nièvre, les Ardennes, etc. Lamartine note que ce « délire devint l'enseigne du patriotisme [46] ». Beaucoup d'enfants furent alors baptisés du nom des héros républicains du moment [47]. De son vivant déjà, Marat pouvait faire passer cette annonce d'un de ses lecteurs : « J'ai adopté ton nom pour le donner à mon fils nouveau-né, bien convaincu qu'aucun des saints qui se trouvent dans la légende ne saurait t'égaler [...] signé, le sans-culotte Pourtois[48]. »

Lorsque déferla la vague déchristianisatrice marquée, de septembre 1793 à mars 1794, par des fêtes parodiques violentes et par un vandalisme plus systématique, tous les signes s'inversèrent. Ainsi s'expliquent, pour une grande part, l'extraordinaire déification de l'Ami du peuple et plus particulièrement la dévotion au « Sacré-Cœur » de Marat[49]. Combien de bustes des martyrs de la liberté ont alors remplacé ceux des saints dans les églises transformées en salles de séance pour telle ou telle société populaire[50] ! En outre, le corps embaumé de Marat a subi le traitement rituel réservé aux rois de France : son cœur a été disposé séparément dans un vase accroché à la voûte de l'église des Cordeliers. Pendant quelques mois, il eut le privilège d'être la seule dépouille véritablement consacrée. L'Ami du peuple vint à point nommé occuper une place laissée vide, pour laquelle le désignait sa propre légende aussi bien que les attributs de son personnage. Il s'était si longtemps présenté dans son journal comme un prophète persécuté, offrant ses « entrailles », qu'un sculpteur proposa de traiter le thème d'un « pélican se saignant pour ses enfants[51] », symbole qui vaut pour le saint et dans lequel se sont reconnus également de nombreux poètes, depuis la Renaissance jusqu'à Musset.

Le culte de Marat puise son rayonnement et sa force dans le fait qu'il inspirait une émotion indistinctement religieuse et civique, et qu'il transposait les formes les plus traditionnelles du catholicisme[52]. L'image du Christ et celle de l'Ami du peuple furent souvent associées et mises en parallèle. Qualifié de sans-culotte par *Le Père Duchesne*, Jésus était alors présenté comme un pauvre anarchiste calomnié. De cet « homme regardé comme un dieu[53] », on voulait faire un être purement historique, né pour le salut du genre humain, et prenant place dans la série des grands hommes. « Serait-il donc vrai, citoyens, qu'il fallût à la nature plusieurs milliers d'années pour produire des hommes de la trempe de Jésus et de Marat[54] ? » lance un orateur, et la société populaire d'Armeville (Saint-Étienne) appelle la Convention à « mettre Jésus au Panthéon français à côté de Marat et de Le Peletier[55] ».

Grande mise en scène de déploration, le culte de Marat exclut néanmoins toute complaisance pour la passivité des larmes et pour l'assoupissement du deuil, car il est destiné d'abord à stimuler les énergies. Lorsque Sade prononce, place des Piques, le 29 septembre 1793, son discours « aux mânes de Marat et de Le Peletier », il insiste précisément sur ce qu'il nomme l'« effervescence précieuse ». N'ayant dû lui-même son élargissement de la Bastille qu'à la fureur populaire, il avait toutes les raisons de s'intéresser personnellement à Marat, au théoricien de l'émeute et à l'agitateur volcanique. Antonin Artaud sera fasciné, de la même façon, par la virulence de cette voix horriblement caverneuse et pourtant plaintive. Sade prétend, comme Marat, faire le maximum de tapage, et aime à s'identifier à l'insurrection. Il surévalue constamment son action révolutionnaire, en vrai matamore lui aussi, et se présente même comme un héros dans le genre plutôt épique et populaire d'Horatius Coclès (romain valeureux qui aurait à lui seul interdit l'entrée d'un pont aux Étrusques). Il se targue d'avoir expédié une lettre « fulminante » à Louis XVI en 1791 et d'avoir constamment « électrisé les âmes » par ses pamphlets. Sa dernière œuvre, *Isabelle de Bavière*, n'est pas sans rapport avec Marat, puisqu'il y met en scène une royale fauteuse de trouble et une anarchiste couronnée qui sait, par ses harangues incendiaires, libérer les plus folles énergies. Barrère notera que Marat fut « comme un levain jeté dans la pâte révolutionnaire pour la faire fermenter[56] », et c'est ce principe de désordre que le culte funèbre devait entretenir. « Que ses funérailles soient une suite de fêtes patriotiques [...], lance un orateur, et que Paris soit longtemps tout plein de sa gloire[57]. » À quoi Danton répond avec une certaine lassitude, le 2 décembre 1793 à la Convention, quelques jours après que les honneurs du Panthéon ont été accordés à Marat : « Et moi aussi, j'ai défendu Marat contre ses ennemis ; mais après avoir fait son apothéose patriotique, il est inutile d'entendre tous les jours son éloge funèbre et des discours ampoulés sur le même sujet. »

Dans toutes ces fêtes s'expriment un doute et une angoisse sur l'avenir. Persuadés qu'ils appartiennent à la « saison de l'héroïsme », ces hommes ne sont pourtant pas sûrs de « partager la gloire des siècles[58] », car « les foudres de Bellone font vaciller le burin de l'histoire[59] ». Il faut à tout prix se convaincre que les martyrs de la liberté triompheront du temps et seront appréciés par l'historien futur[60]. Moins certains de leur cause et de la solidité de leurs évaluations que les hommes des Lumières, les citoyens qui suivent les cortèges en l'honneur de Marat ont à craindre l'imprévu et l'incident de parcours, comme celui de la pompe funèbre organisée par la section des Piques le 9 octobre :

> Arrivé dans la rue ci-devant Royale, dans cette rue qui vit couler tant de sang [...] le buste du martyr, ébranlé par le cahot que pouvait lui faire subir le brancard, tomba brisé. [...] Arrivé à la place de la Révolution, et devant la statue de la Liberté, plusieurs bustes parurent pour remplacer le premier ; [...] ce qui se fit avec sensibilité et enthousiasme. C'est ainsi que les grands hommes se recréent à l'instant !

En dépit d'une telle dévotion apparemment à toute épreuve, ce petit épisode malencontreux était incontestablement de bien mauvais augure pour la suite...

## *Une panthéonisation risquée*

De même qu'il n'a cessé de se moquer des fêtes, Marat a toujours critiqué l'institution du Panthéon et regretté que la nouvelle affectation de l'église Sainte-Geneviève ait été décrétée à l'occasion de la mort de Mirabeau et pour y accueillir celui-ci par dérogation. En prétendant distribuer des « brevets d'immortalité », l'Assemblée s'est montrée aussi légère, selon lui, que les académies qui croient pouvoir décerner des « brevets de génie » :

> Je ne m'arrête pas ici au ridicule qu'offre une assemblée d'hommes bas, vils, rampants, et se constituant juges d'immortalité. Comment des hommes couverts d'opprobre ont-ils le front de s'ériger en dispensateurs de la gloire ? Comment ont-ils la bêtise de croire que la génération présente et les races futures souscriront à leurs arrêts[61] ?

Dans les vicissitudes révolutionnaires, en effet, toutes les réputations, qu'elles soient politiques ou littéraires, sont soumises à une évaluation encore un peu plus aléatoire. Pour mieux dénoncer, par la raillerie, la prostitution d'un vil encens, Marat fait passer dans son journal une pseudo-annonce de députés de la Constituante qui, soucieux de meubler la basilique Sainte-Geneviève, donnent « avis à toute personne qui aurait en sa possession les cendres de quelque auteur illustre, à la fois publiciste et philanthrope, de s'adresser au Comité constitutif antinational, lequel leur en donnera un prix raisonnable[62] ». Malgré ces facéties sur le trafic supposé des reliques glorieuses, Marat n'est pas insensible, quant à lui-même, aux honneurs et à la gloire en général. Son attitude reste donc constamment ambiguë sur ce point. Il lui arrive bien de marquer quelque admiration pour certains grands hommes, comme Montesquieu ou Rousseau, mais il ne faut pas oublier qu'il s'est donné au tout début de la Révolution le rôle attitré de grand dénonciateur des idoles. Son journal est une pure machine de ressentiment propre à dévaloriser tout ce qui brille. Ceux qui ont un moment les faveurs de l'opinion (Necker, La Fayette, Bailly, entre autres) deviennent aussitôt ses principales cibles. La mort de Mirabeau l'anéantit en le plongeant dans un dépit insurmontable, comme si l'affliction populaire qu'elle suscite allait le condamner lui-même à végéter dans l'obscurité. C'est pourquoi il s'active à dévoiler aux yeux d'un peuple abusé la vie de Riquetti qui fut « souillée de mille forfaits ». Ce Diogène récalcitrant cherche bien, avec sa lampe, quelques panthéonisables, mais il en trouve fort peu à son goût.

Il intervient régulièrement sur ce thème qui lui tient manifestement à cœur en s'indignant, par exemple, que le marquis de Girardin veuille transférer les cendres de Rousseau « des paisibles bosquets d'Ermenonville, dans l'antre consacré aux plus fameux traîtres à la patrie ». Au lieu de fonder le temple des vertus civiques, l'Assemblée nationale ne fait, selon lui, qu'aménager à la façon des rois une « galerie d'hommes célèbres, monument de pure ostentation[63] ». En homme des Lumières, il s'est constitué depuis longtemps son Panthéon idéal, que révèlent ses écrits. Celui-ci est en vérité très orthodoxe et comprend certains des grands hommes les plus consacrés par les éloges académiques : Sully, Mgr de Belsunce, l'évêque de Marseille qui manifesta sa charité lors de la peste de 1720, Catinat et Villars, les grands maréchaux vénérés aussi par Rousseau. Il est bien clair que Marat, devenu l'Ami du peuple, se voit presque naturellement prendre place parmi eux. N'a-t-il pas prévenu que la gloire était sa passion dominante ? Malgré ses dénégations, il est manifestement si prêt de consentir qu'on lui accorde dans l'avenir les honneurs du Panthéon, qu'il va jusqu'à formuler l'exigence qu'en soit retiré d'abord tout ce qui le souille, et principalement la dépouille honnie de Mirabeau :

> Rousseau et Montesquieu rougiraient de se voir en si mauvaise compagnie, et l'Ami du peuple en serait inconsolable. Si jamais la liberté s'établissait en France, et si jamais quelque législature, se souvenant de ce que j'ai fait pour la patrie, était tentée de me décerner une place dans Sainte-Geneviève, je proteste ici hautement contre ce sanglant affront[64].

Aussitôt après la mort de Marat, le débat s'engage sur l'opportunité d'une panthéonisation. Plusieurs sociétés populaires sont réticentes et croient pouvoir s'autoriser de l'Ami du peuple lui-même pour soutenir qu'il lui suffit de survivre dans les cœurs : aux nobles conviennent « les temples superbes et les Panthéons somptueux », alors « qu'aux seuls sans-culottes appartient le temple de la Nature ». Pour la même raison, la veuve et la sœur de Marat plaident contre la panthéonisation, mais, dès le 14 juillet, la section du Panthéon-Français déclare que Marat « a mérité les honneurs que la patrie décerne aux grands hommes ». Plusieurs sociétés populaires de province, entre autres à Feurs ou à Tonnerre, se prononcent en ce sens. Le 29 octobre 1793, le club des Cordeliers demande à la Convention « de ne transporter le corps de Marat au Panthéon qu'après que celui de Mirabeau et l'écharpe de Simonneau en auront été retirés[65] ». Le décret de panthéonisation est voté le 14 novembre suivant.

Si le culte du martyr connut des hauts et des bas, il survécut quelque temps, en sourdine, à la chute des dirigeants Cordeliers et même à Thermidor, si bien que la panthéonisation eut finalement lieu le 21 septembre 1794. Ainsi l'Ami du peuple parut-il garder seul, pour un moment, un reste d'ascendant au-delà du naufrage. « L'apothéose d'un Marat ! cela est-il croyable ? surtout après le 9 Thermidor[66] ! » s'exclame à juste titre Mercier. Et cela reste encore en partie une énigme pour nous. Sans doute y a-t-il là une illustration des incertitudes et des contradictions de la République thermidorienne à ses débuts. La panthéonisation de Marat apparaît en effet comme un événement flou qui est absolument typique de la période[67]. Elle fut sans doute acceptée tout à la fois comme un gage de la continuité révolutionnaire et comme une revanche symbolique contre Robespierre. Celui-ci n'avait-il pas manifesté constamment son agacement envers la déification insensée de Marat et fait ajourner la panthéonisation de l'Ami du peuple[68] ? À ce culte idolâtre dont l'initiative revenait presque exclusivement aux sans-culottes et dont il redoutait les effets imprévisibles, il avait toujours opposé ceux, plus philosophiques, de la Raison et de l'Être suprême. Ainsi Marat put-il paraître, en la circonstance, comme une victime de Robespierre après avoir été celle de Charlotte Corday. Seule sa qualité de journaliste assassiné étant susceptible de s'accorder aux slogans du moment, les thermidoriens en firent, alors, un vague symbole de la liberté de la presse.

La panthéonisation fut plutôt une fête militaire, dédiée aux victoires de la République, où l'on entonna le *Chant du départ* et un hymne à la fraternité de Théodore Désorgues sur une musique de Cherubini. Dans le cortège où défilèrent des blessés, des orphelins, des élèves de l'école de Mars, il y eut plus de tambours et de drapeaux que de motifs allégoriques à la mémoire de Marat, honoré de façon délibérément minimale comme un homme qui avait servi les intérêts du peuple et qui était mort indigent. Les quelques membres de la Convention qui se trouvaient là n'assistèrent même pas à la fin de la cérémonie. Dans son rapport sur la fête présenté devant l'Assemblée, Léonard Bourdon s'était bien efforcé de réveiller un semblant d'intérêt, mais rien ne bougea et la Révolution parut alors effectivement « glacée » pour reprendre la fameuse formule de Saint-Just.

« La fête de la translation de Marat au Panthéon a été célébrée hier avec peu d'enthousiasme », note un journal[69], et Mercier rappellera plus tard le caractère lugubre de cet épisode : « Mais ce jour-là même, assure-t-il, fut plutôt celui de son jugement dernier que de son triomphe[70]. » À aucun moment l'Ami du peuple n'avait été, en cette circonstance, veillé ou accompagné par les siens. Non seulement peu de Jacobins et de sans-culottes avaient suivi le convoi, mais sa dépouille avait été placée la nuit précédente dans le vestibule de l'Assemblée nationale. Marat se retrouva donc une dernière fois dans un espace intermédiaire, dans ce lieu stratégique entre l'intérieur et l'extérieur, qu'il avait su génialement occuper jadis et dont il avait fait le secret de sa puissance ; mais cette situation fut pour lui ce soir-là plus solitaire que jamais : il n'y avait plus aucune trace de sa royauté dans ce dernier exil qui annonçait clairement son purgatoire. Lorsque son cercueil franchit le seuil du Panthéon, celui de Mirabeau en sortit par une porte latérale, en respect de la clause conditionnelle exprimée par les sans-culottes et par l'Ami du peuple lui-même. Mais, en vertu de ce troc, ce jour d'apothéose apparut plutôt comme celui de la première dépanthéonisation et laissa la porte grande ouverte à celle de Marat qui allait bientôt suivre.

Maintenue artificiellement par une poignée de fidèles, la dévotion à l'Ami du peuple prit fin en février 1795 : la jeunesse dorée donna le signal de la destruction de son buste au Théâtre Feydeau, le 2 de ce mois, puis la Convention revint le 8 sur le décret de panthéonisation, le monument du Carrousel fut détruit le 10 et les restes retirés du Panthéon le 26. Cette seconde mort de Marat, avant qu'il ne trouve une place, plutôt incertaine, dans la mémoire nationale, fut une action violente à la mesure de la vague déchristianisatrice de 1793 qui l'avait, par contrecoup, porté aux nues[71].

## *La pulvérisation des bustes*

Partout fut bannie la présence figurée de l'Ami du peuple alors que l'usage de son nom était abjuré par les villes, sans doute aussi par les personnes, et surtout par la section populaire qui l'avait adopté juste après l'assassinat : le 10 février 1795, la section de Marat annonce à la Convention que, « pénétrée du principe de ne prendre le nom d'aucun homme avant l'époque où l'opinion publique peut s'être irrévocablement prononcée[72] », elle reprend celui de section du Théâtre-Français. Après le signal de la curée, le bris des fameux bustes qui devaient effrayer les tyrans fut une opération sans danger. Des artificiers d'opérette y suffirent, car la matière en était légère, comme celle des accessoires de théâtre et autres breloques utilisées dans les mascarades déchristianisatrices. Marat n'eut jamais l'honneur du bronze. Le plâtre peint offre peu de résistance et retourne aisément à l'état de poudre, si bien que le petit jeu de massacre inauguré par des jeunes gens au Théâtre Feydeau le 2 février 1795 fut imité un peu partout sous le terme général de « pulvérisation du buste ». Ainsi disparut l'Ami du peuple, en feux d'artifice sans gravité qui n'étaient sans doute pas à la mesure de son rêve, mais qui furent autant de pétards assez appropriés à son inspiration explosive.

De tous les départements parvinrent à la Convention des adresses applaudissant à la dépanthéonisation et annonçant la destruction du buste : de Brest, de Valogne, d'Aurillac, de Cérilly dans l'Allier, de Montrevel dans l'Isère, etc., ainsi que de certaines sociétés populaires parisiennes. Ce dernier procès contre Marat, puisqu'il s'agit alors, comme le demande la section du Finistère le 19 février, de « juger sa mémoire », reprit principalement l'imputation d'être le patron des terroristes, identifié au « système d'une secte renversée ». L'imposteur à la gloire usurpée, le parvenu du Panthéon, devait être, dès lors, « rayé des fastes honorables de l'histoire[73] » pour retourner au néant. « Mânes de Rousseau et de Voltaire, vous ne verrez plus à vos côtés les hommes de sang », proclama une société républicaine de province résolue à ne plus honorer désormais que les « dignes précurseurs de la liberté, les vertus et le vrai talent consacré à l'humanité[74] ».

Autour du corps-relique de Marat qu'on avait, un moment, projeté d'exhiber dans les départements comme les pierres de la Bastille[75], puis ensuite autour de son buste partout disséminé, s'étaient développés le slogan politique de l'union indéfectible et le thème religieux d'une communion précieuse : pendant toute la phase vive du culte, la dépouille même de l'Ami du peuple fut en effet présentée par les sans-culottes comme le gage et le ciment de la cohésion civique. Marat redevint ensuite, dans l'épisode de la dépanthéonisation, l'élément destructeur qui désassemble les faisceaux et dont l'éviction seule peut redonner corps à la communauté[76].

Mercier aime à reprendre la métaphore de ce dangereux ferment dont il imagine les possibles effets sur l'architecture réputée fragile du Panthéon. Le bâtiment en effet avait toujours été mal aimé en raison de ses proportions gigantesques, de certains vices de construction très préoccupants, et de sa destination confuse dès l'origine[77]. De sombres prédictions annonçaient à tout moment que la coupole allait s'effondrer et que le trop grand vaisseau sépulcral était au bord du naufrage. Mercier y fait alors entendre la « voix plaintive » de Rousseau qui regrette un peu plus l'« air embaumé » d'Ermenonville depuis que le « spectre horrible » de Marat « a laissé dans cette atmosphère une odeur de crime qui ne s'éteint point[78] ». Et l'on peut tout craindre, sous cette voûte qui depuis si longtemps menace ruine, de la pulvérulence de ces débris méphitiques qui, loin d'avoir le caractère odorant et protecteur des reliques d'un saint, ont une force active de décomposition :

> Oui, citoyens, depuis que les restes de cet homme hideux qui a souillé cette tribune ont été déposés au Panthéon, il semble que les voûtes de ce temple indignées de cet affreux dépôt se soient penchées vers la destruction, qui était l'élément de cet homme. Il périt, ce monument de notre orgueilleuse vanité et sa chute est peut-être ordonnée pour punir les Français d'avoir prostitué leur encens à un vil scélérat[79].

Les vies criminelles et les dialogues aux enfers s'emparent alors de cette légende noire. Un de ces textes, publié en 1795, dénonce Marat comme débauché et pourri de vérole, à la façon dont certains libelles avaient jadis présenté Rousseau. « Les trois époques de la vie de J.-P. Marat projeté saint par la jacobinaille » y sont illustrées par une série de vignettes dont la dernière montre des enfants jetant un de ses bustes dans l'égoût Montmartre en criant : « Voici ton Panthéon [80] ! » Dans de nombreux dialogues aux enfers, Marat n'en finit pas de régler des comptes avec certains acteurs de la Révolution (Robespierre, Vergniaud, Fauchet), et de débattre avec les plus grands criminels de l'histoire [81]. Plusieurs estampes ont pour thème ces entrevues sulfureuses. Comme dans ces tombereaux des mascarades déchristianisatrices où apparaissaient avec les effigies des rois celles des personnages historiques les plus détestés, voici Marat à son tour en mauvaise compagnie et embarqué avec toutes les célèbres figures d'un panthéon infernal, et, par exemple, avec Caligula et Néron.

C'est alors que l'institution du Panthéon elle-même est mise en question dans de nombreux dialogues des morts si pleins de bruit et de tapage qu'ils semblent faire écho, à la fin du siècle, à ceux de Fontenelle. Ainsi d'une « grande dispute au Panthéon [82] » entre Rousseau et Marat où ce dernier est dénoncé comme le plus insupportable intrus dans le temple des grands hommes. D'autres auteurs concluent de façon définitive à son propos que « la renommée d'un chef de parti est nécessairement bornée à sa faction, au court espace de temps où elle triomphe [83] ». En 1800, F. Pagès le fait encore dialoguer avec Mirabeau sur le caractère relatif de la « proclamation solennelle de grand homme », comme sur « la vicissitude des renommées, le néant de ce qu'on appelle la gloire et l'inconstance de la faveur populaire [84] ». Quand Mercier en vient lui aussi à évoquer en ce sens le « ridicule des canonisations », il semble retrouver le ton de l'Ami du peuple lui-même lorsque celui-ci tentait, par ses récriminations ironiques, de prévenir la détestable propension des Parisiens à l'idolâtrie. Dans *Le Nouveau Paris* publié en 1798, son jugement sur l'institution du Panthéon prend ainsi la forme lapidaire d'un chapitre de quelques lignes dédié aux Parisiens changeants :

> Ô Parisiens... je vous ai vus, depuis la Révolution, promener en pompe dans vos rues les bustes de plusieurs personnages illustres, à qui vous prodiguiez vos adorations : je vous ai vus porter dans un temple les cendres de quelques-uns d'entre eux que vous regar-

diez comme des dieux ; un moment est venu, où vous les avez subitement *dédéifiés*. Ô Parisiens[85] !...

Marat est sans aucun doute le personnage de la Révolution qui illustre le plus crûment les aléas des réputations. Porté en triomphe ou pendu en effigie, conspué ou couronné, il n'a cessé de son vivant d'attirer sur sa silhouette théâtrale les excès contradictoires de l'exécration et de la vénération. Du Panthéon à l'égoût, il est finalement devenu pour la postérité cette image extrême de la marginalité, qui est conforme à son vrai caractère et à la courbe de son destin. Cela n'a pas calmé une forte convoitise de la relique tellement accordée à l'onction singulière de l'Ami du peuple et aux oripeaux dont il s'entourait. Un cercle de fidèles dévoués comme Alphonse Esquiros, d'enthousiastes comme Raspail, ou de collectionneurs maniaques comme le docteur Lacassagne ont donc à leur façon continué d'entretenir le culte, et Albertine Marat reçut longtemps des visiteurs[86].

L'étude du culte de Marat permet de mieux comprendre un être réputé hors du commun et de relativiser le thème d'une frénésie sans égale ou d'une exceptionnalité indéchiffrable. À la condition de conjurer la tentation de l'hagiographie ou du rejet sans appel de l'Ami du peuple qui a tout fait, à vrai dire, pour être identifié durablement avec l'abjection même, celui-ci peut apparaître finalement comme un des rares personnages de l'époque à avoir véritablement réussi son destin révolutionnaire tant par son aventure de journaliste que par la mort dont le gratifia Charlotte Corday. Et, de ce double point de vue, il a satisfait, au-delà de toute espérance, cet amour de la gloire qui le hantait bien avant la Révolution et qui fut, à l'en croire, sa seule véritable passion.

Dans les cultes révolutionnaires, l'épisode de la divinisation de Marat est l'événement le plus marquant. La question religieuse et le problème de la croyance qui se posèrent si crucialement à la Révolution y prennent un relief bien plus grand que dans les cultes si platement philosophiques de la Raison et de l'Être suprême. À ces cultes civiques abstraits et décents qui censurent toute idolâtrie et pour lesquels le Christ ne saurait être qu'un grand homme, celui des martyrs, et principalement celui de Marat, oppose une théâtralité sanglante : celle d'une république romaine des origines où prévaut le sacrifice de soi, comme celle d'une Rome baroque tourmentée et convulsive.

C'est ainsi qu'avec l'Ami du peuple s'effectue le retour du saint qui, sous sa forme archaïque et catholique, avait été l'exclu et le refoulé du Panthéon des Lumières. Et à cette face de vieux suaire immémorial s'ajoute, paradoxalement, la dimension étonnamment moderne de la presse dont Marat fut un des premiers à déceler la puissance explosive de quatrième pouvoir. Ce saint politique offrit à David, qui en avait saisi tout l'intérêt, l'occasion de son chef-d'œuvre du *Marat expirant.* Baudelaire y démêla « quelque chose de tendre et de poignant à la fois », en y reconnaissant une « des grandes curiosités de l'art moderne » : « Autour de cette froide et funèbre baignoire, dit-il, une âme voltige [87]. »

## *Chapitre XIV*

# LE DESTIN ALÉATOIRE DES HOMMES DE LETTRES

> Oui c'est aux Lettres qu'il est réservé de finir la Révolution qu'elles ont commencée, d'éteindre tous les dissentiments, de rétablir la concorde entre tous ceux qui les divisent ; et l'on ne peut se dissimuler qu'en France au XVIIIe siècle et sous l'empire des Lumières, la paix entre les hommes éclairés ne soit le signal de la paix du monde.
>
> P. Cl. F. Daunou [1].

À l'époque des Lumières, les hommes de lettres avaient exercé une influence sans partage en tant que pédagogues autoproclamés de la nation. Seules voix attitrées de la doléance, ils avaient connu la gloire en s'imposant comme des leaders d'opinion qui donnaient le ton, et même, selon Tocqueville, comme les « principaux hommes politiques du pays [2] ». Avec le système représentatif instauré par la Révolution, ce rôle de substitution, qui n'était qu'un emploi de circonstance, perdit son lustre et sa pertinence. Les jeunes ambitieux oublièrent aussitôt le modèle jusque-là sans égal pour eux du « philosophe », et rêvèrent de devenir député ou journaliste. Mais ils continuèrent à se comporter bien souvent comme des « gens de lettres », ce qui contribua à « donner à la Révolution française son génie propre [3] ».

Excepté Voltaire et Rousseau, panthéonisés l'un et l'autre, et révérés continûment comme deux grandes ombres dociles, la figure de l'homme de lettres héritée des Lumières allait connaître bien des aléas. Mais, jusqu'en 1791, elle ne fut pas véritablement remise en question. Lors du premier anniversaire du serment du Jeu de paume, par exemple, des toasts furent offerts en l'honneur des écrivains courageux de l'époque précédente, dont plusieurs bustes étaient exposés. Le journal de Camille Desmoulins donna l'année suivante, dans deux frontispices, une illustration du même état d'esprit au moment de la suppression des parlements : les hommes de lettres jadis persécutés par ceux-ci (Mably, Raynal, Rousseau, Voltaire, Diderot, d'Alembert) apparaissaient désormais placés sous la protection de l'Assemblée nationale[4]. La première rupture grave fut provoquée par l'abbé Raynal, le rédacteur principal de l'*Histoire des deux Indes*, ce fameux ouvrage anticolonial où Diderot avait proclamé légitime toute insurrection contre un pouvoir despotique. Le vieil homme de lettres avait fondé quelques années auparavant un prix académique annuel pour un discours historique. Âgé de plus de quatre-vingts ans, Raynal s'autorisa de l'exceptionnelle notoriété qui l'avait fait considérer jusque-là comme un « philosophe éloquent et patriote » pour remettre au président de l'Assemblée, le 31 mars 1791, une lettre où il désavouait, sur le ton du père noble et au nom de la philosophie, les excès révolutionnaires dont il avait été le témoin.

L'apparition impromptue de cette étonnante statue du commandeur, qui annonçait d'autres défections, parut ouvrir un abîme irrémédiable entre l'ancien monde et le nouveau. Il fut dès lors acquis qu'il ne fallait plus confondre les beaux esprits timides et les écrivains véritablement patriotes. C'est ainsi que bien des réputations tombèrent. La dimension proprement littéraire de la Révolution fut alors progressivement reniée à travers des événements divers, plus ou moins graves : la destruction du buste d'Helvétius aux Jacobins ou la suppression des académies et, d'une certaine façon, la liquidation de la Gironde éloquente qui se distinguait par une sorte de sacre hérité de la littérature ; enfin l'avant-dernier discours de Robespierre où celui-ci accusait les hommes de lettres, à l'exception de Rousseau, de s'être déshonorés dans les événements récents.

Le prestige de l'homme de lettres, naguère si éclatant et si incontesté, en vint donc à s'effacer pour se fondre dans une gloire collective, comme l'illustre cette définition très générale de Loustalot qui, en 1790, fit le procès des « corps lettrés » : « Les vrais hommes de lettres sont les défenseurs de la liberté[5]. » Ainsi s'imposa l'idée, souvent défendue auparavant par l'abbé de Saint-Pierre et par Rousseau, que les grands talents sont moins précieux que les vertus actives du vrai citoyen. Le modèle du législateur-philosophe qui avait dominé au début de la Révolution fut alors supplanté par les exemples plus sacrificiels des martyrs de la liberté. Pour Danton, si peu homme de lettres et particulièrement détesté plus tard pour cette raison même par La Harpe et par Mercier, les seuls véritables athlètes de ces temps d'orage étaient les morts de la Bastille ou les soldats de Châteauvieux, dont le sacrifice avait éclipsé les persécutions subies jadis par les grands écrivains. La nation (souvent représentée à travers le thème ancien de l'Hercule gaulois) hérita seule des attributs de la grandeur, ce qui paracheva le crépuscule des idoles : « Croyez qu'il n'y a plus d'hommes de génie dans un grand peuple, que le véritable génie est tout entier dans ce même peuple. [...] Le peuple en masse a plus d'instinct et de génie en révolution que ceux qui se croient des grands hommes[6]. » Il n'y eut plus de gloire que de Paris, de la nation et du peuple dont tout paraissait, dès lors, procéder : « C'est le peuple qui nous a produits ; nous ne sommes pas ses pères, mais nous sommes ses enfants[7] ! »

Le monde savant dont la trahison et l'indignité avaient été dénoncées par Robespierre plus spécialement, au nom d'un certain rousseauisme et de l'héroïsme patriotique, fut officiellement réhabilité après Thermidor, car il avait eu lui aussi ses martyrs. Dans son rapport de 1794 sur le vandalisme, Grégoire s'employa à restaurer une idée du grand homme fondée à nouveau sur le talent et le génie. Lorsque fut évoquée, en 1796, la panthéonisation de Descartes, le débat soulevé alors révéla combien l'institution du Panthéon était en crise. Avant que le règne de Napoléon ne produise une durable éclipse des hommes de lettres au profit des gloires militaires, on s'interrogea donc une dernière fois sur la place des hommes de lettres au Panthéon. Les académiciens avaient été les premiers à agiter cette question, quelques années auparavant, en rappelant pour leur défense le rôle de leur institution en faveur des grands hommes.

## *À bas le fauteuil académique !*

Le débat ouvert en 1793 à propos des académies et contre elles fut parfois excessif, mais il était inévitable[8]. L'institution académique, clef de voûte de tout le système contraignant qui régissait les lettres et les arts, représentait en effet un véritable verrou. Cela parut rapidement si incompatible avec le nouvel esprit du temps que le mot d'ordre s'imposa de prendre la Bastille académique. Chamfort fit un constat sévère dans le discours qu'il avait préparé pour Mirabeau en vue d'un débat à l'Assemblée sur ce sujet. Il y présentait les académies comme trop compromises dans l'Ancien Régime pour pouvoir être amendées, la meilleure preuve en étant, selon lui, la fameuse classe des honoraires, objet de tant de polémiques au cours du siècle. Composée de « gens de cour » et de « quelques gens en place » indûment acceptés, cette classe faisait, selon lui, un étrange amalgame avec les personnes d'un vrai mérite. De plus, les académies comprenaient en leur sein tant d'écrivains obscurs qu'elles faisaient figure d'assemblées oisives et parasitaires.

En marge de ce système rigide et suspect d'entretenir des privilèges, d'autres institutions savantes de transition avaient vu le jour, qui se voulaient plus libres, plus égalitaires et plus fraternelles. Ainsi le Cercle social, installé dans une sorte de cirque au Palais-Royal, organisait-il des conférences pour une foule de plusieurs milliers de personnes. Ce centre politico-littéraire imitait, par sa pratique du débat, le fonctionnement de l'Assemblée nationale : on y mettait au vote l'impression des manuscrits lus en séance. Le Lycée des arts, qui se voulait une sorte de conservatoire des arts et métiers très ouvert et peu hiérarchique, se constitua en 1793 contre les savants de l'Ancien Régime jugés arrogants et hautains. Dans tout un ensemble de textes s'exprimait la volonté de s'émanciper du système académique, comme tutelle despotique et paternelle, au moment où l'on était persuadé, pour reprendre les formules emphatiques du temps, que le « genre humain » devenait majeur.

S'il y a une part évidente de satire dans les critiques de Chamfort contre les académies (quant au ridicule du discours de réception et à l'inutilité du dictionnaire), le constat qu'il fait de leur situation paraît irréfutable. L'éloquence académique dont les formes trop littéraires et confinées semblent soudain désuètes n'est en effet plus rien en comparaison de l'éloquence « vivante et animée » de l'Assemblée nationale devenue le sanctuaire de la liberté publique : « C'est ici, c'est parmi vous Messieurs, annonce Chamfort aux députés, que se formeront les vrais orateurs ; c'est de ce foyer que jailliront quelques étincelles qui même animeront plus d'un grand poète. » Pour cette raison, l'Académie n'a plus le privilège qu'elle s'était arrogé indûment jadis d'être le seul conservatoire de la gloire des grands hommes, qui, loin d'être une « propriété académique », sera désormais « à la fois littéraire et patriotique ». L'Académie semble en outre porter en elle-même sa propre disparition, parce qu'elle conserve sa « maladive et incurable petitesse au milieu des objets qui s'agrandissent autour d'elle ». Privée de son monopole symbolique et de son ancien rôle institutionnel, elle cesse alors d'être la référence première et le point d'attache légitime pour l'homme de lettres requis désormais par d'autres scènes beaucoup plus vastes où il est appelé parfois à se « régénérer » dans des expériences nouvelles.

Contre cette évolution irrésistible, et principalement en réponse aux attaques de Chamfort, les académiciens mènent un combat d'arrière-garde. Ils invoquent d'abord, à juste titre, la tradition égalitaire de leur institution[9]. Morellet vient d'autre part rappeler, en tant que secrétaire perpétuel, que l'Académie a été depuis le milieu du siècle le creuset de l'éloquence républicaine. C'est pourquoi il propose de maintenir les académies « comme foyer où se conservent, où s'épurent sans cesse et l'éloquence et la langue qui est son instrument », et de les mettre au service de l'Assemblée nationale qui ne saurait s'en passer, car celle-ci est « l'arène où combattent les athlètes et non le gymnase où ils s'exercent[10] ». Se moquant au passage des anciens éloges trop littéraires de Chamfort, « spirituels et piquants » mais ne donnant pas une « idée de l'éloquence académique élevée à sa plus grande hauteur », Morellet leur oppose ceux de Thomas, le spécialiste incontesté du genre, qui sont d'inspiration plus civique et qui ne déméritent pas, selon lui, de la nouvelle éloquence nationale :

> Mais lorsque Thomas déploie l'âme de Sully, lorsqu'il ramène les cendres de Descartes dans son ingrate patrie, lorsqu'il fait parler Apollonius, la main sur le cercueil de Marc Aurèle, cette éloquence, tout académique qu'elle est, est-elle bien au-dessous de celle des grands orateurs de l'Assemblée, il ne faut que les prendre eux-mêmes pour juges [11].

Les défenseurs de l'Académie en viennent à rappeler, comme argument majeur à leurs yeux, que le culte des grands hommes a pris naissance au sein de cette institution où il s'est développé durant de longues années avant d'être finalement consacré par la Révolution elle-même dans le Panthéon. C'est pourquoi un orateur n'hésite pas à désigner l'Académie comme un lieu de mémoire fondateur pour la nation, où les grands écrivains sont regardés comme leurs pères par les académiciens qui « délibèrent » en leur nom. Aussi évoque-t-il la dissolution éventuelle de l'Académie sur un mode dramatique et très propre à toucher les membres de l'Assemblée nationale, puisqu'il se réfère opportunément à l'épisode traumatisant du Jeu de paume où les députés furent mis à la rue :

> Condamnez si vous l'osez le sentiment religieux qui nous attache à ces lieux, à ces places, à ces images ; en nous exilant du sanctuaire des lettres, consacré par la présence de ces grands hommes, commandez-nous d'aller errants et dispersés, tenir ailleurs d'obscurs conciliabules ; nous vous répondrons : les ossements de nos pères peuvent-ils se lever et nous suivre [12] ?

Le lyonnais Delandine attribue une fonction tout aussi sacrée aux académies de province qui ont eu le mérite, selon lui, d'avoir acquitté sur tout le territoire, et dans chaque terroir ayant ses hommes célèbres particuliers, la « dette publique à l'égard des grands hommes de la patrie[13] ».

Le rapport que l'Académie avait demandé à quelques-uns de ses membres pour sa défense rappelle très expressément, en ce sens, le rôle critique incontestable joué par les concours académiques, grâce auxquels cette institution a « devancé l'esprit public ». Ainsi, le genre de l'éloge est-il alors explicitement reconnu, bien des années plus tard, comme une véritable machine de guerre idéologique qu'avait su utiliser à son profit, depuis le milieu du siècle, le parti philosophique au sein de l'Académie :

> En proposant l'éloge des Grands hommes, on appela les grands talents et les grandes vérités, et l'effet des lectures publiques qui attirèrent dès lors l'élite des Citoyens, rendit l'application si sensible, que plus d'une fois la Cour en fut alarmée et irritée. L'éloge du bien parut dès lors la satire indirecte du mal, et c'était la seule que l'Académie pût se permettre ; encore n'était-ce pas sans beaucoup de dangers. C'est dans cette lice honorable que Thomas fit ses premiers pas, et c'est sans contredit un de nos écrivains qui, à cette époque, mit dans ses ouvrages le plus de cette philosophie utile et hardie qui demandait à la fois et du courage et de la mesure. Il a été suivi dans cette même carrière par des athlètes dont les talents ne sont pas contestés, dont les écrits tendaient au même but, qui ont essuyé les mêmes persécutions, et dont les couronnes étaient véritablement civiques[14].

Au moment où leur institution est en péril, les académiciens tiennent à réaffirmer l'importance pour la patrie et la liberté des éloges des grands hommes de la nation, qui, selon eux, ont fait depuis longtemps de l'Académie le premier véritable Temple de mémoire[15].

Tous ces arguments sont certes recevables et historiquement fondés, mais ce passé glorieux est en quelque sorte démenti par la réalité présente. Une feuille satirique, rendant compte en septembre 1791 d'une séance académique, traduit bien la désaffection et l'ennui qui frappent un corps devenu rapidement obsolète : on y apprend, en termes burlesques, que l'abbé Delille qui « s'occupe fort peu de la fatigue d'inventer » lut à cette occasion des vers harmonieux et régulièrement bons, que M. de Florian donna nombre de fables pleines de candeur, et que La Harpe s'efforça de définir en termes convenus, et dans l'indifférence générale, ce qui constitue véritablement « un grand homme [16] ». Il en ressortait à l'évidence que les seuls vrais sanctuaires de la gloire seraient désormais, et pour quelques années, l'Assemblée nationale et le Panthéon.

## *Voltaire et Rousseau au Panthéon*

Accorder les honneurs du Panthéon à Voltaire et à Rousseau, c'était leur rendre enfin l'hommage officiel qui leur avait été refusé en 1778 et s'acquitter ainsi d'une dette de la nation envers leur mémoire. Sans doute aussi le besoin se fit-il sentir, au début de la Révolution, de proposer de grands symboles apaisants qui soient des promesses d'unité. Au nom de ce nouvel état d'esprit, Fréron lui-même oublia les querelles que Voltaire avait eues avec son père et décida de voir en lui désormais non pas « l'écrivain irascible qui vomit l'injure et la calomnie, mais le grand homme et le bienfaiteur de l'humanité [17] ». À l'égard de Rousseau allait s'exprimer, tout au long des années révolutionnaires, une unanimité civique encore plus forte et sans la moindre faille, quand bien même elle comprendrait des intérêts très divers. Tous les partis de l'échiquier politique en effet en vinrent, à un moment ou un autre, à se réclamer de lui. Par une volonté de récupération bien tardive, l'Académie elle-même résolut, en août 1789, de proposer son éloge comme sujet du prochain concours. Palloy distribua des pierres de la Bastille avec l'effigie du grand écrivain dont le personnage se trouva soudain acclimaté à un nouvel espace. Il faut comparer, sur ce point, le buste de Rousseau par Houdon en 1778 à celui offert par François Martin au Comité d'instruction publique en octobre 1794. L'expressivité sensible du premier, qui fut placé à l'Assemblée le 22 juin 1790, le réservait manifestement à l'origine à un usage intime et à un culte privé suggérés par la douceur particulière de la terre cuite, alors que le second, avec des traits plus marqués et un regard à l'expressivité irréelle, était caractérisé par l'exagération du cothurne et une énergie toute beethovénienne mieux appropriées à une scène beaucoup plus large. Utilisés comme totems dans de vastes liturgies, Voltaire et Rousseau allaient désormais remplir très officiellement ce rôle un peu exorbitant de pères de la nation, qui avait été déjà plus ou moins le leur depuis des années. Leurs bustes disposés dans les monuments publics semblèrent donc acquiescer vaguement à tout ce qui se passait et bénirent même les jeunes mariés qui, dans les mairies, venaient prêter serment devant eux.

Un peu plus de trois ans séparent les panthéonisations de Voltaire et de Rousseau, qui appartiennent de ce fait à un temps bien différent. L'une est tout auréolée de la lumière glorieuse et presque insouciante des grands commencements ; avec l'autre, qui est aussi la dernière, l'épisode du Panthéon révolutionnaire semble se clore sur un mode mélancolique et sur bien des interrogations. En raison de cette panthéonisation souvent reportée et finalement tardive, Rousseau illustre mieux que tout autre les avatars du culte des grands hommes pendant la Révolution. Il fut en effet panthéonisé par la République thermidorienne, après avoir été revendiqué longtemps par tout le monde, puis accaparé un moment par la Montagne.

L'« apothéose » de Voltaire, loin d'apparaître improvisée et même un peu désordonnée comme la panthéonisation de Mirabeau trois mois auparavant, avait été préparée de longue main. En vérité, depuis la mort de celui-ci, le marquis de Villette s'était constitué en gardien exclusif de sa mémoire. En 1789, il s'était préoccupé du sort réservé à ses cendres et il avait été le premier à suggérer, le 21 novembre 1790, que la nouvelle église Sainte-Geneviève fût transformée en Panthéon français pour accueillir les restes des grands hommes, et d'abord ceux du patriarche de Ferney. Adoptée dans son principe par la Constituante, le 30 mai 1791, la panthéonisation de Voltaire eut lieu le 11 juillet suivant. Ce fut un retour triomphal, propre à effacer le traitement ignominieux réservé à la dépouille de Voltaire en 1778, quand il avait fallu la faire sortir de Paris en catimini pour lui éviter de finir à la voirie.

Conformément au souhait de l'Assemblée nationale, en attendant qu'elle ait statué sur la panthéonisation, les restes avaient été dès le 9 mai transférés de Scellières à Romilly : dans une étonnante mise en scène funèbre, le cercueil fut transporté à découvert, puis le corps exposé une dernière fois. À partir du 6 juillet, le convoi commença son glorieux parcours tout au long duquel les autorités municipales et départementales vinrent l'accueillir. À son arrivée, le char, dont la décoration était si champêtre qu'on « eût dit une forêt ambulante [18] », eut droit à une véritable entrée royale : « On défila dans le faubourg Saint-Antoine où tout Paris s'était porté. Il semblait qu'on reçût un Dieu [19]. » Le sarcophage fut veillé la nuit suivante sur les ruines de la Bastille où Voltaire avait été jadis emprisonné.

Le lendemain, douze chevaux blancs tirèrent un char monumental de quarante pieds de haut dessiné par David, au sommet duquel était un simulacre de Voltaire sur un lit de repos et couronné par une allégorie de la Renommée. Derrière une étonnante statue du patriarche d'après Houdon, dorée et en carton pâte, défilaient les hommes de la halle, des sociétés fraternelles, des clubs. Les académiciens, surtout, furent à l'honneur : ils accompagnaient les œuvres complètes de Voltaire dans l'édition de Kehl portées sur une sorte de châsse. Louis XVI et la famille royale, retenus aux Tuileries depuis l'épisode de Varennes quelques semaines auparavant, auraient regardé passer le convoi à travers une « jalousie » qui, selon Villette, n'avait jamais été si bien nommée. Le cortège fit trois stations : devant l'opéra ; devant l'hôtel de Villette où était mort le grand homme et où cinquante jeunes filles en blanc, les deux filles de Calas et Mme Villette formèrent un tableau touchant ; enfin devant l'« ancienne comédie » (l'actuel Odéon) où les acteurs avaient revêtu les costumes de Brutus, d'Orosmane et de Nanine. Cependant, un véritable déluge s'était abattu sur Paris ce jour-là. Ce n'était, conclut Desmoulins, « qu'une ablution expiatoire pour laver saint Voltaire de quelques taches avant qu'il fût reçu dans le ciel [20] ». Pour être admis au Panthéon, le défenseur des Calas avait dû en effet faire oublier le poète courtisan.

Rousseau suscita, au contraire, une adhésion sans réserve. Et c'est précisément parce qu'il appartenait à tous que son image résisterait aux aléas politiques. À la différence de Voltaire, honoré le premier et un peu oublié par la suite, son ombre fut présente tout au long de la Révolution. Grand homme de Mme Roland et de Robespierre, de Mercier et de Marat, souvent évoqué dans les débats de l'Assemblée, il fut reconnu comme l'écrivain le plus proche des événements présents. La figure mythique de ce saint politique, associée parfois aux martyrs de la liberté, ne fut pas pourtant une création de la période révolutionnaire. Elle avait commencé à prendre forme, depuis longtemps, dans les dernières œuvres autobiographiques de l'écrivain et dans le culte des pèlerins d'Ermenonville.

Avec autant de déraison que de calcul, Rousseau avait réussi à intéresser l'opinion aux *Confessions* en créant tout autour de l'ouvrage une atmosphère plutôt dramatique. Après en avoir fait quelques retentissantes lectures publiques, il avait décidé que ce serait une œuvre posthume qui parut en deux envois fort éloignés dans le temps, en 1782 et 1789. Ainsi s'accrurent l'attente et la frustration des lecteurs. L'édition des œuvres complètes que Mercier avait entreprise en 1788 (et qui allait s'achever en 1793) apparut, dans le contexte nouveau de la Révolution, comme un enjeu national et fit l'objet d'une extraordinaire fétichisation. Rousseau avait jadis souhaité déposer le manuscrit des Dialogues sur l'autel de Notre-Dame, et c'était maintenant sur l'autel de la liberté, au sein de l'Assemblée nationale, qu'on allait débattre du moindre de ses manuscrits comme d'un problème urgent et intéressant l'avenir de la nation. Cette grande cause y prit l'allure d'une collecte sacrée.

À plusieurs reprises, l'éditeur Poinçot vint à la barre de l'Assemblée offrir en grande pompe les derniers volumes parus : ainsi le 14 avril 1791, le 24 février et le 10 octobre 1792. Il était capital de rassembler définitivement le corpus de l'œuvre afin d'offrir au public un Rousseau « tout entier ». En vertu d'un fantasme de présence (comme à propos de Marat, l'Ami du peuple, après son assassinat), on voulait posséder intégralement, pour le mettre dans l'arche, le texte fondateur qui avait l'attrait d'une relique. Dans le mois qui précéda la panthéonisation de Rousseau, ce désir parut se faire soudain plus pressant.

Le 1er septembre 1794, le « citoyen Lejeune » vint offrir à l'Assemblée le manuscrit original de *La Nouvelle Héloïse*. Grégoire fit alors le point sur les derniers manuscrits déposés à la Bibliothèque nationale et à la Commission des arts, et lança à cette occasion un appel : « J'invite mes collègues du Mont-Blanc à faire faire des recherches dans leur département ; on y trouvera sûrement encore quelques manuscrits de Jean-Jacques ; je sais qu'il en existe à Chambéry[21]. » Le 26 du même mois, Thérèse Levasseur fut admise à la barre de la Convention pour faire don de deux manuscrits légués par son époux « une heure avant sa mort », où il était expressément notifié que « le sceau apposé sur l'enveloppe ne soit rompu qu'en 1801[22] ». L'Assemblée fut alors partagée entre une impatiente curiosité et la peur soudaine, faisant s'élever partout des murmures, que la mémoire de l'écrivain n'en sorte peut-être pas grandie « à l'exemple de Raynal qui à la fin de sa vie a été traité de contre-révolutionnaire[23] ». L'ouvrage fut finalement envoyé au Comité de salut public afin qu'un rapport puisse être fait à ce sujet. Le lendemain, Lakanal expliqua qu'il s'agissait d'un manuscrit des *Confessions* « plus correct, plus soigné que celui qui a servi à l'impression de ses œuvres », où les personnages, qui « n'étaient désignés que par des lettres initiales, sont nommés » et avec « quelques variantes de rédaction et de pensées qui ne sont pas sans intérêt ». En ce qui concerne les derniers textes qui pourraient n'avoir pas été remis à la nation, la menace se fit alors plus précise :

> Il n'est pas douteux, d'après les renseignements parvenus à votre Comité, qu'il n'existe dans des portefeuilles particuliers des manuscrits de J. J. Rousseau qui n'ont pas encore éclairé l'Europe. Nous avons lieu de croire que les dépositaires de ces ouvrages précieux n'en frustreront pas plus longtemps leur pays. L'art de jouir de ces trésors, c'est de les répandre à propos, et c'est aux Français régénérés qu'il appartient surtout de posséder les ouvrages du philosophe qui a amené la révolution de la liberté[24].

Si Mercier avait pu, en 1788, accuser au nom des lecteurs les « mains avares[25] » des éditeurs qui ne voulaient pas publier intégralement *Les Confessions*, il s'agissait en 1794 d'une suspicion beaucoup plus générale. Tout possesseur de manuscrits du grand homme était alors désigné à la vindicte publique comme receleur. L'idée d'un vaste complot contre Rousseau, tellement ressassée jadis par lui-même dans ses dernières œuvres, semblait désormais admise par tous, comme s'il avait légué son tempérament ombrageux à la Révolution : selon la formule très juste de Quinet, celle-ci « commence en 89 par l'*Émile*, finit en thermidor 1794 par les Dialogues de Jean-Jacques[26] ».

La panthéonisation de Rousseau, le 11 octobre 1794, fut une cérémonie certes moins inattendue que celle de Marat vingt jours auparavant, mais elle sembla marquée elle aussi par une certaine confusion. Elle avait été si souvent reportée après avoir été réclamée par tant de groupes divers, qu'il ne fut pas aisé de comprendre exactement quel Rousseau était honoré ce jour-là et par qui[27]. La Constituante l'avait jugé digne une première fois des honneurs du Panthéon, le 27 août 1791, en tant que « père fondateur de la Constitution », et la Convention avait par la suite confirmé cette proposition le 16 avril 1794, en pleine Terreur, en souhaitant alors consacrer plutôt le « père de l'égalité » et le « grand apôtre des vertus sociales ». C'est finalement à la République thermidorienne qu'il revint d'organiser la panthéonisation.

Dans le « Rapport sur J.-J. Rousseau » dont il fut chargé en la circonstance, Lakanal évoqua le vrai grand homme si différent de cette « idole » à la séduction éphémère qu'avait été Mirabeau. S'il prônait le défenseur des droits de l'homme, l'auteur du *Contrat social* et celui qui avait annoncé dans *Émile* le « siècle des révolutions », Lakanal exprima toutefois quelques discrètes réticences quant aux fameux paradoxes sur les sciences et les arts où il ne voyait qu'un « heureux délire[28] ». Grégoire y avait fait lui-même allusion, et en des termes à peu près semblables, quelques semaines auparavant dans son « Rapport sur les destructions opérées par le vandalisme ». Selon le programme de Lakanal, la cérémonie devait regrouper des botanistes, des habitants de Montmorency, des citoyens de Genève et des musiciens. Il en ressortait une image de Rousseau un peu en retrait et moins héroïquement affirmée que celle des Jacobins dans les années précédentes. Trois semaines plus tard, la panthéonisation eut effectivement une tonalité assez indécise, mais sous son apparence vaguement irénique, elle se révéla comme la « première fête *vraiment thermidorienne*[29] ».

Après celle de Marat, cette translation fut elle aussi présentée comme une revanche sur Robespierre, suspecté d'avoir tout fait pour la retarder en raison de sa jalousie maladive. Cela était encore un peu moins vraisemblable dans le cas de Rousseau auquel l'Incorruptible vouait un véritable culte, comme en avait témoigné une dernière fois le discours sur l'Être suprême du 7 mai 1794 ; mais, pour les organisateurs de la panthéonisation, il était impératif de « récupérer » le grand homme en l'adaptant aux circonstances présentes. C'est pourquoi les Jacobins ne furent pas officiellement conviés à prendre part au cortège. Lorsque le char passa devant leur club, rue Saint-Honoré, ils essayèrent vainement de poser une couronne civique sur le sarcophage. Comble d'ironie, on aurait alors tenté d'enrôler de force, dans le cortège, leur vice-président pour y représenter la « vieillesse [30] ». Le tour que prit la cérémonie tint principalement à ce qu'elle eut lieu exactement deux jours après que se fut annoncé un grand tournant politique. La Convention venait en effet, dans une adresse *Au peuple français*, de trancher en faveur de mesures répressives contre les Jacobins et les anciens terroristes [31]. Dans le discours qu'il fit en tant que président de l'Assemblée, Cambacérès développa donc le thème que la « bonté » ayant toujours fait la base de la « législation » de Rousseau, celui-ci n'aurait jamais souffert la tyrannie récente [32].

Ainsi s'explique l'atmosphère de recueillement et presque de stupeur qui marqua la translation depuis Ermenonville. Il ne s'agissait plus en ce jour d'une régénération à marche forcée, mais d'une renaissance mystique. Tout au long du parcours, il y eut des repas fraternels où l'on chanta *La Romance du saule* et des airs du *Devin de village*. Comme Jean-Jacques renversé par un molosse à Ménilmontant, la foule semblait en cet instant revenir à la vie après avoir été violemment bousculée par la Terreur. Sous la voûte étoilée, elle participa à une nuit de veille au bord du grand bassin des Tuileries illuminé qui, avec le mausolée au milieu des eaux et douze peupliers tout autour, offrait la vision très onirique d'une réplique miniaturisée de la sépulture d'Ermenonville. La prise de Cologne par l'armée de Sambre-et-Meuse fut annoncée le lendemain. Ainsi la panthéonisation fut-elle également une fête des victoires. Mais ce qui avait dominé, c'était le retour à une ferveur légère dont la franche simplicité rappelait le culte des grands hommes à l'époque des Lumières. Selon Ginguené, « tout cet ensemble avait quelque chose de magique et de religieux[33] ».

## *Une polémique iconoclaste*

Le moment était venu de faire officiellement réparation aux hommes de lettres trop longtemps décriés comme de beaux esprits inutiles et comme une classe de parasites touchant indûment une rente. Dénonçant l'ingratitude de la nation envers eux, l'abbé Grégoire proclama qu'elle ne pouvait laisser plus longtemps sans ressources ceux dont le talent n'avait cessé de l'honorer : « Vous avez sagement supprimé les corporations académiques mais notre intention n'est pas de condamner ceux qui en étaient membres à périr de faim[34]. » Conformément à ce nouvel état d'esprit, les demandes d'assistance se multiplièrent. Marie-Joseph Chénier, par exemple, réclama des secours pour la petite nièce de Fénelon. En 1793, il était déjà intervenu vainement en faveur de Goldoni, tâchant d'« intéresser la gloire nationale au sort d'un vieillard étranger [...] dont les talents et la vertu ont mérité l'estime de l'Europe[35] ». Au-delà du soutien matériel des hommes de lettres, il s'agissait surtout de restaurer une image positive de ceux-ci. Au moment où l'on réhabilitait les martyrs du monde savant et politique (apothéose de Lavoisier au Lycée des arts en 1795, fêtes funèbres à la Convention à la mémoire des Girondins), on redécouvrit le rôle du grand écrivain dans toute son individualité et comme une semence irremplaçable.

Grégoire avait conclu son triste bilan du « système de persécution des hommes à talents » pendant la Terreur, par l'annonce confiante d'une véritable renaissance. De nouvelles institutions savantes, artistiques et techniques, comme le Conservatoire des arts et métiers, le Muséum d'histoire naturelle, l'Institut, le Musée, etc., allaient stimuler désormais la « sève républicaine » et « vivifier les sciences et les arts ». La nation devait pouvoir enfin se réapproprier un patrimoine trop longtemps oublié. Il n'était donc pas question de remettre en cause le Panthéon qui pourrait même devenir le meilleur symbole de cette volonté, à la condition toutefois de réviser la définition du grand homme en la recentrant désormais sur la notion de génie : « Un grand homme est une propriété nationale. [...] Lions donc le génie d'une manière indissoluble à la cause de la liberté[36]. » Toute une politique culturelle, avec ses commandes décoratives et ses programmes scolaires, allait bientôt faire redécouvrir l'ancienne galerie des hommes illustres. Ainsi le Directoire ferait-il placer à l'Institut les statues des grands hommes commandées jadis par d'Angiviller.

Au moment où le Panthéon venait s'inscrire explicitement dans l'histoire plus longue du culte des grands hommes, de nombreuses questions furent soulevées qui ne l'avaient pas été, dans l'urgence de sa fondation, en 1791. Ainsi reprit un débat engagé jadis dans les éloges académiques, lorsque Guibert assurait, par exemple, qu'« un grand homme appartient à l'univers[37] », lorsque d'Alembert remarquait que « les hommes supérieurs n'appartiennent en propre ni à la ville ni au village ni à la nation qui s'en glorifie », mais que ces somptueuses exceptions servent d'ornement à l'« indéfinissable espèce humaine[38] ». La dimension européenne illustrée alors par les Républiques sœurs et sans doute aussi déjà l'idée d'une République universelle qui hanterait plus tard le Premier consul firent douter que les grandes dépouilles soient la possession exclusive de la nation. C'est avec la panthéonisation de Rousseau que commencèrent à s'exprimer librement toutes ces interrogations et que fut posé plus particulièrement le problème de la propriété des cendres des grands hommes et de la sépulture qui leur convenait le mieux.

Villette s'était fait entendre, lorsqu'il avait expliqué que la dépouille d'un homme tel que Voltaire ne pouvait appartenir à un particulier. C'est pourquoi, sans doute, le marquis de Girardin fut considéré comme un receleur pendant tout le temps où il refusa de se laisser déposséder des restes de Rousseau. Pourtant, l'exhumation parut finalement brutale à beaucoup. Le mausolée à l'antique d'Ermenonville, au milieu du fameux jardin de mémoire, apparaissait à juste titre en effet comme une illustration accomplie du culte des grands hommes et comme la sépulture idéale dont le siècle avait rêvé. C'est pourquoi le site avait été en quelque sorte déjà consacré par de nombreux et célèbres pèlerins. « Hâtez-vous donc, citoyens, d'arracher ce grand homme à sa tombe solitaire », s'était écrié Lakanal quelques semaines avant la panthéonisation, mais il avait précisé aussitôt que le nouveau mausolée de Rousseau ne devrait être que « provisoirement placé dans le temple même des grands hommes » et qu'il conviendrait d'aménager ensuite autour du Panthéon un « bois auguste » avec une enceinte de peupliers qui « rappellerait à jamais aux âmes sensibles le souvenir des bocages d'Ermenonville[39] ». En 1791 déjà, les habitants de Montmorency avaient demandé, dans la même intention, qu'on usât d'un simple cénotaphe sans toucher à la sépulture d'Ermenonville, au cas où Rousseau serait panthéonisé.

L'architecture froide du Panthéon était ressentie comme une violence faite aux morts par tous ceux qui lui préféraient le modèle assurément plus pittoresque et mélancolique du jardin-Élysée. Ils auraient voulu faire du Champ-de-Mars un Campo Santo comme à Pise, ou transformer les Champs-Élysées en voie sacrée. Il y avait soudain quelque chose de tellement désaccordé dans les signes, du fait de l'abstraction révolutionnaire et de l'arrachement des reliques et des objets de toutes sortes à leur site et à leur terroir, qu'il fallait réagir en procédant à une sorte de réaménagement sensible de tout l'espace symbolique. On avait tant désaffecté et exhumé, tant dispersé et déplacé, qu'on ne savait plus où conserver ce qui semblait avoir perdu toute destination. Les convois d'objets d'art et les dépouilles ambulantes des grands hommes finirent par se croiser et se rejoindre – par exemple dans le bric-à-brac du Musée des monuments français, qui apparut à Chateaubriand, pour cette raison, comme l'image même du temps révolutionnaire : dans l'ancien cloître des Petits-Augustins transformé en Élysée en 1794, Lenoir plaça en effet les mausolées de Turenne, de Molière, de Boileau et de Descartes, comme en témoigne une célèbre toile d'Hubert Robert. Et c'est Quatremère lui-même qui, après avoir exprimé en 1791 quelques doutes sur la transformation de l'église Sainte-Geneviève en sépulture nationale, fit la critique la plus radicale de l'institution du Musée où il voyait s'annoncer la mort de l'art[40].

Dans cette période de questionnement et de réévaluation générale des premières années de la Révolution, le débat le plus important au sujet du Panthéon eut lieu en mai 1796, lorsque Marie-Joseph Chénier fit un rapport sur la panthéonisation de Descartes, en faveur de laquelle il était déjà intervenu en octobre 1793. C'était, avec Voltaire et Rousseau, un des trois grands hommes du passé pour lesquels le décret de fondation du Panthéon, le 4 avril 1791, avait fait une exception en les jugeant dignes d'y entrer. Ce traitement particulier tenait à ce que Descartes avait été constamment présenté à l'époque des Lumières comme un exemple éclairant de l'incapacité propre à la France d'honorer ses grands hommes. Voltaire le premier, dans ses *Lettres philosophiques*, avait condamné cette attitude en lui opposant celle, bien différente, des anglais vis-à-vis de Newton. En 1765, Thomas avait remporté le prix académique pour son *Éloge de Descartes*[41], très apprécié de Diderot et de Voltaire, où il montrait le proscrit dans ses exils successifs. Cette histoire tourmentée continuerait de l'être pendant la Révolution, et, finalement, Descartes ne serait jamais au Panthéon.

Dans ses plaidoyers en faveur de la panthéonisation, Marie-Joseph Chénier dut à chaque fois adapter ses arguments aux circonstances. Devant la Convention, en 1793, il avait évoqué l'existence errante du grand homme, qui témoignait clairement de l'« ignominie » du despotisme. « C'est à vous Républicains, concluait-il dans un appel viril et pressant, qu'il appartient de venger du mépris des rois la cendre de René Descartes[42]. » Les honneurs du Panthéon furent accordés, mais le décret resta sans suite. Chénier en expliqua les raisons, sur un tout autre ton, lors de son second discours, le 7 mai 1796, devant le Conseil des Cinq-Cents. Ce manque d'empressement était, selon lui, délibéré : le philosophe « ne pouvait plaire à l'ignorance toute-puissante qui avait fait un crime du génie. Les persécuteurs de Condorcet vivant ne voulaient pas honorer Descartes mort[43] ». Il fallait donc le panthéoniser sans plus tarder pour le venger des terroristes, sinon, prévenait Chénier, nos « ennemis » intenteraient contre nous « de nouvelles accusations de vandalisme ».

Il concevait la panthéonisation comme un « hommage à la philosophie dans la personne de son vieux patriarche », et souhaitait manifestement par là renforcer le parti des Lumières au sein de l'Institut dans un moment où les affrontements idéologiques s'y faisaient plus vifs.

Mercier, qui siégeait lui aussi au Conseil des Cinq-Cents, opposa à cette proposition, dans la même séance, une vive et surprenante réplique qui se révéla finalement convaincante tant par le bilan présenté sur le Panthéon en général que par l'acuité avec laquelle étaient exposés les problèmes propres aux panthéonisations d'hommes de lettres. À la différence de Chénier, qualifié de « grand amateur de processions et de cérémonies », et impatient de voir le culte des grands hommes reprendre son cours exactement comme avant, Mercier tint à se placer résolument « sur les bords d'un monde tout à fait nouveau ». S'il ne fallait plus risquer le « ridicule » des panthéonisations hâtives et bientôt démenties, il convenait surtout de réserver désormais le Panthéon aux héros (martyrs de la Révolution, législateurs, guerriers), et de refaire de l'Académie le sanctuaire des savants et des écrivains, car « la république des lettres a ses palmes comme elle a ses débats[44] ». C'est pourquoi le corps législatif ne devait plus s'ériger indûment en corps académique pour élever des « statues littéraires ». Quant à Descartes, il n'y avait « pas trente personnes » dans Paris qui l'aient lu, si bien que le peuple ne trouverait aucune « instruction » dans sa translation au Panthéon : « Quand il verra passer sa statue, il la verra du même œil que celle du Grand Lama. Il ne pourra découvrir ni le but ni la nécessité de cette apothéose. Combien d'hommes dans cette grande cité sont absolument étrangers à Descartes et à sa doctrine[45] ! »

Mercier demandait qu'on laisse la réputation de Descartes vivre ou mourir dans ses ouvrages, car la véritable « apothéose » des écrivains « est dans leurs livres et non ailleurs[46] ». C'était souhaiter que l'homme de lettres, protégé des aléas de l'histoire, n'ait plus à l'avenir que l'opinion pour juge et la postérité pour Panthéon, et rappeler ainsi, au-delà des imageries réductrices, l'existence des œuvres et des lecteurs que les grandes liturgies collectives avaient un moment fait oublier.

Certes, Marat et Robespierre avaient eux aussi dénoncé souvent les idoles creuses, et pas seulement par opportunisme politique. Mais la critique de Mercier s'inscrivait dans une réflexion à la fois plus longue et plus particulière sur l'image publique de l'écrivain. La Révolution avait fait, selon lui, un usage de plus en plus dénaturé des ouvrages des Lumières, si bien qu'ils « avaient formé une espèce de pâte [...] que les esprits ordinaires ne pouvaient digérer [47] ». Cet abâtardissement allait de pair avec la production de grands totems dans l'institution du Panthéon, dénoncés par Mercier avec toute sa virulence iconoclaste. L'incroyable fétichisme qui s'était exprimé autour des reliques dans des cérémonies lugubres aviva un peu plus en lui un dégoût déjà prononcé pour les embaumements. Après avoir ironisé jadis sur la cervelle de Voltaire dans le *Tableau de Paris* [48], il se manifesta à nouveau dans les journaux à propos des « os vermoulus de Descartes [49] », et, lorsqu'on découvrit le squelette de Fénelon, il écrivit aux habitants de Cambrai pour bien les prévenir que cela ne changeait rien et que le grand homme ne serait « pas là », même si « les cabaretiers, aubergistes et limonadiers étaient enchantés du tombeau [50] ». Aux momies méphitiques, il préférait la vie mystérieuse des ouvrages de l'esprit, et son discours contre la panthéonisation de Descartes était en effet porté par une profession de foi toute spiritualiste : « Ouvrons un livre de vie et que le nom des hommes de génie y soit gravé [51]. »

Au moment où il reprend son discours sur Descartes dans *Le Nouveau Paris*, fin 1798, Mercier précise dans des notes sa critique du Panthéon, qui prend alors la forme d'un bilan personnel. Il est bien placé en effet pour témoigner de l'ancien engouement du milieu académique pour les grands hommes, puisqu'il a été un enthousiaste de Thomas dans sa jeunesse et qu'il a lui-même, en 1765, participé au concours en présentant un éloge de Descartes. Ayant le sentiment d'avoir été alors « la dupe des noms prônés dans les académies », il envisage désormais cette période avec l'ironie et la distance qui caractérisent une volonté démystificatrice : « Quand le temps de rire un peu sera venu, je publierai peut-être l'histoire académico-littéraire de ces années-là [52]. » Mercier se proposait sans doute d'y montrer que la fragilité du Panthéon tient à ce qu'il a son origine dans d'infimes querelles académiques. Il y aurait annoncé certainement la fin d'un processus en expliquant comment le Panthéon des Lumières s'est abîmé dans le Panthéon révolutionnaire qui a dévoilé son inanité.

Aussi perspicace qu'elle soit du point de vue littéraire, la position de Mercier apparaît comme une de ses incartades coutumières qui révèle son individualisme radical. Elle est marquée à l'évidence par un vieux contentieux avec Voltaire qui est désormais au Panthéon et qui reste sa bête noire. Mais elle illustre également un moment de doute et de profond scepticisme quant aux idéaux des Lumières. Dans l'euphorie des victoires et des campagnes triomphales, il est alors clair en effet qu'un héros guerrier et à cheval va de nouveau absorber à lui seul, pendant longtemps, toute la gloire. Certes, le général Bonaparte n'était pas insensible au culte des grands hommes. Le Premier consul, puis l'Empereur, souhaitera s'entourer de bustes de guerriers et de législateurs de tous les pays et de tous les siècles, et commandera pour le Sénat trente statues de marbre réunissant les héros de l'Antiquité et ceux de la période récente avec, par exemple, Mirabeau, Barnave, quelques Girondins et une majorité de militaires. Mais aucune grande figure des Lumières n'y sera représentée. Plus tard, l'Empereur voudra transformer le Panthéon en une sorte de musée des grands hommes de la France, où il fera inhumer quarante-neuf hauts dignitaires et fidèles serviteurs de l'Empire.

Tout ce qui pouvait ressembler à un philosophe ou à un homme de lettres dans la tradition du XVIIIe siècle entretint constamment l'ire de Napoléon. Cela finit par prendre un tour explicitement répressif lors de l'épuration du Tribunat en 1802 (avec l'élimination de Constant, de Ginguené, de Chénier, de Daunou), et en 1804 lors de la réorganisation de l'Institut, qui consacra la disparition de la turbulente seconde classe des sciences morales et politiques. Pourtant, de nombreux écrivains, et non des moindres, attachés à tirer les leçons de la Révolution sans oublier l'enseignement des Lumières, prétendirent jouer encore un rôle politique et influer sur le gouvernement. C'est ainsi que le jeune Chateaubriand contesta « l'imbécile opinion moderne [...] que les talents littéraires sont séparés des talents politiques[53] », suivi en cela par Mme de Staël remarquant à peu près dans les mêmes termes : « Ce qu'on appelait un homme de lettres n'existe plus en France, il n'y a plus de profession à part. Un républicain écrit, combat ou gouverne selon les circonstances et les dangers de la patrie[54]. » On comprend par là que Mme de Staël ait pu reprendre à son compte presque littéralement la fameuse formule de Daunou pour en faire sa profession de foi : « Ce sont les philosophes qui ont fait la Révolution, et ce sont eux qui la termineront[55]. »

De même que Louis XIV avait trouvé Fénelon sur son chemin, de grands écrivains s'opposèrent donc à Napoléon et lui portèrent ombrage. Ils le firent, pour une part, en renouant avec le culte des grands hommes tels que les Lumières l'avaient inspiré. C'est ainsi que, finalement, pour reprendre l'expression de Mercier, le « temps de rire » ne vint jamais.

## *Chapitre XV*

### MADAME DE STAËL, FEMME ILLUSTRE

> M. Necker est le père de Mme de Staël ; sa vanité ne lui permettait guère de penser que son vrai titre au souvenir de la postérité serait la gloire de sa fille.
>
> Chateaubriand [1].

Dans une lettre à Falconet, Diderot reprend spontanément à son compte l'opinion de son interlocuteur, alors fort répandue, selon laquelle les femmes sont destinées à rester à la porte du Temple de mémoire : « Je sais bien que dans leurs plus grands écarts d'orgueil, leur imagination ne va point au-delà de leur vie. Vous avez très bien dit. Les femmes en général, ainsi que bien des hommes, ne laissent rien à la postérité. Quand elles ne sont plus, c'est *omnino* [2]. » Et, pourtant, Diderot insiste, plus que personne en son temps, sur les similitudes profondes à ses yeux, du point de vue anatomique, entre l'homme et la femme, qui ne sont peut-être que le « monstre l'un de l'autre », selon la célèbre formule énoncée par Julie de Lespinasse dans *Le Rêve de d'Alembert*. Mais ces observations physiologiques, loin de confirmer pleinement l'idée chère à Montaigne que les deux sexes sont issus d'un « même moule », tendent plutôt à accréditer, de fait, le thème d'une différence sensible en ce qui concerne l'action, l'exercice intellectuel et la création en général. Un organe susceptible de spasmes terribles – la matrice – rend en effet l'imagination des femmes « fougueuse » et leur donne des idées extraordinaires, si bien que « faute de réflexions et de principes rien ne pénètre jusqu'à une certaine profondeur de conviction » dans leur entendement. Elles sont donc de « vraies sauvages au-dedans » et, finalement, des « enfants bien extraordinaires [3] ». Pour le Bordeu du *Rêve de d'Alembert*, ce qui qualifie le grand homme c'est précisément qu'il ne saurait être, quant à lui, ainsi « abandonné à la discrétion du diaphragme [4] ».

Les critiques que Diderot adresse à Thomas pour son *Essai sur le caractère, les mœurs et l'esprit des femmes dans différents siècles*, publié en 1772, ne portent pas tant sur le fond que sur le style assez terne, en effet, de l'ouvrage. Thomas ne saurait à vrai dire s'exprimer en amant à la façon de Diderot, car il n'a manifestement pas appris à parler des femmes entre leurs bras ; mais il souhaite, comme d'autres écrivains du siècle, rendre justice à celles qui ont laissé un nom dans l'histoire. Pour compléter son enquête et achever sa fresque, l'auteur de l'*Essai sur les éloges* en vient à s'intéresser aux panégyriques des femmes illustres et à faire le catalogue de celles-ci : il évoque le courage républicain des dames romaines et le zèle des femmes chrétiennes, le rôle des femmes dans les guerres du Moyen Âge et celui des femmes savantes dans l'Italie de la Renaissance. Une analyse comparée des sexes l'amène à conclure, dans les termes convenus de l'époque, que les femmes sont plus portées à se créer un monde imaginaire, en raison de leur inquiétude naturelle et de la faiblesse de leurs fibres, qu'à être de grands politiques ou à faire œuvre de philosophe, d'historien et de poète.

Malgré une réflexion constante sur l'éducation des filles, de Fénelon à Laclos, et la célébration de tant de grandes femmes du siècle, on n'en censure donc pas moins, le plus souvent, celles qui prétendent s'aventurer au-delà des bornes assignées au génie féminin. Ainsi de Christine de Suède, par exemple, qui, selon Marie-Joseph Chénier, avait « la manie d'être un grand homme [5] » et dont Thomas assure que « son amour pour la gloire était plutôt une coquetterie inquiète [6] ». Cependant, la vigoureuse réplique à l'essai de Thomas, qu'une lectrice picarde adresse au *Journal encyclopédique*, montre que les femmes acceptent de moins en moins bien qu'on leur dénie les mêmes facultés que les hommes, et surtout la capacité de s'inscrire dans la mémoire. La rédactrice de cette lettre polémique épingle sans ménagement la vanité du spécialiste des grands hommes et lui reproche cette pitié qui lui fait placer les femmes « entre le mépris et le malheur », en l'assurant qu'elles prouveront bientôt par leurs travaux l'égalité des sexes : « Elles cultiveront les sciences et s'y feront un nom qui, avec le vôtre, passera à la postérité ; elles converseront avec les philosophes, liront leurs ouvrages, les entendront, et parviendront au génie[7]. »

La jeune Germaine Necker aurait souscrit à ce programme, elle dont toute la vie allait être consacrée à démentir l'idée que, étant une femme, elle devait fatalement disparaître tout entière. Elle a grandi au cœur de ce petit milieu académique, entiché de gloire, qui a concouru plus que tout autre à populariser le culte des grands hommes au XVIIIe siècle. À ses dîners du vendredi, Mme Necker recevait les premiers des encyclopédistes (Diderot, d'Alembert), les représentants du parti philosophique à l'Académie (Duclos, Marmontel, Thomas, Suard), les femmes en vue par leur salon (Mme Geoffrin, Mme du Deffand, Julie de Lespinasse), des auteurs reconnus (Helvétius, Buffon, Mably, Raynal, Bernardin de Saint-Pierre). Ces réunions, conçues pour appuyer la carrière politique de Necker, jouèrent un rôle décisif dans la formation de Mme de Staël. Elle put ainsi côtoyer très jeune de nombreuses personnalités littéraires et politiques du moment. C'est dans ce salon qu'en mai 1770 dix-sept convives décidèrent de lancer une souscription pour la statue de Voltaire. Aussi Germaine et sa mère furent-elles reçues par le grand homme lors de son retour à Paris en 1778. La vue des personnes renommées donnait des « battements de cœur » à la jeune fille, qui restera marquée par cette atmosphère d'enthousiasme et de religiosité littéraires.

Ses premiers écrits sont donc tout naturellement inspirés par les formes célébratives alors en vogue. Dans ce registre, elle écrit en 1785, à dix-neuf ans, un portrait de Necker. Au cours d'un voyage la même année, celui-ci est acclamé à Moulins, comme on l'a vu, lors d'une visite au tombeau du duc de Montmorency à laquelle Germaine assiste. Elle décide alors de représenter son père, dans une tragédie, sous les traits de l'illustre victime de Richelieu[8], en qui elle voit un symbole de l'anti-absolutisme.

Sans concevoir elle-même d'ouvrages dramatiques importants, elle insistera plus tard sur le rôle du théâtre dans la célébration des grands hommes, en citant en exemple le *Fénelon* de Marie-Joseph Chénier et en proposant Malesherbes comme sujet d'une tragédie touchante [9].

En 1789, elle écrit un *Éloge de M. de Guibert* dont des fragments sont publiés un an plus tard, à la mort de celui-ci, dans la *Correspondance littéraire*. C'est par lui, manifestement, plus que par Thomas, un autre grand ami de la famille, que Mme de Staël a été initiée au genre de l'éloge et informée sur toutes les péripéties des concours académiques. Quoique Guibert fût incontestablement le spécialiste des questions militaires, il avait été un concurrent malheureux contre La Harpe en 1775 pour l'*Éloge de Catinat*, et il n'avait pas non plus été couronné pour son *Éloge du chancelier de L'Hospital* en 1777. Aussi la jeune femme le présente-t-elle comme un « génie aux prises avec l'infortune [10] ». Dans cet exercice scolaire où les canons du genre sont exploités à la lettre, et les éloges de Guibert eux-mêmes analysés, un développement plus singulier et plein de nostalgie sur la « conversation » de celui-ci (« son âme entière vous appartenait en vous parlant ») montre l'importance de cette initiation intellectuelle.

Germaine de Staël s'était chargée, de la même façon, de venger la mémoire d'un grand homme dans ses *Lettres sur les ouvrages et le caractère de J.-J. Rousseau*, son premier ouvrage marquant publié en 1788. Elle conservera toujours une prédilection particulière pour ce rôle d'officiante dévouée et admirative, qui a si fortement marqué ses débuts en littérature. Au cœur de l'hommage à Rousseau, après le récit mélancolique d'un pèlerinage à Ermenonville, la fille de Necker en arrive sans prévenir à vanter les mérites supérieurs de l'homme d'État et de l'administrateur avisé, avouant qu'un « autre » est devenu un moment l'objet de son « culte », celui, dit-elle, que « la postérité comme son siècle, désignera par tous les titres du génie, mais que mon destin et mon amour me permettent d'appeler mon père [11] ».

## *Le buste du père*

Dans son journal de jeune fille, Mme de Staël définit Necker comme son « ami le plus intime », et confie que, de tous les hommes de la terre, c'est lui qu'elle aurait « souhaité pour amant [12] ». Plus tard, elle s'abandonne encore ingénument à une rêverie obsédante où se brouillent les générations :

> Quelquefois en causant avec moi dans sa retraite, il repassait ce temps de sa vie, dont le souvenir m'attendrissait profondément ; ce temps où je me le représentais si jeune, si aimable, si seul ! ce temps où nos destinées auraient pu s'unir pour toujours si le sort nous avait créés contemporains [13].

Necker suit volontiers sa fille dans ces sortes de rêveries transgressives. Mme de Staël rapporte qu'il lui dit une fois : « Pourquoi ne suis-je pas ton frère ! je protégerais toute ta vie [14]. » Cette relation affective prend un tour surprenant, sans doute, parce que Necker est indistinctement, et de façon fort troublante pour ses proches, une personne privée et un personnage public. En lui, Mme de Staël retrouve donc, selon une formule qu'elle semble emprunter aux auteurs d'éloges, « l'homme simple dans l'homme sublime, l'homme juste dans l'homme puissant, l'homme bon dans l'homme de génie, l'homme sensible dans l'homme illustre [15] ». Ce père n'apparaît jamais comme celui dont il faudrait un jour s'émanciper, car il représente l'assurance d'un avenir glorieux.

Durant ses années de formation, entre ses quinze et ses vingt-trois ans, Germaine a pu observer, aux premières loges, le culte dont Necker était l'objet : « Il existe un bien petit nombre de femmes, assure-t-elle, qui aient eu le bonheur d'entendre répéter à tout un peuple le nom de l'objet de leur tendresse [16]. » La piété filiale peut ainsi s'exercer sur une scène immense, à travers une héroïsation qui fait de Necker un père de la patrie. En 1804, à la mort de celui-ci, personne ne semble se souvenir de son apothéose. Mme de Staël entreprend alors de lui rendre justice elle-même, et s'efforce de réhabiliter son image en publiant aussitôt les manuscrits de celui-ci, précédés de *Du caractère de M. Necker et de sa vie privée.* Elle y annonce un texte sur la vie publique de son père comme ministre et comme écrivain, projet qu'elle réalisera en rédigeant à partir de 1812 les *Considérations sur les principaux événements de la Révolution française.*

Benjamin Constant reconnaît que, parmi les affections qui ont rempli la vie de Mme de Staël, son amour pour son père a toujours occupé la première place et qu'après la mort de celui-ci « l'espoir de faire triompher sa mémoire l'animait et l'encourageait bien plus que toute perspective de succès personnel[17] ». Voir s'évanouir en un instant la gloire de Necker, dont sa jeunesse avait été illuminée, fut sans doute une des expériences les plus amères que l'existence lui a réservée. On peut en juger par la virulente épître dédicatoire dont la gratifie ironiquement Rivarol, en 1790, dans son *Petit Dictionnaire des Grands Hommes de la Révolution*, où il évoque « la fille du plus grand ministre de l'année passée [...] qu'on peut regarder comme le seul débris de la gloire de son père ».

Sur le mausolée édifié à Necker par Mme de Staël sont inscrites les qualités de modération conformes à l'héroïsme pacifique des Lumières : le goût du travail, la bienfaisance, l'absence de machiavélisme et de tout esprit courtisan. Parce que le ministre renvoyé, puis rappelé, a incarné pendant quelques années, dans l'imaginaire public, l'exemple même du grand homme vengé, sa fille aime à s'attarder sur ces moments miraculeux de « bonheur et d'espérance », épisodes décisifs de son roman personnel, qui font aussi partie de l'Histoire. « Qu'elle fut belle en effet cette première retraite. La France entière ne cessa point de rendre hommage à M. Necker », s'était-elle écriée à propos de la démission de 1781, lorsque le ministre, congédié pour avoir publié son *Compte rendu,* avait reçu l'appui des corps de la nation et de nombreux souverains d'Europe dont Joseph II, Catherine II et la reine de Naples. À Paris, lors du départ incognito de son père, le 11 juillet 1789, Mme de Staël prétend qu'elle se prosterna devant celui qui fuyait la gloire en refusant de se conduire en factieux. L'épisode le plus bouleversant pour elle fut, peu après, le dernier retour triomphal de Bâle à Paris et l'apothéose de Necker, le 30 juillet, au balcon de l'Hôtel de Ville qui, plus que tout, a fait d'elle une Française. La commotion fut si grande qu'elle s'évanouit : « Quand je revins à moi, je sentis que j'avais touché aux bornes du bonheur possible[18]. » Dans ces instants fugitifs, Necker s'était en effet adressé vainement à la foule sans réussir à l'apaiser. Ce jour fut « le dernier de la prospérité de ma vie[19] », conclura plus tard Mme de Staël qui, le temps d'une extase, avait compris tout à la fois la grandeur et la fragilité des renommées.

De retour à Coppet en 1804, à la mort de son père, elle s'enveloppe du manteau protecteur de celui-ci et invoque la grande ombre bénéfique auprès de laquelle son âme se régénère. « L'identité de mon être est dans l'attachement que je garde à sa mémoire[20] », reconnaît-elle. Se présentant comme un « pauvre oiseau battu par l'orage[21] », elle voit en Coppet le refuge et le recours ultimes, sans pouvoir jamais y conjurer pour autant l'irréparable disparition du père. Cette même angoisse obsédante est présente dans *Corinne ou l'Italie* :

> Malheur aux orphelins ! les événements fortunés, aussi bien que les peines, leur font sentir la solitude du cœur. Comment, en effet, remplacer jamais cette affection née avec nous, cette intelligence, cette sympathie du sang, cette amitié préparée par le ciel entre un enfant et son père ? On peut encore aimer ; mais confier toute son âme est un bonheur qu'on ne retrouvera plus[22].

Ce thème récurrent, chez les enfants du siècle, du pouvoir paternel et de son caractère quasi magique et surnaturel prend toute son ampleur chez Mme de Staël qui se plaît à le retrouver chez les romantiques allemands et, par exemple, dans le poème de Jean-Paul intitulé *Le Songe*, dont ce vers particulièrement la fascine : « Nous sommes tous orphelins, moi et vous nous n'avons point de père[23]. »

Les curieux égarements d'une relation paternelle pleine de troubles que dévoilent les écrits de Mme de Staël tiennent pour une part à un psychodrame sans fin, où mère et fille se sont révélées progressivement de terribles rivales[24]. Cette mauvaise émulation ne transparaît pas encore dans le dessin fait par Germaine à quatorze ans, où la mère et la fille communient apparemment dans une même idolâtrie au pied du buste de Necker[25]. Au portrait du père composé par la jeune fille en 1785, et qui fut son premier écrit notable, l'épouse dévouée oppose deux ans plus tard son propre « portrait de M. Necker », en précisant qu'un grand homme ne saurait être « bien représenté que par une âme intimement unie à la sienne[26] ». Mme de Staël conviendra ensuite, avec une certaine envie non dissimulée, du rôle pleinement joué par sa mère auprès de Necker : « Il lui fallait l'être unique, elle l'a trouvé, elle a passé sa vie avec lui ; elle a plus mérité que moi d'être heureuse[27]. » Tout à la dévotion de son grand homme et dans son ombre, celle-ci fut en effet une maîtresse de maison modèle, constamment soucieuse de se rendre utile à la carrière de son mari.

Cette femme dolente et maladive, qui se vit morte bien avant l'heure, se sentit à vrai dire trahie lorsqu'elle fit, selon ses propres termes, l'« horrible découverte » que son époux et sa fille étaient unis par une complicité rieuse qui l'excluait irrémédiablement. De là, sans doute, la passion macabre et fétichiste qu'elle mit, à la fin de sa vie, à prévoir le détail de son embaumement et du culte funèbre que Necker se devait, pensait-elle, de lui rendre scrupuleusement pendant toutes les années où il lui survivrait, en suivant à la lettre ses dernières volontés. Conservée dans l'esprit-de-vin dont était remplie l'incroyable cuve de marbre noir du tombeau de Coppet, elle se promettait d'attendre, « comme une jeune fille frémit dans l'espérance d'une lettre », que la dépouille de son mari rejoigne la sienne. « Tu ordonneras, requiert-elle pour la suite des temps, qu'on ferme les portes de fer un mois après ta mort afin que nous restions seuls ensemble[28]. » L'intrusion du cercueil de Mme de Staël, en 1817, devait mettre fin au retranchement jaloux de cette conjugalité posthume.

À l'attitude effrayante de sa mère, la fille avait répondu par la commande d'un tableau à Firmin Massot, en 1804, après la mort de Necker. À la différence du petit dessin d'enfant de ses quatorze ans, cette œuvre qu'on peut voir au château de Coppet la représente seule, cette fois, à côté du buste de son père, désigné ici comme celui dont elle procède et qui l'initie à la gloire. Devant une fenêtre ouverte sur un ciel changeant, elle est accoudée à une table supportant la sculpture qui se détache à gauche sur le fond d'un rideau rouge. Ce tableau de famille apparaît comme une reprise du thème du triomphe si répandu dans l'iconographie de Necker. C'est la fille elle-même qui se tient à côté du buste, dans la même attitude que Mlle Clairon s'apprêtant à couronner celui de Voltaire. Père et fille sont ici rassemblés comme dans certaines stèles de Canova, où une fille assise pleure face au buste de son père, ou comme dans ce monument de la voie Appienne décrit par Corinne :

> Voyez, on a sculpté des armes sur ce tombeau, bien que ce soit celui d'une femme ; mais les filles des héros peuvent avoir sur leurs tombes les trophées de leur père ; c'est une belle union que celle de l'innocence et de la valeur[29].

Mme de Staël est au centre de la toile dont l'objet manifeste est de présenter le couple célèbre d'un grand homme et de sa fille déjà illustre. Comme on voit sur des estampes Virgile conduisant Dante, ou Voltaire et Rousseau se dirigeant d'un même pas vers le Panthéon, cette œuvre réunit le père et la fille dans une même émulation de gloire. L'effet troublant tient à la confrontation d'un corps vivant et d'une sculpture, à l'écart marqué entre la chair et la terre cuite couleur d'ombre, projection fantomatique de la vie au Temple de mémoire.

Ainsi le tableau de Coppet met-il en scène l'expérience douloureuse sur quoi se fonde l'œuvre de Mme de Staël. Necker a déposé sa fille au seuil du Panthéon. Il l'a arrachée à ce qu'elle appelle dans *De l'Allemagne* « la mécanique et l'instinct conservateur de l'existence ». Il lui a promis un destin glorieux, mais, comme on le sait, « la gloire elle-même ne saurait être pour une femme qu'un deuil éclatant du bonheur[30] ».

## *Corinne au Panthéon de Rome*

Une page de *Corinne ou l'Italie* oppose l'évanescence des eaux et le silence de la mer « sur laquelle l'homme jamais ne peut imprimer sa trace[31] », à la terre qui, saturée de signes, s'offre comme un véritable monument. La supériorité de l'Italie tient précisément à ce qu'elle est un lieu de souvenirs, car les plus belles contrées du monde sont dépourvues d'intérêt « en comparaison des pays historiques[32] ». Pour Corinne, soucieuse d'échapper à l'insipidité du quotidien dans laquelle les femmes sont en général reléguées, l'Italie devient l'« asile du génie », pleinement accordé à son talent et à sa vocation divinatoire. Gardienne de la mémoire et herméneute inspirée, l'héroïne y a sa place, parmi ses pairs, au Panthéon de Rome : consacré église de tous les saints au VII^e siècle, ce temple antique avait accueilli ensuite les tombeaux de Raphaël et d'Annibale Carrache. C'est le premier monument que Corinne fait visiter à Oswald :

> Souvenez-vous que notre plus chère espérance à nous autres artistes, à nous autres amants de la gloire, c'est d'obtenir une place ici. [...] J'ai déjà marqué la mienne, dit-elle, en montrant une niche encore vide. Oswald, qui sait si vous ne reviendrez pas dans cette même enceinte quand mon buste y sera placé[33] ?

En attendant, Corinne assiste à sa propre apothéose en devenant l'idole des Italiens, comme l'illustre son triomphe au Capitole. Sur le passage du char à l'antique tiré par quatre chevaux blancs, au long d'un parcours pavoisé, la multitude exprime sa reconnaissance au talent : « Tout le monde criait : Vive Corinne ! vive le génie ! vive la beauté[34]. » Dans ce roman publié en 1807, Mme de Staël ne saurait oublier les manifestations les plus récentes du culte des grands hommes. Corinne est d'ailleurs acclamée au théâtre comme l'avait été Voltaire en 1778[35]. Mais l'épisode du Capitole renvoie plutôt, à l'évidence, au fameux couronnement de Pétrarque en 1341, qui avait été un événement fondateur tant pour la vie académique que pour l'imaginaire des grands hommes. Titon du Tillet avait évoqué cette cérémonie marquante, en 1734, dans ses *Essais sur les honneurs et sur les monuments accordés aux illustres savants pendant la suite des siècles*, avant que Mercier ne lui consacre, cinquante ans plus tard, un chapitre de *Mon bonnet de nuit*[36].

Mme de Staël opère donc un lointain retour aux sources, dans cette patrie des arts qui sut, au sein des académies de la Renaissance, réserver une place aux femmes. Couronnée de myrte et de laurier, Corinne invoque, dans ses improvisations au Capitole, les grands hommes de l'Italie et se fait reconnaître par là dans un rôle de célébrante et d'intercesseur, accédant ainsi à ce magistère symbolique qui semblait être jusque-là exclusivement masculin. Aussi, dans son dernier chant, remercie-t-elle l'Italie en ces termes : « Vous m'avez permis la gloire, ô vous, nation libérale qui ne bannissez point les femmes de son temple[37]. » Parce qu'elle rivalise avec les hommes dans un domaine qui leur est habituellement réservé, elle apparaît comme le miracle de la nature et une exception à l'ordre universel. Mais, par là même, elle est également un être auquel le bonheur est interdit et qui souffre d'une douloureuse ambiguïté, car le talent, fatalement, « cause des peines ».

Dans *De la littérature*, Mme de Staël avait prévu qu'à vouloir s'aventurer à « la hauteur de réputation des hommes » une femme trouverait l'ordre social tout entier « armé » contre elle, et que personne ne se chargerait de « venger » une femme célèbre si on l'attaquait[38]. Ayant fait elle-même cette expérience, elle s'attache avec complaisance à une certaine idée du malheur. Cela explique sa propension à s'identifier aux opprimés, et Benjamin Constant a raison de noter qu'elle s'est constamment rangée du côté des vaincus. Dans *Dix Années d'exil*, elle a un regard de sympathie pour les « conscrits du malheur » que Napoléon emprisonne ou exile. Oswald, dans *Corinne ou l'Italie*, agit noblement au moment de l'incendie d'Ancône en sauvant les juifs et les aliénés que les habitants veulent abandonner à leur sort. L'improvisation que Corinne dédie, dans la campagne de Naples, aux victimes éternelles de la tyrannie se clôt sur une belle assurance, en forme de lieu commun, réaffirmée maintes fois jadis par les éloges académiques : « Ainsi dans tous les temps, les nations ont persécuté leurs grands hommes ; mais ils sont consolés par l'apothéose[39]. »

Benjamin Constant n'est pas du tout satisfait de passer sa vie sur les grands chemins, dans ce qui lui semble être une triste expédition et un interminable pèlerinage. Il lui arrive d'imputer à la seule maladresse de son amie les épreuves que celle-ci doit affronter. Mme de Staël y reconnaît, elle, une image exacte de son destin, comme si sa vie devait reproduire indéfiniment le premier traumatisme subi par la très jeune fille qu'elle était lors du renvoi de Necker : « Une lettre de cachet, un exil, me paraissaient l'acte le plus cruel qui pût être commis ; je jetai des cris de désespoir en l'apprenant ; je n'avais pas l'idée d'un plus grand malheur[40]. »

Mme de Staël emprunte donc à son tour le chemin douloureux du génie persécuté. À Coppet, où elle tient au début une véritable cour, on se risque à lui rendre visite, mais bientôt elle n'a plus la possibilité de voir même « un seul français marquant ». En 1812, sa fuite impromptue et secrète, « un éventail à la main comme pour la promenade », rappelle le départ incognito de Necker s'éloignant de Paris le 11 juillet 1789. Dans sa peur exagérée des gendarmes et des préfets, elle en vient à mimer la paranoïa de Rousseau. En Pologne autrichienne, elle pense se déguiser en paysanne. Suivie par un espion, elle a une attaque de nerfs, mais rit parfois de ses tracas. Elle sait bien que la situation des écrivains n'est plus du tout la même depuis la Révolution. En 1803, alors qu'elle était à la campagne près de Beaumont-sur-Oise, on rapporta au Premier consul que « les chemins étaient couverts de gens qui allaient lui faire visite », ce qu'elle commente ainsi : « Certes, rien n'était moins vrai. Les exilés qu'on allait voir, c'étaient ceux qui dans le XVIII^e^ siècle avaient presque autant de force que les rois qui les éloignaient[41]. »

## *Le musée staëlien*

En fille accomplie des Lumières, Mme de Staël persiste à reconnaître à la littérature un rôle décisif dans l'évaluation de la gloire et du mérite. « Tribunal d'opinion » qui distribue le blâme ou la louange, la littérature peut en effet faire « se lever » de grands hommes en entretenant l'enthousiasme par toutes les formes de la célébration et de l'éloquence persuasive[42]. C'est ce que prétendaient jadis les auteurs d'éloges académiques, et cette mission apparaît désormais encore plus nécessaire, car l'esprit républicain a besoin de « vertus positives » et d'images dans lesquelles la nation puisse se retrouver et se réunir : « La gloire des grands hommes est le patrimoine d'un pays libre, après leur mort le peuple entier en hérite[43]. »

Aussi Mme de Staël annonce-t-elle clairement ses choix en reprenant à son compte, à peu de chose près, un Panthéon des Lumières assez convenu, qu'elle enrichit de noms récents : aux vertus pacifiques de Turgot, de Malesherbes, de Necker, de La Fayette, de Bernadotte répond donc, de son point de vue, le machiavélisme brutal de Mirabeau, de Robespierre, de Danton, de Marat, de Napoléon. De Brutus à Luther, des héros de l'indépendance nationale (Andréas Hofer, Rienzi) aux grands hommes persécutés (Galilée, le Tasse), le tableau composé par Mme de Staël se conforme à une histoire positive dans laquelle le mal semble toujours de courte durée, en regard du lent mais sûr progrès de la Raison.

Ce Panthéon est dominé par Necker et Napoléon, dont les deux grandes ombres antagonistes s'affrontent comme les symboles de l'espérance et du malheur. Dans son journal de jeune fille, Germaine identifiait déjà spontanément son père à des personnages du passé. Quand on vint le tirer de sa retraite, il lui apparut comme un nouveau Cincinnatus et, en tant que ministre, il se rapprochait, à ses yeux, de Cicéron et de Michel de L'Hospital, qui avaient recherché eux aussi la concorde et la paix civile. Elle fera de lui ensuite une figure de l'anti-absolutisme, alors que Napoléon lui paraîtra représenter de ce point de vue, tout au contraire, une formidable régression.

Entre ce « Robespierre à cheval », tellement soucieux de restaurer l'étiquette de Versailles, et la femme illustre, la rencontre idéale dont elle a un instant rêvé avait peu de chance d'avoir lieu. L'Empereur ne pouvait qu'être excédé en effet par les déclarations de celle-ci sur les dangers de l'esprit militaire pour les États libres et, en général, par la prétention des écrivains à diriger à nouveau l'opinion publique et à influer sur la politique. C'est pourquoi il les mit rapidement au pas en marquant une préférence exclusive pour les savants. Ainsi s'annonçait le règne paradoxal et sans partage d'un héros guerrier qui ne répondait en rien à l'idée pacifique de la gloire et aux modèles de modération prônés si unanimement pendant tout le XVIIIe siècle. Cette fascinante exception, qui n'obéissait aucunement à ces maturations secrètes auxquelles on devait, pensait-on, l'apparition des grands hommes, sembla surgir d'une steppe aride comme un fléau et un Attila imprévisible. Mme de Staël désigne, de ce fait, Napoléon comme une négation radicale du temps, et de l'idée même de Panthéon, parce que le « respect de l'histoire » lui est inconnu et qu'il ne « conçoit le monde que comme contemporain de lui [44] ». Plein de mépris pour les « richesses intellectuelles » de la nature humaine, ce génie barbare offre, en fin de compte, l'image d'une négativité vertigineuse et autodestructrice : « Je sentais dans son esprit une ironie profonde, à laquelle rien de grand ni de beau, pas même sa propre gloire, ne pouvait échapper [45]. » Chateaubriand remarque, dans le même sens, qu'en abusant de sa gloire « comme d'une jeunesse fugitive », il a bâti le « monument de sa renommée [46] » à l'image des pyramides, dans la solitude des sables stériles.

Au fatal assourdissement du monde produit par la Terreur et par le retour de l'absolutisme sous l'Empire, Mme de Staël résiste par un plaidoyer incessant en faveur des Lumières. Sa conception militante de la littérature, fondée sur l'idée de perfectibilité, implique une longue chaîne de solidarités. C'est à Coppet qu'elle a pu finalement réaliser son rêve d'animer un « groupe » réunissant des esprits de cultures très diverses et qui se sont révélés « tous compatriotes entre eux, faits pour s'estimer et se comprendre [47] ». Ainsi cette « femme dont Napoléon abîmait la vie », selon l'expression de Benjamin Constant [48], ne fut-elle pas réduite par lui au silence. L'intarissable causeuse mit, au contraire, tous ses efforts à maintenir l'ancienne tradition éloquente et l'« esprit de conversation [49] » propre au XVIIIe siècle. Jeune fille, dans le salon de sa mère, elle avait déjà cultivé ce don qui lui permettait de garder une assemblée sous le charme, et Guibert avait fait d'elle, dès son jeune âge, un portrait en prêtresse d'Apollon et en pythie. Elle se reconnaîtra elle-même plus tard dans le Torquato Tasso de Goethe et la Cassandre de Schiller, qui incarnent le caractère prophétique de l'écrivain, victime de son talent divinatoire. *De l'Allemagne* illustre un autre versant de cette passion de la parole, puisque l'investigation critique auprès des grands écrivains allemands y repose essentiellement sur l'enquête, la visite et l'entretien. Figure d'une interlocution infinie à travers l'espace et le temps, Corinne apparaît, quant à elle, comme le parfait emblème, dans la fiction, d'un spiritualisme laïc hérité des Lumières. Par sa capacité à convoquer de grandes ombres dans ses improvisations et à réunir l'éloquence et la poésie dans un genre hybride, elle rappelle en effet le Diderot enthousiaste et vaticinant de l'*Essai sur les règnes de Claude et de Néron*.

Désireuse d'écrire, avec *Corinne ou l'Italie*, le grand roman du génie féminin, Mme de Staël a mis l'accent sur un certain dolorisme sacrificiel. Son héroïne est incontestablement une femme blessée qui subit les mœurs de son époque et, plus précisément, la « malédiction » posthume du père d'Oswald interdisant définitivement tout espoir de mariage. Une atmosphère de dépression tragique, de défaite et de dépérissement fatal envahit ainsi le roman. L'Italie apparaît dès lors un peu plus comme une « terre fatiguée de gloire », et les Romains modernes comme des pèlerins auprès des ruines dans un pays qui a « perdu tout intérêt pour la vérité[50] ». Corinne subit elle-même la contagion de ce monde blême où son inspiration finalement s'épuise. En vertu de cette esthétique de la mélancolie, l'imaginaire du Panthéon a ici la beauté d'une structure vide comme les vues de la voie Appienne par Piranèse ou comme ce musée ouvert à tous les vents que figurent les grandes galeries d'Hubert Robert : et, dans d'autres œuvres de l'écrivain, il apparaît aussi bien souvent comme une ruine des Lumières où se défait le buste de Necker.

S'il y a quelque chose d'également désemparé dans l'existence de Mme de Staël, marquée souvent par le découragement et la désillusion, cette impression ne doit pas faire oublier pour autant toute la part d'énergie combative et de fidélité intacte. Interdite de séjour à Paris à partir de 1803, elle a découvert en effet, dans les années suivantes, la valeur religieuse des pèlerinages, qui lui ont permis de ne pas désespérer de ce culte des grands hommes dans lequel elle avait été élevée. Elle put ainsi l'enrichir considérablement et l'élargir à toute l'Europe en retrouvant ses sources antiques et humanistes en Italie, et en rendant visite aux grands hommes vivants de Weimar.

Selon Edgar Quinet, qui parle en connaissance de cause, la fille de Necker doit à la proscription elle-même, qui l'a protégée des « paradoxes des servitudes récentes », d'avoir « conservé en sa fleur l'âme de 89 ». Il remarque après une lecture des *Considérations*, en 1818 :

> La tradition des âmes libres se renouait par miracle. J'étais bien jeune alors ; je peux cependant me souvenir de la surprise des hommes de la Révolution en retrouvant dans la bouche d'une femme réputée étrangère, la langue de la politique qu'ils avaient si bien perdue ; ils se remirent aussitôt à la balbutier[51].

À ce magnifique hommage viril, qui consacre aussi indiscutablement une femme comme le précieux instrument de la mémoire républicaine, font écho les larmes de Mme Récamier, lors d'une visite à Coppet en 1832, que Chateaubriand évoque dans d'insondables et mystérieuses formules : « Si j'ai jamais senti à la fois la vanité et la vérité de la gloire et de la vie, c'est à l'entrée du bois silencieux, obscur, inconnu où dort celle qui eut tant d'éclat et de renom, et en voyant ce que c'est que d'être véritablement aimé[52]. »

# *Épilogue*

> Si la culture a un sens, elle est ce salut fraternel aux mânes des grands morts – comme une forme appauvrie de ce qu'au temps de Sigismond, roi burgonde, les moines de Cluny instituèrent sous le nom de *laus perennis*, la louange perpétuelle, la prière ininterrompue, assurée par trois équipes de moines qui se succédaient en tournant régulièrement chaque jour.
>
> Pierre Michon [1].

Tout au long du XIX^e^ siècle, l'institution du Panthéon et l'affectation de l'édifice de Soufflot furent sans cesse remises en cause. Malgré cette histoire mouvementée, le culte des grands hommes continua de passionner l'opinion et d'apparaître comme un trait marquant de la culture nationale. Jamais on ne vit autant de commandes de statues et de monuments. Jamais on n'entendit sur tout le territoire, à l'occasion d'obsèques ou d'anniversaires, autant de discours inspirés par le devoir de commémoration. Ce siècle fut vraiment celui de la mémoire nationale ; celui, pour commencer, des grandes synthèses historiques comme l'*Histoire de France* de Michelet, ou biographiques comme la *Biographie universelle* de Michaud et le *Grand Dictionnaire* de Pierre Larousse. Le manuel de Lavisse allait contribuer, dans ses éditions successives, à l'identification de la Patrie et de la République, et à ce que Maurice Barrès appelle le « sacre des hommes nationaux ». Ce fut aussi le siècle des biographies littéraires avant que la série des « grands écrivains de la France », publiée chez Hachette à partir de 1887, ne vienne à son tour « panthéoniser » l'histoire littéraire. Sur un mode plus intime, les médaillons d'hommes et de femmes illustres réalisés par David d'Angers en bronze ou en plâtre auront beaucoup de succès, et dans le registre de la caricature le « Panthéon Nadar » permettra de dérouler le long cortège des « binettes contemporaines ».

Comme à l'époque des Lumières, les écrivains prétendent alors exercer une magistrature symbolique et jouer un rôle politique. Chateaubriand continue à entretenir un commerce d'immortalité, dans un style tout fénelonien, à la fois léger et profond. L'auteur du *Génie du christianisme* a été marqué par le spiritualisme laïc sur lequel s'est fondé le règne de l'écrivain au XVIIIe siècle. Aussi est-il désireux de rendre compatibles l'idée d'immortalité et la tradition chrétienne. Très attaché à la notion de postérité et convaincu que l'historien est « chargé de la vengeance des peuples », il ne saurait vraiment mêler sa voix aux lamentations prophétiques de Bossuet et céder à un vertige apocalyptique en imitant les orateurs sacrés du Grand Siècle. Son génie tient d'abord en effet à un sacre littéraire qui lui interdit de se confiner dans une déploration eschatologique et l'amène à fonder dans l'écriture un Temple de mémoire. Tel était le destin de celui qui, jeune homme encore, lors de son premier séjour londonien, s'était vu contraint à passer la nuit dans Westminster et à y « coucher avec les défunts » pour avoir voulu contempler l'intérieur de la basilique « à jour failli[2] ».

En 1807, Chateaubriand a choisi, comme on le sait, d'achever son long pèlerinage aux tombeaux des grands hommes de la Grèce, à Carthage, auprès de celui de Saint Louis, le « Roi de sainte mémoire[3] », modèle du monarque juste et pacifique. Il le montre au milieu d'autres figures vertueuses de l'Antiquité, en le désignant comme le grand homme qui a donné « aux Infidèles l'exemple de l'héroïsme dans le malheur[4] ». Déjà Voltaire et l'abbé Maury avaient développé, jadis, le thème de « Saint Louis roi-philosophe ». Ainsi pouvaient donc se confondre la célébration du saint et celle du grand homme. Par cette volonté syncrétique, Chateaubriand tend à réconcilier deux mémoires dont la rivalité était apparue irrémédiable à l'époque des Lumières quand avaient échoué toutes les tentatives d'hybridation et de contamination entre le genre laïc de l'éloge et celui de l'oraison funèbre. Et il peut rêver d'une alliance entre l'honneur et la liberté. C'est pourquoi il est sans conteste un héritier de ce Panthéon des Lumières qui continue d'inspirer les *Mémoires d'outre-tombe* au milieu du XIXe siècle.

Hugo, qui avait reçu le flambeau sacré des mains mêmes de Chateaubriand, finit par incarner plus tard la figure messianique et militante du poète moderne. Il aimait aller prononcer des paroles ultimes sur les tombes : sur celles de Balzac, d'Edgar Quinet, de Ledru-Rollin, de Louis Blanc dont il fit les éloges funèbres. Toutes ces invocations sépulcrales culminèrent, on le sait, dans des séances de spiritisme. Le nouveau sacerdoce de l'historien reposait sur le même culte des défunts. Michelet fut un habitué des cimetières, épousant les ombres pour s'en faire l'interprète prophétique. Il lui fallait, en effet, aimer passionnément les morts afin de leur arracher des mots trop longtemps retenus. Dans son entreprise de résurrection du passé, il s'identifiait à Énée, le héros épique qui ne saurait devenir un fondateur de cité sans être descendu d'abord aux enfers à l'aide du rameau d'or offert par la sibylle : « Je portais tout ce passé, proclame l'historien, comme j'aurais porté les cendres de mon père ou de mon fils [5]. » De la religion de l'humanité chez les saint-simoniens au culte des morts positiviste, le culte des grands hommes eut donc, au XIXe siècle, des résurgences foisonnantes.

Quant à la question beaucoup plus prosaïque du sort réservé au Panthéon, elle donna lieu à d'interminables querelles, et le monument connut de nombreuses vicissitudes tout au long du siècle. En 1806, Napoléon avait décidé que le bâtiment de Soufflot serait enfin une église, tout en lui maintenant sa destination de Panthéon. Il souhaita un moment en faire un musée des grands hommes et transformer la Madeleine en Temple de la gloire militaire. Puis la basilique fut consacrée à sainte Geneviève en 1822, avant de redevenir Panthéon en 1830 par un décret de Louis-Philippe. La seconde République s'apprêtait à la reconnaître comme un Temple de l'humanité, mais le culte y fut rétabli en 1851. Pendant toutes ces années indécises, ce fut une étonnante bataille de symboles où l'on ne savait si le lanternon de la coupole serait finalement couronné par une croix ou par un autre emblème de l'immortalité.

Ainsi la dédicace de 1791 (« Aux grands hommes la patrie reconnaissante ») fut-elle supprimée et restituée à trois reprises durant les trente années qui suivirent la Révolution. Trois frontons furent successivement mis en place avant que celui de David d'Angers, en 1837, ne parvienne à s'imposer définitivement : il sera maintenu, non sans difficulté, sous le second Empire. Les reliques de sainte Geneviève voyagèrent donc beaucoup entre le Panthéon et Saint-Étienne-du-Mont, alors que les tombeaux de Voltaire et de Rousseau étaient déplacés, en 1822, pour être installés dans les régions presque extérieures de la crypte, sous le péristyle. Tous ces aléas expliquent que personne n'ait été inhumé dans le monument entre 1815 et 1885, à l'exception de Soufflot lui-même en 1829. Aussi Edgar Quinet, en 1866, peut-il évoquer le Panthéon avec mélancolie, comme l'échec d'une institution tombée en déshérence (« Illusion ! chimère ! rêve qui n'a duré qu'un jour[6]... »), tout à fait dans les termes utilisés par Chateaubriand pour évoquer, dans le *Génie du christianisme*, la basilique de Saint-Denis : « Elles ne sont plus, ces sépultures ! Les petits enfants se sont joués avec les os des puissants monarques[7]. »

Et, pourtant, comme le colosse de Memnon que la lumière de l'aube faisait, dit-on, chanter, le Panthéon ne resta pas muet et continua de « parler » à de nombreux esprits[8]. Ainsi, Victor Hugo évoque avec enthousiasme ses colonnes que le « soleil levant redore tous les jours[9] », et Michelet assure que cette vision éblouissante fut un des souvenirs les plus forts de sa vie :

> Pour moi, je puis affirmer que rien dans ma première enfance ne me fit plus d'impression que d'avoir vu une fois le Panthéon entre moi et le soleil. C'était le matin. L'intérieur, révélé par ses vitraux, rayonnait comme d'une gloire mystérieuse. Entre les colonnes légères du charmant temple ionique, si énormément élevé sur les grands murs austères et sombres, l'azur circulait, mais rosé d'une inexprimable lueur. Je fus saisi, ravi, atteint, et plus que je l'ai été

de très grands événements. Ils ont passé ; cette lueur me reste et m'illumine encore[10].

C'est dans la « lumière du XVIIIe siècle » que « tout le monument est immergé », assure Edgar Quinet. Le caractère audacieux et abstrait de son architecture, ne laissant aucune place à la vieille France, vouait secrètement l'édifice de Soufflot à abriter finalement un « Temple de renommée » : « Voilà donc pourquoi cette vaste enceinte nue ressemblait à un forum. C'est la place où se réunira le peuple pour rendre son jugement sur les morts[11]. » Quinet reformulait ainsi très exactement le vœu obsédant, si constamment exprimé à l'époque des Lumières, de renouer le fil d'une éloquence républicaine qui soit pour la cité le plus sûr garant de la mémoire. Mais le monument, dans ses métamorphoses successives, n'en finissait pas d'offrir un double visage suivant la « différence des temps » et, selon qu'il était église ou Panthéon, on pouvait savoir, affirme Quinet, si la Révolution était « vaincue ou victorieuse[12] ».

Afin que le Panthéon soit restauré dans sa destination de 1791, Raspail lança au Conseil municipal de Paris en 1875 une campagne qui se poursuivit longuement à la Chambre. La commémoration du centenaire de la mort de Voltaire et de Rousseau, en 1878, à laquelle Hugo prit une grande part en rappelant les origines de la République, y prépara les esprits[13]. Mais c'est la mort de Hugo lui-même, qui, en 1885, fut l'occasion décisive. Les funérailles du poète donnèrent lieu à une grande célébration nationale sur laquelle Huysmans et Edmond de Goncourt jetèrent quelques sarcasmes. Léon Bloy fit une charge attendue contre « le cloaque d'une apothéose démocratique », mais Paul Claudel reconnaîtra pourtant, cinquante ans plus tard, que « malgré tout l'instinct populaire ne s'est pas trompé[14] » dans cette cérémonie « à la fois grandiose et grotesque comme il convient », que Maurice Barrès avait célébrée en 1897 dans *Les Déracinés*. Dans le chapitre de ce roman intitulé « La vertu sociale d'un cadavre », Barrès se laisse entraîner lui-même par l'enthousiasme populaire qu'inspire le grand homme investi de la « plus haute magistrature nationale », et admire l'hommage « pareil aux grandes divinisations impériales romaines » qui

« prit l'intensité des fêtes funéraires d'Orient ». À propos du parcours qui conduit Hugo de l'Étoile au Panthéon, il conclut que « de l'orgueil de la France, il va au cœur de la France ». C'est le signe que la République est enfin acceptée, qu'une certaine topographie symbolique de la ville parvient à se fixer alors que s'édifient les coupoles rivales du Sacré-Cœur, et qu'il a été pris acte, une fois pour toutes, de ce processus de laïcisation de la mémoire collective qui avait son origine dans la sensibilité des Lumières.

Cette ultime restauration du Panthéon vint officialiser à nouveau le culte des grands hommes en lui donnant un faste national et, en dépit des inévitables polémiques du présent, à l'inscrire dès lors beaucoup plus fermement dans une longue histoire. L'antique tradition du discours sur les morts de la cité s'est maintenue tout au long du XX^e^ siècle, en particulier avec les *Oraisons funèbres* d'André Malraux, qui renvoient à la fois à Bossuet et un peu plus encore à la grande éloquence « athénienne » ou républicaine. En justifiant le titre retenu pour le recueil de ses discours, l'orateur remarque que ceux-ci furent prononcés « pour une foule », comme ceux de Bossuet devant la Cour, de Jaurès devant les députés, comme ceux de Démosthène et de Saint-Just devant les citoyens ou les élus du peuple. Ces références diverses annoncent l'ambition de fondre ces différentes formes d'éloquence dans le creuset d'une seule mémoire et de surmonter les controverses attachées à toute évaluation du passé.

Avec Michelet, Malraux proclame que Jeanne d'Arc et la République sont « toutes deux la France[15] ». Il convoque les différentes composantes historiques de la nation, faisant surgir de la nuit le cortège de la « vieille chevalerie morte » comme l'« immense cortège des ombres » de la résistance et des « témoins de la continuité nationale ». Par sa voix de médium, par un sens de l'adresse solennelle (à la jeunesse et aux générations futures), par une mise en scène oratoire puissante et visionnaire, il restitue à l'éloge funèbre toute sa capacité légendaire. Convaincu que l'histoire a depuis deux siècles été investie des forces obscures de la tradition religieuse, il donne à ses *Oraisons funèbres* une sombre tonalité archaïque[16]. Sans doute lui fallait-il feindre d'habiter aussi résolument la mort et se placer ostensiblement aux confins de l'éternité pour conjurer l'écueil de la tiédeur philanthropique et l'énigme sans mystère de l'agnosticisme fraternel auquel il parvient à conférer un peu de nuit et de tragique, en imitant l'ancienne transe de la pythie et des orateurs sacrés.

À travers ses avatars médiatiques et grâce à une curiosité biographique toujours renouvelée, le culte des grands hommes connaît aujourd'hui une surprenante vitalité. Les panthéonisations du bicentenaire de la Révolution, celles plus récentes de Marie Curie ou de Malraux lui-même ont pu faire sourire parfois, mais elles ont continué, incontestablement, à intéresser et à émouvoir une opinion habituée depuis si longtemps à la célébration des morts illustres. Le règne trop envahissant de l'image et l'excès de commémoration suscitent bien parfois de belles vitupérations rappelant les imprécations de Léon Bloy ou les fureurs iconoclastes de Louis Sébastien Mercier [17]. Pourtant, la croyance durable qui est attachée à toutes ces manifestations variées, qu'elles soient sublimes ou dérisoires, n'en reste pas moins précieuse. Étrange exception française ! Comme si notre nation, réputée si moqueuse et si frivole, était convaincue depuis longtemps de cette profonde vérité énoncée par Nietzsche : « Les hommes doivent apprendre le respect au même titre que le mépris [18]. »

# NOTES

## INTRODUCTION

1. Le cliché que j'ai choisi de placer à l'ouverture de ce livre pour illustrer ma réflexion est pour moi un souvenir de famille puisque le « normalien » placé à droite du buste de Voltaire est mon père, Alfred Bonnet (1909-1990). Que ce jeune homme de 1928 soit ici remercié du don inattendu et précieux de cette photographie !

2. « Naissance du Panthéon », *Poétique*, n° 33, février 1976, p. 46-65. Cette première présentation synthétique du sujet a été suivie et complétée par « Le fantasme de l'écrivain », *Poétique*, n° 63, septembre 1985, p. 259-277, et « Les morts illustres, oraison funèbre, éloge académique, nécrologie », *in* Pierre Nora (dir.), *Les Lieux de mémoire, La Nation*, t. II, Paris, Gallimard, 1986, p. 217-241.

3. Mes travaux antérieurs concernant le sujet de ce livre sont pour l'essentiel : « Le musée staëlien », *Littérature*, n° 42, 1979, p. 388-395 ; « La malédiction paternelle », *Dix-huitième siècle*, n° 12, 1980, p. 195-209 ; « Les formes de célébrations », *in* Jean-Claude Bonnet (dir.), *La Mort de Marat*, Paris, Flammarion, 1986, p. 101-127 ; « La visite à Ferney », *in* Christiane Mervaud et Sylvain Menant (dir.), *Le Siècle de Voltaire, hommage à René Pomeau*, Oxford, The Voltaire Foundation, 1988, p. 125-135 ; « Diderot, Falconet : le cavalier de bronze et la pyramide », *in* Philippe Roger (dir.), *L'Homme des Lumières de Paris à Pétersbourg*, « Biblioteca europea », Naples, Vivarium, 1995, p. 51-61.

## CHAPITRE PREMIER

1. Hölderlin, *Hypérion*, *Œuvres*, Paris, Gallimard, Bibliothèque de la Pléiade, 1967, p. 236.

2. Lautréamont, *Poésies*, *Œuvres complètes*, Paris, Gallimard, Bibliothèque de la Pléiade, 1970, p. 268.

3. Censeur des portraits futiles, entre autres, celui-ci n'admet en ce genre que ceux des « personnages illustres » (La Font de Saint-Yenne, *Réflexions sur quelques causes de l'état présent de la peinture en France*, Paris, 1747).

4. *Encyclopédie*, art. « Sculpture ».

5. Antonin Artaud note que « le mouvement surréaliste tout entier a été une profonde, une intérieure insurrection contre toutes les formes du Père, contre la prépondérance

envahissante du Père dans les mœurs et dans les idées » (« Surréalisme et Révolution », *Œuvres complètes*, Paris, Gallimard, 1971, t. VIII, p. 171).

6. Cette légende est née à la fin du XVIIIe siècle. Voir, à ce sujet, Jean Sgard, *Prévost romancier*, Paris, José Corti, 1968, p. 42. Il est vrai que Prévost se brouille très tôt avec son père à l'enterrement duquel il n'assiste pas et dont il n'hérite pas.

7. « Va, cours à ta perte. Adieu, fils ingrat et rebelle. Adieu, lui dis-je dans mon transport, adieu, père barbare et dénaturé » (Antoine-François Prévost d'Exiles, *Manon Lescaut*, *Œuvres de Prévost*, Grenoble, P.U.G., 1978, t. I, p. 429).

8. « Je vis les deux amants tranquillement couchés dans un assez mauvais lit qu'ils s'étaient fait faire à la hâte. Le chagrin qui me reste encore de cette scène ne peut me faire déguiser l'éclat qui semblait les environner dans leur situation [...]. Ah ! que n'êtes-vous au fond de l'Allemagne repris-je en donnant plus de force à ma voix et à mes regards. Vous ne sauriez vous déguiser que la mort du père est votre ouvrage » (*Le Doyen de Killerine*, *Œuvres de Prévost*, *op. cit.*, t. III, p. 271).

9. « Chaque ligne [...] excite en moi un mouvement d'intérêt sur les malheurs de la vertu, et me coûte des larmes. Quel art serait plus funeste que celui qui me rendrait complice du vicieux ? » (Diderot, *Discours sur la poésie dramatique*, *Œuvres complètes*, Paris, Club français du livre, 1969-1973, t. III, p. 418).

10. Ainsi d'Eugénie dans la pièce de Beaumarchais : « n'oser regarder mon père : voilà ma vie » (*Eugénie*, acte II, scène VI).

11. Pleinement acquis à ce point de vue, Louis Sébastien Mercier juge Molière « impie » pour avoir avili le caractère du père dans *L'Avare* et particulièrement dans la scène de la « malédiction méprisée par un fils » (*Du théâtre, ou Nouvel Essai sur l'art dramatique*, Amsterdam, 1773, chap. VII, « De Molière », p. 89). Voir aussi les scènes de malédiction, tournées en dérision, dans *Tartuffe* et *Dom Juan*.

12. Après avoir indiqué les peines qui chez Eschyle et Homère « menaçaient les fils ingrats », il conclut : « Enfin, l'excommunication domestique imprima une terreur générale et devint fameuse sous le nom de malédiction paternelle » (André-Jean-Simon Nougarède, *Essai sur la puissance paternelle*, Paris, 1801, p. 69).

13. Diderot, lettre à Grimm du 9 juin 1759.

14. Diderot, *Le Voyage à Bourbonne et à Langres*, *Œuvres complètes*, *op. cit.*, t. VIII, p. 598.

15. Diderot, *Salon de 1761*, *Œuvres complètes*, *op. cit.*, t. V, p. 99.

16. Diderot, *Salon de 1765*, *Œuvres complètes*, *op. cit.*, t. VI, p. 148.

17. Auquel il applique des termes (« violent, insolent, fougueux ») qu'il reprendra très exactement pour lui-même dans *Le Voyage à Bourbonne et à Langres*. Il retient particulièrement dans *Le Fils ingrat* la présence du fauteuil et installe lui-même son père au début de *L'Entretien d'un père avec ses enfants* sur un « grand confessionnal de cuir noir », trône bien nommé et accessoire indispensable de la paternité.

18. « Ô mes enfants, quelque chose qu'on vous fasse, ne maudissez jamais : la malédiction d'un Père est une flèche acérée qui revient contre celui qui l'a lancée, après avoir transpercé le Malheureux qui lui servait de but » (Rétif de La Bretonne, *La Malédiction paternelle*, Paris, 1779, p. 34).

19. C'est ainsi que Rétif se libère définitivement d'une tutelle écrasante et que se réalise la prédiction de l'aïeul dans *Monsieur Nicolas* : « Il sera l'honneur du nom de son père et du nôtre. Il nous célébrera tous. » Pierre Testud a montré que *La Malédiction paternelle* est une œuvre de réaction anti-paternelle, « une étape essentielle sur le chemin qui conduit à Monsieur Nicolas » (*Rétif de La Bretonne et la création littéraire*, Genève-Paris, Droz, 1975, p. 470). À l'oppressant panoptique de *L'École des pères* et de *La Vie de mon père*, Rétif fait succéder le voyeurisme sans contrainte du nyctalope, celui du fameux hibou qui est le narrateur des *Contemporaines* et des *Nuits de Paris*, en conquérant ainsi sur les pères un regard trouble.

20. Diderot, *Essai sur les règnes de Claude et de Néron*, *Œuvres complètes*, *op. cit.*, vol. XIII, t. II, § 61.

# CHAPITRE II

1. La Fontaine, *Fables*, « Phébus et Borée », VI, 3, v. 40.

2. Montesquieu, *Dialogue de Sylla et d'Eucrate* [vers 1724], *Œuvres complètes*, Paris, Éd. du Seuil, 1964, p. 158. Fénelon écrit dans le même sens : « La vraie gloire ne se trouve point hors de l'humanité » (*Les Aventures de Télémaque*, édition de Jeanne-Lydie Goré, Paris, Flammarion, coll. « GF », 1968, p. 258).

3. *Encyclopédie*, art. « Gloire ».

4. *Encyclopédie*, art. « Gloire, glorieux, glorieusement ».

5. Rousseau, *Lettre à d'Alembert*, *Œuvres complètes*, Paris, Gallimard, Bibliothèque de la Pléiade, 1995, t. V, p. 66-67.

6. Cité par Arlette Jouanna, *Ordre social, mythes et hiérarchies dans la France du XVI^e siècle*, Paris, Hachette, 1977, p. 70-71.

7. *Ibid.* Arlette Jouanna conclut : « Au fond, tous ces auteurs souhaitent matérialiser l'honneur, la réputation, en une sorte de liste d'aptitude aux dignités, tenue à jour par des hommes spécialement désignés pour cela, et dans laquelle le roi serait obligé de puiser. »

8. Montesquieu, *Lettres persanes*, lettre LXXXVIII.

9. Voltaire, lettre à Thiériot, vers le 15 juillet 1735. Et La Bruyère notait déjà : « Il semble que le héros est d'un seul métier, qui est celui de la guerre, et que le grand homme est de tous les métiers, ou de la robe, ou de l'épée, ou du cabinet, ou de la Cour : l'un et l'autre mis ensemble ne pèsent pas un homme de bien » (*Les Caractères*, « Du mérite personnel », n° 30).

10. Charles Perrault, *Les hommes illustres qui ont paru en France pendant ce siècle*, Paris, 1696-1700, t. II, Avertissement.

11. Voir Claude Cristin, « Aux origines de l'histoire littéraire française : Les éloges des Hommes sçavans. Tirez de l'histoire de M. de Thou par Antoine Teissier (1683-1715) », Revue d'histoire littéraire de la France, n° 2, 1972, p. 238-246.

12. Charles Ancillon, *Mémoires concernant les vies et les ouvrages de plusieurs Modernes célèbres dans la République des Lettres*, Amsterdam, 1709, Préface, p. XXIV-XXV, cité par Claude Cristin, « Aux origines de l'histoire littéraire française », art. cité., p. 239.

13. Il souhaitera donc qu'« on distingue si la supériorité vient de la personne ou du lieu où elle se place » (Charles Pinot Duclos, *Considérations sur les mœurs de ce siècle* [1751], Paris, 1823, chap. V, « Sur la Réputation, la Célébrité, la Renommée, et la Considération », p. 65).

14. *Dictionnaire de Trévoux*, art. « Grand ».

15. Publié en tête d'une *Histoire d'Épaminondas pour servir de suite aux Hommes illustres de Plutarque*, par M. l'abbé Seran de la Tour, Paris, Didot, 1739.

16. *Ibid.*, p. 36.

17. *Ibid.*, p. 48.

18. Jean Le Rond d'Alembert, *Éloges historiques*, *Œuvres complètes*, Genève, Slatkine reprints, 1967, t. II, *Éloge de Saint-Pierre*, p. 256.

19. Charles Castel de Saint-Pierre, *Discours sur les différences du grand homme et de l'homme illustre*, publié dans *Histoire d'Épaminondas*, *op. cit.*, p. 37.

20. *Ibid.*, p. 48.

21. *Ibid.*, p. 66.

22. *Ibid.*, p. 141.

23. Abbé de Saint-Pierre, *Projet pour rendre les spectacles plus utiles à l'État*, *Œuvres*, Paris, chez Briasson, 1730, t. II, p. 183.

24. *Ibid.*, p. 193.

25. Lettre de Saint-Pierre à Voltaire du 2 octobre 1739.

26. Dans le chapitre XXXVI du livre II des *Essais* (« Des plus excellents hommes »), par exemple, il retient Homère, Alexandre, Épaminondas.

27. Selon le témoignage de Abel-François Villemain dans *Souvenirs contemporains d'histoire et de littérature*, Paris, Didier, 1854-1855, t. I, p 227.

28. Montesquieu, *Mes pensées*, n° 761.
29. Montesquieu, *De l'esprit des lois*, XXVIII, XLI.
30. *Ibid.*, X, XIV.
31. « Il y a bien de la différence entre les mœurs que le commerce inspire, et celles qu'une vaste conquête force de prendre » (*Mes pensées*, n° 1799).
32. Montesquieu, *De l'esprit des lois*, XXXI, XVIII.
33. Ce sont les expressions de Louis Sébastien Mercier et d'Antoine-Léonard Thomas.
34. César Vichard de Saint-Réal, *De l'usage de l'histoire*, « Discours deuxième », Paris, 1671.
35. D'Alembert, *Essai sur les éléments de philosophie*, *Œuvres complètes*, *op. cit.*, t. I, p. 226.
36. *Mémoires secrets*, février 1775 (compte rendu de la séance académique où d'Alembert lut son *Éloge de Saint-Pierre*).
37. Montesquieu, *Mes pensées*, n° 458.
38. Rousseau, *La Nouvelle Héloïse*, *Œuvres complètes*, Paris, Gallimard, Bibliothèque de la Pléiade, 1964, t. II, VIe partie, lettre VIII, p. 695.
39. Diderot, *Discours sur la poésie dramatique*, *Œuvres complètes*, *op. cit.*, t. III, « De la comédie sérieuse », p. 418. « C'est une belle chose que le crime dans l'histoire et dans la poésie, et sur le marbre et sur la toile », proclame-t-il, comme on le sait, dans le *Salon de 1761*.
40. L. S. Mercier, *Discours sur les malheurs de la guerre et les avantages de la paix*, s. l., 1766, p. 52.
41. L. S. Mercier, *Tableau de Paris*, édition établie sous la direction de Jean-Claude Bonnet, Paris, Mercure de France, 1994, t. I, « Académie royale de chirurgie », p. 1123.
42. *Ibid.*, t. II, « Fêtes champêtres en l'honneur de la vertu », p. 469-470.
43. Montesquieu, *Mes pensées*, n° 1083.
44. L. S. Mercier, *Tableau de Paris*, *op. cit.*, t. II, « Ton nécessaire », p. 1171. Dans son *Histoire ancienne des Égyptiens*, Rollin note : « Quelquefois un grand homme donne le ton à son siècle » (Paris, 1738, t. VI, p. 613).
45. *Correspondance complète de la marquise du Deffand*, éd. de Lescure, Paris, 1865, t. II, p. 602.
46. *Fénelon aux États généraux*, Paris, Guillot, 1789.
47. Fénelon, *Les Aventures de Télémaque*, *op. cit.*, p. 209.
48. *Ibid.*, p. 351.
49. *Ibid.*, p. 256.
50. Selon André-Michel Ramsay, *Histoire de la vie de Monsieur de Salignac de la Mothe Fénelon*, Bruxelles, 1724.
51. Fénelon, *Les Aventures de Télémaque*, *op. cit.*, p. 359.
52. *Ibid.*, p. 303.
53. « Je ne sais ce que vous avez fait en moi ; mais, depuis que vous êtes ici, je me sens un autre homme » (*ibid.*, p. 305).
54. Fénelon, *Dialogues des morts composés pour l'éducation d'un prince*, Paris, 1712, XXXII, « Coriolanus et Camillus ».
55. Fénelon, *Les Aventures de Télémaque*, *op cit.*, p. 318.
56. Hasaël déclare : « Suivez-moi, fils d'Ulysse ; je serai votre père, jusqu'à ce que vous ayez retrouvé celui qui vous a donné la vie » (*ibid.*, p. 133).
57. *Ibid.*, p. 400.
58. Chateaubriand, *Les Natchez*, *Œuvres romanesques et voyages*, Paris, Bibliothèque de la Pléiade, 1969, t. I, p. 239. Voir, sur le même thème, le développement de L. S. Mercier, à propos d'une « esquisse » de Destouches intitulée « Le vieillard aimable » (*Du théâtre*, *op. cit.*, chap. X, « Des nouveaux sujets que l'on pourrait traiter », p. 121).
59. Fénelon, *Les Aventures de Télémaque*, *op cit.*, p. 135.
60. *Ibid.*, p. 318.
61. *Ibid.*, p. 241.
62. La descente au royaume des morts se situe dans l'*Énéide* au sixième livre.
63. Fénelon, *Les Aventures de Télémaque*, *op. cit.*, p. 394.

64. *Ibid.*, p. 402.
65. Voir *ibid.*, p. 90.
66. C'est le thème du dialogue entre Louis XI et Philippe de Commines.
67. Il y dénonce très exactement, quoique avec d'autres mots, ce que Georges Bataille définira comme « la niaiserie glorieuse » et « la vanité de tout ce qui se construit sur l'oubli de la sombre nature humaine » (« La royauté de l'Europe classique », *Essais de sociologie*, *Œuvres complètes*, Paris, Gallimard, 1970, t. II, p. 226).
68. Fénelon cité par d'Alembert, *Éloge de Fénelon*, *Œuvres complètes*, *op. cit.*, t. II, p. 504.
69. *Fénelon ou les Religieuses de Cambrai.*
70. Bernardin de Saint-Pierre, *La Vie et les ouvrages de Jean-Jacques Rousseau, édition critique publiée avec de nombreux fragments inédits par Maurice Souriau*, Paris, 1907, p. 123.
71. Voir A. Ramsay, *Histoire de la vie de Monsieur de Salignac de la Mothe Fénelon*, *op. cit.*, p. 80.
72. « Je vous laisse la gloire d'avoir paru à cheval avec des armes et un habit de cavalier au pas de Suze. On dit même que vous vous êtes fait peindre à Richelieu à cheval avec un buffle, une écharpe, et un bâton de commandant » (Fénelon, *Dialogues des morts*, *op. cit.*, p. 302).
73. « Il y a de l'esprit dans les voitures ; mais le génie est à pied » (*Tableau de Paris*, *op. cit.*, t. II, « Aller à pied », p. 406).
74. A. Ramsay, *Histoire de la vie de Monsieur de Salignac de la Mothe Fénelon*, *op. cit.*, p. 92.

## CHAPITRE III

1. Chateaubriand, *Vie de Rancé*, *Œuvres romanesques et voyages*, *op. cit.*, t. I, p. 1024.
2. Ce morceau a été publié pour la première fois dans le volume intitulé *La Tragédie de Sémiramis, et quelques autres pièces de litttérature* en 1749. Il porte la date du 1er juin 1748.
3. Voltaire, *Éloge funèbre des officiers qui sont morts dans la guerre de 1741*, *Œuvres complètes de Voltaire*, édition Moland, Paris, Garnier Frères, 1879, t. XXIII, p. 249.
4. Dans la « bibliothèque » future décrite par Mercier au chapitre XXVIII de *L'An 2440*, Bossuet a entièrement disparu au profit de Fénelon « son rival, son vainqueur doux et modeste ».
5. Voir Louis de Fontanes, « Sur Thomas », *Mercure*, n° 43 du 5 germinal an X / 26 mars 1802, p. 7-37. À propos de Thomas, le spécialiste de l'éloge des grands hommes, voir ci-dessous, chap. IV.
6. Rappelons les accents pathétiques de Voltaire (« Tu n'es plus, ô douce espérance du reste de mes jours ! ô ami tendre [...] ») dont se souviendra Chateaubriand dans l'épisode pragois des *Mémoires d'outre-tombe* (IIIe partie, livre XXXIX, chap. V).
7. *Encyclopédie*, art. « Mort ».
8. Fénelon, *Lettres spirituelles*, 17 septembre 1691.
9. Pour l'analyse détaillée de ces débats, voir Robert Favre, *La Mort dans la littérature et la pensée françaises au siècle des Lumières*, Presses universitaires de Lyon, 1978.
10. Bernard Groethuysen évoquait ainsi le problème de l'attrition : « La crainte de l'enfer, dernier résidu, chez les enfants du siècle, d'une expérience religieuse qui se rétrécit, manquant de grandeur et de noblesse, contribuera souvent à déconsidérer une foi qu'elle devait ranimer » (*Origines de l'esprit bourgeois en France*, Paris, Gallimard, 1957, p. 86). De fait, les prêtres réformateurs et les confesseurs terroristes coexistaient. Sur le dualisme pastoral et la dichotomie entre un discours pour les élites et un discours plus archaïque pour les milieux populaires, voir Daniel Roche, « La mémoire de la mort. Recherche sur la place des arts de mourir dans la librairie et la lecture en France aux XVIIe et XVIIIe siècles », *Annales, E.S.C.*, n° 1, 1975, p. 76-119.

11. Antoine-Léonard Thomas, *Essai sur les éloges* [1773], *Œuvres complètes*, Paris, Didot, 1822, t. II, chap. XXXII, p. 101.

12. « Il cherchait dans ces restes de la barbarie gothique les traits d'éloquence naïve et sauvage qu'on voit y briller quelquefois comme des éclairs dans une nuit profonde » (d'Alembert, *Éloge de Fléchier, Œuvres complètes, op. cit.*, t. II, p. 326).

13. Dernière phrase de l'article « Oraison funèbre » de l'*Encyclopédie* par le chevalier de Jaucourt qui cite Voltaire (*Histoire universelle*, t. VII).

14. La *Correspondance littéraire* évoque sur le même ton celles du duc d'Orléans en 1785 : le rédacteur épingle le style vague de l'abbé Maury et l'inutile emphase de l'abbé Fauchet.

15. « Les feintes larmes de ces menteuses effigies ressemblent à la fausse éloquence qui va frapper ces passagères décorations » (L. S. Mercier, *Tableau de Paris, op. cit.*, t. II, « Mausolées », p. 1448).

16. *Ibid.*, t. II, « Corbillard », p. 194.

17. Marmontel, *Éléments de littérature*, Paris, 1787, t. V, art. « Oraison funèbre », p. 116-118. Mercier note que « la nation ne retiendra aucun de ces noms qui, quoique anciens, sortent toujours du néant, car il n'y a pour les Français que les noms historiques : pour ceux-là, ils méritent la considération personnelle » (*Tableau de Paris, op. cit.*, t. II, « Titres de noblesse », p. 1275).

18. D'Alembert, *Éloge de Bossuet, Œuvres complètes, op. cit.* , t. II, p. 251.

19. Thomas, *Essai sur les éloges, Œuvres* complètes, *op. cit.*, t. II, chap. XXXVII, p. 189.

20. *Ibid.*, t. I, chap. IV, p. 37 et 41.

21. Ce sont les termes de Le Tourneur dans son *Éloge de Charles V.* Même évocation du tribunal égyptien à la fin de l'*Éloge de Charles V* de Mercier, et dans une lettre de Diderot à Falconet du 15 février 1766. Montesquieu notait déjà : « Les historiens sont des examinateurs sévères des actions de ceux qui ont paru sur la terre, et ils sont une image de ces magistrats d'Égypte qui appelaient en jugement l'âme des morts » (texte de jeunesse repris dans *Mes pensées*, n° 1260). Le père Porée lui-même demande qu'on n'admette aucune épitaphe sur une tombe sans qu'on ait « recueilli les suffrages du public » à la façon de l'ancienne Égypte (*Lettres sur la sépulture dans les églises*, Paris, 1743, p. 46).

22. « Pouvoir de l'écriture, pouvoir divin et surnaturel ! » s'écrie Mercier (*De la littérature et des littérateurs. Suivi d'un nouvel examen de la tragédie française*, Yverdon, 1778, p. 41, n. 19).

23. *Encyclopédie,* art. « Gens de lettres ». « Quelle question importante à la société n'ont-ils pas examinée, débattue, fixée ? » s'interroge Mercier (*Tableau de Paris, op. cit.*, t. I, « Apologie des gens de lettres », p. 961).

24. Thomas, lettre à Barthe du 8 mai 1760, citée dans la *Revue d'histoire littéraire de la France*, 1917, p. 488. C'est pour Tocqueville, comme on le sait, une importante question : « Comment des hommes de lettres qui ne possédaient ni rangs, ni honneurs, ni richesses, ni responsabilité, ni pouvoir, devinrent-ils, en fait, les principaux hommes politiques du temps, et même les seuls, puisque tandis que d'autres exerçaient le gouvernement, eux seuls tenaient l'autorité ? » (*L'Ancien Régime et la Révolution*, Paris, Gallimard, 1967, livre II, chap. I, p. 231).

25. L. S. Mercier, *De la littérature et des littérateurs, op. cit.*, p. 40.

26. *Ibid.*

27. Marmontel, *Éléments de littérature, op. cit.*, t. II, art. « Démonstratif », p. 417.

28. *Encyclopédie,* art. « Honoraires ». Ce thème de l'égalité académique est exclusivement inscrit dans l'histoire de la nation sans référence à la tradition égalitaire de la république des lettres en Europe depuis la Renaissance.

29. D'Alembert, *Essai sur la société des Gens de lettres et des Grands, sur la réputation, sur les mécènes, et sur les récompenses littéraires* [1753], *Mélanges de littérature, d'histoire et de philosophie*, nouvelle édition, Paris, 1770, t. I, p. 404.

30. Voir d'Alembert, *Éloge de Charpentier, Œuvres complètes, op. cit.*, t. II, p. 214. C'est dans le même esprit que d'Alembert place à la fin de son *Histoire des membres de l'Académie française morts depuis 1700 jusqu'en 1771*, un « Article à Louis de Bourbon Condé Comte de Clermont », lu le 19 juillet 1781 en hommage à un « prince qui a bien voulu se

soumettre à l'égalité académique ». Sur tous les points litigieux vis-à-vis de ses pairs, celui-ci avait obtenu en effet l'agrément du roi, mais des officiers de sa propre maison prétendirent qu'il ne convenait pas à un prince du sang d'entrer dans aucun corps sans y avoir une « préséance marquée » et que les princes sont faits pour des honneurs d'un tout autre genre que les « distinctions littéraires ». Malgré cette mise en garde, poursuit d'Alembert, le prince vint auprès de « ses confrères » à l'Académie « en simple académicien ».

31. D'Alembert, *Éloges historiques*, *Œuvres complètes*, *op. cit.*, t. II, Préface, p. 159.

32. D'Alembert, *Essai sur la société des Gens de lettres et des Grands*, *op. cit.*, t. I, p. 375.

33. *Ibid.*, p. 379.

34. Condorcet ajoute : « Ils ont senti enfin que toute dépendance personnelle d'un Mécène leur ôtait le plus beau de leurs avantages, la liberté de faire connaître aux autres la vérité lors qu'ils l'ont trouvée, et d'exposer dans leurs ouvrages, non les prestiges de l'art d'écrire mais le tableau de leur âme et de leurs pensées » (*Éloge de d'Alembert*, *Œuvres de Condorcet*, édition Arago-O'Connor, Paris, Didot, 1847, t. III, p. 69-70).

35. Abbé de Pezène, *Panégyriques de Saint Louis*, Paris, 1690, p. 20.

36. Voir, à ce sujet, l'intéressant article de Pierre Zobermann, « Généalogie d'une image : l'éloge spéculaire », *XVII^e siècle*, n° 146, 1985. Rappelons que la rhétorique d'Aristote distingue trois genres de discours, le délibératif, le judiciaire et l'épidictique qui porte essentiellement sur le présent et dont la finalité est le blâme ou la louange : d'où sa fonction sociale et civique.

37. La *Correspondance littéraire* (octobre 1772) assure que « le lendemain, le prédicateur et son sermon sont oubliés ». Mercier remarque quant à lui : « Le matin, on récite de tous côtés des panégyriques du roi canonisé, qui sont des tours de force oratoires et des chefs-d'œuvre de bavardage » (*Tableau de Paris*, *op. cit.*, t. II, « La Saint-Louis », p. 260).

38. Mercier remarque qu'elle fut « pendant soixante ans une espèce de temple consacré à ce culte » (*Tableau de Paris*, *op. cit.*, t. II, « Adulation », p. 1557). On se plaisait à ironiser alors sur les anciennes épîtres dédicatoires et les thèses des théologiens (dont « chaque position commençait par Ludovicus Magnus »), ou sur les prologues flagorneurs de Quinault pour les opéras de jadis. Ils parurent si exagérés qu'on s'en moqua à l'étranger en les mettant bout à bout par dérision dans un spectacle donné à Bruxelles en 1709 (Thomas, *Essai sur les éloges*, *Œuvres complètes*, *op. cit.*, chap. XXXIII).

39. D'Alembert, *Apologie de Clermont-Tonnerre*, *Œuvres complètes*, *op. cit.*, t. II, p. 179.

40. D'Alembert, *Éloge de Mongin*, *Œuvres complètes*, *op. cit.*, t. II, p. 312, n. 1.

41. *Ibid.* Duclos rappelle dans son *Histoire de l'Académie française* qu'il proposa « les éloges des hommes illustres de la nation dans tous les genres, sans acception de rang, de titre ni de naissance : rois, guerriers, magistrats, philosophes, hommes de génie, tous ayant les mêmes droits à notre hommage ». Il conclut : « Ce n'a pas été sans contradiction de la part de quelques académiciens serviles que je suis parvenu à dénaturer le sujet du prix. »

42. Il avait proposé ensuite, à l'usage des rédacteurs, une *Observation pour ceux qui écrivent la vie des hommes illustres* (Saint-Pierre, *Œuvres de politique*, Rotterdam, 1733, t. IV, p. 165-195).

43. D'Alembert, *Éloge de Saint-Pierre*, *Œuvres complètes*, *op. cit.*, t. II, p. 324, n. 12.

44. Entre autres par Marmontel dans ses *Mémoires* et encore, en 1816, par Suard dans son *Éloge de Montesquieu*.

45. Voir ci-dessous, chap. XIV.

46. L. S. Mercier, *Tableau de Paris*, *op. cit.*, t. I, « L'Académie française », p. 748.

47. Voir Voltaire, Discours de réception du 9 mai 1746 ; d'Alembert, *Réflexions sur les éloges académiques*, et l'article « Éloge » de l'*Encyclopédie*.

48. L. S. Mercier, *Tableau de Paris*, *op.cit.*, t. II, « La Saint-Louis », p. 262.

49. Guibert, dans son Discours de réception à l'Académie du 13 février 1786, évoque « la noble et belle idée qu'eut l'Académie de se faire la tribune de la postérité ».

# CHAPITRE IV

1. Diderot, *Réfutation d'Helvétius, Œuvres complètes, op. cit.*, t. XI, p. 568.

2. Si l'histoire littéraire ignore complètement Thomas, les historiens de la rhétorique reconnaissent aujourd'hui l'intérêt et la pertinence de son *Essai sur les éloges* (1773).

3. C'est l'épigraphe d'une *Épître à Thomas* publiée le 1er septembre 1763 dans *L'Année littéraire*.

4. Selon son ami Alexandre Deleyre, *Essai sur la vie de M. Thomas de l'Académie française*, Paris, 1791.

5. Nom d'un jeune officier assassiné par les Anglais, en Amérique, malgré son titre d'envoyé français.

6. *Mémoires secrets*, 7 novembre 1762.

7. *Ibid.*, 19 octobre 1763. Thomas est donc nommé au poste assez bien rétribué mais sans attribution véritable de « secrétaire interprète des cantons suisses ».

8. *Ibid.*, 4 février 1764.

9. Dans cette épreuve, Thomas eut le soutien de ses pairs, si l'on en croit une lettre de Mme d'Épinay à l'abbé Galiani du 8 mars 1771 : « Les princes de Suède ont été hier à l'Académie française. On y a lu à huis clos, car, depuis qu'il a été défendu à Thomas de lire aux séances publiques, ses confrères se sont crus obligés, par égard pour lui, de ne rien lire non plus jusqu'à ce que cet interdit soit levé. »

10. Diderot, *Salon de 1781, Œuvres complètes, op. cit.*, t. XIII, p. 115. Mme Necker note à peu près dans le même sens : « M. Thomas n'est pas grand ; son air est simple et modeste ; sa figure et ses traits peuvent s'accommoder avec la célébrité et ne l'annoncent pas » (*Mélanges extraits des manuscrits de Mme Necker*, Paris, Pougens, 1798, t. III, « Portrait de M. Thomas », p. 218).

11. Thomas, lettre à Mlle Monnet du 31 mai 1760.

12. *Mémoires de Marmontel*, Paris, Didot, 1846, livre XI, p. 425.

13. L. S. Mercier, *De J. J. Rousseau, considéré comme l'un des premiers auteurs de la Révolution*, Paris, 1791, t. II, p. 135.

14. *Mémoires de Marmontel, op. cit.*, p. 230.

15. Lettre à Barthe du 8 mai 1760, publiée dans la *Revue d'histoire littéraire* (1919).

16. Ainsi que le confirme Mme Necker : « Ne vous effrayez point de cet air austère et indigné, et de ses opinions rigides et sauvages. La physionomie de M. Thomas exagère toujours ses expressions, ses expressions exagèrent ses idées et ses idées exagèrent ses sentiments, mais ses sentiments sont justes et vrais » (*Mélanges extraits des manuscrits de Mme Necker, op. cit.*, t. III, p. 220).

17. Diderot, *Réfutation d'Helvétius, Œuvres complètes, op. cit.*, t. XI, p. 497.

18. Diderot, lettre à Falconet du 15 février 1766.

19. Thomas, *Essai sur les éloges, Œuvres complètes, op. cit.*, t. II, chap. XXXVIII, p. 204.

20. Dominique-Joseph Garat, *Mémoires historiques sur la vie de M. Suard, sur ses écrits, et sur le XVIIIe siècle*, Paris, 1820, t. I, p. 323.

21. Pour plus de détails, voir l'Annexe I.

22. *Mémoires de Marmontel, op. cit.*, p. 426.

23. Thomas, lettre à Barthe du 15 septembre 1759.

24. « Le discours, écrit-il, a le plus grand succès à Paris et à Versailles [...]. Le duc de Choiseul m'a envoyé chercher exprès pour m'en faire compliment (lettre à Barthe du 6 septembre 1763).

25. Correspondance de sept lettres échangées entre 1770 et 1773, dont cinq ont été publiées par Léon Béclard dans *L. S. Mercier, sa vie, son œuvre, son temps*, Paris, 1903.

26. Ce fut en quelque sorte la première « commande » de d'Angiviller qui allait se faire connaître plus tard, de 1774 à 1791, par ses « commandes royales » en tant que directeur des Bâtiments sous Louis XVI, après la retraite du marquis de Marigny. Voir ci-dessous, chap. VI. Le 22 mars 1761, le fils aîné du Dauphin était mort à l'âge de neuf ans. Jean-Jacques Lefranc de Pompignan, un des anti-philosophes les plus exaltés, avait

alors écrit un *Éloge historique de Monseigneur le duc de Bourgogne*. Cet éloge d'un enfant montré en exemple et présenté par l'auteur comme un « grand petit homme » apparut platement lagorneur.

27. A. Deleyre, *Essai sur la vie de M. Thomas*, *op. cit.*, p. 88.

28. *Éloge de R. Descartes par Thomas*, *Mémoires de Trévoux*, novembre 1765. (Je tiens à remercier Pierre Rétat, directeur du Centre d'études du XVIIIe siècle de l'université de Lyon-II et, particulièrement, Pascale Ferrand qui m'a si obligeamment transmis les occurrences concernant Thomas à partir du dépouillement par informatique des *Mémoires de Trévoux*.)

29. *Éloge de Duguay-Trouin par Thomas*, *Mémoires de Trévoux*, octobre 1761.

30. *Éloge de Maurice comte de Saxe*, *Mémoires de Trévoux*, septembre 1759.

31. *Examen du discours de M. Thomas qui a pour titre « Éloge de Louis, dauphin de France »*, *Mémoires de Trévoux*, juillet 1766.

32. Diderot, *Correspondance littéraire*, avril 1766.

33. Diderot, *Salon de 1767*, *Œuvres complètes*, *op. cit.*, t. VIII, p. 108.

34. Selon la hiérarchie de Saint-Pierre, « le grand homme qui sera saint, sera plus grand saint parce qu'il est beaucoup plus grand bienfaiteur des hommes » (*Discours sur la grandeur et la sainteté des hommes*, *Œuvres*, Paris, chez Briasson, 1730, t. I, p. 311-312).

35. Voltaire, lettre à La Harpe du 4 septembre 1771.

36. Dom Gourdin, *Observations d'un théologien sur l'Éloge de Fénelon*, Paris, 1771, p. 5.

37. *L'Année littéraire*, 1771, t. VI, p. 3-15.

38. Voir, à ce sujet, Albert Chérel, *Fénelon au XVIIIe siècle en France (1715-1820)*, Paris, 1917, p. 492-496.

39. *Mémoires secrets*, 22 janvier 1767.

40. *Mémoires de Marmontel*, *op. cit.*, p. 381.

41. « Lettre de M. de Voltaire à l'auteur de l'*Éloge de Descartes* », citée dans Thomas, *Œuvres complètes*, *op. cit.*, t. III, p. 402.

42. Voir Diderot, lettre à Sophie Volland du 21 juillet 1765.

## CHAPITRE V

1. Thomas, *Essai sur les éloges*, *op. cit.*, t. I, chap. III, p. 34.

2. *Ibid.*, t. I, chap. X, p. 108.

3. *Ibid.*, t. I, chap. XVIII, p. 208.

4. *Ibid.*, t. II, chap. XXVIII, p. 32.

5. *Ibid.*, p. 33.

6. D'Alembert, *Éloge de Bossuet*, *Œuvres complètes*, *op. cit.*, t. II, p. 249.

7. Thomas, *Essai sur les éloges*, *op. cit.*, t. I, chap. I, p. 9.

8. Dans *Les Helvétiens*, Paris, an VIII, une épopée en huit chants, Charles-François-Philibert Masson laisse pour les héros à venir une page blanche (p. 110) avec cette note explicative : « Cette page vide est le Panthéon du poète. Le temps ne lui permet point encore d'y placer ces héros. » Mme de Staël reprend manifestement ce thème dans *Corinne ou l'Italie* avec l'idée de la niche vide dans le Panthéon de Rome (voir ci-dessous, chap. XV).

9. Adrien Baillet, *Des enfants devenus célèbres par leurs études ou par leurs écrits*, Paris, 1688, « Avicenne ».

10. Nougaret, *Les Enfants célèbres chez les peuples anciens et modernes*, Paris, 1810, « Montcalm ».

11. A. Baillet, *Des enfants devenus célèbres...*, *op. cit.*, « Lope de Vega ».

12. Anecdote rapportée par d'Alembert dans son *Éloge de Bossuet*, *Œuvres complètes*, *op. cit.*, t. II, p. 279.

13. « Il faut avouer que ceux qui ont plus d'humanité que d'estime pour les exploits de guerre, gémirent de cette campagne si glorieuse » (*Le Siècle de Louis XIV* [1751], *Œuvres historiques*, Paris, Gallimard, Bibliothèque de la Pléiade, 1957, chap. XII, p. 730).

14. Selon Mercier, Catinat « avait mené la philosophie à la guerre » *(Tableau de Paris, op. cit.*, t. I, « Ponts », p. 908).

15. Pour l'éloge qu'il lui consacre, Bailly choisit comme exergue : *Melior est sapientia quam vires et vir prudens quam fortis* (« La sagesse est préférable à la force et l'homme avisé à l'homme impétueux »).

16. L. S. Mercier, *Éloge de Charles V.*

17. Thomas, *Essai sur les éloges, Œuvres complètes, op. cit.*, t. II, chap. XXXIII, p. 131.

18. Bailly, *Éloge de Charles V.* « Il y a un vulgaire parmi les princes comme parmi les autres hommes », note Voltaire (*Histoire de Charles XII, Œuvres historiques, op. cit.*, p. 54). Mercier évoque lui aussi la « misérable ambition du vulgaire des souverains » (*Mon bonnet de nuit*, Paris, Mercure de France, 1998, p. 171).

19. Thomas, *Éloge de d'Aguesseau.*

20. « Nous chercherons si le génie donne des droits au bonheur, et nous finirons peut-être par répandre des larmes sur ceux qui pour le bien de l'humanité et leur propre malheur, sont condamnés à être de grands hommes. »

21. Thomas, *Essai sur les éloges, Œuvres* complètes, *op. cit.*, t. II, chap. XXXV, p. 150.

22. L. S. Mercier, *Tableau de Paris, op. cit.*, t. II, « Suite du précédent », p. 516.

23. Thomas, *Éloge de Sully.*

24. Jean-François de La Harpe, *Éloge de Catinat.*

25. Garat, *Éloge de Montausier.*

26. Thomas, *Éloge de Duguay-Trouin.*

27. Bélisaire, soldat valeureux et fidèle, fut accusé à tort de conspiration et châtié par Justinien.

28. Thomas, *Éloge de Sully.*

29. Thomas, *Éloge de d'Aguesseau.*

30. Thomas, *Essai sur les éloges, Œuvres complètes*, op. *cit.*, t. II, chap. XXXVIII, p. 206.

31. Germaine de Staël, *Éloge de Guibert.*

32. Thomas, *Essai sur les éloges, Œuvres complètes, op. cit.*, t. I, chap. IX, p. 94.

33. Dans l'éloge aussi, selon Garat, « les leçons les plus profondes de la politique deviennent de magnifiques spectacles » (*Éloge de Montausier*).

34. J.-F. de La Harpe, *Éloge de Catinat.*

35. Thomas, *Éloge de Duguay-Trouin.*

36. *Ibid.*

37. Garat, *Éloge de Montausier.*

38. J.-F. de La Harpe, *Éloge de Catinat.*

39. Thomas, *Essai sur les éloges, Œuvres complètes, op. cit.*, t. I, chap. V, p. 43-44.

40. L'ouvrage de l'abbé Barthélemy est publié en 1788.

41. Diderot, lettre à Necker du 10 juin 1775.

42. *Correspondance littéraire*, décembre 1775.

43. Guibert, *Éloge de Thomas* prononcé le 13 février 1786, dans *Éloges*, publiés par sa veuve, sur les manuscrits et d'après les corrrections de l'auteur, Paris, D'Hautel, 1806, p. 266.

44. A. Deleyre, *Essai sur la vie de M. Thomas, op. cit.*, p. 76.

45. J.-F. de La Harpe, *Cours de littérature*, Paris, an VII, « Dix-huitième siècle », livre second, section III, « Éloquence des panégyriques ». Même appréciation chez Rivarol et Fontanes.

46. Delacroix mettra en scène la dernière confrontation dramatique de Commode et de son père mourant dans *Les Dernières Paroles de Marc Aurèle*, 1845 (Lyon, musée des Beaux-Arts).

47. Victor Riquetti Mirabeau, *Lettres écrites du donjon de Vincennes pendant les années 1777, 1778, 1779 et 1780*, Paris, Brissot-Thivars, 1820-1821, t. I, p. 213.

48. Thomas, *Essai sur les éloges, Œuvres complètes, op. cit.*, t. I, chap. VIII, p. 75.

49. Condorcet, *Esquisse d'un tableau historique des progrès de l'esprit humain*, Paris, Éditions sociales, 1966, quatrième période, p. 120.

50. Thomas, *Essai sur les éloges, Œuvres complètes, op. cit.*, t. I, chap. VIII, p. 83-84.

51. *Ibid.*, t. II, chap. XXXVIII, p. 219.

52. *Ibid.*, p. 221.

53. « Ce fut un étrange spectacle pour ces courtisans oisifs et dédaigneux, qu'un homme de mer transporté du sein de ses vaisseaux au milieu de la cour, et sans autre titre que ses services, conversant avec son roi » (Thomas, *Éloge de Duguay-Trouin*).

54. Diderot, *Discours sur la poésie dramatique, Œuvres complètes, op. cit.*, t. III, « De la pantomime », p. 494.

55. *Ibid.*, « D'une sorte de drame philosophique », p. 421.

56. *Ibid.*, « D'une sorte de drame moral », p. 419.

57. « L'esprit de panégyrique demeura assoupi en France depuis 1715 jusqu'en 1744 [...] la nation gaie et légère préférait alors un bon mot à cent panégyriques » (Thomas, *Essai sur les éloges, Œuvres complètes, op. cit.*, t. II, chap. XXXIV, p. 132).

58. *Ibid.*, t. II, chap. XXXVI, p. 165.

59. *Ibid.*, t. II, chap XXXV, p. 153.

60. *Ibid.*, t. II, chap. XXXVII, p. 184. Ce thème est développé par Mercier dans le chapitre « Couronnement de Pétrarque » de *Mon bonnet de nuit, op. cit.*, p. 590-594.

61. Thomas, *Essai sur les éloges, Œuvres complètes, op. cit.*, t. II, chap. XXXIV, p. 186.

62. Le duc de Villars (1653-1734) en 1712, que, par exemple, Rousseau et Marat vénèrent également.

63. Thomas, *Essai sur les éloges, Œuvres complètes, op. cit.*, t. II, chap. XXXVIII, p. 205-206.

64. Voir, sur tous ces points, Jean Dagen, *L'Histoire de l'esprit humain dans la pensée française de Fontenelle à Condorcet*, Paris, Mouton, 1972. La réflexion sur le génie et sur le sublime se poursuivra, comme on le sait, plus particulièrement chez Burke et chez Kant.

65. En 1767, Chamfort remporte le prix mis au concours par l'académie de Marseille sur la question de savoir « combien le génie des grands écrivains influe sur l'esprit de leur siècle ».

66. Thomas, *Essai sur les éloges, Œuvres complètes, op. cit.*, t. II, chap. XXXVIII, p. 204-205. Pour un aperçu des « sujets de concours historiques » dans les académies de province, voir Daniel Roche, *Les Républicains des lettres*, Paris, Fayard, 1988, p. 203-204. Plus généralement, voir, du même auteur, quant aux effets sur la province des événements propres à la sphère académique parisienne, *Le Siècle des Lumières en province. Académies et académiciens provinciaux (1680-1789)*, Paris, Mouton, 1978.

67. « L'Académie a tâché, Messieurs, je dirais presque affecté, de prendre les sujets de ses éloges dans tous les états et dans tous les talents, depuis le guerrier jusqu'au philosophe, depuis le monarque jusqu'au simple homme de lettres. Elle a cru remplir en cela les vœux de la Nation » (d'Alembert, *Discours sur les prix d'éloquence et de poésie*, 25 août 1771).

68. J.-F. de La Harpe, *Éloge de Catinat*. On retrouve les mêmes termes chez Thomas dans les éloges du Dauphin, du comte de Saxe, de d'Aguesseau.

69. Rendant compte de la séance académique du 25 août 1762, les *Mémoires secrets* notent pour le même jour : « On a annoncé pour sujet du prix de l'année prochaine, *l'éloge de M. le duc de Sully*, surintendant des Finances. On a battu des mains à cette annonce, et quelqu'un a dit avec esprit : voilà l'éloge fait. »

70. Pierre Choderlos de Laclos, *Lettres à Messieurs de l'Académie française sur l'éloge du maréchal de Vauban, proposé pour sujet du prix d'éloquence de 1787.* Cet ouvrage est annoncé et commenté dans la *Correspondance littéraire* de mai 1786. Malgré l'épigraphe un peu insolente (« Cherche moins à briller par tes discours qu'à les rendre utiles »), Laclos s'adresse aux académiciens en termes très mesurés, mais il tient à leur signaler que, du strict point de vue de la technique militaire, Vauban n'a pas fait notablement progresser l'« art de la fortification ».

71. Nicole Loraux, *L'Invention d'Athènes, histoire de l'oraison funèbre dans la cité classique*, Paris, Mouton, 1981, p. 334. Dans son *Éloge funèbre des officiers qui sont morts dans la guerre de 1741* [publié en 1749] (*Œuvres complètes de Voltaire, op. cit.*, t. XXIII, p. 249), Voltaire commence par rappeler cette « coutume digne d'Athènes » d'évoquer la mémoire des citoyens : « Pourquoi ne la suivrions-nous pas, nous longtemps les heureux rivaux en tant de genres de cette nation respectable ? »

72. *Mémoires secrets*, 25 août 1763.

73. *Ibid.*, 6 novembre 1763. La polémique se poursuit dans le *Mercure de France* en janvier 1764 par une lettre très argumentée d'un lecteur anonyme pour la défense de Thomas.

74. *Correspondance littéraire*, septembre 1773.

75. Ainsi de Pechmeja, un familier du salon Necker, qui a lui aussi concouru pour l'éloge de Colbert en 1773 : prenant parti pour les thèses de Diderot et de Galiani contre les physiocrates, il fait dans les notes très détaillées de son éloge un tableau de la situation sociale des campagnes.

76. Diderot, lettre à Necker du 10 juin 1775.

77. *Correspondance littéraire*, août 1777.

78. Guibert, *Éloge du chancelier de L'Hospital*, *Éloges*, *op. cit.*, p. 113.

79. *Ibid.*, p. 115.

80. Thomas, *Essai sur les éloges*, *Œuvres complètes*, *op. cit.*, t. I, chap. X, p. 110.

81. *Correspondance littéraire*, septembre 1773.

82. Buffon dans *ibid.* (« Extrait d'une lettre à M. le comte d'Angiviller »).

83. Guibert, *Éloge de Thomas*, *Éloges*, *op. cit.*, p. 268. C'est l'objet des éloges selon Guibert qui reprend ici une formule de Thomas tirée de son *Éloge du Maréchal de Saxe*.

## CHAPITRE VI

1. Jean-Jacques Barthélemy, *Voyage du jeune Anacharsis en Grèce*, Paris, 1788, chap. LXI.

2. La Font de Saint-Yenne plaida pour le retour au « grand goût » dans *L'Ombre du Grand Colbert*, ouvrage publié en 1752.

3. Par Lenormant de Tournehem (de 1745 à 1750), puis par le marquis de Marigny (de 1751 à 1773), enfin par le comte d'Angiviller (de 1774 à 1791).

4. Rousseau, *Émile*, *Œuvres complètes*, Paris, Gallimard, Bibliothèque de la Pléiade, 1969, t. IV, livre IV, p. 645. « Une des erreurs de notre âge, ajoute Rousseau, est d'employer la raison trop nue, comme si les hommes n'étaient qu'esprit. » Diderot note, dans la même intention, que « l'espèce d'exhortation, qui s'adresse à l'âme par l'entremise des sens outre sa permanence, est plus à la portée du commun des hommes » car « le peuple se sert mieux de ses yeux que de son entendement » (*Essai sur les règnes de Claude et de Néron*, *Œuvres complètes*, *op. cit.*, t. II, § 32).

5. Fénelon, *Les Aventures de Télémaque*, *op. cit.*, p. 281.

6. Jean Locquin note sur ce point : « Par malheur, on avait compté sans l'intervention du Roi. Celui-ci, qui n'avait rien d'un ascète, n'aimait pas trop à recevoir en face et continuellement des leçons de vertu, fût-ce en peinture. Dans cette Galerie de Choisy, où son regard cherchait, en vain, les nymphes absentes, il éprouva bientôt un mortel ennui » (*La Peinture d'histoire en France de 1747 à 1785*, Paris, 1910 ; réimpression Arthéna, 1978, p. 25).

7. À propos de Boucher, Diderot écrit, comme on le sait, dans le *Salon de 1761* : « Les personnes d'un grand goût, d'un goût sévère et antique, n'en font nul cas. »

8. Sur cet aspect de la propagande monarchique, voir Joël Cornette, *Le Roi de guerre, essai sur la souveraineté dans la France du Grand Siècle*, Paris, Payot, 1993, chap. X, « De la représentation à la persuasion ».

9. *Encyclopédie*, art. « Gloire ». Marmontel, l'auteur de l'article, évoque, sur ce point, le rôle conjugué des poètes, des historiens et des orateurs.

10. Sur la longue histoire de ce projet et sur le débat à propos du droit au « monument », voir l'ouvrage de Judith Colton, *The Parnasse François, Titon du Tillet and the Origins of the Monument to Genius*, New Haven et Londres, Tale University Press, 1979.

11. Évrard Titon du Tillet, *Description du Parnasse français exécuté en bronze, à la gloire de la France et de Louis le Grand, et à la mémoire perpétuelle des illustres poètes et fameux musiciens français, dédié au Roi*, Paris, 1727 (puis 1732, 1760). Quant au modèle de Garnier, on peut le voir aujourd'hui à Versailles au Musée national du château.

12. Les trois grâces sont Mme de la Suze, Mme Deshoulières et Mlle de Scudéry représentant l'élégie, l'idylle et le roman, et les neuf muses sont : Corneille et Racine pour la tragédie, Molière pour la comédie, Racan pour l'ode et la pastorale, Boileau pour la satire, La Fontaine pour la fable et le conte, Chapelle pour la poésie légère, Segrais pour l'églogue et les nouvelles, enfin Lully tenant le médaillon de Quinault pour la musique.

13. Cité par J. Colton, *The Parnasse François, op. cit.*, p. 160.

14. Segrais était rejeté sans appel en raison de la pauvreté de son « *Énéide* en vers français » et Chapelle désigné comme un « génie plus débauché encore que délicat » (Voltaire, *Le Temple du goût, Mélanges*, Paris, Gallimard, Bibliothèque de la Pléiade, 1961, p. 147, 149). Ces mauvais choix furent critiqués par le poète Rousseau lui-même puis par d'Alembert dans son *Éloge de Jean Segrais.*

15. Voir, à ce sujet, Marc Fumaroli, « L'allégorie du Parnasse dans la querelle des Anciens et des Modernes », *Correspondances, Mélanges offerts à Roger Duchêne*, Publications de l'université de Provence. Du même auteur, voir « Essai sur l'allégorie du Parnasse », *L'Inspiration du poète de Poussin*, « Les dossiers du département des peintures », n° 36, Paris, Réunion des musées nationaux, 1989.

16. Voltaire propose, par dérision, de lui envoyer pour mettre son nom « au bas » un des singes utilisés comme atlante par Frédéric II dans une statue de celui-ci (à cheval sur un coq) pastichant celle de la place des Victoires en l'honneur de louis XIV (cité par J. Colton, *The Parnasse François, op. cit.*, p. 168). Voltaire se montra, peu après, plus aimable avec Titon grâce auquel il avait pu recueillir à Ferney Marie Corneille.

17. Évrard Titon du Tillet, *Essais sur les honneurs et sur les monuments accordés aux illustres savants pendant la suite des siècles*, Paris, 1734, p. 10-11.

18. Par exemple celle de Boccace à Certaldo, d'Érasme à Rotterdam, de Juste Lipse à Anvers.

19. La pose de la première pierre eut lieu le 6 septembre 1764.

20. Même enthousiasme pour un monarchisme paternaliste chez Diderot après un récit fait par Suard : lors de l'installation à Copenhague de la statue équestre du roi, le monarque cédant à l'« allégresse publique » jeta son chapeau en l'air. « C'est chez le danois que le patriotisme s'est réfugié », conclut Diderot (lettre à Sophie Volland du 25 juillet 1762).

21. Voir, à ce sujet, Daniel Rabreau, « Les arts régénérés en leur capitale ou la monarchie absolue face au public », *in* Daniel Rabreau (dir.), *Paris, capitale des arts sous Louis XV*, William Blake & Co / Art & Arts, 1997.

22. Il avait été commandé en mémoire du traité d'Aix-la-Chapelle en 1748 où le roi avait montré une façon de vaincre bien particulière en sacrifiant ses conquêtes à la paix contrairement aux vœux de l'opinion.

23. « On eût dit, ajoute Grimm, qu'il était dans le secret, et qu'il savait qu'il devait partager les honneurs de l'immortalité avec le génie de l'artiste » (*Correspondance littéraire*, juillet 1763).

24. Cette statue fut inaugurée en 1765. Elle a été refaite au XIXe siècle, mais les statues du piédestal ont été, elles, épargnées par la Révolution.

25. Diderot, *Correspondance littéraire*, 1er juillet 1760. Par son inspiration effectivement « douce », cette œuvre était radicalement différente de la statue, pédestre elle aussi, de Louis XIV par Desjardins où le monarque (en bronze doré) couronné par une victoire ailée écrasait du pied Cerbère, symbole de la Triple-Alliance.

26. « J'ose de même croire, écrit-il, que Bouchardon eût autant aimé mettre autour de Louis XV, à la place de ces figures emblématiques, et Maurice de Saxe, et Charles de Montesquieu, et François de Voltaire [...] » (*Correspondance littéraire*, juillet 1763).

27. Pierre Patte, *Monuments érigés en France à la gloire de Louis XV*, Paris, 1765, p. 93.

28. Diderot, *Correspondance littéraire*, 15 octobre 1756.

29. Diderot soutint même, parce que cela convenait à la conception dramatique qu'il se faisait de l'œuvre, la présence (très contestée dans le projet) d'un enfant figurant l'Amour pour rappeler la vie fort romanesque du disparu.

30. Languet de Gergy, le curé de Saint-Sulpice célèbre pour ses œuvres de charité, était mort en 1750. Son tombeau fut achevé en 1757.

31. « Dans les inondations, dans les incendies, dans les disettes, il fut un port, un refuge, une ressource... Ses vertus le feront vivre éternellement avec les anges du ciel, ses bienfaits avec nous sur la terre. » En 1787, dans le cadre des commandes royales, la statue de saint Vincent de Paul par Jean-Baptiste Stouf honorera le même genre de mérite. Cette statue est à Versailles au Musée national du château.

32. Voir, à ce sujet, Erwin Panofsky, *La Sculpture funéraire, de l'ancienne Égypte au Bernin*, Paris, Flammarion, 1992.

33. Octavien de Guasco, *De l'usage des statues chez les Anciens. Essai historique*, Bruxelles, 1768.

34. De cette ébullition témoignent les sujets de concours de l'Académie royale d'architecture en 1765 et 1766 (un cénotaphe d'Henri IV entouré de tombeaux d'hommes célèbres, un temple funéraire pour honorer les cendres des rois et des grands hommes).

35. P. Patte, *Monuments érigés en France à la gloire de Louis XV, op. cit.*, p. 212.

36. Cité par J. Colton, *The Parnasse François, op. cit.*, p. 217.

37. Marc-Antoine Laugier, *Observations sur l'architecture*, Paris, 1753. Maille Dussausoy adopte une position semblable, dans un ouvrage publié en 1767 (*Le Citoyen désintéressé ou diverses idées patriotiques concernant quelques établissements utiles à la ville de Paris*).

38. Charles-François Lubersac de Livron, *Discours sur les monuments publics de tous les âges et de tous les peuples connus*, Paris, 1775, p. 94. Louis XVI n'eut ni vraiment le temps ni surtout le goût de faire ériger des monuments à sa gloire. Selon le chevalier de Mopinot, il était tout acquis à l'idée d'ordonner dans les espaces publics des statues d'hommes célèbres et d'honorer ainsi le mérite (Mopinot, *Mémoire sur l'art de la sculpture* publié à la suite de son *Éloge historique de Pigalle, célèbre sculpteur*, Londres, 1786).

39. Le comte de Tressan, auteur de l'article « Parade » de l'*Encyclopédie* en 1765, se scandalisa qu'on ait pu montrer Rousseau sur la scène, en sa présence, sous cette « figure contrefaite » et « avilie » : « Un murmure général s'élança dans la salle, il fut à peine contenu par la présence d'un maître adoré. » Mais, à la reprise de la pièce, en 1782, le parterre ne supporta plus de voir Rousseau accroupi et mangeant des laitues : « L'arrivée de Crispin à quatre pattes excita sur-le-champ une indignation universelle » (*Journal de Paris*, 21 juin 1782).

40. Diderot, lettre à « Monsieur de Sartine » [juin 1770].

41. Pierre-Laurent Buirette de Belloy, *Le Siège de Calais, Œuvres complètes de M. de Belloy, de l'Académie française, citoyen de Calais*, Paris, 1779, t. II, Préface, p. 13.

42. « C'est en excitant la vénération de la France pour les grands hommes qu'elle a produits, qu'on parviendra à inspirer à la Nation une estime et un respect pour elle-même, qui seuls peuvent la rendre ce qu'elle a été autrefois » (*ibid.*, p. 15).

43. Déplorant la censure de certaines pièces à sujet national, Mercier ajoute que d'autres sont à l'évidence soutenues par le pouvoir à des fins de propagande : « Mais au premier événement l'on donnera gratis au peuple le *Siège de Calais* de Monsieur de Belloy » (*Du théâtre ou Nouvel Essai sur l'art dramatique, op. cit.*, p. 30).

44. *Journal des savants*, mars 1766.

45. *Le Siège de Calais, op. cit.*, acte IV, scène II, p. 92.

46. *Correspondance littéraire*, avril 1765.

47. *Ibid.*

48. L. S. Mercier, *Du théâtre, op. cit.*, p. 27.

49. *Ibid.*, p. 20.

50. L. S. Mercier, *La Mort de Louis XI, roi de France, pièce historique*, Neuchâtel, 1783.

51. L. S. Mercier, *Molière, drame en cinq actes en prose, imité de Goldoni*, Amsterdam, Paris, 1776, Préface.

52. L. S. Mercier, *Éloge de René Descartes, Éloges et discours académiques qui ont concouru pour les prix de l'Académie française et de plusieurs autres académies*, Amsterdam, 1766, p. 224.

53. L. S. Mercier, *Montesquieu à Marseille*, Neuchâtel, 1784, acte I, scène II.

54. *Ibid*, Préface, p. 10.

55. On les verra principalement pendant la Révolution dans plusieurs « traits historiques » comme *La Bienfaisance de Voltaire* (1791) de Villemain d'Abancourt, *Jean*

*Calas* (1791) et *Fénelon ou les Religieuses de Cambrai* (1793) de Marie-Joseph Chénier, *J.-J. Rousseau à ses derniers moments* (1791) et *René Descartes* (1796) de Bouilly, ou *L'enfance de J.-J. Rousseau* (1794) d'Andrieux. Sans compter les pièces en l'honneur des martyrs de la Révolution et, par exemple, de Marat : voir, à ce sujet, Pierre Frantz, « L'épouvantail », *in* Jean-Claude Bonnet (dir.), *La Mort de Marat*, Paris, Flammarion, 1986. Voir également parmi les republications récentes : Jean-Nicolas Bouilly, *René Descartes, trait historique en deux actes et en prose,* introduction de Michèle Sajous d'Oria, postface de Jean Dhombres, Bari, Palomar, Athanaeum, 1996.

56. Du vivant de Voltaire en 1774, Ducoudray (dans *La Cinquantaine dramatique de M. de Voltaire*) imagine un voltairien zélé qui, pour fêter le cinquantenaire de la tragédie de *Mariamne*, organise chez lui une fête autour d'un buste du grand homme, mise en scène qui anticipe sur le fameux « triomphe » quatre ans plus tard lors de la représentation d'*Irène*.

57. La veille du transfert de la dépouille du patriarche au temple des grands hommes, Villemain d'Abancourt fait représenter *Voltaire à Romilly* où sont mimées les manifestations exaltées qui ont accompagné l'exhumation, et, le jour de la panthéonisation de Rousseau, on donne *La Fête de J.-J. Rousseau* de Dusausoir.

58. « Qu'on ne cherche point Jean-Jacques dans mon *Socrate* ; qu'on se contente de les mettre tous les deux au rang de ces infortunés célèbres à qui de très grands talents et de très grandes vertus n'ont produit que de très grands malheurs et dont la gloire n'a éclairé que leurs cendres » (article de Linguet paru dans le *Journal encyclopédique* du 15 décembre 1764).

59. Lenormant de Tournehem avait ouvert en 1750 le cabinet du Luxembourg pour exposer les collections ; La Font de Saint-Yenne suggéra qu'on utilisât à cette même fin la galerie d'Apollon ; puis le marquis de Marigny chargea Gabriel d'engager les travaux.

60. Quelques années plus tard, ils pourraient lire également l'*Histoire du patriotisme français* (1769) de Rossel, *La France illustre ou le Plutarque français* (1775-1780) de Turpin, les *Annales pittoresques de la vertu française* (1783).

61. Voir Annexe II.

62. C'est en franc-tireur que, dans les mêmes années, David inscrivait ses grands chefs-d'œuvre au cœur de l'imagerie des grands hommes. En découvrant le *Bélisaire* de 1781, Diderot note aussitôt : « Ce jeune homme montre de la grande manière dans la conduite de son ouvrage et il a de l'âme » (*Salon de 1781, Œuvres complètes, op. cit.*, t. XIII, p. 112). Ce tableau sera suivi, entre autres, par *La Mort de Socrate* (1787) et *Les licteurs rapportent à Brutus le corps de ses fils* (1789).

63. Voir Annexe III. Les commandes peuvent se répartir de la façon suivante (mais certains personnages appartiennent de fait à plusieurs catégories à la fois) : 11 auteurs ou savants, 8 hommes de guerre, 4 magistrats ou ministres, 3 hommes d'Église, 1 peintre.

64. Le sculpteur Claude Dejoux présenta son *Catinat* au Salon de 1781.

65. « Un bon portrait m'apparaît toujours comme une biographie dramatisée ou plutôt comme le drame naturel inhérent à tout homme » (Charles Baudelaire, *Salon de 1859*, *Œuvres*, Paris, Gallimard, Bibliothèque de la Pléiade, 1954, « Le portrait », p. 807).

66. Diderot, *Salon de 1781*, *Œuvres complètes*, *op. cit.*, t. XIII, p. 123. Sur ce problème du « moment » de la sculpture, voir Francis H. Dowley, « D'Angiviller's Grands Hommes and the Significant Moment », *The Art Bulletin*, décembre 1957, p. 259-277. Pour cette même question en peinture, voir Pierre Rétat, « Le "Moment" dans la critique et l'écriture des *Salons* », in *Diderot, les beaux-arts, et la musique*, Aix-en-Provence, université d'Aix-en-Provence, 1986.

67. Diderot, *Salon de 1781*, *Œuvres complètes*, *op. cit.*, t. XIII, p. 122.

68. Une légende propre à intéresser aussi le dramaturge selon Mercier : « Oh ! si quelqu'un plaçait sur la scène le bon La Fontaine, avec son air ingénu, sa simplesse et ses distractions, qui ne sourirait de joie à ce tableau naïf, le plus difficile de tous peut-être à tracer [...] » (*Montesquieu à Marseille*, Lausanne, 1784, Préface, p. 9). Ailleurs Mercier énonce fugitivement le *topos* qui semble avoir été précisément illustré par le sulpteur Pierre Julien : « La Fontaine, assis un jour entier au pied d'un arbre exposé à l'inclémence d'un ciel pluvieux » (Mercier, *Mon bonnet de nuit*, *op. cit.*, p. 1044).

69. Toutefois le *Poussin* de Pierre Julien a la jambe gauche découverte et le *Cassini* de Jean-Guillaume Moitte a les pieds nus.

70. L'auteur de l'*Histoire naturelle*, paraissant vouloir dominer la matière, y élève majestueusement au-dessus d'un amas grouillant d'animaux son torse dénudé. Voir James David Draper et Guilhem Scherf, *Pajou, sculpteur du roi 1730-1809*, Paris, Réunion des musées nationaux, 1997.

71. Diderot, *Salon de 1781*, *Œuvres complètes*, *op. cit.*, t. XIII, p. 123. Diderot s'étonne : « Est-ce là un misanthrope ? Ce personnage sévère devrait regarder les courtisans, ces empoisonneurs des rois, avec indignation, mépris, et leur cracher au visage. »

72. Voir, à ce sujet, Samuel Taylor, « Artists and Philosophes as mirrored by Sèvres and Wedgwood », in *The Artist and the Writer in France, Essays in Honour of Jean Seznec*, Francis Haskell, Anthony Levi et Robert Shackelton (éd.), Oxford, Clarendon press, 1974, p. 21-39.

73. Cette estampe de 1783, « dédiée au Roi », est attribuée à Charles-François Lubersac de Livron (Bibliothèque nationale).

74. Voir, à ce sujet, le chapitre XII.

## CHAPITRE VII

1. Beaumarchais, *Le Mariage de Figaro*, acte IV, scène III.

2. *Encyclopédie*, art. « Oraison funèbre ».

3. N. Loraux, *L'Invention d'Athènes, histoire de l'oraison funèbre dans la « cité classique*, *op. cit.*, p. 316-317.

4. Diderot, *Le Neveu de Rameau*, introduction, notes, chronologie, dossier, par Jean-Claude Bonnet, Paris, Flammarion, coll. « GF », 1983, p. 56.

5. Fontenelle, *Nouveaux Dialogues des morts*, édition critique avec une introduction et des notes par Jean Dagen, Paris, Nizet, 1971, p. 449.

6. Musset, *Poésies complètes*, Paris, Gallimard, Bibliothèque de la Pléiade, 1950, « Rolla », p. 291. Chateaubriand notait déjà au sujet de Voltaire : « Excepté dans quelques-uns de ses chefs-d'œuvre, il n'aperçoit que le côté ridicule des choses et des temps, et montre, sous un jour hideusement gai, l'homme à l'homme » (*Génie du christianisme*, Paris, Gallimard, Bibliothèque de la Pléiade, 1978, p. 646). Lautréamont évoque, au contraire, « le passé hideux de l'humanité pleurarde » (*Poésies*, *Œuvres complètes*, Paris, Gallimard, Bibliothèque de la Pléiade, 1970, p. 262).

7. L. S. Mercier, *Tableau de Paris*, *op. cit.*, t. I, « Querelles littéraires », p. 968.

8. Diderot, *Cinqmars et Derville*, *Œuvres complètes*, *op. cit.*, t. IV, p. 758. La malignité cruelle tolérée à certains vilains repas de société est dénoncée dans ce court dialogue longtemps attribué au seul Diderot alors qu'il aurait été composé à plusieurs voix dans le cercle de Mme d'Épinay.

9. Rétif de La Bretonne, *Les Nuits de Paris*, textes choisis, présentés et annotés par Patrice Boussel, Paris, Éditions 10/18, 1963, p. 96.

10. Charles Palissot de Montenoy, *Petites Lettres sur de grands philosophes*, *Œuvres complètes*, Paris, 1779, t II, p. 19.

11. Diderot, *Mémoire pour Catherine II*, n° 62.

12. Diderot, *Paradoxe sur le comédien*, *Œuvres complètes*, *op. cit.*, t. X, p. 467.

13. *Encyclopédie*, art. « Satire ».

14. D'Alembert, *Éloge de Despréaux*, *Œuvres complètes*, *op. cit.*, t. II, p. 372.

15. *Mémoires secrets*, 13 novembre 1780. À l'entrée « zoïliser » de sa *Néologie* de 1801, spécialement ouverte pour régler un ancien compte, Mercier note que « La Harpe, étouffeur né de tout talent littéraire, a passé sa vie à zoïliser ».

16. *Correspondance littéraire*, septembre 1774.

17. Clément, *Nouvelles Observations critiques sur différents sujets de littérature*, Amsterdam et Paris, 1772, « Article troisième sur la satire », p. 408.

18. *Ibid.*, p. 406. On s'aperçoit, ajoute-t-il, que « dans tous ses ouvrages, même les plus sérieux, à commencer par *La Henriade*, il revient toujours à un talent qui lui était le plus naturel » (*ibid.*, p. 417).

19. *Encyclopédie*, art. « Encyclopédie ».

20. Genre qu'illustre, par exemple, à travers son curieux titre le *Recueil d'épitaphes sérieuses, badines, satiriques et burlesques* publié en 1782 par P. A. de Laplace.

21. Comme le signale Marmontel : « Parmi les épitaphes épigrammatiques, les unes ne sont que naïves et plaisantes, les autres sont mordantes et cruelles [...], mais les épitaphes insultantes et calomnieuses telles que la rage les inspire trop souvent, sont de tous les genres de satire le plus noir et le plus lâche (*Encyclopédie*, art. « Épitaphe »).

22. D'Alembert, *Réflexions sur les éloges académiques*, *Œuvres complètes*, *op. cit.*, t. II, p. 152. Selon Jean-Baptiste Rousseau, dans une de ses épigrammes, Fontenelle aimait « à traiter galamment les grands sujets en style de ruelle ».

23. Thomas, *Essai sur les éloges*, *Œuvres complètes*, *op. cit.*, t. II, chap. XXXVI, p. 172.

24. Diderot quant à lui, dans l'*Essai sur les règnes de Claude et de Néron*, rendra pleinement justice aux éloges de Fontenelle. Voir ci-dessous, chap. VIII.

25. Fontenelle, *Nouveaux Dialogues des morts*, *op. cit.*, « Jugement de Pluton sur les *Dialogues des morts* », p. 426.

26. *Ibid.*, « À Lucien aux Champs Élisiens », p. 98.

27. *Ibid.*, « L'empereur Adrien-Marguerite d'Autriche », p. 179.

28. Jean Dagen, dans son édition critique, remarque très justement que Fontenelle « joue fort peu au nécromancien et jamais sans humour » (Fontenelle, *Nouveaux Dialogues des morts*, *op. cit.*, p. 44).

29. *Ibid.*, « Jugement de Pluton sur les *Dialogues des morts* », p. 435.

30. *Ibid.*, Appendices, « Au lecteur », p. 481.

31. Thomas, *Essai sur les éloges*, *Œuvres complètes*, *op. cit.*, t. I, chap. VII, p. 66.

32. Fontenelle, *Nouveaux Dialogues des morts*, *op. cit.*, « Jugement de Pluton sur les *Dialogues des morts* », p. 419.

33. Ces points sont particulièrement débattus dans le dialogue entre Charles V et Érasme.

34. Fontenelle, *Nouveaux Dialogues des morts*, *op. cit.*, « Érostrate - Démétrius de Phalère ».

35. Diderot, *Essai sur les règnes de Claude et de Néron*, *Œuvres complètes*, *op. cit.*, t. II, § 32.

36. Nietzsche, *Le Gai savoir*, § 94.

37. Fontenelle, *Nouveaux Dialogues des morts*, *op. cit.*, « CharlesV - Érasme ».

38. L. S. Mercier, *Le Bonheur des gens de lettres*, Bordeaux, 1763, p. 13.

39. L. S. Mercier, *Tableau de Paris*, *op. cit.*, t. I, « Bureaux d'esprit », p. 1473.

40. « Ils avaient eu sans doute, en écrivant, la perspective de la postérité ; mais ils avaient plus présents encore le siècle et le public aux yeux duquel ils étaient insultés par des hommes chargés d'opprobre, mais soufferts et autorisés » (Marmontel, *Éléments de littérature*, *op. cit.*, t. III, art. « Extrait », p. 355-356).

41. D'Alembert, *Essai sur la société des Gens de lettres et des Grands*, *op. cit.*, p. 392. Mercier note, dans le même sens, que « les journaux sont les trompettes de la renommée les plus menteuses et les plus impudentes » (*Tableau de Paris*, *op. cit.*, t. II, « Feuilles périodiques », p. 347).

42. Mercier voit en eux des « satiriques de profession » qui « sont les vrais ennemis de l'espèce » (*Tableau de Paris*, *op. cit.*, t. II, « Guerre des auteurs », p. 198).

43. « Le jour où le lecteur ne trouve plus la « petite sentence meurtrière » propre à stimuler sa « malignité insatiable », il « jette la feuille avec dédain et dit : si cela continue, je ne souscrirai plus » (Mercier, *De la littérature et des littérateurs*, *op. cit.*, p. 64-66). En témoigne, par exemple, cette annonce à propos du « prospectus d'un *Journal français* par Messieurs Palissot et Clément » : « Tous deux ont du talent et un assez grand fonds de méchanceté pour en bien nourrir leur journal ; mais aucun n'a cette gaieté, cet art de l'ironie que possédait si supérieurement Fréron » (*Mémoires secrets*, 12 décembre 1776).

44. L. S. Mercier, *Tableau de Paris*, *op. cit.*, t. II, « Feuilles périodiques », p. 347.

Diderot dénonce le même système dans *Le Neveu de Rameau* à travers la satire de « la ménagerie Bertin ».

45. *Ibid.*, p. 348.

46. Les plus connus de ces périodiques « littéraires » sont le *Journal des savants*, les *Nouvelles de la république des lettres* ou les *Mémoires de Trévoux*.

47. *Encyclopédie*, art. « Dictionnaire », rubrique « Dictionnaire historique ».

48. Sabatier de Castres, *Les Trois Siècles de la littérature française* [1772], Paris, 1801, t. I, « Avertissement de la seconde édition », p. 33.

49. *Ibid.*, t. I, p. 355.

50. C'est le titre du chapitre DCXXII du *Tableau de Paris*.

51. *Encyclopédie*, art. « Éloge », rubrique « Éloges académiques ».

52. Parce qu'elle est farcie de trop de « détails minutieux qui le regardent mais qu'on devrait supprimer ». « Ce défaut, conclut-il, est assez ordinaire aux biographes », parce qu'« ils ont plus de zèle pour leur héros que de jugement et de goût » (Sabatier de Castres, *Les Trois Siècles de la littérature française, op. cit.*, t. I, p. 156).

53. D'Alembert, *Histoire des membres de l'Académie morts depuis 1700 jusqu'à 1771*, 1787, t. II, p. IX. Sur le même sujet, Vicq d'Azyr note lui aussi que « le lecteur aime à trouver dans ces vies abrégées le caractère des savants et le degré d'estime qui leur est dû », qu'il « veut vivre un moment avec eux, et voir quelles passions ont étendu ou borné leurs talents » (Discours de réception à l'Académie française du 23 juin 1770).

54. D'Alembert, *Histoire des membres de l'Académie morts depuis 1700 jusqu'à 1771, op. cit.*, t. II, p. IX. Voltaire avait manifesté ce même goût de l'enquête en cherchant à rencontrer les derniers témoins du siècle de Louis XIV.

55. Palissot, *Nécrologe des hommes célèbres de France par une société de gens de lettres*, À Paris, de l'imprimerie de Moreau, rue Galande, 1768, t. III, Avertissement.

56. D'Alembert, *Réflexions sur les éloges académiques*, *Œuvres complètes*, *op. cit.*, t. II, p. 153.

57. De Naples, l'abbé Galiani écrit à Thomas le 24 décembre 1773 à propos du voyage de Diderot à Saint-Pétersbourg : « Que dites-vous de notre philosophe ? On débite sur sa conduite près de la czarine des choses épouvantables. On dit qu'il a osé lui jeter sa perruque au nez et lui pincer le genou. »

58. L. S. Mercier, *De la littérature et des littérateurs, op. cit.*, p. 40.

59. L. S. Mercier, *Tableau de Paris*, *op. cit.*, t. II, « L'auteur ! l'auteur ! », p. 1133.

60. Thomas signale que Paul Jove, au XVIe siècle, « avait une collection de grands hommes, comme dans d'autres temps on a fait des collections d'histoire naturelle » et que « c'est pour servir d'explication à ces portraits qu'il composa ses éloges » (*Essai sur les éloges, Œuvres complètes*, *op. cit.*, t. I, chap. XXV, p. 313-314).

61. Voir, sur ce point, Françoise Waquet, « Les savants face à leurs portraits », *Nouvelles de l'estampe*, n° 117, 1991.

62. De ce processus témoigne, d'une certaine façon et sur le mode burlesque, l'épisode des *Mémoires* où Saint-Simon, soucieux de faire « passer à la postérité le portrait d'un homme si grand, si accompli et si célèbre » que Rancé parvint à faire peindre celui-ci, malgré lui et à son insu, en faisant passer le peintre Rigaud pour un « bègue » qui « a toujours désiré de le voir » (Saint-Simon, *Mémoires*, Paris, Gallimard, Bibliothèque de la Pléiade, 1953, t. I, p. 342).

## CHAPITRE VIII

1. Diderot, lettre à Falconet du 15 février 1766.

2. Barrès, *Les Maîtres*, Paris, 1927, p. 72-75.

3. Le meilleur exemple en est donné par *Le Neveu de Rameau* dont la première édition en français, en 1805, est en fait une traduction de la traduction allemande de Goethe, et dont le seul manuscrit autographe fut trouvé par hasard sur les quais en 1891. Du vivant

de Diderot, le public ne connut de lui que l'*Encyclopédie*, ses premiers textes philosophiques, le théâtre, l'*Essai sur les règnes de Claude et de Néron*. Buisson publie en 1796 *Jacques le fataliste et son maître*, *La Religieuse* et l'*Essai sur la peinture*. Il faut attendre l'édition Paulin de 1830-1831 pour la publication de la *Corrrespondance avec Falconet*, des *Lettres à Sophie Volland*, du *Voyage à Bourbonne et à Langres*, du *Rêve de d'Alembert*. Puis, en 1775-1777, l'édition Assézat-Tourneux fait connaître les *Éléments de physiologie* et la *Réfutation d'Helvétius*. Au milieu du XXe siècle sont publiés les inédits du fonds Vandeul : l'*Apologie de l'abbé Galiani* et le *Commentaire sur Hemsterhuis*. La collaboration de Diderot à l'*Encyclopédie* et à l'*Histoire des deux Indes* n'a été véritablement élucidée que récemment.

4. Diderot, lettre à Falconet du 17 mars 1766.

5. Dans l'article « Encyclopédie ».

6. Diderot, *Salon de 1767*, *Œuvres complètes*, *op. cit.*, t. VII, p. 34.

7. *Ibid.*, p. 38.

8. *Ibid.*, p. 47.

9. « Je médite en effet sur cette toile. J'y vis, j'y respire : j'y suis animé ; la pensée paraît à travers le front » (lettre à Sophie Volland du 17 septembre 1760) ; « C'est que c'est une belle chose dont le mérite de la ressemblance, qui est parfaite, est pourtant le moindre » (lettre à Sophie Volland du 27 septembre 1760).

10. Comme le souhaitent, par exemple, le prince de Brunswick-Wolfenbuttel et le prince de Saxe-Gotha.

11. Diderot, lettre à Sophie Volland du 6 ou 8 novembre 1760.

12. « Le petit comte de Lauraguais a laissé là Mademoiselle Arnou. Au lieu de se reposer voluptueusement sur le sein d'une des plus aimables filles du monde, une sotte vanité l'agite et le promène de Paris à Montbard, de Montbard à Genève. Il est allé là avec un rouleau de beaux vers tout faits par un autre, mais qu'il refera à côté de Voltaire pour lui persuader qu'ils sont de lui » (Diderot, lettre à Sophie Volland du 2 octobre 1761).

13. D'Escherny, qui sans être un témoin très sûr nous transmet du moins le bruit qui court à propos de Diderot, remarque : « Il aimait à se considérer comme un de ces philosophes de l'Antiquité qu'on venait consulter comme des oracles : il perdait presque toutes ses matinées à donner des audiences philosophiques à toutes sortes de gens, à de petits auteurs, écrivains ignorés, poètes médiocres et jusqu'à des vauriens et de mauvais sujets » (*Mélanges de littérature, d'histoire, de morale et de philosophie* par François-Louis comte d'Escherny, Paris, 1811, chap. XIX).

14. *Mercure de France*, 15 février 1779.

15. Diderot, *Essai sur les règnes de Claude et de Néron*, *Œuvres complètes*, *op. cit.*, t. II, § 109, n° 18.

16. *Ibid.*, n° 33.

17. Diderot, *Paradoxe sur le comédien*, *Œuvres complètes*, *op. cit.*, t. X, p. 431.

18. Diderot, Le Neveu de Rameau, *op. cit.*, p. 66.

19. Diderot, *Paradoxe sur le comédien*, *Œuvres complètes*, *op. cit.*, p. 448.

20. Ainsi de Sophie dont les lettres ne sont pas publiées, de Falconet dont Diderot aurait manifestement préféré ne pas publier les réponses, de Grimm dont le vrai visage est progressivement gommé dans la genèse du *Paradoxe sur le comédien* ou dans le dispositif final de *La Religieuse*, du Neveu irrémédiablement absorbé par l'ouvrage qui lui est consacré.

21. Diderot, *Salon de 1767*, *Œuvres complètes*, *op. cit.*, p. 28-29.

22. Fragment sans date, n° 2, *Œuvres complètes*, *op. cit.*, t. IV, p. 932.

23. Diderot, *Vie abrégée de La Fontaine*, *Œuvres complètes*, *op. cit.*, t. V, p. 150.

24. Comme le lui aurait notifié un Langrois en 1770 : « Je traversais une des rues de ma ville ; il m'arrêta par le bras et me dit : Monsieur Diderot, vous êtes bon ; mais si vous croyez que vous vaudrez jamais votre père, vous vous trompez » (*Voyage à Bourbonne et à Langres*, *Œuvres complètes*, *op. cit.*, t. VIII, p. 599).

25. Diderot, *Salon de 1767*, *op. cit.*, p. 48.

26. Quelques années plus tard, Grimm finit par trouver une légende, somme toute assez plate, pour cette gravure qu'il distribua malgré l'interdiction formelle de Diderot :

« Il eut de grands amis et de petits jaloux / le soleil plaît à l'aigle et blesse le hibou » (*Correspondance littéraire*, mai 1771).

27. Diderot, lettre à Sophie Volland du 2 juin 1759.

28. Diderot, *Éloge de Richardson* [1760], *Œuvres complètes,* t. V, p. 143. Mêmes considérations désenchantées dans une lettre à Sophie Volland du 30 septembre 1760 : « Au milieu de ces amusements, des idées tristes m'obsèdent. Je ne fais rien, le temps s'enfuit, et je ne vous ai pas. »

29. Palissot, *Petites Lettres sur de grands philosophes*, Paris, 1757, « Lettre première ».

30. Sabatier de Castres, *Les Trois Siècles de la littérature française*, *op. cit.*, t. II, p. 148.

31. Diderot, *Essai sur les règnes de Claude et de Néron*, *Œuvres complètes*, *op. cit.*, t. II, § 109, n° 24.

32. Fragment sans date, n° 2, *Œuvres complètes*, *op. cit.,* t. IV, p. 932.

33. *Ibid.*, n° 10.

34. *Le Neveu de Rameau*, *op. cit.*, p. 57.

35. Diderot, *Essai sur les règnes de Claude et de Néron*, *Œuvres complètes*, *op. cit.*, t. I, « À Monsieur Naigeon ».

36. Diderot, *Salon de 1769*, *Œuvres complètes*, *op. cit.,* t. VIII, p. 417.

37. Mme Necker, *Mélanges extraits des manuscrits de Mme Necker*, *op. cit.*, t. I, p. 215.

38. *Mémoires de Marmontel*, *op. cit.*, p. 315. La Harpe fait un constat tout à fait approchant.

39. L. S. Mercier, *De J.-J. Rousseau, considéré comme l'un des premiers auteurs de la Révolution*, *op. cit.*, t. II, p. 137.

40. Charles Nodier, « De la prose française et de Diderot », *Revue de Paris*, juin 1830.

41. *Des hommes célèbres de France au XVIII^e siècle et de l'état de la littérature et des arts à la même époque par MM. Goethe*, traduit de l'allemand par MM. de Saur et de Saint-Géniès, Paris, 1823, p. 54.

42. *Encyclopédie*, art. « Encyclopédie ».

43. *Ibid.*

44. Toute la dramaturgie de Diderot, et d'une certaine manière toute son esthétique, est fondée sur la notion de « scène composée ».

45. *Le Neveu de Rameau*, *op. cit.*, p. 53.

46. Diderot, *Le Rêve de d'Alembert*, *Œuvres complètes*, t. VIII, p. 90.

47. C'est-à-dire Richardson dans l'*Éloge de Richardson*, Bordeu dans *Le Rêve de d'Alembert*, le philosophe (Moi) du *Neveu de Rameau*, le Diderot des *Lettres à Falconet.*

48. « On méprisera les siècles qui n'en auront pas produit. Ils feront l'honneur des peuples chez lesquels ils auront existé ; tôt ou tard, on leur élève des statues, et on les regarde comme les bienfaiteurs du genre humain » (*Le Neveu de Rameau*, *op. cit.*, p. 50).

49. Diderot, lettre à Falconet du 15 février 1766.

50. *Ibid.*

51. Diderot, *Le Rêve de d'Alembert*, *Œuvres complètes*, *op. cit.*, p. 48.

52. Diderot, *Paradoxe sur le comédien*, *Œuvres complètes*, *op. cit.*, p. 430. Diderot reprend ici, en lui donnant une bien plus grande ampleur, une image utilisée d'abord par d'Alembert : il « serait à souhaiter », remarquait celui-ci, que les hommes de lettres « fussent de simples spectateurs » dans la société, « qu'ils assistassent à la pièce comme le parterre » (*Essai sur la société des Gens de lettres et des Grands*, *Œuvres complètes*, *op. cit.*, p. 384).

53. *Paradoxe sur le comédien*, *Œuvres complètes*, *op. cit.*, p. 481.

54. Diderot, *Éloge de Richardson*, *Œuvres complètes*, *op. cit.*, t. V, p. 132.

55. Marmontel note également dans l'article « Gloire » de l'*Encyclopédie* que « le désir d'éterniser sa gloire est un enthousiasme qui nous agrandit ».

56. Falconet, lettre à Diderot du 25 décembre 1765.

57. Diderot, lettre à Falconet du 15 février 1766.

58. *Ibid.*

59. Et un des protagonistes déclare dans le *Paradoxe sur le comédien* : « La jalousie des talents est un vice qui m'est étranger. »

60. « Ses jours sont tristes ; ses nuits sont inquiètes. Je dors paisiblement, tandis qu'il

soupire, qu'il pleure peut-être et qu'il se tourmente et se ronge » (Diderot, lettre à Falconet du 6 septembre 1768).

61. Diderot, lettre à Falconet du 15 février 1766.

62. Falconet, lettre à Diderot du 25 février 1766.

63. Diderot, lettre à Falconet du 15 mars 1767.

64. Diderot, lettre à Falconet du 10 janvier 1766.

65. Diderot, lettre à Sophie Volland du 14 juillet 1762.

66. Diderot, lettre à Falconet du 4 décembre 1765.

67. D'Alembert, *Essai sur la société des Gens de lettres et des Grands*, *op. cit.*, p. 343.

68. Hérault de Séchelles, *Réflexions sur la déclamation* [1795], Paris, Ramsay, 1978, p. 118.

69. Diderot, lettre à Sophie Volland du 24 septembre 1767.

70. Diderot, lettre à Falconet du 15 mai 1767.

71. *Mémoires secrets*, décembre 1767.

72. *Ibid.*

73. *L'Avant Coureur*, septembre 1767, p. 553.

74. Diderot, lettre à Falconet, début de novembre 1766.

75. Diderot, lettre à Falconet du 15 mai 1767.

76. « J'en suis si chéri, et la chaîne qui nous enlace est si étroitement commise avec le fil délié de sa vie, que je ne conçois pas qu'on puisse secouer l'une sans risquer de rompre l'autre » (*ibid*). Un écho est donné à ce débat, dans le *Salon de 1767*, où Diderot place en avant-propos à ses commentaires sur les ruines d'Hubert Robert un développement sur les voyages : « C'est une belle chose, mon ami, que les voyages. Mais il faut avoir perdu son père, sa mère, ses enfants, ses amis, ou n'en avoir jamais eu, pour errer par état sur la surface du globe » (*Salon de 1767*, *Œuvres* complètes, *op. cit.*, p. 257).

77. Diderot, lettre à Falconet du 29 décembre 1766.

78. Diderot, *Observations sur l'Instruction de Sa Majesté Impériale aux députés pour la confection des lois*, *Œuvres complètes*, *op. cit.*, t. XI, p. 210.

79. *Encyclopédie*, art. « Sculpture ».

80. Falconet, lettre à Diderot du 26 février 1767.

81. Cette expression de Falconet ne fait que reprendre ce qui était déjà le thème principal de Fontenelle : « Tout était à faire en Moscovie et rien à perfectionner. Il s'agissait de créer une nation nouvelle, et, ce qui tient encore de la création, il fallait agir seul, sans secours, sans instruments » (*Éloge du Czar Pierre Ier lu à l'Académie des sciences le 14 novembre 1725*).

82. De l'enfant devenu sénile sans connaître jamais de maturité.

83. Diderot, *Observations sur l'Instruction de Sa majesté Impériale aux députés pour la confection des lois*, *Œuvres complètes*, *op. cit.*, t. XI, p. 209.

84. Le grand ouvrage en dix-neuf volumes s'accrut jusqu'à sa forme définitive au cours de trois éditions (1772, 1774, 1781). Il y en eut vingt autres entre 1781 et 1787.

85. *Histoire des deux Indes*, 1781, t. III, p. 127.

86. Faite par Lagrange (précepteur des enfants du baron), achevée et revue après la mort de celui-ci par Naigeon, elle parut en six volumes en 1778.

87. Diderot, *Essai sur la vie de Sénèque le philosophe, sur ses écrits et sur les règnes de Claude et de Néron*, *Œuvres complètes*, *op. cit.*, t. I, § 39.

88. *Essai sur les règnes de Claude et de Néron, et sur les mœurs et les écrits de Sénèque pour servir d'introduction à la lecture de ce philosophe*, *Œuvres complètes*, *op. cit.*, t. I, § 67.

89. *Ibid.*, t. II, § 67.

90. Où, par exemple, dans une note discrète rédigée « au retour des funérailles » de Montesquieu (« un de nos plus grands hommes »), il se déclarait « désolé de la perte que la nation et les lettres faisaient en sa personne et profondément indigné des persécutions qu'il avait essuyées » (*Encyclopédie*, art. « Éclectisme »).

91. Diderot, *Essai sur les règnes de Claude et de Néron*, *Œuvres complètes*, *op. cit.*, t. I, § 76.

92. *Ibid.*, t. I, § 118.

93. « Ne diminuons pas le nombre des honnêtes gens, il y en a si peu ; ne ternissons

pas la mémoire des hommes vertueux » (*ibid.*, t. I, § 108). Diderot reconnaît en outre que les géants ont le droit de se moquer des nains : ainsi dans sa critique de l'ouvrage intitulé *Les Grands Hommes vengés* où, sous le pseudonyme de M. des Sablons, l'abbé Chaudon reprochait à Voltaire de maltraiter injustement les auteurs (*Œuvres complètes*, *op. cit.*, t. VIII, p. 265-269).

94. Jean Fabre notait très justement : « Mais on ne forcera pas les textes, en soutenant que, pendant les quinze dernières années de sa carrière, la pensée et l'œuvre de Diderot ne s'éclairent que par une perpétuelle référence, manifeste ou secrète, à celle de Rousseau » (« Deux frères ennemis : Diderot et Jean-Jacques », *Lumières et romantisme*, Paris, Klincksieck, 1963, p. 57).

95. Diderot, lettre à Malesherbes du 1er juin 1760.

96. Ainsi qu'il en prévient David Hume dans une lettre du 22 septembre 1768 : « Je redoute le moment où un homme qui aime tant le bruit, qui connaît si peu les égards [...] publiera un pareil ouvrage. »

97. Diderot, lettre à Falconet du 6 septembre 1768.

98. Diderot, *Essai sur les règnes de Claude et de Néron*, *Œuvres complètes*, *op. cit.*, t. I, § 64.

99. *Ibid.*, t. I, § 61.

100. N'écrit-il pas dès 1762 à Sophie Volland que « ce Rousseau » est « un homme excessif » qu'il « voit tourner autour d'une capucinière » (c'est-à-dire un couvent de capucins). Confirmant pleinement ce diagnostic, à la fin de sa vie, il déclare qu'il « a fréquenté dix-sept ans dans la cellule de saint Jean-Jacques » (*Essai sur les règnes de Claude et de Néron*, *Œuvres complètes*, *op. cit.*, t. I, § 61) et que celui-ci aurait été « chef de secte il y a deux cents ans » (*ibid.*, t. II, § 65).

101. *Ibid.*, t. II, § 8.

102. *Ibid.*, t. I, § 13.

103. *Ibid.*, t. II, § 118.

104. *Ibid.*, t. I, § 108.

105. Jean Ehrard est parfaitement fondé, de ce point de vue, à définir l'*Essai sur les règnes de Claude et de Néron* comme un « véritable testament intellectuel et moral » (« Pourquoi Sénèque ? », dans Diderot, *Essai sur les règnes de Claude et de Néron*, *Œuvres complètes*, Paris, Hermann, 1986, t. XXV, p. 6).

106. Diderot, *Essai sur les règnes de Claude et de Néron*, *Œuvres complètes*, *op. cit.*, t. II, § 51. L'idée de la clémence d'Auguste dans *Cinna* lui importe à présent bien davantage que l'image traumatisante du sacrifice d'Iphigénie : « Lorsque j'entends Agamemnon dire à Iphigénie : Vous y serez ma fille, je suis encore touché ; mais lorsque j'entends Auguste dire à un perfide : Soyons amis, Cinna, mes yeux se remplissent de larmes » (*ibid.*).

107. Diderot, *Salon de 1767*, *Œuvres complètes*, *op. cit.*, p. 158.

108. Diderot, *Essai sur les règnes de Claude et de Néron*, *Œuvres complètes*, *op. cit.*, t. II, § 17.

109. Dans une lettre à Sophie Volland du 25 novembre 1760, Diderot note : « J'ai reçu, ce matin, la visite de M. de Buffon [...] J'aime les hommes qui ont une grande confiance en leurs talents. »

110. Diderot, *Essai sur les règnes de Claude et de Néron*, *Œuvres complètes*, *op. cit.*, t. II, § 56.

111. Métra, *Correspondance secrète*, 18 août 1778.

112. Voltaire, lettre à Diderot du 8 décembre 1776.

113. Jean Fabre et Paul Vernière doutent de la réalité de l'entrevue, alors que pour Jean Varloot elle semble attestée par des témoignages suffisamment divers. Arthur Wilson suggère, de façon convaincante, que l'entretien aurait plutôt mal tourné.

114. *Le Journal de littérature* note ainsi : « Je parierais bien, Monsieur, que l'apologiste n'a point parlé impunément de cette manière au poète lauréat. Celui-ci voulait des louanges franches et décidées ; il eût bientôt envoyé promener le timide panégyriste avec ses modifications oratoires » (1779, lettre XII, p. 368-369).

115. « Et la piqûre d'un insecte envieux, jaloux, malheureux, pourra corrompre ta félicité ? [...] connais enfin ta hauteur, et sache qu'avec quelque force que les flèches soient

lancées, elles n'atteignent point le ciel (*Essai sur les règnes de Claude et de Néron, Œuvres complètes, op. cit.*, t. II, § 86).

116. *Ibid.*, t. II, § 109. En fait, Métra prétendit qu'il avait agacé Voltaire en monologuant et en évoquant Shakespeare (*Correspondance secrète, politique et littéraire*, 13 juin et 8 septembre 1778). Version que confirme (ou simplement reprend) Hérault de Séchelles.

117. Publiés sous forme manuscrite pour les quelques abonnés aristocratiques de la *Correspondance littéraire.*

118. Diderot, lettre à Falconet du 17 mars 1766.

119. Diderot, lettre à Falconet du 10 janvier 1766.

120. Diderot, lettre à Falconet du 16 février 1766.

121. Diderot, *Essai sur les règnes de Claude et de Néron, Œuvres complètes, op. cit.*, t. I, § 64.

122. Il le présente comme « un des auteurs modernes qui pense et s'exprime avec le plus d'élévation » et voit dans son *Essai sur les éloges* « un traité plein de recherches, de raison, de goût, de sentiment et de chaleur » (*ibid.*, t. II, § 88). Il écrit à propos de son *Éloge de Descartes* : « Il me lit son discours ; j'en suis confondu » (lettre à Sophie Volland du 21 juillet 1765).

123. Par une de ces allusions qu'il affectionne, il écrira plus tard, à propos de cet éloge de Pezay où son empreinte est effectivement reconnaissable, qu'on y « trouve des morceaux qu'un bon littérateur voudrait avoir faits » (« Éloge de Fénelon par M. de Pezay », *Correspondance littéraire*, 1er novembre 1771 ; dans le même envoi Diderot rend compte également des éloges de Fénelon par La Harpe et par l'abbé Maury).

124. Thomas, *Essai sur les éloges, Œuvres complètes, op. cit.*, t. II, p. 178. Thomas saisit l'essentiel de la manière diderotienne : « ces invocations si passionnées, ce désordre, ces élans, et ensuite ces silences, et, pour ainsi dire, ces repos ; enfin cette conversation avec son lecteur. »

125. Expression utilisée par Diderot à propos de La Harpe dans la critique de son « Éloge de Fénelon » (*Correspondance littéraire*, 1er novembre 1771).

126. *Essai sur les règnes de Claude et de Néron, Œuvres complètes, op. cit.*, t. II, § 109 (termes utilisés par Marmontel cité ici par Diderot).

127. *Ibid.*, t. I, § 102. Au sujet de d'Alembert et de Condorcet, il note que « l'amour du vrai, du bon et du beau leur est commun » (*ibid.*, note 1).

128. *Ibid.*, t. II, § 3.

129. *Ibid.*

130. Diderot, lettre à Sophie Volland du 18 octobre 1760.

131. Lettre de « Rivot, maire de Langres » à Diderot du 8 avril 1781.

132. Lettre de « la municipalité de Langres » à Diderot du 1er mai 1781.

133. Dans une lettre à Sartine du 12 juillet 1775, Diderot annonce à propos de sa fille : « [...] il y a tout juste aujourd'hui quinze jours qu'elle m'a grand-périsé d'un petit-fils. »

134. Diderot, *Essai sur les règnes de Claude et de Néron, Œuvres complètes, op. cit.*, t. II, § 47.

135. *Ibid.*, t. II, § 109.

136. On peut reconnaître ce dernier dans cette violente apostrophe : « Ô le plus haï, le plus méprisable et le plus méprisé des hommes ! » (*Essai sur les règnes de Claude et de Néron, Œuvres complètes, op. cit.*, t. II, § 78). Diderot le traite d'« homme pervers » dans les *Mémoires pour Catherine II, Œuvres complètes, op. cit.*, t. I, p. 36.

137. Diderot, *Essai sur les règnes de Claude et de Néron, Œuvres complètes, op. cit.*, t, I, § 35. Diderot reprend ici des éléments de l'article « Oraison funèbre » de l'*Encyclopédie* par Jaucourt qui note à propos du discours où Valerius Publicola exposa à la tribune les « belles actions » de la vie de Brutus : « Le peuple touché, attendri, comprit alors de quelle utilité il peut être à la république de récompenser le mérite en le peignant avec tous les traits de l'éloquence. Il ordonna sur-le-champ que le même usage serait perpétuellement observé à la mort des grands hommes qui auraient rendu des services importants à l'État. »

138. Dans la *Lettre sur les sourds et muets* (*Œuvres complètes, op. cit.*, t. II, p. 559), Diderot évoque l'enseignement du « célèbre Porée », « il y a trente ou quarante ans ». Voir

Édith Flamarion, *Le Théâtre néo-latin dans les collèges de Jésuites, en France, au début du XVIIIe siècle. Un cas exemplaire : le « Lucius Junius Brutus » de Charles Porée (1708)*, thèse soutenue à la Sorbonne Nouvelle, Paris, 1994.

139. Diderot, *Lettre apologétique de l'abbé Raynal, Œuvres complètes, op. cit.*, t. XII, p. 76.

140. Voir, sur ce point, Philippe Bordes, *La Mort de Brutus de Pierre-Narcisse Guérin*, Vizille, musée de la Révolution française, 1996.

141. Diderot, lettre à Sophie Volland du 19 août 1762.

142. Jean Fabre se risque à noter en ce sens : « [...] il reste en lui un Diogène qui, loin de s'amender, prend de l'assurance, à mesure que Diderot s'empâte et vieillit. Socrate est le masque, Diogène le visage, celui avec lequel Diderot entrera dans la mort » (*Le Neveu de Rameau*, édition critique avec notes et lexique par Jean Fabre, Genève, Droz, 1977, Introduction, p. LXXIX).

143. Diderot, *Le Neveu de Rameau, op. cit.*, p. 49.

144. Ne se plaît-il pas à s'imaginer en « ange d'annonciation » dans la lettre à Sophie Volland du 19 août 1762, où il se voit également en « sylphe » et en « Diogène » ?

145. Diderot, lettre à Falconet du 15 février 1766.

146. Registre très important pour Diderot comme le montre son *Discours sur la poésie dramatique* en 1758.

147. C'est la transposition diderotienne, sur le mode de l'inspiration enthousiaste, du cheminement propre à la rhétorique de l'éloge : « Ce livre, si c'en est un, ressemble à mes promenades : rencontré-je un beau point de vue ? Je m'arrête et j'en jouis. Je hâte ou ralentis mes pas, selon la richesse ou la stérilité du site » (Diderot, *Essai sur les règnes de Claude et de Néron, Œuvres complètes, op. cit.*, « Dédicace à Naigeon »).

148. *Ibid.*, t. II, § 67. Cette « idée » vient de d'Alembert qui avait souhaité, dans son *Éloge de Saint-Pierre*, que tout homme de lettres pût à cette occasion revenir sur ses erreurs et « demandât pardon à son siècle de n'avoir eu avec lui qu'une sincérité posthume ».

149. *Ibid.*, « À Monsieur Naigeon » (dédicace du premier tome).

150. « Mes pensées, ce sont mes catins » (*Le Neveu de Rameau, op. cit.*, p. 45).

## CHAPITRE IX

1. *Correspondance complète de Jean-Jacques Rousseau*, Oxford, The Voltaire Foundation, t. XXXVIII, p. 330.

2. *Lettres et pensées du maréchal prince de Ligne*, publiées par Mme la baronne de Staël Holstein, Londres, 1809, t. II, p. 246.

3. Bernardin de Saint-Pierre, *La Vie et les ouvrages de Jean-Jacques Rousseau*, édition critique publiée avec de nombreux fragments inédits par Maurice Souriau, Paris, 1907, p. 21.

4. Hölderlin, *Odes, Œuvres*, Paris, Gallimard, Bibliothèque de la Pléiade, 1967, « Rousseau », p. 773, 774.

5. Rousseau, *Lettres à Malesherbes, Œuvres complètes*, Paris, Gallimard, Bibliothèque de la Pléiade, 1959, t. I, « seconde Lettre », p. 1134.

6. Rousseau, *Les Rêveries du promeneur solitaire, Œuvres complètes, op. cit.*, t. I, « quatrième Promenade », p. 1024.

7. Rousseau, *Les Confessions, Œuvres complètes, op. cit.*, t. I, p. 9.

8. Rousseau, *Les Rêveries du promeneur solitaire, Œuvres complètes, op. cit.*, t. I, « quatrième Promenade », p. 1024.

9. Rollin, *De la manière d'enseigner et d'étudier les belles-lettres par rapport à l'esprit et au cœur*, Paris, 1727, Avant propos, p. 2.

10. Rousseau, *Dernière réponse de J.-J. Rousseau de Genève* [à propos du *Discours sur les sciences et les arts*], *Œuvres complètes, op. cit.*, t. III (1964), p. 88.

11. Rousseau, *Rousseau juge de Jean-Jacques, Œuvres complètes, op. cit.*, t. I, « deuxième Dialogue », p. 819.

12. Rousseau, *Les Confessions, Œuvres complètes, op. cit.*, t. I, p. 9.

13. Rousseau, *Lettres à Malesherbes, Œuvres complètes, op. cit.*, t. I, « seconde Lettre », p. 1134.

14. Rousseau, *Les Confessions, Œuvres complètes, op. cit.*, t. I, p. 12.

15. *Ibid.*, p. 256.

16. Bernardin de Saint-Pierre a signalé les deux versants contradictoires du tempérament de Rousseau aussi différents que le « vent de printemps » et le « vent d'automne » : « Les caresses maternelles l'avaient disposé à la sensibilité. À cela s'était ajouté le spectacle des grands hommes de la Grèce et d'Athènes » (*La Vie et les ouvrages de Jean-Jacques Rousseau, op. cit.*, p. 114).

17. Alexandre Deleyre, lettre au marquis de Girardin du 5 août 1778.

18. Rousseau, *Les Confessions, Œuvres complètes, op. cit.*, t. I, p. 356.

19. *Ibid.*, p. 403.

20. D'Alembert, *Essai sur la société des Gens de lettres et des Grands, op. cit.*, p. 34. La célèbre devise de Rousseau empruntée à Juvénal (*Vitam impendere vero*) sera plus tard reprise par Marat. Voir ci-dessous, chap. XIII.

21. Rousseau, *Les Confessions, Œuvres complètes, op. cit.*, t. I, p. 368. Situation qu'illustre parfaitement l'exergue du « premier Discours » repris à nouveau bien plus tard pour *Rousseau, juge de Jean-Jacques* : *Barbarus his ego sum quia non intelligor illis* (« On me tient ici pour barbare, parce qu'on ne me comprend pas », Ovide, *Tristes*, X, vers 37).

22. Rousseau, *Émile, Œuvres complètes, op. cit.*, t. IV (1969), p. 534-535.

23. Bernardin de Saint-Pierre, *La Vie et les ouvrages de Jean-Jacques Rousseau, op. cit.*, p. 183.

24. Marmontel déclare qu'il « avait essayé pour attirer la foule de se donner un air de philosophe antique ».

25. Rousseau, *Discours sur l'économie politique, Œuvres complètes, op. cit.*, t. III, p. 255. Voir, à ce sujet, *Jean-Jacques entre Socrate et Caton, textes inédits de Jean-Jacques Rousseau (1750-1753)*, publiés par Claude Pichois et René Pintard, Paris, José Corti, 1972. Au nombre des hommes d'action qu'il admire, Rousseau retient Lycurgue, Solon, Miltiade, Aristide, Thémistocle.

26. *Ibid.* « À ce nom saint et auguste, déclare également Milord Édouard dans *La Nouvelle Héloïse*, tout ami de la vertu doit mettre le front dans la poussière et adorer le plus grand des hommes » (*La Nouvelle Héloïse, Œuvres complètes, op. cit.*, t. II (1964), p. 391). Saint-Preux lui aussi en appelle au « grand et divin Caton, toi dont l'image auguste et sacrée animait les Romains d'un saint zèle et faisait frémir les tyrans » (*ibid.*, p. 381).

27. Rousseau [Fiction ou morceau allégorique sur la révélation], *Œuvres complètes, op. cit.*, t. IV, p. 1053. Et le « vêtement » du Christ n'est pas plus apprêté que son langage : il « était populaire et ressemblait à celui d'un artisan ».

28. Rousseau, *La Profession de foi du vicaire savoyard, Émile, op. cit.*, t. IV, livre IV, p. 626.

29. Rousseau, *Lettre à Christophe de Beaumont, Œuvres complètes, op. cit.*, t. IV, p. 994. Il note, dans le même sens, au sujet des « injustes prêtres » qui le persécutent : « Mon vœu le plus ardent est d'avoir Jésus-Christ même pour arbitre et pour juge entre eux et moi » (*ibid.*).

30. Jean Starobinski remarque très justement : « Ce n'est pas Dieu que Jean-Jacques cherche en Dieu, mais le Regard absolu qui lui donnera confirmation de sa propre identité, le verdict qui le rendra possesseur de sa transparence » (*J.-J Rousseau. La transparence et l'obstacle*, Paris, Gallimard, 1971, p. 298).

31. Rousseau, *Les Confessions, Œuvres complètes, op. cit.*, t. I, p. 362.

32. Rousseau, lettre à Mme de Verdelin du 25 mai 1766.

33. Rousseau, *Les Confessions, Œuvres complètes, op. cit.*, t. I, p. 5.

34. Rousseau, *Lettre à M. de Franquières* (du 15 janvier 1769), *Œuvres complètes, op. cit.*, t. IV, p. 1141.

35. Diderot, *Salon de 1767, Œuvres complètes, op. cit.*, p. 158.

36. Rousseau, *Mémoire à M. de Mably*, *Œuvres complètes*, *op. cit.*, t. IV, p. 21.

37. Bernardin de Saint-Pierre, *La Vie et les ouvrages de Jean-Jacques Rousseau*, *op. cit.*, p. 123.

38. Dont il aimait particulièrement à citer les vers suivants en les appliquant à lui-même : « Je vivrai avec mes tourments, mes angoisses, mes justes furies, forcené, vagabond [...] J'aurai peur de moi-même et me fuyant toujours, je serai toujours poursuivi par moi-même » (Le Tasse, *La Jérusalem délivrée*, chant XII, strophe LXXVII, édition de J.-M. Gardair, Paris, Éditions Garnier, coll. « Classiques Garnier », 1990, p. 697).

39. « Il en a coûté la vie à Socrate pour avoir dit précisément les mêmes choses que moi », s'écrie-t-il à propos de son « premier Discours » (*Dernière réponse*, *Œuvres complètes*, *op. cit.*, t. III, p. 73).

40. Paul Moultou, lettre à Rousseau du 23 décembre 1764. Voir, à ce sujet, Raymond Trousson, *Socrate devant Voltaire, Diderot et Rousseau*, Paris, Minard, 1967.

41. Rousseau, lettre à Saint-Germain du 26 février 1770.

42. Bernardin de Saint-Pierre rapporte à propos d'un « camarade » qu'il souhaitait présenter à Rousseau : « Ne me l'amenez pas, dit-il, il m'a fait peur : il m'a écrit une lettre où il me mettait au-dessus de J. Christ » (*La Vie et les ouvrages de Jean-Jacques Rousseau*, *op. cit.*, p. 39).

43. Alexandre Deleyre, lettre au marquis de Girardin du 5 août 1778.

44. De même qu'il montre le Christ « expirant dans les tourments, injurié, raillé, maudit de tout un peuple (*La Profession de foi du vicaire savoyard*, *Émile*, *Œuvres complètes*, *op. cit.*, t. IV, livre IV, p. 626), il lui arrive de se présenter comme une victime des Pharisiens, un juste calomnié, « flétri, proscrit, poursuivi d'État en État, d'asile en asile » (*Lettre à Christophe de Beaumont*, *Œuvres complètes*, *op. cit.*, t. IV, p. 930).

45. François-Louis d'Escherny, *Mélanges de littérature, d'histoire, de morale et de philosophie*, *op. cit.*, t. II, p. 155-156.

46. « Je ne connais point d'éloge de Rousseau », s'écrie Mme de Staël au début de ses *Lettres sur les ouvrages et le caractère de J.-J. Rousseau* en 1788, annonçant par là qu'elle va employer son jeune talent à une juste réparation.

47. Aussi tient-il à remarquer aussitôt après la prosopopée de Fabricius dans le « premier Discours » : « Et qu'ai-je fait dire à ce grand homme que je n'eusse pu mettre dans la bouche de Louis XII ou de Henri IV » (*Discours sur les sciences et les arts*, *Œuvres complètes*, *op. cit.*, t. III, p. 15).

48. Leurs éloges sont proposés pour le concours académique en 1775 et 1771. Julie écrit dans *La Nouvelle Héloïse* : « Les deux plus grands, les deux plus vertueux des modernes, Catinat, Fénelon, étaient tous deux Français : Henri IV, le roi que j'aime, le bon roi, l'était » (seconde partie, lettre XVIII). Rousseau prétend au sujet de Catinat qu'il aurait aimé écrire l'« histoire de sa vie ».

49. Rousseau, *Les Rêveries du promeneur solitaire*, *Œuvres complètes*, *op. cit.*, t. I, « huitième Promenade », p. 1013.

50. Bernardin de Saint-Pierre, *La Vie et les ouvrages de Jean-Jacques Rousseau*, *op. cit.*, p. 108.

51. Cet « homme illustre, dit-il, [qui] en qualité d'écrivain n'a point d'égal parmi ses contemporains » (Rousseau, lettre à Pierre-Alexandre Du Peyrou du 4 septembre 1764).

52. Il écrit en 1768 à Servan : « [...] quant à Messieurs mes admirateurs que vous dites qui m'entourent, et que j'admire beaucoup aussi, si ce grand commerce d'admiration ne les touche pas plus que moi, ce n'est pas la peine de s'en mettre en frais d'une part ni d'autre » (*Correspondance complète de Jean-Jacques Rousseau*, *op. cit.*, t. XX, p. 44).

53. Rousseau, *Les Confessions*, *Œuvres complètes*, *op. cit.*, t. I, p. 367.

54. *Ibid.*, p. 425. Dans sa lettre à Malesherbes envoyée de Montmorency le 26 janvier 1762, il note : « En me levant avant le soleil pour aller voir, contempler son lever dans mon jardin, quand je voyais commencer une belle journée, mon premier souhait était que ni lettres ni visites n'en vinssent troubler le charme. »

55. Propos rapporté par James Boswell (*Correspondance complète de Jean-Jacques Rousseau*, *op. cit.*, t. XXII, p. 355).

56. Rousseau, *Les Rêveries du promeneur solitaire, Œuvres complètes, op. cit.*, t. I, « sixième Promenade », p. 1052.

57. Rousseau, *Les Confessions, Œuvres complètes, op. cit.*, t. I, p. 611.

58. *Ibid.*, p. 367.

59. Comme en prévient une dame de Môtiers, Rousseau « a une belle physionomie, mais il n'aime pas qu'on vienne le regarder comme un homme à deux têtes ». Propos rapporté par James Boswell (*Correspondance complète de Jean-Jacques Rousseau, op. cit.*, t. XXII, p. 361).

60. « Je sentis la fatigue du travail et l'importunité d'une célébrité malheureuse », écrit Rousseau (*Les Rêveries du promeneur solitaire, Œuvres complètes, op. cit.*, t. I, « sixième Promenade », p. 1062). « Il répéta avec humeur "Célébrité ! Célébrité !", le mot le fâchait », rapporte Bernardin de Saint-Pierre (*La Vie et les ouvrages de Jean-Jacques Rousseau, op. cit.*, p. 66).

61. Rousseau, *Les Rêveries du promeneur solitaire, Œuvres complètes, op. cit.*, t. I, « sixième Promenade », p. 1057.

62. *Correspondance littéraire*, 15 juillet 1770. Même témoignage de Ménétra : « Dimanche dernier, il y a eu plusieurs tables de marbre de cassées par l'affluence des personnes qui ont voulu voir jouer M. Rousseau en montant dessus » (Jacques-Louis Ménétra, *Journal de ma vie*, texte présenté, établi et annoté par Daniel Roche, Paris, Montalba, 1982, p. 218).

63. Rousseau, *Les Confessions, Œuvres complètes, op. cit.*, t. I, p. 527.

64. *Lettres et pensées du maréchal prince de Ligne, op. cit.* t. II, p. 246.

65. Joseph Teleki, comte de Szek, cité par Ronald Leigh (*Correspondance complète de Jean-Jacques Rousseau, op. cit.*, t. VIII, p. 361).

66. Ainsi s'annonce en effet l'auteur de la *Vie de Johnson*. Cette célèbre biographie du grand écrivain anglais publiée en 1791 préfigure, dans son esprit, les fameuses *Conversations avec Goethe* par Eckerman en 1836. Voir ci-dessous, chap. XII.

67. *Correspondance complète de Jean-Jacques Rousseau, op. cit.*, t. VIII, p. 365.

68. Rousseau, *Rousseau juge de Jean-Jacques, Œuvres complètes, op. cit.*, t. I, « premier Dialogue », p. 56.

69. Ainsi que le rapporte Burney le 12 décembre 1770 (Charles Burney, *Voyage musical dans l'Europe des Lumières*, traduit, présenté et annoté par Michel Noiray, Paris, Flammarion, coll. « Harmoniques », 1992, p. 225).

70. L'un a traduit la *Lettre à d'Alembert*, et écrit une défense du *Contrat social* et de la *Profession de foi du vicaire savoyard*. Pour le récit de ces deux visiteurs, voir « Jacques Wégelin et Jean-Gaspard Schulthess : Caractère de Monsieur Rousseau (1763). Présentation de Jochen Schlobach », *Dix-huitième siècle*, n° 16, 1984.

71. Bernardin de Saint-Pierre, *La Vie et les ouvrages de Jean-Jacques Rousseau, op. cit.*, p. 29.

72. C'est le cas du pasteur genevois Pierre Picot qui lui rend visite en mai 1771 (cité par Ronald Leigh, *Correspondance complète de Jean-Jacques Rousseau, op. cit.*, t. XXXVIII, p. 339).

73. D'Escherny, *Mélanges de littérature, d'histoire, de morale et de philosophie, op. cit.*, chap. XIV.

74. Rousseau, *Les Confessions, Œuvres complètes, op. cit.*, t. I, p. 367.

75. *Correspondance complète de Jean-Jacques Rousseau, op. cit.*, t. VIII, p. 361.

76. C'est la plus importante innovation qu'il ait conçue au théâtre : il s'agit de faire jouer simultanément, dans des lignes concurrentes, scènes parlées et scènes muettes, en combinant l'image et le son. J'ai développé ce thème dans « Diderot a inventé le cinéma », *Recherches sur Diderot et sur l'Encyclopédie*, n° 18-19, octobre 1995.

77. Il recherche des effets de décrochement et de dissonance en faisant par exemple alterner les scènes parlées et la pantomime.

78. Rousseau, *Rousseau juge de Jean-Jacques, Œuvres complètes, op. cit.*, t. I, « premier Dialogue », p. 20.

79. L'idée de composer un opéra lui aurait été donnée par Fontenelle, qui se serait déclaré devant lui « curieux que quelqu'un fît à la fois la musique et les paroles » et qui

lui aurait dit ensuite, à propos du *Devin de village* : « Vous avez bien réussi ; vous avez filé ensemble l'or et la soie » (Bernardin de Saint-Pierre, *La Vie et les ouvrages de Jean-Jacques Rousseau, op. cit.*, p. 136).

80. Rousseau, *Rousseau juge de Jean-Jacques, Œuvres complètes, op. cit.*, t. I, « premier Dialogue », p. 27. Michel Noiray définit l'« unité de mélodie » comme « la nécessité pour toute composition de parler directement à la sensibilité de l'auditeur, sans que s'interposent des procédés d'écriture considérés comme une fin en soi » (Charles Burney, *Voyage musical dans l'Europe des Lumières, op. cit.*, Introduction, p. 27).

81. Rousseau, *Dictionnaire de musique, Œuvres complètes, op. cit.*, t. V (1995), « Unité de mélodie », p. 1145. Dans sa *Lettre sur la musique française,* Rousseau cite la *Lettre sur les sourds et muets* où Diderot, appliquant à la musique son principe fondamental de « scène composée », remarque que « les parties d'accompagnement concourront ou à fortifier l'expression de la partie chantante ou à ajouter de nouvelles idées que le sujet demandait et que la partie chantante n'aura pu rendre ».

82. Rousseau, *Lettre sur la musique française, Œuvres complètes, op. cit.*, t. V, p. 307.

83. Rousseau, *Rousseau juge de Jean-Jacques, Œuvres complètes, op. cit.*, t. I, « deuxième Dialogue », p. 902-903.

84. Diderot, *Essai sur les règnes de Claude et de Néron, Œuvres complètes, op. cit.*, t. I, § 67.

85. Rousseau, *Rousseau juge de Jean-Jacques, Œuvres complètes*, « Sujet et forme de cet écrit », t. I, p. 665.

86. *Ibid.*, « deuxième Dialogue », p. 794.

87. *Ibid.*, p. 778.

88. « Il est redevenu galant et doucereux. Il a quitté sa peau d'ours », note la *Corresponsance littéraire* en juillet 1770. « Le seul qui m'ait peint ressemblant », écrit Rousseau à propos du tableau de La Tour (lettre à Moultou du 26 juillet 1770). Diderot n'y a vu, quant à lui, « au lieu du censeur des lettres », que « l'auteur du *Devin de village* [...] bien habillé, bien peigné, bien poudré et ridiculement assis sur une chaise » (Diderot, *Essai sur la peinture, Œuvres complètes, op. cit.*, t. VI, p. 277). Une gazette à la main note pour le 28 août 1753 : « Rousseau de Genève est peint au salon ; il avait dit à La Tour de le peindre assis sur une pierre, et il a trouvé mauvais que le peintre l'ait représenté sur une chaise de paille » (*Correspondance complète de Jean-Jacques Rousseau, op. cit.*, t. II, p. 329).

89. Rousseau, *Les Confessions, Œuvres complètes, op. cit.*, t. I, p. 405.

90. Rousseau, *Rousseau juge de Jean-Jacques, Œuvres complètes, op. cit.*, t. I, « deuxième Dialogue », p. 778.

91. *Ibid.*, p. 779.

92. *Ibid.*, p. 782.

93. À propos d'un « M. Laliaud de Nîmes » qui souhaitait faire exécuter son « buste en marbre », il note qu'il « s'est borné à une mauvaise esquisse en terre cuite faite par Lemoyne sur laquelle il a fait graver un portrait hideux, qui ne laisse pas de courir sous mon nom, comme s'il avait avec moi quelque ressemblance » (*Les Confessions, Œuvres complètes, op. cit.*, t. I, p. 613).

94. *Correspondance complète de Jean-Jacques Rousseau, op. cit.*, t. XXXVIII, p. 327. Antoine Bret fit alors cette remontrance à Rousseau : « Rousseau, lui dis-je avec assez de fermeté, cette gravure est un hommage que vous a rendu M. Mathon de la Cour, un jeune lyonnais passionné pour vous qui quoique peu riche, vous a fait graver à grands frais dans le costume sous lequel vous avez paru dans sa patrie. Et vous traitez cet hommage de son cœur d'insulte. »

95. Rousseau, *Rousseau juge de Jean-Jacques, Œuvres complètes, op. cit.*, t. I, « deuxième Dialogue », p. 834.

96. Rousseau, *Rousseau juge de Jean-Jacques, Œuvres complètes, op. cit.*, t. I, « troisième Dialogue », p. 959.

97. « Voyez si cette chapelle peut vous séduire et si vous êtes d'humeur à la partager un jour avec moi. Nous placerons tout près votre cèdre du Liban, vous fournirez une inscription pour le monument et, de plus, il vous faudra trouver un nom à ce séjour » (Pierre-Alexandre Du Peyrou, lettre à Rousseau du 20 septembre 1764).

98. *Correspondance littéraire*, juin 1780.

99. « Toi qui as si bien dit que la calomnie disparaît à la mort de l'homme obscur, mais qu'on la voit debout devant l'urne du grand homme, et continuant d'en remuer la cendre avec son poignard, faut-il que je te trouve dans cette odieuse attitude près de la tombe de ton ancien ami ! Comment ta haine a-t-elle pu, en assassin de sa mémoire !... Mais tirons le rideau sur ce scandale » (Pierre Le Tourneur, *Voyage à Ermenonville, Œuvres complètes de J.-J. Rousseau. Nouvelle édition, classée par ordre de matières, et ornée de quatre-vingt-dix gravures*, Paris, t. I, 1788, p. 165).

100. Lettre de Gabriel Brizard à Mlle Mazuyer du 27 juillet 1783.

## CHAPITRE X

1. Chateaubriand, *Mémoires d'outre-tombe*, nouvelle édition critique établie, présentée et annotée par Jean-Claude Berchet, Paris, Garnier, coll. « Classiques Garnier », 1998, t. IV, IIIe partie, livre XXXV, chap. VII, p. 47.

2. Voir, sur ce point, René Pomeau, *La Religion de Voltaire*, Nizet, 1956 et *D'Arouet à Voltaire, 1694-1734*, Oxford, The Voltaire Foundation, 1985.

3. Voltaire, *Épître à Uranie*, édition établie par Ira O. Wade, *P.M.L.A.*, n° 47, 1932, vers 95-96.

4. Voltaire, *La Henriade*, VII, vers 312. Jean-Marie Roulin note, à juste titre, que « le futur n'est pas utilisé uniquement pour le panégyrique comme chez Virgile, mais permet de poser un point de vue spécifique, critique et commentatif » (« Le Grand Siècle au futur : Voltaire, de la prophétie épique à l'écriture de l'Histoire », *R.H.L.F.*, n° 5, septembre 1996, p. 918-933).

5. Voltaire, *Essai sur les mœurs et l'esprit des nations*, 1750, chap. LVIII.

6. Lettre de l'abbé de Saint-Pierre à Voltaire du 2 octobre 1739. Voir ci-dessus, chap. II.

7. Jean-François Ducis, par exemple, remarque dans son discours du 4 mars 1779 à l'Académie où il était reçu à la place de Voltaire : « Vivant, il a, pour ainsi dire, assisté à son immortalité. Son siècle a acquitté d'avance la dette des siècles à venir » (*Choix de discours de réception à l'Académie française*, Paris, Demonville, 1808, p. 209).

8. *Ibid.*

9. « Plus que n'importe quel autre personnage que l'époque ait produit, monarques et héros compris », note un visiteur anglais (John Moore le 3 juillet 1772). Toutes les citations de visiteurs anglais sont tirées du recensement de Gavin de Beer et André Michel Rousseau (*Voltaire's British Visitors, Studies on Voltaire and the Eighteenth Century*, Oxford, The Voltaire Foundation, 1967, t. XLIX).

10. *Correspondance littéraire*, octobre 1770.

11. *Correspondance littéraire*, juin 1753.

12. « Il donnait ensuite à souper à tous les spectateurs et à leur suite, et puis le bal pendant toute la nuit » (Wagnière, « Additions au commentaire historique sur les œuvres de l'auteur de *La Henriade* », *Mémoires sur Voltaire et ses ouvrages. Par (S. G.) Longchamp et (J. P. L.) Wagnière, ses secrétaires*, Paris, Aimé André, 1825, p. 48).

13. Voltaire, lettre à Mme du Deffand du 30 mars 1768.

14. *Mémoires secrets*, 17 octobre 1765.

15. Un relief de terre cuite ovale de Joseph Rosset intitulé *Voltaire assis au pied d'un arbre, un livre à la main*, montre une famille de paysans venant demander assistance pour un procès.

16. Dont la plus grande gloire fut, selon Malesherbes, « de joindre aux titres littéraires le titre sacré de protecteur des opprimés » (discours prononcé le 16 février 1775 dans *Choix de discours de réception à l'Académie française*, *op. cit.*, p. 76).

17. Reçu à l'Académie française le 4 août 1774, Jean-Baptiste Suard avait fait un vif éloge de Voltaire dans son discours de réception.

18. *Lettres de Mme Suard à son mari sur son voyage de Ferney*, suivies de quelques autres

insérées dans le *Journal de Paris*, imprimées par G. E. J. Montmorency, Albert Luynes, A. Dampierre, an X (1802), p. 15.

19. Il s'agit du premier vers de l'*Epître de M. de***, en arrivant dans sa terre près du lac de Genève, en mars 1775*, Genève, 1755 (Voltaire, *Œuvres complètes*, Paris, 1877, t. X, p. 362-366).

20. C'est-à-dire la corneille est bien noire comme son nom l'indique, mais elle n'est pas belle, plaisanterie fondée sur une claire allusion biblique et dont le prince de Ligne s'attribue la paternité.

21. Le chevalier de Boufflers ou l'extravagant comte de Lauraguais, les jeunes savants suisses Mallet Du Pan et Jean de Muller, ou Chabanon et La Harpe, bientôt appelé le « petit » lors de ses longs séjours à Ferney.

22. Wagnière, *Mémoires sur Voltaire, op. cit.*, p. 94. Charles Burney rapporte : « J'avais appris que des Anglais avaient été dernièrement mal accueillis par M. de Voltaire, en se présentant chez lui sans lettre d'introduction, ni rien qui les recommandât particulièrement. Il leur demanda ce qu'ils voulaient, et comme ils répondaient qu'ils désiraient simplement voir un homme aussi extraordinaire, il leur dit : "Eh bien, à présent que vous m'avez vu, messieurs, dites-moi, ai-je l'air d'une bête sauvage ou d'un monstre, tout juste bon à être exhibé sur des tréteaux ?" Cette anecdote eut le don de me refroidir » (Charles Burney, *Voyage musical dans l'Europe des Lumières, op. cit.*, p. 85).

23. *80 annis, 80 morbis, oppressus, non sum tam visendus quam obliviscendus* (« Moi qui cède sous le poids de mes quatre-vingts ans et d'autant de maladies, il ne faut pas tant chercher à me voir qu'à m'oublier »).

24. « Quand il parlait notre langue, il était animé par l'âme d'un Anglais. Il avait des envolées hardies. Il avait de l'humour. Il avait de la folie. Il avait une originalité de style insurpassable même dans le plus comique de nos emplois. Il jurait crûment comme c'était la mode quand il était en Angleterre. »

25. Celui-ci avait écrit : « Renoncez donc aux mauvaises plaisanteries et détestez ce ricanement grimacier qui décèle les détracteurs de la religion et de la vertu » (François Deluc, *Observations sur les hommes incrédules*, Genève, 1762, p. 420).

26. Selon le témoignage de L. Simond, *Switzerland ; or a Journal of a Tour and Residence in that Country*, Londres, 1822, cité par Gavin de Beer, *Voltaire's British Visitors, op. cit.*, p. 65.

27. « Ainsi ma présentation devint solennelle. Il s'en fallait bien que chez Voltaire cette solennité pût m'être favorable » (Casanova, *Histoire de ma vie*, Wiesbaden, F. A. Brockhaus-Paris, Librairie Plon, Paris, 1960, t. VII, chap. IX, p. 224).

28. Voir, sur ce point, l'ouvrage de Chantal Thomas, *Casanova, un voyage libertin*, Paris, Denoël, coll. « L'infini », 1985, p. 82. Arthur Schnitzler fait de la controverse avec Voltaire un thème important de son roman intitulé *Le Retour de Casanova*.

29. Agacé ou abusé par le jeune hâbleur, Voltaire n'hésite pas à poser la question fatidique : « Oserais-je vous demander à quelle espèce de littérature vous vous êtes adonné ? » À quoi Casanova ne peut répondre que par la vérité : « À aucune, mais cela viendra peut-être. En attendant, je lis tout ce que je peux, et je me plais à étudier l'homme en voyageant. »

30. Pris en défaut parce qu'il a conseillé à Voltaire la lecture d'un mauvais livre macaronique et que celui-ci s'est plaint d'« avoir perdu quatre heures à lire des bêtises » (« Mes cheveux se dressèrent, mais je me suis dominé »), Casanova aggrave son cas en s'ingéniant à dire ce qui peut le plus déplaire. Après avoir loué *La Pucelle* de Chapelain (« Il me réfuta avec âcreté et je devins âcre »), il parle favorablement du gouvernement de Venise, position qui surprend chez le fameux évadé des Plombs, uniquement animé en la circonstance par le goût du paradoxe (« J'ai trompé son attente »).

31. *Mémoires secrets*, « Lettre de Ferney », 8 décembre 1774.

32. Publié à la suite des *Mémoires sur Voltaire*, Paris, 1826.

33. « À une représentation de *Zaïre*, dans laquelle il jouait le rôle de Lusignan, au moment de la reconnaissance de ses enfants, il fondait si fort en larmes qu'il en oublia ce qu'il devait dire ; le souffleur qui pleurait aussi, ne put lui donner la réplique » (Wagnière, *Mémoires sur Voltaire, op. cit.*, p. 46).

34. *Correspondance littéraire*, novembre 1772. Dans le même envoi, on apprend que le facétieux Huber avait « peint un Voltaire de grandeur naturelle » qu'il avait « collé et découpé sur du carton » de sorte qu'en entrant chez lui on était « reçu par le patriarche ». Il comptait « porter ce carton un de ces jours à la Comédie-Française, et le placer au fond de la loge et puis faire répandre dans le parterre la nouvelle que M. de Voltaire » était là « incognito ».

35. *Correspondance littéraire*, 15 mars 1763.

36. En novembre 1772, Grimm note dans la *Correspondance littéraire* que « M. Huber ne serait pas éloigné de faire graver cette suite de tableaux représentant les diverses scènes de la vie domestique de l'homme le plus célèbre de l'Europe, si un certain nombre d'amateurs voulaient se réunir et former une souscription ».

37. *Ibid.*

38. « Lettre de M. Huber à M. de Voltaire. De Paris, le 30 octobre 1772 » (*Correspondance littéraire*, novembre 1772).

39. Voltaire, lettre à Étienne Noël Damilaville du 21 mai 1766.

40. *Correspondance littéraire*, avril, 1767.

41. Celui-ci note à propos de son grand-père Gagnon : « Cet homme rare avait fait un pèlerinage à Ferney pour voir Voltaire et en avait été reçu avec distinction. Il avait un petit buste de Voltaire, gros comme le poing, monté sur un pied de bois d'ébène de six pouces de haut. (C'était un singulier goût mais les beaux-arts n'étaient le fort ni de Voltaire ni de mon excellent grand-père) » (*Vie de Henry Brulard, Œuvres intimes,* Paris, Gallimard, Bibliothèque de la Pléiade, 1955, t. II, p. 22).

42. La sculpture du Louvre porte sur son piédestal : « À Monsieur de Voltaire, par les Gens de Lettres ses compatriotes et ses contemporains, 1776 ».

43. Lettre de Jean Huber à Palerston datant de l'hiver 1773 (citée par Garry Apgar, *L'Art singulier de Jean Huber*, Paris, Adam Biro, 1995, p. 92). La même angoisse anatomique transparaît dans une boutade du patriarche : les habitants de Ferney, ayant vu Pigalle « déployer » quelques instruments de sculpture, se seraient dit, à propos de lui : « Tiens, tiens, on va le disséquer, cela sera drôle » (*Correspondance littéraire*, juillet 1770).

44. Car « qu'importe après tout à la postérité qu'un bloc de marbre ressemble à tel homme ou à un autre. Je me tiens très philosophe sur cette affaire » (lettre de Voltaire à Mme Necker du 21 mai 1770, publiée dans la *Correspondance littéraire* en juin 1770).

45. *Ibid.*

46. Jean Huber, lettre à Hennin du 24 juin 1770.

47. *Ibid.*

48. Parce que, dit-il, il « doit y avoir plus de choses à rendre dans ce visage-là que dans tout autre » (lettre de Jean Huber à Houdon du 8 octore 1779).

49. *Mémoires de Marmontel*, *op. cit.*, p. 377. À propos des poètes lyriques en Grèce, il écrit dans le même sens : « C'étaient des jeux funèbres, où, devant un tombeau chargé de trophées et de lauriers, ils recommandaient à l'avenir la mémoire d'un homme vaillant et juste qui avait vécu et qui était mort pour son pays » (Marmontel, *Éléments de littérature*, *op. cit.*, t. V, « Ode », p. 3).

50. À l'occasion de la réception de Voltaire à la loge des Neuf-Sœurs, le 7 avril 1778, le poète Jean-Antoine Roucher lut une ode tout à fait dans le même genre, intitulée *Le Triomphe de Voltaire.*

51. Wagnière, *Mémoires sur Voltaire*, *op. cit.*, p. 120.

52. Longchamp, s'étant informé d'un attroupement sur le quai devant l'hôtel de Villette, rapporte : « On me répondit que M. de Voltaire était logé dans cette maison et qu'on attendait pour le voir passer quand il en sortirait » (*Mémoires sur Voltaire*, *op. cit.*, p. 358).

53. *Ibid.* Peu auparavant il n'avait pas cédé à la même demande de Mme Suard, sans doute parce qu'elle y mettait une religiosité exagérée et superstitieuse (*Lettres de Mme Suard à son mari*, *op. cit.*, p. 29).

54. Baron de Frénilly, *Mémoires*, introduction et notes de Frédéric d'Agay, Paris, Librairie académique Perrin, 1987, p. 28-29.

55. Gravure de Gaucher d'après un dessin de Moreau le Jeune, intitulée *Hommages rendus à Voltaire sur le théâtre français le 30 mars 1778 après la sixième représentation d'Irène.*
56. *Correspondance littéraire*, mars 1778.
57. Le marquis de Villevieille prétendit que durant une séance de pose Houdon avait placé sur la tête du patriarche une couronne de laurier pour que celui-ci retrouve l'expression radieuse du moment de son triomphe.
58. *Correspondance littéraire*, mai 1778.
59. « Et pourquoi, conclura Mercier à propos de la Comédie-Française, avoir répété deux fois l'effigie de Voltaire ? il est sous le vestibule, il est encore au salon » (*Tableau de Paris, op. cit.*, t. II, « Molière », p. 1237).
60. *Journal de littérature*, 1779, lettre XII, p. 367-368.
61. Diderot, *Essai sur les règnes de Claude et de Néron, Œuvres complètes, op. cit.*, t. II, § 109, 21°.
62. « Chez les anciens peuples la considération publique donnait une espèce d'apothéose ; notre gloire est terne en comparaison de ces honneurs, de ces triomphes, de ces acclamations qui payaient les services rendus au genre humain » (L. S. Mercier, *De la littérature et des littérateurs, op. cit.*, p. 38). Mercier remarque, en songeant au théâtre antique, que, dans les salles de spectacle où le peuple est assemblé, le parterre sait acquitter la « dette de la nation » en accueillant avec un entousiasme spontané les hommes célèbres qui viennent à s'y trouver (*Tableau de Paris, op. cit.*, t. II, « Parterres assis », p. 1470).
63. L. S. Mercier, *Tableau de Paris, op. cit.*, t. II, « Triomphe de Voltaire. Janot », p. 266.
64. *Ibid.*, t. II, « Impitoyables versificateurs », p. 1486 (cette expression de Tertullien et de saint Augustin a été reprise par Bossuet).
65. L. S. Mercier, *Du théâtre, ou Nouvel Essai sur l'art dramatique, op. cit.*, p. 72.
66. Diderot, *Essai sur les règnes de Claude et de Néron, Œuvres complètes, op. cit.*, t. II, § 109, 21°.
67. Jean-Antoine Roucher, *Janvier* (poème écrit en 1778 et publié dans *l'Almanach des muses* en 1792).
68. L. S. Mercier, *Tableau de Paris, op. cit.*, t. II, « Embaumements », p. 1565.
69. *Mémoires de S. G. Longchamp, op. cit.*, p. 217.
70. Chateaubriand, *Mémoires d'outre-tombe, op. cit.*, t. IV, III$^{e}$ partie, livre XXXV, chap. VII, p. 45-46.

## CHAPITRE XI

1. Diderot, *Vie abrégée de La Fontaine, Œuvres complètes, op. cit.*, t. V, p. 149.
2. « Quand tu pris Thèbes tu respectas la maison de Pindare », déclare Aristote à Alexandre dans les *Dialogues des morts* de Fénelon.
3. Mercier prétend que la formule fut empruntée au titre de sa pièce *La Maison de Molière*, représentée en 1787.
4. *Correspondance littéraire*, décembre 1780.
5. D'Alembert, *Éloge de Massillon, Œuvres complètes, op. cit*, t. III, p. 220.
6. « On s'arrête avec respect à l'entrée de la chaumière de l'instituteur, on recule d'horreur devant les ruines du palais de l'élève » (Diderot, *Essai sur les règnes de Claude et de Néron, Œuvres complètes, op. cit*, t. I, § 124).
7. Projet dont témoigne une correspondance avec Grimm en 1778.
8. « Dépêche de Ferney » du 15 novembre 1779 parue dans les *Mémoires secrets*.
9. Voir la gravure de Née par Duché en 1781, intitulée *La Chambre du cœur de Voltaire*. Un dessin aquarellé de 1780 en donne une idée un peu différente par l'ajout d'une urne et d'un buste de Voltaire.
10. Wagnière, *Examen des Mémoires secrets dits de Bachaumont, Mémoires sur Voltaire, op. cit.*, p. 169.

11. Villette, qui avait su faire parler de lui en accaparant le grand homme dans les derniers moments de sa vie, continua à vouloir occuper la scène. Mais, selon un mot de l'abbé de Saint-Sulpice rapporté par Mlle Quinaut, « Voltaire est mort et il n'y a que le marquis de Villette d'enterré » (Collé, *Correspondance*, 12 octobre 1778).

12. *Mémoires inédits de Mme la comtesse de Genlis sur le dix-huitième siècle et la Révolution française, depuis 1756 jusqu'à nos jours*, Bruxelles, 1825, t. II, p. 115.

13. Dont l'exemple le plus célèbre au XIXe siècle est donné par Barrès avec *Huit jours chez M. Renan*, Paris, 1913.

14. Hérault de Séchelles, *Voyage à Montbard*, édition de F. A. Aulard, Paris, 1890, p. 9.

15. Sade, *Aline et Valcour ou le roman philosophique*, *Œuvres complètes du marquis de Sade*, Paris, Cercle du livre précieux, 1966, t. IV, p. 25-26.

16. Sade, *Histoire de Juliette ou les prospérités du vice*, *Œuvres complètes*, *op. cit.*, t. IX (1967), p. 160.

17. L. S. Mercier, *Tableau de Paris*, *op. cit.*, t. I, « Les trois rois », p. 976.

18. Hölderlin, lettre à Schiller du 20 novembre 1796.

19. Hölderlin, lettre à Schiller du 24 juillet 1796.

20. Hölderlin, lettre à Schiller en août 1797.

21. Au XXe siècle, Roger Stéphane avoue s'être constamment mis en quête de « grandes personnes » qu'il puisse admirer et qui le protègent.

22. *Correspondance littéraire*, avril 1770 (l'auteur de l'article ajoute : « Il a publié après la mort de cet homme illustre un gros *Fontenelliana*, qui est un chef-d'œuvre pour la platitude, les détails minutieux et les pauvretés qui y sont rapportés avec une prétention à mourir de rire »).

23. Wagnière, *Mémoires sur Voltaire*, *op. cit.*, p. 10.

24. *Ibid.*, p. 171.

25. Mais on ne doit pas oublier, au XVIe siècle, le rôle de Marie de Gournay auprès de Montaigne ou de Binet auprès de Ronsard.

26. Il apparaît au contraire que Boswell recherche les lieux que fréquente Johnson et se place délibérément sur son itinéraire. D'Escherny prétend également avoir rencontré Rousseau de façon impromptue, alors qu'il a « loué une maison à Môtiers » à cette seule fin (*Mélanges de littérature, d'histoire, de morale et de philosophie*, *op. cit.*, chap. II).

27. James Boswell, *Vie de Samuel Johnson*, Paris, Gallimard, 1954, p. 170.

28. *Ibid.*, p 239. À propos de sa biographie de Dryden, il rappelle les décevants témoignages de ceux qui l'ont connu : « Tout ce que Swinnev put me dire, fut qu'à la taverne de Will, Dryden avait une chaise qui lui était réservée et que l'on plaçait en hiver près du feu : on l'appelait alors sa chaise d'hiver. En été, on la posait sur le balcon et lorsqu'il était là, on l'appelait sa chaise d'été » (*ibid.*).

29. Certains éclairages ou détails curieux de mise en scène sont souvent indiqués, grâce auxquels le grand homme est placé dans le décor le plus intime et le plus légendaire, comme cette étrange confrontation de Goethe, à la nuit tombante et aux chandelles, avec un « buste colossal » de Dante « placé devant lui et dans la contemplation duquel il paraissait absorbé » (*Conversations avec Goethe* [1836], Paris, Jonquières, 1930, t. II, p. 114).

30. *Ibid.*, t. I, p. 103.

31. *Ibid.*, t. II, p. 147.

32. *Œuvres complètes de J.-J. Rousseau. Nouvelle édition, classée par ordre de matières, et ornée de quatre-vingt-dix gravures,* Paris, 1788-1793, 37 volumes.

## CHAPITRE XII

1. Charles-Joseph de Ligne, « Mes écarts posthumes », in *Le Prince de Ligne*, Paris, Mercure de France, 1964, p. 288.

2. Augustin Cochin, *La Révolution et la libre pensée*, Paris, Plon, 1924, p. 202.

3. Mercier évoque spontanément cet article « Platon », et très à propos, dans un long et curieux manuscrit, intitulé « Anecdotes choisies sur la vie, la mort et les ouvrages de Mirabeau », Bibliothèque de l'Arsenal, Fonds Mercier.

4. En 1763, Thomas concluait son *Éloge de Sully* en déclarant que Sully et Colbert appelaient un « successeur ».

5. Jacques Necker, *Éloge de Colbert*, *Œuvres complètes de M. Necker publiées par M. le baron de Staël son petit-fils*, Paris, Treuttel et Würtz, 1821, t. XV, p. 6.

6. *Ibid.*, p. 41.

7. Diderot, lettre à Necker du 10 juin 1775. Voir ci-dessus, chap. V.

8. Dix-sept médailles et une centaine d'estampes conservées à la Bibliothèque nationale.

9. Présentée en 1989 à l'exposition « L'étoffe des héros » du musée des Arts de la mode.

10. « Il ne faut pas s'en aller ; il faut être chassé », écrit Diderot à propos des « hommes publics, lorsqu'ils seront excédés de dégoûts » (*Essai sur les règnes de Claude et de Néron*, *Œuvres complètes*, *op. cit.*, t. I, § 46).

11. « D'un héros malheureux tu pleures sur la tombe : Tu nous fais, Ô Necker, couler aussi des pleurs ; Toujours donc un grand homme a des persécuteurs, Et tôt ou tard, hélas ! sous leurs coups il succombe » (*Mémoires secrets*, 14 novembre 1785). La jeune Germaine Necker assistait à cette scène qui lui inspira une pièce jamais publiée sur le duc de Montmorency.

12. *Correspondance littéraire*, mai 1781.

13. Voir Mme de Staël, *Du caractère de M. Necker et de sa vie privée*, *Œuvres complètes*, Paris, Treuttel et Würtz, 1821, t. XVII, p. 147.

14. Mme de Staël, *Corinne ou l'Italie*, édition présentée, établie et annotée par Simone Balayé, Paris, Gallimard, coll. « Folio », 1985, p. 136.

15. Michelet note à ce sujet : « Emporter l'amnistie générale dans la joie de son retour, finir la Révolution, ramener la sérénité, apparaître, comme après le déluge l'arc-en-ciel dans les nuées, quoi de plus charmant pour la vanité de Necker ? » (*Histoire de la Révolution française*, Paris, Gallimard, Bibliothèque de la Pléiade, 1952, t. I, p. 209).

16. « XII+IV=XVI » annonce de façon irréfutable une inscription sur les murs de Paris en 1789 attestant que le roi apparaît encore comme le vrai père du peuple.

17. Lors du renvoi de Necker le 12 juillet, Bailly note : « La consternation était générale, c'était une famille qui avait perdu son père » (*Mémoires*, Paris, 1804, t. I, p. 331).

18. Sénac de Meilhan, *Des principes et des causes de la Révolution en France*, édition présentée et annotée par Michel Delon, Paris, Desjonquères, 1987, p. 49.

19. Selon la formule de Camille Desmoulins (*Les Révolutions de France et de Brabant*, n° 12) qui ne manque pas une occasion de se moquer du « baron de Coppet [...] galonné comme un beau-père du temps de Louis XIV à une noce de comédie » (*ibid.*, n° 33).

20. Jean Jaurès, *Histoire socialiste de la Révolution française*, Paris, Éditions sociales, 1968, t. I, p. 554.

21. Cité par Jean Égret, *Necker, ministre de Louis XVI, 1776-1790*, Paris, Champion, 1975, p. 314.

22. J. Necker, *Histoire de la Révolution française*, Paris, 1821, t. II, p. 37-38.

23. Mirabeau, lettre au roi du 1er septembre 1790.

24. Antoine Rivarol, *Petit dictionnaire des Grands Hommes de la Révolution*, Paris, 1790, art. « Necker ».

25. J. Necker, *Manuscrits de M. Necker publiés par sa fille*, *Pensées détachées*, Genève, J. J. Paschoud, an XIII (1804), t. I, « La gloire », p. 270.

26. *Ibid.*, « L'ambition », p. 323.

27. Edgar Quinet, *La Révolution*, préface de Claude Lefort, Paris, Belin, 1987, livre I, chap. VI, « Necker », p. 75.

28. Chateaubriand, *Mémoires d'outre-tombe*, *op. cit.*, t. I, livre V, chap. XII, p. 318.

29. Marquis de Mirabeau, lettre à son frère, le bailli de Mirabeau, du 20 novembre 1787, citée par Jean Bénétruy, *L'Atelier de Mirabeau. Quatre proscrits genevois dans la tourmente révolutionnaire*, Genève, A. Jullien, 1962, p. 138.

30. Georges Cabanis, *Journal de la maladie et de la mort d'Honoré Gabriel Victor Riquetti de Mirabeau*, Paris, 1791, p. 56.

31. C. Desmoulins, *Les Révolutions de France et de Brabant*, n° 72.

32. « Discours du comte de Mirabeau dans la séance de ce matin 11 juin, sur la mort de Benjamin Franklin », *Correspondance littéraire*, juin 1790.

33. Cité par C. Desmoulins dans *Les Révolutions de France et de Brabant*, n° 63, p. 228.

34. Cette scène est représentée dans un frontispice du n° 53 des *Révolutions de France et de Brabant*, sous l'intitulé « Honneurs rendus à la mémoire de Voltaire le jour de la première représentation de *Brutus* ».

35. *Le Courrier de Paris dans les 83 départements*, n° 21, par Ant. J. Gorsas, Citoyen de Paris, dimanche 21 novembre 1790, p. 330-331.

36. Voltaire, *Lettres philosophiques*, « vingt-troisième Lettre », « Sur la considération qu'on doit aux gens de lettres », 1734.

37. « Essai sur les Tombeaux des Grands Hommes dans les Sciences, les Lettres et les Arts », par M. Reb..., *Mercure de France*, janvier 1765, p. 17-20.

38. Quatremère de Quincy, *Rapport fait au Directoire du département de Paris*, mai 1791, p. 7-8. Vergniaud emploie quant à lui le terme d'Élisée (*Éloge funèbre d'Honoré Riquetti Mirabeau prononcé le 17 avril 1791 dans une séance publique de la Société des amis de la Constitution par M. Vergniaud*, président de la Société, Bordeaux, p. 33).

39. Comme en fait foi un *Extrait des délibérations du Directoire du département de Paris*. Voir, à ce sujet, Olivier Obert, *Le Panthéon*, thèse de doctorat, université de Paris-I Panthéon-Sorbonne, sous la direction de Michel Vovelle, 1993.

40. Quatremère de Quincy, *Rapport fait au Directoire du département de Paris*, mai 1791, p. 5.

41. Sur la transformation de l'église Sainte-Geneviève, voir le catalogue de l'exposition présentée du 31 mai au 30 juillet 1989 à l'hôtel de Sully, *Le Panthéon symbole des révolutions*, Paris, Picard, 1989, et, pour l'histoire du Panthéon dans ces années-là, voir plus particulièrement le chapitre II de Mark K. Deming, « Le Panthéon révolutionnaire ».

42. Voir, à ce sujet, le bel article de Mona Ozouf, « Le Panthéon, l'école normale des morts », *in* Pierre Nora (dir.), *Les Lieux de mémoire*, t. I, *La République*, Paris, Gallimard, 1984.

43. *Journal de Paris*, n° 95, 5 avril 1791, p. 582.

44. Voir, à ce sujet, l'ouvrage d'A. R. M. Jourdan, *Les Monuments de la Révolution française, le discours des images dans l'espace parisien, 1789-1804*, et plus particulièrement le chapitre II, « Du sacre du philosophe au sacre du militaire » (thèse soutenue et publiée à l'université d'Amsterdam en 1993).

45. C. Desmoulins, *Les Révolutions de France et de Brabant*, n° 72, p. 321.

46. Selon l'expression employée par Pierre Manuel à l'Assemblée et rapportée par Mercier (*Le Nouveau Paris*, édition établie sous la direction de Jean-Claude Bonnet, Paris, Mercure de France, 1994, « Arrestation », p. 500).

47. *Le Moniteur*, 11 Floréal an II, t. XX, p. 329.

## CHAPITRE XIII

1. *Diderot, Essai sur les règnes de Claude et de Néron*, *Œuvres complètes*, *op. cit.*, t. I, § 92.

2. Il regroupait essentiellement la trinité Le Peletier, Marat, Chalier.

3. Ainsi que le remarque très justement Daniel Roche dans *Le Siècle des Lumières en province*, *op. cit.*, t. I, p. 338.

4. Voir, à ce sujet, *L'Optique de Newton, traduction par Marat*, présentée par Françoise Balibar et Michel Blay, Paris, Christian Bourgois, 1989.

5. Olivier Coquard a apporté de nombreux éléments nouveaux à ce sujet dans *Jean-Paul Marat, biographie d'un homme des Lumières devenu l'Ami du peuple*, thèse de doctorat, université de Paris-I Panthéon-Sorbonne, sous la direction de Michel Vovelle, 1993.

6. Dans le *Journal de politique et de littérature* du 5 mai 1777.

7. L. S. Mercier, *Montesquieu à Marseille*, *op. cit.*

8. *Éloge de Montesquieu par J.-P. Marat*, présenté par Arthur de Brezetz, Libourne, 1883, p. 77.

9. Jean-Paul Marat, « Portrait de l'Ami du peuple tracé par lui-même », *Journal de la République française*, 14 janvier 1793.

10. C. Desmoulins, *Les Révolutions de France et de Brabant*, n° 72.

11. Cela va contre l'idée d'une séparation radicale entre le monde savant et le peuple, formulée ainsi par Bernardin de Saint-Pierre : « Vous ne trouverez jamais entre les mains du peuple un éloge d'académie. » Cependant Bernardin rapporte dans le même passage qu'il a vu une pauvre et vieille femme occupée à « lire dans un vieux livre auprès d'un gros tas d'herbes où elle avait mis le feu ». C'était, dit-il la *Vie de Turenne* (*Études de la nature*, Paris, 1838, t. III, p. 172). Sur la pénétration du culte des grands hommes dans la littérature populaire et les almanachs, voir Jean-Jacques Tatin, « L'homme du peuple au Panthéon », *Revue d'histoire moderne et contemporaine*, t. XXXII, 1985.

12. Les journalistes qui se désignaient alors comme « écrivains patriotes » revendiquaient ce lien intime. À la disparition de l'un d'entre eux, Desmoulins écrit : « Quelque part que la mort vînt surprendre M. Loustalot dans les 83 départements, il était impossible que ce ne fut point dans les bras de ses proches » (*Les Révolutions de France et de Brabant*, n° 45).

13. J.-P. Marat, *Dénonciation contre Necker*, 1789 (B.N.).

14. J. Michelet, *Histoire de la Révolution française, op. cit.*, t. I, p. 611.

15. Discours de Chaudois et Laboureau, le 16 juillet (B.N.).

16. Discours de Lulier à la section Bon-Conseil le 21 novembre (B.N.).

17. Discours prononcé à Tonnerre le 4 août (Bibliothèque municipale de Lyon, Fonds Lacassagne).

18. Discours de Rousselin le 30 octobre à la section de l'Unité (Bibliothèque municipale de Lyon, Fonds Lacassagne).

19. Discours de Pierron à la section du Bonnet-Rouge le 10 novembre (B.N.).

20. « *Éloge de Marat*, par un canonnier de Paris », du 6 septembre 1793 (B.N.).

21. Discours de Laborey le 21 octobre 1793 (B.N.).

22. Discours de Crassous le 21 octobre 1793 (B.N.).

23. Guiraut le 9 août 1793 (B.N.).

24. Discours d'Hyver à la section Lepelletier (s.d). Cette idée du médecin des pauvres est tout à fait démentie par une lettre où Marat avoue qu'il refuse tout cas difficile : « Je n'aime guère que les maladies où il y a peu à faire et beaucoup à gagner, et lorsqu'on peut choisir, pourquoi ne pas le faire ? » (Charles Vellay, *La Correspondance de Marat*, Paris, Fasquelle, 1908, p. 91).

25. Jumel, « *Éloge de Marat*, prononcé à Tulle le 21 juillet 1793 » (Bibliothèque municipale de Lyon, Fonds Lacassagne).

26. Au XXe siècle, Louis-Ferdinand Céline se plaît ainsi à réunir, de la même façon, dans sa propre image d'écrivain, le médecin des pauvres et le pamphlétaire qui n'a pas de règle.

27. Discours de Laborey le 21 octobre 1793 (B.N.).

28. Discours de Guiraut le 9 août 1793 (B.N.).

29. Discours de Lulier le 21 novembre 1793 (B.N.).

30. Discours de Closquinet le 9 janvier 1794 (B.N.)

31. Diderot, *Regrets sur ma vieille robe de chambre, Œuvres complètes, op. cit.*, t. VIII, p. 8.

32. C. Desmoulins, *Révolutions de France et de Brabant*, n° 61, p. 431.

33. J.-P. Marat, *Le Publiciste*, n° 81.

34. J. Michelet, *La Révolution française, op. cit.*, t. I, p. 1008.

35. Le journaliste Dulaure, par exemple, y voit l'attitude d'un peuple peu républicain qui continue de fixer toutes ses affections « sur un seul homme » et qui n'a fait que « substituer une idole à une autre » (*Le Thermomètre du jour*, 26 avril 1793).

36. J. Jaurès, *Histoire socialiste de la Révolution française, op. cit.*, t. II, chap. IX, p. 254.

37. J.-P. Marat, *L'Ami du peuple*, n° 177.

38. Selon le procès-verbal d'une fête ayant eu lieu à Strasbourg le 28 juillet 1793.

39. À l'occasion d'une fête organisée le 16 octobre, dans la cour du Louvre, par la section du Muséum.

40. *Vues sur les fêtes publiques et application de ces vues à la fête de Marat, par le citoyen Gence de la section Chalier, ci-devant Beaurepaire,* Paris, imp. de Renaudière, an II. Mona Ozouf remarque à juste titre que, contrairement à ce qu'annonce Gence, « le cortège de Marat n'est qu'un inventaire légendaire et exemplaire », qui ne distribue pas dans l'espace « les circonstances de la vie de Marat déroulées selon l'ordre d'une genèse » (*La Fête révolutionnaire [1789-1799]*, Paris, Gallimard, 1976, p. 182).

41. À propos de la fête en l'honneur de Simonneau dont Quatremère de Quincy précisément avait réglé le parcours.

42. Celui du Bureau de comptabilité le 4 novembre 1793.

43. Une aquarelle du musée Lambinet à Versailles représente la dernière exposition de la dépouille à cet endroit, avant qu'elle ne soit ensevelie sous un tunnel fermé par une grille. Pour une fête organisée par la section de la Franciade le 20 novembre 1793, une « montagne » fut construite avec un semblable souterrain « dont l'approche pénétrait l'âme d'une sainte mélancolie, d'un saint respect ».

44. Il est consacré à Marat et à Lazowski, héros du 10 août.

45. Anatole France a magnifiquement souligné cet aspect dans *Les Dieux ont soif.*

46. Lamartine, *Histoire des Girondins,* Paris, 1847, t. II, p. 433.

47. Un habitant de Noyon transmet au Comité de sûreté générale les prénoms qu'il a donnés à ses cinq enfants : Le Peletier, Marat, Brutus, Rousseau, Voltaire (cité par A. Soboul, *Les Sans-Culottes parisiens en l'an II*, Paris, Clavreuil, 1958, p. 675).

48. J.-P. Marat, *Le Publiciste de la République française,* n° 181, 19 avril 1793.

49. Voir, à ce sujet, le bel article de Franck-Paul Bowman, « Le "Sacré-cœur" de Marat (1793) », in *Les Fêtes de la Révolution*, Paris, Société des études robespierristes, 1977.

50. La commune de Bouchain réclame de la même façon de placer dans l'église l'effigie des deux martyrs de la liberté, « deux idoles plus dignes de vénération que l'inutile Christ ». Un semblable vœu est formulé à Paris par la section de la Réunion pour l'église Saint-Merri.

51. Martin, Projet de cérémonie funèbre pour le 4 avril 1794.

52. Le 18 août à Marseille, une procession demande le pardon céleste pour la profanation que constituent les litanies parisiennes au cœur de Marat. Voir Michel Vovelle, *Les Métamorphoses de la fête en Provence de 1750 à 1820*, Paris, Aubier-Flammarion, 1976, p. 121.

53. Discours de Legall du 31 octobre 1793 (B.N.).

54. Ballin, *Marat, du séjour des immortels aux Français*, Bibliothèque de Lunel.

55. Bibliothèque municipale de Lyon, Fonds Coste. Mercier remarque : « Qui l'eût dit, que Votre Seigneur Jésus-Christ s'appellerait le sans-culotte Jésus ! qu'il n'aurait pas d'autre surnom dans les journaux, dans les tribunaux, aux Jacobins ! que ce serait là non un sarcasme, mais un véritable titre d'honneur qui lui serait accordé » (*Le Nouveau Paris, op. cit.*, « Jésus », p. 87).

56. Barrère, *Mémoires*, Paris, 1830, p. 215.

57. Discours de Rousselin le 30 octobre à la section de l'Unité (Bibliothèque municipale de Lyon, Fonds Lacassagne).

58. Discours de Moussard le 11 octobre 1793 (B.N.).

59. Discours de Laborey le 21 octobre 1793 (B.N.).

60. « Tout est en dépôt dans un long souvenir, tout doit passer à la postérité, tout sera l'objet de la reconnaissance et de l'admiration des siècles, à travers lesquels l'envie s'efforce en vain de poursuivre un grand homme » (Discours de Rousselin le 30 octobre 1793, Bibliothèque municipale de Lyon, Fonds Lacassagne).

61. J.-P. Marat, *L'Ami du peuple*, 5 avril 1791.

62. J.-P. Marat, *L'Ami du peuple*, n° 548.

63. J.-P. Marat, *L'Ami du peuple*, n° 543.

64. J.-P. Marat, *L'Ami du peuple*, n° 421.

65. Le maire d'Étampes avait été assassiné au moment où il tentait de s'interposer dans une émeute. Ses obsèques avaient donné lieu à une fête funèbre sur le thème de la concorde civile et contre les fauteurs de troubles.

66. L. S. Mercier, *Le Nouveau Paris, op. cit.*, « Saint-Firmin », p. 711.

67. Mona Ozouf évoque à ce sujet le « paradoxe d'une commémoration travaillant à l'oubli » (« Thermidor ou le travail de l'oubli », *L'École de la France. Essais sur la Révolution, l'utopie et l'enseignement*, Paris, Gallimard, coll. « Bibliothèque des histoires », 1984, p. 94-96).

68. Dans la séance du 11 brumaire an II (*Le Moniteur*, t. XVIII, p. 428).

69. *Le Messager du soir*, 2 vendémiaire an II.

70. L. S. Mercier, *Le Nouveau Paris*, *op. cit.*, « Fêtes de la Raison », p. 561.

71. La dépanthéonisation fut relatée dans plusieurs opuscules comme celui d'Henriquez : *Dépanthéonisation de J.-P. Marat, patron des hommes de sang et des terroristes, fondée sur ses crimes et sur les forfaits des Jacobins,* par Henriquez, « citoyen de la section du Panthéon-Français », Paris, s. d. (B.N.).

72. *Le Moniteur*, t. XXII, p. 437.

73. Adresse à la Convention de la commune de Montrevel.

74. Adresse à la Convention du 8 mars 1793, par les membres de la Société républicaine de Louhans.

75. Le 15 juillet 1793, Callières de l'Étang avait réclamé, dans une adresse à la Convention, que « le corps de Marat, destiné à faire le plus bel ornement du Panthéon, soit porté et montré successivement dans tous les départements, comme le patriote Palloy et ses apôtres y ont porté les pierres de la Bastille ». Il faut que les débris de cet affreux monument « restent dispersés [...] pour que nous restions unis », proclame Palloy.

76. Dans une adresse à la Convention du 4 mars 1795, une société populaire de Paris déclare qu'il a suffi de mettre en pièces le buste de Marat pour que « toute cette commune ne forme plus qu'une même famille ».

77. Diderot s'interroge déjà avec perplexité sur son « usage » et reproche à Soufflot d'« élever un temple immense sans s'être fait à lui-même la première question sur les convenances [...] » (lettre à Falconet du 2 mai 1773).

78. L. S. Mercier, *Le Nouveau Paris*, *op. cit.*, « L'ombre de Rousseau », p. 678.

79. L. S. Mercier, *Le Nouveau Paris*, *op. cit.*, « Dôme du Panthéon », p. 141.

80. *Vie criminelle de J.-P. Marat,* À Poitiers de l'imprimerie de Barbier, ventôse, 3e année républicaine (Bibliothèque municipale de Lyon, Fonds Lacassagne). Voir également, en ce genre, le *Panégyrique de Marat prononcé devant une nombreuse assemblée le 15 germinal, dans l'antre qui lui servait d'asile dans les temps difficiles par le docteur Cannibale vice-président perpétuel des Jacobins,* À Paris, chez Forget et Maret, an III (Bibliothèque municipale de Lyon, Fonds Lacassagne).

81. Voir, par exemple, les *Dialogues de Pilpay* de 1794 (Bibliothèque municipale de Lyon, Fonds Lacassagne).

82. Dubrait, *Grande dispute au Panthéon entre Marat et J.-J. Rousseau*, Paris, 1794.

83. C'est le point de vue de Des Essarts dans *Les Crimes de Robespierre et de ses principaux complices*, Paris, 1797.

84. F. Pagès, *Nouveaux dialogues des morts,* Paris, chez Laurens, 1800, dialogue XVI, « Marat-Mirabeau ».

85. L. S. Mercier, *Le Nouveau Paris, op. cit.,* « Dédéifier », p. 449.

86. En acquérant la baignoire de Marat, le musée Grévin sembla céder à ce même attrait fétichiste et fut en mesure de présenter parmi ses célèbres scènes de la Révolution : « La mort de Marat, reconstitution exacte de la scène du 13 juillet 1793, avec la baignoire authentique dans laquelle Marat a été assassiné. »

87. Ch. Baudelaire, « Le Musée classique du bazar Bonne-Nouvelle », *Œuvres complètes, op. cit.*, p. 600.

## CHAPITRE XIV

1. P. Cl. F. Daunou, *Rapport sur l'instruction publique,* 15 octobre 1795.

2. A. de Tocqueville, *L'Ancien Régime et la Révolution*, *op. cit.*, p. 239.

3. *Ibid.*
4. Voir C. Desmoulins, *Révolutions de France et de Brabant* n$^{os}$ 47 et 48.
5. *Révolutions de Paris*, n° 60, 28 août - 4 septembre 1790.
6. *Discours de Danton*, édition critique par André Fribourg, Paris, 1910, p. 265 et 412 (discours du 21 janvier et du 27 avril 1793 à la Convention).
7. *Ibid.*, p. 310 (discours du 27 mars 1793 à la Convention).
8. Le décret de suppression des académies, du 8 août 1793, stipulait dans son article 3 que le Comité d'instruction publique était « chargé de présenter incessamment à la Convention nationale un plan d'organisation d'une Société destinée à l'avancement des Sciences et des Arts ». Et, de fait, les académies renaîtront très vite, en 1795, sous la forme nouvelle de l'Institut, réorganisé par Napoléon en 1804.
9. Dans son *Mémoire pour les académies*, Delisle de Sales écrira en 1800 : « Quand tout en France était gradué en hiérarchie, l'égalité républicaine existait seule à l'Académie. »
10. Morellet, *De l'Académie française ou Réponse à l'écrit de M. Chamfort de l'Académie française qui a pour titre « Des Académies »*, Paris, 1791.
11. *Ibid.*
12. Chabanon, *Adresse à l'Assemblée nationale au sujet des Académies*, à Paris, Imprimerie nationale, 1791.
13. Antoine-François Delandine, « De la conservation et de l'utilité politique des sociétés littéraires dans les départements par M. Delandine, des Académies de Londres, Dijon, Rouen, etc., Bibliothécaire de celle de Lyon et Député à l'Assemblée nationale de 1789 », Paris, 1791.
14. « Précis sur l'objet, les statuts et les travaux de l'Académie française », *Mercure de France*, n$^{os}$ 42 et 43, 16 et 23 octobre 1790. C'est alors qu'Alexandre Deleyre publia son *Essai sur la vie de M. Thomas* (Paris, Moutard, 1791) qu'il avait rédigé en 1789. Il rappelle que l'orateur « a déployé toute la sensibilité patriotique de son âme dans l'*Éloge de Sully* » en critiquant la gabelle et les corvées.
15. « Un journaliste a dit et répété qu'il ne fallait louer personne, ni les vivants ni les morts ; qu'il était indigne d'hommes libres de louer un individu, qu'il ne fallait louer que la patrie et la liberté » (*ibid.*, n° 43). Ce journaliste pourrait être Loustalot, mais cette affirmation radicale est aussi un thème obsédant propre à Marat.
16. « M. de La Harpe s'arrêta avec complaisance sur les plus grands hommes du Moyen Âge jusqu'au règne de Louis XIV, et s'efforça de démontrer ce qui constituait un grand homme. Comment M. de La Harpe, après avoir appris à tout le monde ce que c'est qu'un grand homme, n'en devient-il pas un aussi ? » (*La Chronique scandaleuse*, n° 7, 1791).
17. *L'Orateur du peuple*, cité dans le numéro 85 des *Révolutions de France et de Brabant* sous la rubrique « Apothéose de Voltaire ».
18. Charles Villette, *Lettres choisies sur les principaux événements de la Révolution*, Paris, 1792, p. 214.
19. Gorsas, *Le Courrier des départements*, 13 juillet 1791.
20. C. Desmoulins, *Les Révolutions de France et de Brabant*, « Apothéose de Voltaire », n° 85.
21. *Le Moniteur*, n° 347, 17 fructidor an II (3 septembre 1794).
22. *Ibid.*, n° 8, 8 vendémiaire an III (29 septembre 1794).
23. *Ibid.* Comme en prévint Bentabolle.
24. *Ibid.*, n° 8 bis, supplément du 8 vendémiaire an III (29 septembre 1794).
25. *Œuvres complètes de J.-J. Rousseau*, Paris, 1788-1793, t I, Introduction, p. 23.
26. E. Quinet, *La Révolution*, *op. cit.*, p. 433.
27. Elle avait été reportée principalement parce qu'il y avait eu constamment des choses plus urgentes à régler dans le cours imprévu de la Révolution.
28. Joseph Lakanal, « Rapport sur J.-J. Rousseau fait au nom du Comité d'instruction publique, dans la séance du 29 fructidor an II » (15 septembre 1794).
29. Selon l'expression de Bronislaw Baczko, « Rousseau au Panthéon », *Regards sur la Révolution genevoise, 1792-1798*, Société d'histoire et d'archéologie de Genève, MDG, t. LV, 1992, p. 195. Voir aussi, à ce sujet, Annie Jourdan, « Le culte de Rousseau sous la

Révolution : la statue et la panthéonisation du Citoyen de Genève », *Studies on Voltaire and the Eighteenth Century*, n° 324, 1994.

30. *Le Courrier de l'Égalité*, 25 vendémiaire an III, p. 200.

31. Voir, à ce sujet, Bronislaw Baczko, *Comment sortir de la Terreur*, Paris, Gallimard, 1989, p. 178 et suiv.

32. « Discours prononcé par le président de la Convention, lors de la translation des cendres de Jean-Jacques Rousseau au Panthéon, le 20 vendémiaire de l'an troisième de la République », Paris, vendémiaire an II, p. 2.

33. Ginguené, *La Feuille villageoise*, novembre 1794. C'est dans ce contexte et cette atmosphère qu'avaient pu commencer, deux jours auparavant, les représentations de *L'Île de Saint-Pierre*, un montage de textes de Rousseau fait « dans les commencements de la Révolution » par Mme de Genlis. « Je n'avais pris que ses beaux morceaux et ceux qui sont religieux » (Mme de Genlis, *Mémoires*, *op. cit.*, t. VI, p. 167).

34. Grégoire, « Sur les encouragements, récompenses et pensions à accorder aux savants, aux gens de lettres et aux artistes », 26 octobre 1794.

35. « Rapport au nom du Comité d'instruction publique sur Goldoni auteur dramatique », séance du 7 février 1793 ; « Discours sur le même au nom du Comité d'instruction publique », séance du 9 février 1793, *Œuvres de M.-J. Chénier*, Paris, Guillaume, 1826, t. V, p. 95.

36. Grégoire, « Rapport sur les destructions opérées par le vandalisme et sur les moyens de le réprimer », séance du 31 août 1794, p. 16.

37. Guibert, « Éloge de Michel de L'Hospital », *Éloges*, *op. cit.*, p. 116.

38. D'Alembert, *Éloge de Despréaux*, *Œuvres complètes*, *op. cit.*, t. II, p. 352.

39. « Rapport sur J.-J. Rousseau fait au nom du Comité d'instruction publique par Lakanal, dans la séance du 15 septembre 1794 », p. 11-12. Les théophilanthropes voudront transformer le bois de Meudon en sanctuaire des grands hommes. Même idée chez Bernardin de Saint-Pierre. En adepte des oratoires privés, il s'était consitué, dans son cabinet de travail, un petit autel « à la manière de Confucius » pour honorer chez lui Fénelon et Rousseau.

40. Principalement dans ses *Lettres au général Miranda*, publiées en 1796.

41. C'est la seule œuvre de Thomas qui ait été sans cesse republiée tout au long du XIXe siècle. Non seulement les spécialistes de Descartes l'en jugeaient digne, mais elle illustrait, à juste titre, à leurs yeux un épisode important du point de vue de la réception de leur auteur.

42. M.-J. Chénier, « Rapport au nom du Comité d'instruction publique sur la translation des cendres de René Descartes au Panthéon », séance du 2 octobre 1793 » (*Œuvres de M.-J. Chénier, op. cit.*, t. V, p. 111).

43. M.-J. Chénier, « Rapport au nom d'une commission spéciale sur la translation des cendres de René Descartes au Panthéon », séance du 7 mai 1796 (*Œuvres de M.-J. Chénier, op. cit.*, t. V, p. 355, note 21).

44. « Discours de L. S. Mercier prononcé le 18 floréal sur René Descartes », Paris, Imprimerie nationale, Prairial an IV, p. 12. Ce texte est intégralement repris par Mercier dans *Le Nouveau Paris, op. cit.*, « Panthéonisé », p. 871.

45. *Ibid.*, p. 858.

46. *Ibid.*, p. 875.

47. *Ibid.*, « Philosophisme », p. 242.

48. L. S. Mercier, *Tableau de Paris, op. cit.*, t. II, « Embaumements », p. 1563.

49. L. S. Mercier, article paru dans *Le Censeur des journaux* le 8 juin 1796.

50. « L. S. Mercier, membre de l'Institut national, au maire et habitants de Cambrai » (Manuscrit, Bibliothèque de l'Arsenal, Fonds Mercier).

51. L. S. Mercier, *Le Nouveau Paris, op. cit.*, « Panthéonisé », p. 876.

52. *Ibid.*, p. 859.

53. Chateaubriand, *Essai sur les révolutions*, Paris, Gallimard, Bibliothèque de la Pléiade, 1978, p. 111.

54. Mme de Staël, *Des circonstances actuelles qui peuvent terminer la Révolution et des*

*principes qui doivent fonder la République en France*, éd. critique par Lucia Omacini, Genève, Droz, 1979, p. 274.

55. *Ibid.*, p. 273.

# CHAPITRE XV

1. Chateaubriand, *Mémoires d'outre-tombe*, *op. cit.*, t. I, livre V, chap. X, p. 373.

2. Diderot, lettre à Falconet du 15 février 1766.

3. Diderot, « *Essai sur le caractère, les mœurs et l'esprit des femmes dans les différents siècles* par Thomas », *Correspondance littéraire*, avril 1772.

4. Voir ci-dessus, chap. VIII, « Diderot ou le pari sur la postérité ».

5. M.-J. Chénier, « Rapport sur la translation des cendres de René Descartes au Panthéon », séance du 7 mai 1796, *Œuvres de M.-J. Chénier*, *op. cit.*, t. V, p. 357.

6. Thomas, *Essai sur les éloges*, *Œuvres complètes*, *op. cit.*, t. I, chap. XXIV, p. 305.

7. « Lettre à M. Thomas au sujet de son *Essai sur le caractère, les mœurs et l'esprit des femmes dans différents siècles* », *Journal encyclopédique*, 1773, t. I, p. 108.

8. Voir ci-dessus, chap. XII, « De Necker à Mirabeau », note 11.

9. Voir Mme de Staël, *De la littérature, considérée dans ses rapports avec les institutions sociales*, édition d'A. Blaeschke, Paris, Garnier, coll. « classiques Garnier », 1998, p. 347.

10. Mme de Staël, *Éloge de M. de Guibert*, *Œuvres complètes*, *op. cit.*, t. XVII, p. 317.

11. Mme de Staël, *Lettres sur les ouvrages et le caractère de J.-J. Rousseau*, Paris, 1788, p. 75.

12. Mme de Staël, *Journal* (1785), cité par Simone Balayé, *Madame de Staël. Lumières et liberté*, Paris, Klincksieck, 1979, p. 18.

13. Mme de Staël, *Du Caractère de M. Necker et de sa vie privée*, *Œuvres complètes*, *op. cit.*, t. XVII, p. 7.

14. *Ibid.*, p. 118.

15. Mme de Staël, *Manuscrit de M. Necker publié par sa fille*, Genève, J. J. Paschoud, an XIII (1804), p. 53.

16. Mme de Staël, *Du caractère de M. Necker et de sa vie privée*, *Œuvres complètes*, *op. cit.*, t. XVII, p. 59.

17. Benjamin Constant, *Mélanges de littérature et de politique*, *Œuvres*, Paris, Gallimard, Bibliothèque de la Pléiade, 1957, « De Madame de Staël et de ses ouvrages », p. 863. Chateaubriand cite Constant sur ce point : « Madame de Staël avait voué à son père un culte que la mort n'a fait que rendre plus exalté. Toujours entraînante par la manière de s'exprimer, elle le devient surtout encore quand elle parle de lui » (*Mémoires d'outre-tombe*, *op. cit.* t. III, p. 664).

18. Mme de Staël, *Du caractère de M. Necker et de sa vie privée*, *Œuvres complètes*, *op. cit.*, t. XVII, p. 60.

19. Mme de Staël, *Considérations sur les principaux événements de la Révolution française*, Paris, Charpentier, 1853, p. 134.

20. *Ibid.*, p. 392.

21. Mme de Staël, *Dix Années d'exil*, édition critique par Simone Balayé et Mariella Vianello Bonifacio, Paris, Fayard, 1996, p. 157.

22. Mme de Staël, *Corinne ou l'Italie*, *op. cit.*, livre I, chap. IV, p. 46.

23. Simone Balayé remarque que « ce texte semble être dans *De l'Allemagne* la représentation imaginaire la plus tragique d'elle-même, ce qu'elle n'a pas pu écrire. Jean-Paul est l'intercesseur choisi pour exprimer ce côté nocturne auquel elle n'a pas osé se livrer entièrement en littérature » (*Madame de Staël. Lumières et liberté*, *op. cit.*, p. 190).

24. Voir, à ce sujet, B. d'Andlau, *La Jeunesse de Mme de Staël de 1766 à 1786, avec des documents inédits*, Genève, Droz, 1970, chap. V.

25. On peut voir ce dessin daté de 1780 et intitulé « La Famille Necker » au musée du château de Coppet.

26. *Mélanges extraits des manuscrits de Mme Necker*, Paris, Pougens, 1798, t. II, p. 372.
27. Mme de Staël, *Du caractère de M. Necker et de sa vie privée, op. cit.*, t. XVII, p. 11.
28. Sur cette étrange liturgie funèbre, voir Antoine de Baecque, « Madame Necker, ou la poésie du cadavre », *La gloire et l'effroi, sept morts sous la Terreur*, Paris, Grasset, 1997.
29. Mme de Staël, *Corinne ou l'Italie, op. cit.*, livre V, chap. I, p. 131.
30. Mme de Staël, *De l'Allemagne*, édition et préface par Simone Balayé, Paris, Garnier-Flammarion, coll. « GF », 1968, t. II, p. 218.
31. Mme de Staël, *Corinne ou l'Italie, op. cit.*, livre I, chap. IV, p. 40.
32. *Ibid.*, livre VIII, chap. IV, p. 230.
33. *Ibid.*, livre IV, chap. II, p. 97.
34. *Ibid.*, livre II, chap. I, p. 51.
35. « En entrant dans sa loge, Corinne fut d'abord reconnue et le souvenir du Capitole ajoutant à l'intérêt qu'il inspirait ordinairement, la salle retentit d'applaudissements. De toutes parts on cria *Vive Corinne !* et les musiciens eux-mêmes électrisés par ce mouvement général se mirent à jouer des fanfares de victoire ; car le triomphe, quel qu'il soit, rappelle toujours aux hommes la guerre et les combats » (*Corinne ou l'Italie, op. cit.*, livre IX, chap. II, p. 246).
36. Voir L. S. Mercier, « Couronnement de Pétrarque », *Mon bonnet de nuit*, édition sous la direction de Jean-Claude Bonnet, Paris, Mercure de France, 1998, p. 590-593.
37. Mme de Staël, *Corinne ou l'Italie, op. cit.*, livre XX, chap. V, p. 582.
38. Mme de Staël, *De la littérature, op. cit.*, p. 33.
39. Mme de Staël, *Corinne ou l'Italie, op. cit.*, livre XIII, chap. IV, p. 351.
40. Mme de Staël, *Du caractère de M. Necker et de sa vie privée, Œuvres complètes, op. cit.*, t. XVII, p. 35.
41. Mme de Staël, *Dix Années d'exil, op. cit.*, p. 149. Sur la réclusion de Mme de Staël, le jugement de Chateaubriand est un peu sévère même s'il est presque en tout point perspicace : « J'allai voir à Coppet madame de Staël ; je la trouvai seule au fond de son château, qui renfermait une cour attristée. Je lui parlai de sa fortune et de sa solitude, comme d'un moyen précieux d'indépendance et de bonheur : je la blessai. Madame de Staël aimait le monde ; elle se regardait comme la plus malheureuse des femmes dans un exil dont j'aurais été ravi » (*Mémoires d'outre-tombe, op. cit.*, t. II, livre XVII, chap. III, p. 190-191).
42. Seule « l'étude des lettres met une nation en état de récompenser ses grands hommes en l'instruisant à les juger selon leur valeur relative » (*De la littérature, op. cit.*, p. 26).
43. *Ibid.*, p. 326.
44. Mme de Staël, *Dix Années d'exil, op. cit.*, p. 104.
45. Mme de Staël, *Considérations sur la Révolution française, op. cit.*, p. 333.
46. Chateaubriand, *Mémoires d'outre-tombe, op. cit.*, t. I, livre VI, chap. VIII, p. 381.
47. Mme de Staël, *De l'Allemagne, op. cit.*, t. II, p. 152. Paul Bénichou parle à ce sujet de « spiritualisme libéral » (*Le Sacre de l'écrivain*, Paris, José Corti, 1973, « Germaine de Staël et Benjamin Constant », p. 228-244).
48. B. Constant, *Mélanges de littérature et de politique, Œuvres*, « De Mme de Staël et de ses ouvrages », *op. cit.*, p. 885.
49. Voir, à ce sujet, Marc Fumaroli, *Trois Institutions littéraires*, Paris, Gallimard, 1994, « La conversation », p 111-210.
50. Mme de Staël, *Corinne ou l'Italie, op. cit.*, livre VII, chap. I, p. 175.
51. E. Quinet, *La Révolution, op. cit.*, p. 752.
52. Chateaubriand, *Mémoires d'outre-tombe, op. cit.*, t. IV, p. 606.

## ÉPILOGUE

1. Pierre Michon, « Le temps est un grand maigre », *Trois Auteurs*, Lagrasse, Éditions Verdier, 1997, p. 12.
2. Chateaubriand, *Mémoires d'outre-tombe, op. cit.*, t. I, livre X, chap. VI, p. 554.

3. Chateaubriand, *Itinéraire de Paris à Jérusalem*, *Œuvres romanesques et voyages*, *op. cit.*, t. II, p. 1204.

4. *Ibid.*, p. 1207.

5. *Les Jésuites*, par MM. Michelet et Quinet, Paris, 1843, p. 24.

6. Edgar Quinet, *Le Panthéon* [1er novembre 1866], *Paris : Guide par les principaux écrivains et artistes de France*, Paris, 1868, p. 162.

7. Chateaubriand, *Génie du christianisme*, *op. cit.*, « Tombeaux », p. 939.

8. Le thème du « monument parlant » est commun aux architectes de la fin du XVIIIe siècle. Voir, sur ce point, Anthony Vidler, « Grégoire, Lenoir et les monuments parlants », *in* Jean-Claude Bonnet (dir.), *La Carmagnole des muses*, Paris, Armand Colin, 1988.

9. Dans un hymne qui lui fut commandé en 1831 pour commémorer les journées de 1830.

10. Jules Michelet, *La Femme* [1859], Paris, Flammarion, 1981, p. 92-93.

11. E. Quinet, *Le Panthéon*, *op. cit.*, p. 161.

12. *Ibid.*, p. 171.

13. Voir, à ce sujet, Jean-Marie Goulemot et Éric Walter, « Le centenaire de Voltaire et Rousseau », *in* P. Nora (dir.), *Les Lieux de mémoire*, t. I, *La République*, *op. cit.*

14. Paul Claudel, *Accompagnements*, *Œuvres en prose*, Paris, Gallimard, Bibliothèque de la Pléiade, 1965, p. 472.

15. A. Malraux, « Commémoration de la mort de Jeanne d'Arc », le 31 mai 1964, *Oraisons funèbres*, Paris, Gallimard, 1971, p. 98.

16. « En somme l'histoire est née chez nous comme une grande histoire à partir du moment où elle s'est mise à remplacer la religion », cité par Roger Stéphane dans *André Malraux, entretiens et précisions*, Paris, Gallimard, 1984, p. 121.

17. Philippe Muray prétend, en ce sens, que « les basses œuvres célébrantes sont les vengeances de l'homme d'aujourd'hui contre les singularités créatrices d'autrefois » (« Rabelais à Rabelaisland », *Exercices spirituels I*, *Essais*, Paris, Les Belles Lettres, 1997, p. 47).

18. Nietzsche, *Le Gai Savoir*, § 100.

# ANNEXES

## I

## SUJETS PROPOSÉS AU CONCOURS D'ÉLOQUENCE DE L'ACADÉMIE FRANÇAISE, DE 1759 À 1790

1759

*Éloge de Maurice, comte de Saxe, maréchal de France* ; prix à Thomas.

1760

*Éloge du chancelier d'Aguesseau* ; prix à Thomas.

1761

*Éloge de Duguay-Trouin* ; prix à Thomas.

1763

*Éloge de Maximillien de Béthune, duc de Sully* ; prix à Thomas.

1765

*Éloge de René Descartes* ; prix partagé entre Thomas et Gaillard.

1767

*Éloge de Charles V, surnommé le Sage* ; prix à La Harpe.

1769

*Éloge de Jean-Baptiste Poquelin, dit Molière* ; prix à Chamfort.

1771

*Éloge de François de Salignac de La Mothe de Fénelon* ; prix à La Harpe, accessit à Maury.

1773

*Éloge de Jean-Baptiste Colbert, ministre d'État* ; prix à Necker.

1775

*Éloge de Nicolas Catinat, maréchal de France* ; prix à La Harpe, accessit à l'abbé Espagnac.

1777

*Éloge de Michel de L'Hospital, chancelier de France* ; prix à l'abbé Rémy, accessit à l'abbé Talbert.

1779

*Éloge de l'abbé Suger* ; prix à Garat.

1781

*Éloge de M. le duc de Montausier* ; prix à Garat.

1783

*Éloge de Fontenelle* ; concours remis à l'année suivante.

1784

*Éloge de Fontenelle* ; prix à Garat.

1785

*Éloge de Louis XII* ; concours remis à une autre année.

1787

*Éloge du maréchal de Vauban* ; concours remis à une autre année.

1788

*Éloge de Louis XII* ; prix à l'abbé Noël.

1790

*Éloge de Vauban* ; prix à l'abbé Noël.

# II

## SUJETS DES COMMANDES DE PEINTURE D'HISTOIRE POUR LE SALON, DE 1775 À LA RÉVOLUTION

1777

Nicolas Brenet, *Honneurs rendus au Connétable du Guesclin*
Louis Durameau, *La Continence de Bayard*

1779

Jean-Simon Berthellemy, *L'Action courageuse d'Eustache de Saint-Pierre au Siège de Calais*
François-André Vincent, *Le Président Molé saisi par les factieux au temps des guerres de la Fronde*

1781

Jacques-Antoine Beaufort, *La Mort du chevalier Bayard*
François-Guillaume Ménageot, *Léonard de Vinci mourant dans les bras de François Ier*

1783

Jacques-Antoine Beaufort, *Le Duc de Guise chez le Président du Harlay*
Jean-Simon Berthellemy, *Maillard qui tue Marcel prévôt de Paris*
Jean-Jacques-François Le Barbier, *Henri IV et Sully*

1787

Jean-Simon Berthellemy, *Reprise de Paris sur les Anglais par les troupes de Charles VII en 1436*
Jean-Benoît Suvée, *L'Amiral de Coligny en impose à ses assassins*

1789

Nicolas Brenet, *Henri II décorant du collier de son ordre le vicomte de Tavanne*

## III

## SUJETS DES COMMANDES DE SCULPTURE POUR LE SALON, DE 1775 À LA RÉVOLUTION

### 1777

Étienne Gois, *L'Hospital*
Félix Lecomte, *Fénelon*
Louis-Philippe Mouchy, *Sully*
Augustin Pajou, *Descartes*

### 1779

Pierre Berruer, *D'Aguesseau*
Jean-Jacques Caffieri, *Corneille*
Claude Michel, dit Clodion, *Montesquieu*
Augustin Pajou, *Bossuet*

### 1781

Claude Dejoux, *Catinat*
Jean-Antoine Houdon, *Tourville*
Louis-Philippe Mouchy, *Montausier*
Augustin Pajou, *Pascal*

### 1783

Charles-Antoine Brindan, *Vauban*
Jean-Jacques Caffieri, *Molière*
Pierre Julien, *La Fontaine*
Augustin Pajou, *Turenne*

### 1785

Louis Simon Boizot, *Racine*
Étienne Gois, *Molé*
Claude Martin Monnot, *Duquesne*

Philippe Lament Roland, *Condé*

1787

Charles-Antoine Brindan, *Bayard*
Félix Lecomte, *Rollin*
Louis-Philippe Mouchy, *Luxembourg*
Jean-Baptiste Stouf, *Vincent de Paul*

1789

Louis Foucou, *Duguesclin*
Pierre Julien, *Poussin*
Jean-Guillaume Moitte, *Cassini*
Augustin Pajou, *Lamoignon* (ne fut pas réalisé)

# INDEX

## TABLE DES MATIÈRES

L'ESPRIT DE LA CITÉ

*Volumes publiés*

ALAIN BESANÇON, *L'Image interdite. Une histoire intellectuelle de l'iconoclasme.*

PIERRE CHUVIN, *La Mythologie grecque, du premier homme à l'apothéose d'Héraclès.*

PIERRE MANENT, *Tocqueville et la nature de la démocratie.*

PIERRE MANENT, *La Cité de l'homme.*

HARVEY C. MANSFIELD JR., *Le Prince apprivoisé. De l'ambivalence du pouvoir.*

MOISEI OSTROGORSKI, *La Démocratie et les partis politiques.*

MONA OZOUF, *Les Mots des femmes. Essai sur la singularité française.*

EMMANUEL SIVAN, *Mythes politiques arabes.*

*Aubin Imprimeur*
LIGUGÉ, POITIERS

Achevé d'imprimer en septembre 1998
N° d'édition 8795 / N° d'impression L 56857
Dépôt légal septembre 1998
Imprimé en France

ISBN 2-213-59751-0

35-24-9751-01-5